Ὺ μέντοι ἐξαρκεῖ καθ᾽ ἑαυτὴν ἡ ἀποχὴ τῶν βρωμάτων
πρὸς τὴν ἐπαινετὴν νηστείαν, ἀλλὰ νηστεύσωμεν
νηστείαν δεκτήν, εὐάρεστον τῷ θεῷ. Ἀληθὴς νηστεία
ἡ τοῦ κακοῦ ἀλλοτρίωσις, ἐγκράτεια γλώσσης,
θυμοῦ ἀποχή, ἐπιθυμιῶν χωρισμός, καταλαλιᾶς,
ψεύδους, ἐπιορκίας. Ἡ τούτων ἔνδεια νηστεία ἐστὶν
ἀληθής. Ἐν τούτοις μὲν οὖν ἡ νηστεία καλόν.

ΜΕΓΑΣ ΒΑΣΙΛΕΙΟΣ

*Β*έφα Αλεξιάδου, Χημικός-Διαιτολόγος, συγγραφεύς και εκδότρια βιβλίων μαγειρικής.

Το 1980, με βαθιά γνώση των συνταγών που της κληροδότησε η Κωνσταντινουπολίτισσα μητέρα της, έγραψε και εξέδωσε το πρώτο της βιβλίο, «Πρόσκληση σε Γεύμα».

Χημικός, απόφοιτος του Αριστοτελείου Πανεπιστημίου Θεσσαλονίκης, με ιδιαίτερες σπουδές στην Αμερική επάνω στην υγιεινή των τροφών, τη διακόσμηση του τραπεζιού και τη σύγχρονη μαγειρική τέχνη, εκσυγχρόνισε την ελληνική κουζίνα χρησιμοποιώντας μοντέρνες μεθόδους και συσκευές, διατηρώντας παράλληλα την παραδοσιακή γεύση.

Μέσα σε 20 χρόνια δημιουργικής δουλειάς έγραψε και εξέδωσε 10 βιβλία μαγειρικής. Βιβλία σύγχρονα, με άρτια γλώσσα, καλαίσθητα και προσεγμένα, με αγάπη και σεβασμό προς τον αναγνώστη.

Από το 1990, με τα καθημερινά προγράμματά της στην ελληνική τηλεόραση, κατάφερε να δώσει μια άλλη διάσταση στην παρουσίαση των συνταγών μαγειρικής, παρουσιάζοντάς τες έτσι προκλητικά ωραίες, ώστε να αγαπηθούν απ' όλες τις νέες Ελληνίδες νοικοκυρές.

Συνεργάζεται με πολλά ελληνικά και ξένα περιοδικά. Είναι μέλος του Συνδέσμου Ελλήνων Εκδοτών και Βιβλιοπωλών. Τα βιβλία της «Ελληνική Μαγειρική», «Ελληνική Ζαχαροπλαστική» και «Γιορτινό Τραπέζι» έχουν μεταφραστεί στην Αγγλική και κυκλοφορούν με επιτυχία στην Αγγλία, Ν. Αφρική, Αυστραλία, Καναδά και Αμε-

ρική. Είναι μέλος του I.A.C.P. (International Association of Culinary Professionals) και συμμετέχει σε διάφορα γαστρονομικά συμπόσια και σεμινάρια που οργανώνονται διεθνώς. Είναι επίσης μέλος του Διοικητικού Συμβουλίου του «Αρχέστρατου» (Κέντρο για τη διάσωση και διάδοση των ελληνικών γαστρονομικών παραδόσεων).

Το 1998, μαζί με την κόρη της Αλεξία, σε συνεργασία με τις εκδόσεις Λυμπέρη, ξεκίνησαν την έκδοση μιας σειράς μικρών θεματικών, πολυτελών βιβλίων μαγειρικής, με τίτλο *«Οι 20 Καλύτερες Συνταγές Για...»*. Η σειρά κέρδισε το βραβείο της πιο επιτυχημένης και εμπορικής σειράς στην 5η Διεθνή Έκθεση Βιβλίων Μαγειρικής στο

Perigeux της Γαλλίας.

Η Βέφα Αλεξιάδου γεννήθηκε στο Βόλο και από χρόνια κατοικεί στη Θεσσαλονίκη. Είναι σύζυγος του καθηγητή του Αριστοτελείου Πανεπιστημίου Θεσσαλονίκης Κωνσταντίνου Αλεξιάδη και έχουν δύο κόρες, την Άντζελα και την Αλεξία.

Η Αλεξία Αλεξιάδου, πτυχιούχος Οικονομικών Επιστημών και κάτοχος του Master of Business Administration του City University του Λονδίνου, ακολούθησε τη μεγάλη της αγάπη, που λόγω παράδοσης δεν μπορούσε παρά να είναι η μαγειρική. Οι εμπειρίες που αποκόμισε από τη χρόνια διαμονή της στο εξωτερικό, την Αμερική, την Αγγλία και την Ιταλία, συνέβαλαν στο να γνωρίσει από κοντά τις κουζίνες των διαφόρων λαών, τις οποίες, με οδηγό το έμφυτο ταλέντο της, προσπάθησε να καταγράψει προσθέτοντας τις δικές τις πινελιές με ένα ιδιαίτερα δημιουργικό ύφος.

Η πρώτη δουλειά της Αλεξίας Αλεξιάδου στο χώρο της μαγειρικής ήταν η συγγραφή και έκδοση του βιβλίου «Εξωτική Κουζίνα», που έτυχε μεγάλης αναγνώρισης από το ελληνικό αναγνωστικό κοινό. Η «Εξωτική Κουζίνα» είναι η πρώτη ολοκληρωμένη δουλειά μετά από αρκετά χρόνια ενασχόλησης με τον κόσμο των γεύσεων.

Η Αλεξία Αλεξιάδου δημοσιεύει άρθρα σε περιοδικά και εξειδικευμένα έντυπα δίνοντας μια νεανική πνοή στον κόσμο της μαγειρικής. Είναι μόνιμη συνεργάτις του εβδομαδιαίου περιοδικού *7 Μέρες TV*. Εμφανίζεται τακτικά στο πρωινό πρόγραμμα του ANT1 «Πρωινός Καφές» μαζί με τη μητέρα της, Βέφα Αλεξιάδου, παρουσιάζοντας νεανικές, πρωτότυπες συνταγές από την ελληνική και διεθνή κουζίνα. Σε συνεργασία με τη μητέρα της έχουν δημιουργήσει τη σειρά *«Οι 20 Καλύτερες Συνταγές Για...»* που τιμήθηκε με διεθνές βραβείο στην Έκθεση Βιβλίων Μαγειρικής του Perigeux.

Η Αλεξία Αλεξιάδου γεννήθηκε στη Θεσσαλονίκη και διαμένει μόνιμα στην Αθήνα με τον σύζυγό της Ευάγγελο Κιτσάκη και την κόρη τους Χαρά.

ΒΕΦΑ & ΑΛΕΞΙΑ ΑΛΕΞΙΑΔΟΥ

ΝΗΣΤΗΣΙΜΑ & ΥΓΙΕΙΝΑ

Α΄ ΤΟΜΟΣ

*Περιλαμβάνει **300** πλήρεις συνταγές*

*Το βιβλίο αυτό αφιερώνεται
με αγάπη στις Ελληνίδες νοικοκυρές,
συζύγους, μητέρες, που με ενέπνευσαν και
με παρότρυναν να το δημιουργήσω.
Σ' αυτές που τηρούν και μεταλαμπαδεύουν
τις ευλογημένες παραδόσεις μας
από γενιά σε γενιά.*

*Ε*υχαριστώ θερμά τον πνευματικό μου πατέρα Αιδεσιμολογιότατο
Πρωτοπρεσβύτερο Πέτρο Σεκέρη για τις πολύτιμες πληροφορίες
και συμβουλές του, καθώς και τον Πανοσιολογιότατο Αρχιμανδρίτη
Συμεών Κούτσα για τα πατερικά κείμενα που δανείστηκα
και χρησιμοποίησα από το βιβλίο του:
"Η Νηστεία της Εκκλησίας".

Ευχαριστώ επίσης τα καταστήματα "Country House" και
"Vefa's House" που μου διέθεσαν τα διάφορα σερβίτσια και
διακοσμητικά, που χρησιμοποιήθηκαν στο βιβλίο αυτό.

ΣΥΓΓΡΑΦΗ & ΕΚΔΟΣΗ:
ΒΕΦΑ & ΑΛΕΞΙΑ ΑΛΕΞΙΑΔΟΥ

ΚΑΛΛΙΤΕΧΝΙΚΗ ΕΠΙΜΕΛΕΙΑ:
ΚΩΣΤΗΣ ΚΟΛΙΟΣ
ΚΩΝΣΤΑΝΤΙΝΑ ΚΥΤΙΝΟΥ

ΦΩΤΟΓΡΑΦΙΕΣ:
ΓΙΩΡΓΟΣ ΔΡΑΚΟΠΟΥΛΟΣ

STYLING:
ΜΑΚΗΣ ΓΕΩΡΓΙΑΔΗΣ

ΒΟΗΘΟΣ STYLING:
ΕΥΗ ΔΕΛΗΓΙΑΝΝΗ

ΠΑΡΑΣΚΕΥΗ ΦΑΓΗΤΩΝ & ΔΙΑΚΟΣΜΗΣΗ:
ΒΕΦΑ & ΑΛΕΞΙΑ ΑΛΕΞΙΑΔΟΥ

ΕΠΙΜΕΛΕΙΑ ΥΛΗΣ:
ΒΕΦΑ ΑΛΕΞΙΑΔΟΥ

ΗΛΕΚΤΡΟΝ. ΣΤΟΙΧΕΙΟΘΕΣΙΑ & ΚΑΣΕ:
ΚΩΝΣΤΑΝΤΙΝΑ ΚΥΤΙΝΟΥ

ΓΡΑΦΗ ΚΕΙΜΕΝΩΝ:
ΕΥΗ ΜΠΟΤΣΑΡΗ

ΔΙΑΧΩΡΙΣΜΟΙ & ΜΟΝΤΑΖ:
ΑΔΑΜ, ΑΒΕΕ

ΕΚΤΥΠΩΣΗ:
ΠΕΡΓΑΜΟΣ, ΑΒΕΕ

ΒΙΒΛΙΟΔΕΣΙΑ:
ΚΩΣΤΑΣ ΠΑΠΑΔΑΚΗΣ

Φίλες και φίλοι μου

Την ιδέα αυτού του βιβλίου εσείς μου τη δώσατε, γι' αυτό και αφιερώνεται σ' εσάς. Σε σάς που περιβάλλετε με τόση αγάπη, εδώ και 20 χρόνια, το έργο μου. Είχα την πεποίθηση πως όταν νηστεύει κανείς, δεν χρειάζεται όμορφα βιβλία μαγειρικής, με γαργαλιστικές λιχουδιές, να του ανοίγουν την όρεξη. Κουβεντιάζοντας μαζί σας και αντιπαραθέτοντας τις απόψεις μου με τις δικές σας, με πείσατε για την ανάγκη ύπαρξης ενός βιβλίου με μια μεγάλη ποικιλία νηστήσιμων, νόστιμων και χορταστικών συνταγών, για να πάψει η νηστεία να είναι προνόμιο μόνο των γυναικών.

Είναι βέβαιο πως για να μπορέσουμε να καθιερώσουμε τη νηστεία σε όλη την οικογένεια, πρέπει να μαγειρέψουμε θρεπτικά και χορταστικά νηστήσιμα φαγητά για τα παιδιά και το σύζυγο.

Η αυστηρή νηστεία, με τα πολύ λιτά φαγητά, εφαρμόζεται εύκολα στα μοναστήρια, όπου, εκτός από το φαγητό που σερβίρεται στην τραπεζαρία, δεν υπάρχει τίποτε άλλο που θα έβαζε σε πειρασμό τους μοναχούς. Κάτι που δεν συμβαίνει σ' εμάς, που ζούμε σε μια καταναλωτική κοινωνία με χίλιους δυο πειρασμούς της γεύσης, να μας προκαλούν στα κυλικεία των γραφείων ή των σχολείων. Ένας χορτάτος σύζυγος κι ένα ικανοποιημένο από το νόστιμο σπιτικό φαγητό παιδί, δύσκολα θα ενδώσει στον πειρασμό μιας ζεστής τυρόπιτας ή ενός λαχταριστού σάντουιτς.

Μια άλλη παρατήρηση που με έκανε να συνειδητοποιήσω και να ασπαστώ την άποψή σας, αφορά στις ονομαστικές εορτές, που πέφτουν μέσα στις νηστείες. Οι άνθρωποι, κι όταν νηστεύουμε, δεν παύουμε να συνεστιαζόμαστε και να καλούμε φίλους στο σπίτι. Γιατί να μην τους προσφέρουμε ωραία νηστήσιμα γλυκίσματα και φαγητά!

"Όταν δέ νηστεύητε μη γίνεσθαι ώσπερ οι υποκριταί σκυθρωποί... Σύ δέ νηστεύων άλειψαί σου τήν κεφαλήν και το πρόσωπόν σου νίψαι, όπως μή φανής τοῖς άνθρώποις νηστεύων..." (1). Ναι, οι Χριστιανοί, όταν αρχίζει μια περίοδος νηστείας, είναι το ίδιο χαρούμενοι όπως όταν έρχονται οι γιορτές και λύεται η νηστεία. Η νηστεία αποβλέπει στην ωφέλεια της ψυχής, γι' αυτό χαρακτηρίζεται από ιλαρότητα και χαρά και όχι από πένθος και κατήφεια. Εάν φυσικά, παράλληλα με τη νηστεία του σώματος, πραγματοποιείται και η πνευματική νηστεία. Γιατί η πραγματική νηστεία περιλαμβάνει και τη νηστεία της ψυχής από τα πάθη, που δεν είναι

μόνο η αποφυγή της αμαρτίας, αλλά και η τήρηση του θελήματος του Θεού, οι καλές πράξεις και οι χριστιανικές αρετές. Και αυτή κυρίως αποτελεί την αληθή νηστεία, την ευάρεστη ενώπιον του Θεού.

Διδάσκει ο Μέγας Βασίλειος: *"Μή μέντοι έν τη άποχή μόνη τῶν βρωμάτων τό έκ τῆς νηστείας άγαθόν όρίζου. Νηστεία γάρ άληθῆς ή έκ τῶν κακῶν άλλοτρίωσις"* (2) και ο Νείλος Αγκύρας λέγει: *"Νήστευε δέ μή μόνον άπό άρτου καί οίνου καί κρεῶν και άλλων τινῶν βρωμάτων ή πομάτων, άλλά πολύ πλέον άπό τῶν λογισμῶν..."* (3). *"Νηστεία θεμέλιον άρετῆς έστί, προοίμιον όλων τῶν καλῶν έργων, πηγή σωφροσύνης και φρόνησης"*, αναφέρει μεταξύ άλλων ο Ισαάκ ο Σύρος (4).

Με το να απέχουμε κατά τις περιόδους της νηστείας από τις συγκεκριμένες τροφές που ορίζει η θρησκεία μας, καλλιεργούμε τις αρετές της υπακοής και της εγκράτειας που είναι από τις σημαντικότερες αρετές της ψυχής. Μαθητής του ρώτησε τον Πατέρα Παΐσιο, αν νήστεψε πραγματικά αυτός τρώγοντας δύο πιάτα φασόλια με ελιές και ταραμοσαλάτα ή ο φίλος του, που έφαγε μόνο ένα αυγό την ημέρα της Παρασκευής. Ο φίλος σου έκανε δίαιτα, απήντησε ο Πατήρ Παΐσιος, εσύ νήστεψες.

Αυτό δεν σημαίνει βέβαια πως όταν νηστεύουμε πρέπει να τρώμε ανεξέλεγκτες ποσότητες νηστήσιμων φαγητών. Τρώμε *"όσον ύπουργῆσαι πρός τό ζῆν"*, και όχι για να υπηρετούμε τις ορμές και τις επιθυμίες μας, κατά τον Άγιο Κύριλλο Ιεροσολύμων (5). Ούτε όμως να μη νηστεύουμε προφασιζόμενοι ότι είναι καλύτερα να φάμε ελάχιστα, πλην όμως αρτύσιμο φαγητό.

Η νηστεία είναι κυρίως υπακοή σ' αυτά που καθορίζει η Εκκλησία μας ως νηστήσιμα. Όταν παιδί ρώτησα τη μητέρα μου γιατί τρώμε ελιές, ενώ δεν τρώμε λάδι, η απάντησή της ήταν: "Έτσι τα βρήκαμε παιδί μου, έτσι θα τ' αφήσουμε". Παράδοση, εξάλλου, αυτό σημαίνει.

Ας προσπαθήσουμε, λοιπόν, να παραμείνουμε προσηλωμένοι στις ευλογημένες παραδόσεις μας, να καθιερώσουμε τη νηστεία σε οικογενειακή βάση, να τη διδάξουμε στα παιδιά μας, για να τη συνεχίσουν κι αυτά στα δικά τους παιδιά αύριο.

"Επειδή ούκ ένηστεύσαμεν, έξεπέσαμεν τοῦ παραδείσου, νηστεύσωμεν τοίνυν, ίνα προς αύτόν έπανέλθωμεν", λέγει ο Μέγας Βασίλειος (6).

(1) Ματθ. στ'. 16-18

(2) Περί νηστείας λογ. 1, 10 ΒΕΠΕΣ 54, 12

(3) Επιστ. 4,3 PG 79, 552 C

(4) Λογ. 85, ο.π., σ. 334

(5) Ομιλία εις τον Παραλυτικόν 18, ΒΕΠΕΣ 39, 269

(6) Περί νηστείας λογ. 1,4. ΒΕΠΕΣ 54, 13

Για την ιστορία και την σημασία της νηστείας

Η νηστεία αποτελεί έναν πανάρχαιο θεσμό, που τον συναντούμε να ισχύει στους Αρχαίους Έλληνες (αρκεί να θυμηθούμε τους Πυθαγόρειους και τους συμμετέχοντες στα Ελευσίνια Μυστήρια), στους Ρωμαίους, στους λαούς της Ανατολής και στους Ισραηλίτες. Ο προφητάναξ Δαβίδ, στους Ψαλμούς του (34, 13 / 68, 11 / 108, 24), θεωρεί τη νηστεία ως έκφραση της εσωτερικής στροφής του ανθρώπου προς τον Θεό, ως ένδειξη επίσης της συντριβής και μετάνοιάς του, προκειμένου να επικαλεσθεί με θέρμη το έλεος της μεγάλης Του ευσπλαχνίας.

Η λέξη νηστεία είναι σύνθετη, αποτελούμενη από το αρνητικό μόριο νη και το εσθίω (που είναι άλλος τύπος του έσθω και του έδω) και που σημαίνει τρώγω. Η πρώτη λέξη που δημιουργήθηκε ήταν η λέξη νήστις, που σήμαινε εκείνον που δεν τρώει.

Αθηνά Σχινά

Είναι η λέξη που τη συναντούμε ακόμη στα νοσοκομεία, ως ένδειξη στα κρεβάτια των ασθενών, προκειμένου ο γιατρός να γνωστοποιήσει προς κάθε ενδιαφερόμενο, πως ο συγκεκριμένος άρρωστος (ακολουθώντας μια φαρμακευτική αγωγή, πριν ή μετά την εγχείρηση), απαγορεύεται να λάβει από το στόμα οποιαδήποτε τροφή.

Είναι αλήθεια πως αρχικά η νηστεία σήμαινε την πλήρη αποχή από στερεές και υγρές τροφές, ο θεσμός όμως της νηστείας στην εξελικτική διαμόρφωσή του, δεν αναφερόταν μόνο στην πλήρη, αλλά και στην μερική αποχή από συγκεκριμένες τροφές. Σύμφωνα με τη θρησκεία μας, οι τροφές διακρίνονται σε νηστήσιμες και αρτυμένες ή αρτύσιμες, εφ'όσον το αρτύω σημαίνει καρυκεύω, μαγειρεύω δηλαδή ένα φαγητό, χρησιμοποιώντας καρυκεύματα. Νηστήσιμες τροφές, κατά τη διάκριση αυτή, θεωρούνται το ψωμί, τα λαχανικά, τα φρούτα, οι ξηροί καρποί και άλλα συναφή. Αντίθετα, αρτύσιμες τροφές είναι εκτός των ζωικών (με τα παράγωγά τους που είναι π.χ. το γάλα, το τυρί, τα αυγά) και όσες μαγειρεύονται με τη χρησιμοποίηση του λαδιού, του βουτύρου και των διαφόρων καρυκευμάτων. Ανάμεσα σ' αυτές τις διακρίσεις υπάρχει και η ξηροφαγία (που απαντάται στα εκκλησιαστικά κείμενα) και σημαίνει τη λήψη αμαγείρευτων τροφών.

Η νηστεία συμβολίζει την εγκράτεια και τον έλεγχο των επιθυμιών. Πρόκειται για μία άσκηση και κατ'επέκταση για μία αγωγή απέναντι στις προκλήσεις της ζωής, μία εκ των οποίων είναι η βουλιμία και η ανεξέλεγκτη κατανάλωση αγαθών. Αν το ένα επίπεδο της νηστείας ανταποκρίνεται στην καθημερινή πραγματικότητα και στον τρόπο που την αντιμετωπίζει κανείς, κατορθώνοντας να ελέγξει και να πειθαρχήσει απέναντι στις ορέξεις του, το άλλο επίπεδο της νηστείας που σχετίζεται με την αυτοσυγκράτηση και την προσευχή, ανταποκρίνεται στην πνευματικότητα του ανθρώπου, στην εσωτερική του κάθαρση και στο στοχασμό του. Ο Μέγας Βασίλειος μάλιστα, αναφέρει στα κείμενά του χαρακτηριστικά, (Γεν. 2, 16-17) πως η νηστεία νο-

μοθετήθηκε στον ίδιο τον Παράδεισο, με την απαγορευτική εντολή που έδωσε ο Θεός στους Πρωτόπλαστους. Άλλωστε, ο ίδιος ο Θεός βλέπουμε κατόπιν, να δίνει προς τον Μωϋσή εντολή για αυστηρή ημερήσια νηστεία (Λευΐτ. 16, 29, 30 / 23, 27 - 33) που γινόταν κατά τη γιορτή της Μεγάλης Μετάνοιας ή του Εξιλασμού, ενώ γνωρίζουμε από το βιβλίο της Εξόδου, πως ο Μωϋσής πάλι, πριν παραλάβει από τον Θεό τις Δέκα Εντολές, νήστεψε σαράντα ημέρες και *"ουκ άρτον έφαγε, ούτε ύδωρ έπιεν"* (34, 28).

Μετά από τη Βαβυλώνια αιχμαλωσία των Ισραηλιτών, οι νηστείες καθορίστηκαν σε τακτές (εις ανάμνηση σημαντικών θρησκευτικών ή εθνικών γεγονότων), σε έκτακτες (π.χ. για τον απροσδόκητο θάνατο του βασιλιά Σαούλ) και σε ιδιωτικές (η σαρανταήμερη π.χ. νηστεία του προφήτη Ηλία καθώς προχωρούσε για να συναντήσει τον Θεό στο όρος Χωρήβ, η νηστεία επίσης του προφήτη Δανιήλ, καθώς και η νηστεία συνδυαζόμενη με τη μετάνοια που παρότρυνε, μέσα από το κήρυγμά του ο προφήτης Ιωνάς, τους κατοίκους της Νινευή, προκειμένου να αποφύγουν την καταστροφή).

Την υποκρισία ωστόσο, τις υπερβολές και τον φαρισαϊσμό γύρω από την τυπική πλευρά της νηστείας, τα στηλιτεύουν τόσο ο προφήτης Ησαΐας (Ησ. 1, 13-17), όσο και ο Χριστός αργότερα, στην επί του Όρους Ομιλία του (Ματθ. 6, 16-18). Στη νηστεία, κατ' αυτούς, με την βαθυστόχαστη σκέψη και την υψηλόφρονα νόησή τους, η πράξη και η θεωρία οφείλουν να ταυτίζονται. Δεν μπορούμε, μας διαμηνύουν μέσα από τα ιερά κείμενα, να προβαίνουμε σε κάθαρση σώματος, μέσω της νηστείας, αν αυτή δεν συνοδεύεται από την κάθαρση της ψυχής, τη μετανόηση από τις αμαρτίες, την αίτηση συγχώρησης, τη φιλανθρωπία και την ελεημοσύνη.

Η νηστεία, σύμφωνα με το υπόδειγμα του Χριστού, οφείλει να είναι εξαγνιστική. Θα λέγαμε πως θεωρείται ως μια περίοδος ανανέωσης των δυνάμεών μας, ένα χρονικό διάστημα που μας επιτρέπει να απορρίπτουμε τα περιττά, τα βλαβερά και τα επουσιώδη, να αναδιοργανώνουμε τους εαυτούς μας και να επαναβαπτιζόμαστε στην ουσία που διέπει την αλήθεια της ζωής μας, προσβλέποντας με νέες δυνατότητες στην κατάκτηση των στόχων μας. Ο ίδιος ο Χριστός, άλλωστε, πριν αναλάβει το Δημόσιο επί Γης έργο Του, οδηγήθηκε, μας λένε οι Ευαγγελιστές Ματθαίος και Λουκάς, από το Άγιο Πνεύμα στην έρημο, κι εκεί νήστεψε σαράντα μερόνυχτα, επικυρώνοντας αφ' ενός το νόμο της νηστείας και δίνοντας αφ' ετέρου ένα σαφές παράδειγμα προς μίμηση.

Η πρώτη μακροπερίοδη νηστεία που καθιερώνεται μεταξύ των Χριστιανών είναι η νηστεία του Πάσχα, αν δούμε ιστορικά το θέμα. Δεν ήταν όμως μόνο αυτή. Σε εβδομαδιαία βάση, οι πρώτοι Χριστιανοί νήστευαν (δηλαδή απέφευγαν τις ζωικές τροφές, όπως κρέας και ψάρι, γαλακτοκομικά, αυγά, λάδι, βούτυρο και κρασί) κάθε Τετάρτη και Παρασκευή, εις ανάμνηση των σημαντικών γεγονότων της επίγειας ζωής του Χριστού, αλλά και για να διαφοροποιηθούν από τους Φαρισαίους, που εκείνοι νήστευαν "δις του Σαββάτου" (Λουκ. 18, 12), εντελώς τυπολατρικά.

Θα αναρωτηθούν προφανώς πολλοί, γιατί σ' αυτήν αλλά και σε κάποιες άλλες νηστείες, απαγορευόταν μαζί με όλα τα άλλα και το κρασί. Είναι ευνόητο να αντιληφθούμε, πως ο άνθρωπος σε ζάλη (και πόσο μάλλον σε κατάσταση μέθης), δεν μπορεί να σκεφθεί, δεν μπορεί συνειδητά να στοχαστεί γύρω από τα αμαρτήματά του, προκειμένου να τα επανορθώσει.

Η Εκκλησία, εκτός των όσων αναφέρθηκαν, από τους πρώτους ήδη αιώνες, καθιέρωσε και άλλες περιόδους νηστειών, ορισμένες από τις οποίες είναι αυστηρές, ενώ άλλες λιγότερο. Τέτοιες περίοδοι είναι τα σαρανταήμερα προ των Χριστουγέννων και του Πάσχα, καθώς και το δεκαπενθήμερο προ της Κοιμήσεως της Θεοτόκου (το Δεκαπενταύγουστο), αλλά είναι επίσης και η ημέρα της Υψώσεως του Τιμίου Σταυρού, η ημέρα της Ανακομιδής των λειψάνων του Αγίου Ιωάννου του Χρυσοστόμου, η ημέρα μνήμης του Αγίου Γρηγορίου του Θεολόγου, των Αγίων Θεοπατόρων Ιωακείμ και Άννης, των Αγίων Αναργύρων κ.ο.κ.

Το βασικό ερώτημα που ανακύπτει, μετά από όλα αυτά είναι, αν σήμερα γνωρίζουμε και τηρούμε αυτές τις νηστείες. Πού και με ποιον τρόπο άραγε, θα μπορούσε να αναρωτηθεί κανείς, εξυπηρετούν οι νηστείες τον σύγχρονο άνθρωπο, εκτός από το να ακολουθεί πιστά και με θρησκευτική ευλάβεια αυτούς τους κανόνες; Τέλος, πόσο μπορούμε να αντισταθούμε στην υλιστική και άκρως καταναλωτική εποχή μας, που μας έχει κάνει να είμαστε απομακρυσμένοι από όλα αυτά;

Σίγουρα τις περισσότερες νηστείες τις αγνοούμε ή στην περίπτωση που τις θυμόμαστε, βρίσκουμε πάμπολλες προφάσεις, για να μην τις τηρούμε, επικαλούμενοι πολλές φορές την παρερμηνευμένη και παροιμιώδη πλέον φράση, πως τα "εξερχόμενα (δηλαδή τα λόγια και ίσως κατ' επέκταση οι πράξεις μας) έχουν σπουδαιότερη σημασία από τα εισερχόμενα" (δηλαδή την τροφή). Η συγκεκριμένη φράση ειπώθηκε για τους υποκριτές Φαρισαίους και όχι για τους Χριστιανούς, για τους οποίους οι ημέρες της νηστείας είναι ημέρες προσφοράς προς τον εαυτό μας και τον Θεό, ημέρες μνήμης, θυσίας, άσκησης και αυτοελέγχου. Όσο για τις περιόδους και τις ημέρες που οι Χριστιανοί νηστεύουν, χρήσιμη θα ήταν η καθοδηγητική συμβουλή από τους ιερείς και τους πνευματικούς, εφ' όσον ο τρόπος, οι συνθήκες και ο ρυθμός της ζωής μας έχουν αλλάξει. Το γεγονός αυτό δεν μπορεί όμως να μας κάνει να παραβλέπουμε πως μέσω της νηστείας ακολουθούμε μια πολύ μεγάλη παράδοση που έφθασε μέχρι τις ημέρες μας και θα ήταν κρίμα, με τη δική μας αμέλεια, να εξαφανισθεί. Έχουν ασφαλώς τροποποιηθεί αρκετά πράγματα, δια μέσου των αιώνων, χωρίς ωστόσο να έχει αλλοιωθεί το ουσιαστικό νόημα και η χρησιμότητα, κατά τα άλλα, της νηστείας, τόσο σε θεωρητικό όσο και σε πρακτικό επίπεδο.

Αν δει κανείς, πόσο εναλλακτικά και καλά ρυθμισμένα είναι από εκκλησιαστικής απόψεως τα πράγματα, θα κατανοήσει και θα εκτιμήσει ιδιαίτερα, πως αυτή η τεράστιας σπουδαιότητας παράδοση, εμφανίζεται απολύτως εκσυγχρονισμένη και συνεπής με τους καλύτερους κανόνες υγιεινής διατροφής και διαιτητικής. Οι διάφοροι κίνδυνοι που απειλούν την υγεία μας (όπως είναι τα καρδιαγγειακά νοσήματα, τα εμφράγματα, η αρτηριοσκλήρυνση, τα εγκεφαλικά επεισόδια, ο καρκίνος, ο σακχαρώδης διαβήτης, η υψηλή αρτηριακή πίεση, η χοληστερίνη, η παχυσαρκία κ.α.), οφείλονται στις υπερκαταναλώσεις κρέατος, αυγών, πουλερικών, γαλακτοκομικών προϊόντων, γλυκισμάτων και διαφόρων άλλων επιβαρυντικών και διαβρωτικών ουσιών, που οι ποσότητες και οι βλαβεροί συνδυασμοί τους, μας υποσκάπτουν καθημερινά, χωρίς να αφήνουν περιθώρια στον οργανισμό, για να αποτοξινωθεί.

Οι αρχαίοι μάλιστα Αιγύπτιοι έλεγαν επ' αυτού, πως "τον τάφο μας τον σκάβουμε με τα ίδια μας τα δόντια", εννοώντας την ασυλλόγιστη κατανάλωση και τον απερίσκεπτο συνδυασμό τροφών που καθημερινά λαμβάνουμε, οι οποίες είναι ικανές ακόμη και τη ζωή μας να συντομεύσουν. Γι αυτό, σύμφωνα με τον Κύριλλο Ιεροσολύμων, πρέπει η τροφή να υπουργεί (δηλ. να εξυπηρετεί) το ζην και όχι αντίστροφα. Τα νηστήσιμα, λοιπόν, φαγητά με την επιλογή, τον συνδυασμό και τον τρόπο παρασκευής τους, αυτήν ακριβώς την ανάγκη εξυπηρετούν. Όσο για την νηστεία, εκτός του γεγονότος ότι τηρώντας την, συνεχίζουμε μια παράδοση κι έναν ολόκληρο πολιτισμό πίσω της, που έζησε μέχρι σήμερα διαδιδόμενος από γενιά σε γενιά, (διότι διαγράφοντας τμήματα αυτού του πολιτισμού, διαγράφουμε και τμήματα της ταυτότητάς μας) μας θυμίζει, ανάμεσα στ' άλλα, πως έθνη χωρίς σεβασμό και μνήμη ως προς την πολιτιστική τους παράδοση, αλλοτριώνονται κι εξαφανίζονται). Ήρθε πλέον η ώρα ν' αντισταθούμε, σ' όσους αμφισβητούν τέτοιες αξίες.

Δεν θεωρείται, στις μέρες μας, συντηρητισμός η άσκηση νηστείας. Αντίθετα, θεωρείται ουσιαστικός εκσυγχρονισμός, να διαιτώμεθα σωστά και να τηρούμε με συνέπεια τις περιόδους και τους τρόπους αποτοξίνωσης. Οι πρόγονοί μας υπήρξαν σοφοί, σ'αυτό το σημείο. Με έκπληξη διαπιστώνουμε πόσο βαθειά είχαν συλλογισθεί γύρω από την θρεπτική αξία των τροφών, τους χρόνους μεταβολισμού και τις ανάγκες του ανθρώπινου οργανισμού, σχετικά με την πρόληψη, την καλή λειτουργία και τη θεραπεία ακόμη ασθενειών, μέχρι και την εξασφάλιση της μακροβιότητάς μας.

Ακολουθώντας το παράδειγμά τους, δεν είναι μόνο πως δίνουμε συνέχεια και ζωή στις πειθαρχίες και στους νόμους μιας παράδοσης που μας μεταλαμπάδευσε η Ελληνορθόδοξη παρακαταθήκη μας. Είναι πως νηστεύοντας, γινόμαστε εμείς οι ίδιοι πραγματικά φορείς και συνεχιστές μιας μακραίωνης κι αλυσσιδωτής θεωρίας και πράξης, της οποίας διεκδικούμε να λεγόμαστε και να είμαστε απόγονοι, βάζοντας ταυτοχρόνως τα θεμέλια για το μέλλον των παιδιών μας, όπως άλλωστε, το ίδιο έκαναν και οι πρόγονοί μας για μας.

ΠΕΡΙΕΧΟΜΕΝΑ

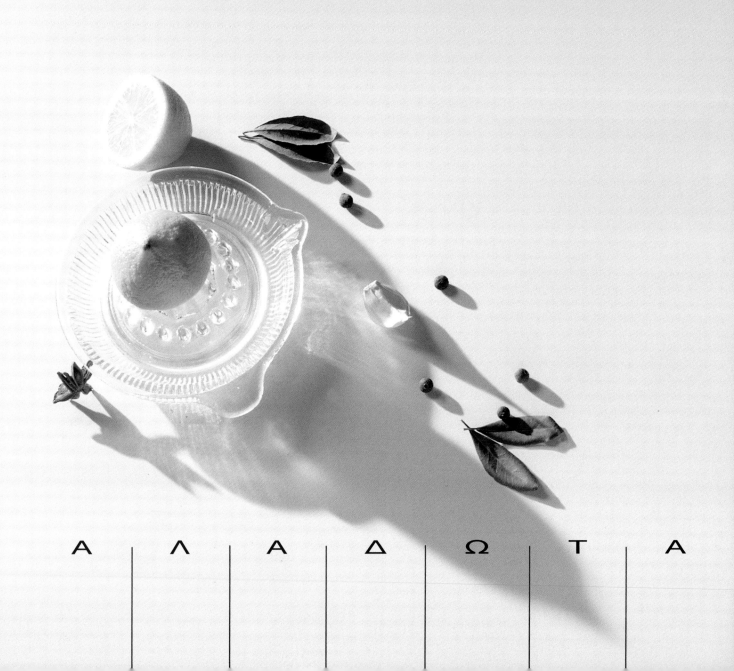

Α   Λ   Α   Δ   Ω   Τ   Α

"Σέ ὅ,τι ἀφορᾶ τή νηστεία, νά ὑποταχθῆς σ'αὐτήν, ἐνθυμούμενος τά ἀγωνίσματα καί τίς ἀγρυπνίες τῶν Πατέρων. Νά ἔχης ταπεινή καρδιά κι ἄν μπορῆς, νά παραμένης νηστικός μέχρι τήν Ἐνάτη. Ἄν ὄχι, μή στενοχωριέσαι. Νά προσπαθήσης νά τηρήσης τή νηστεία τοῦ ἔσω ἀνθρώπου, φυλάσσοντας τήν ἐντολή νά μή γευθῆς ἀπό τούς καρπούς τοῦ δέντρου τῆς παρακοῆς καί νά προσέχης τόν ἑαυτό σου ἀπό τά ἄλλα πάθη. Ἡ νηστεία αὐτή τοῦ ἔσω ἀνθρώπου γίνεται δεκτή ἀπό τόν Θεό καί σέ καλύπτει καί γιά τή σωματική νηστεία" [1].

ΑΒΒΑΣ ΒΑΡΣΑΝΟΥΦΙΟΣ

Διάφορες ιστορικές μαρτυρίες αποκαλύπτουν ότι η νηστεία των πρώτων Χριστιανών διαρκούσε ως το βράδυ και σήμαινε πλήρη ασιτία. Μια μετριότερη μορφή νηστείας ήταν η ημιασιτία, που σταματούσε κατά την ενάτη ώρα, δηλ. γύρω στις 3 μ.μ. Αργότερα, με την πάροδο των χρόνων, η πλήρης ασιτία άρχισε να παίρνει καινούρια μορφή, την αποχή από ορισμένες τροφές που προέρχονταν από το ζωικό βασίλειο.

Η νηστεία από την αρχή συνδέθηκε άρρηκτα με την προσευχή και την πνευματική άσκηση, την αποχή δηλ. από τα ανθρώπινα πάθη. Οι ημέρες που νηστεύουν οι Χριστιανοί, είναι ημέρες μνήμης σημαντικών γεγονότων, που διαμόρφωσαν την ιστορία της πίστης, καθώς και ημέρες προετοιμασίας για ευχάριστα γεγονότα, όπως είναι η Γέννηση του Χριστού. Οι περισσότερες από τις ημέρες του ορθόδοξου χριστιανικού εορτολογίου σχετίζονται με αυστηρές νηστείες και οι αυστηρές νηστείες είναι αλάδωτες. Δηλ. εκτός από την κατάλυση ζωικών πρωτεϊνών, απαγορεύεται και η κατάλυση οίνου και ελαίου.

Μια γενικευμένη στις μέρες μας αντίρρηση προς την αλάδωτη νηστεία, είναι οι λόγοι υγείας που επικαλούνται οι υγιεινολόγοι και οι διαιτολόγοι, οι οποίοι προβάλλουν το επιχείρημα, δίκαια βέβαια, πως δεν μπορεί να τραφεί και να αναπτυχθεί φυσιολογικά ένας οργανισμός στερούμενος πλήρως το λίπος. Ας μου επιτραπεί εδώ να εκφράσω την ταπεινή μου γνώμη και να απαντήσω η ίδια στην παιδική μου απορία "γιατί τρώμε ελιές, ενώ δεν τρώμε λάδι". Η με πολλή σοφία καθορισμένη νηστεία της Εκκλησίας μας συμπεριέλαβε την ελιά, ως καρπό, στα αλάδωτα εδέσματα. Έτσι οι νηστεύοντες παίρνουν καθημερινά τη μικρή ποσότητα λιπαρών που είναι απαραίτητη για την εύρυθμη λειτουργία του οργανισμού. Εξάλλου, την Κυριακή, ημέρα Αναστάσεως του Κυρίου, και το Σάββατο, ημέρα αναπαύσεως του Θεού από το έργο της Δημιουργίας, ημέρες χαράς για τους Χριστιανούς, επιτρέπεται η κατάλυση ελαίου και οίνου κατά τις περιόδους αυστηρής αλάδωτης νηστείας. Μοναδική εξαίρεση στη γενική αυτή ρύθμιση αποτελεί η ημέρα του Μ. Σαββάτου, η οποία είναι αφιερωμένη στην ταφή του Κυρίου. Επίσης σε ορισμένες εορτές βασικά της Παναγίας και του Προδρόμου, όταν αυτές συμπίπτουν κατά την Τετάρτη ή την Παρασκευή επιτρέπεται η κατάλυση ιχθύων. Είναι λοιπόν έτσι σοφά καθορισμένες οι διατροφικές επιλογές της ορθόδοξης εκκλησιαστικής νηστείας, ώστε και με περίσκεψη να γίνεται η χρήση των καταναλωτικών αγαθών και να ικανοποιούνται πλήρως οι διαιτολογικές ανάγκες του ανθρώπινου οργανισμού.

Πιστεύω πως όλοι μας σήμερα διαβλέπουμε τον κίνδυνο που μας απειλεί, να εξαντλήσουμε τα αγαθά της γης, με την αλόγιστη υπερκατανάλωση και τη σπατάλη. Η εκτεταμένη ρύπανση του περιβάλλοντος κινδυνεύει να ανατρέψει την ισορροπία του οικολογικού μας συστήματος. Η καταναλωτική μανία που μας έχει καταλάβει και η αλόγιστη χρήση των αγαθών της γης απειλούν την ίδια την ύπαρξη της ζωής μας. Ίσως είναι καιρός να θυμη-

θούμε και να υιοθετήσουμε τον τρόπο ζωής και το πνεύμα λιτότητας στη χρήση των υλικών αγαθών που επαγγέλλεται το Ευαγγέλιο και που με πολλή σοφία καθόρισε η μακραίωνη εκκλησιαστική πράξη.

Περιτριγυρισμένη από τη θάλασσα, λουσμένη στο χρυσό φως του ήλιου κι ευλογημένη από το Θεό με το πιο ήπιο κλίμα, το μεσογειακό, η Ελλάδα μάς προσφέρει τους θησαυρούς της από στεριά και θάλασσα. Δροσερά λαχανικά, χόρτα και μυρωδικά μαζεμένα από τους αγρούς, νόστιμα και θρεπτικά όσπρια και δημητριακά και μια ατέλειωτη σειρά από οστρακοειδή και μαλάκια, από τα γαλάζια νερά του Αιγαίου και του Ιονίου πελάγους είναι όλα νηστήσιμα, κατάλληλα να μαγειρευτούν και χωρίς λάδι. Ψητά ή βραστά, πασπαλισμένα με μυρωδικά και αλατοπίπερο, περιχυμένα με λίγο ξίδι μπαλσάμικο ή χυμό λεμονιού, αποτελούν νόστιμες και χορταστικές λύσεις για το αλάδωτο σαρακοστιανό μενού της οικογένειας.

Τα διάφορα μυρωδικά, οι ξηροί καρποί και το σκόρδο, προστιθέμενα στα αλάδωτα φαγητά μετριάζουν την αίσθηση της έλλειψης του λίπους. Άλλος τρόπος να καλύψουμε την έλλειψη του λαδιού στο φαγητό μας, είναι να προσθέσουμε σ' αυτό προϊόντα του φυτικού βασιλείου που περιέχουν αρκετό λίπος όπως οι ελιές, το αβοκάντο, το σουσάμι ή να χρησιμοποιήσουμε διάφορες σάλτσες, όπως κέτσαπ, σόγια, τεριγιάκι ή oyster sauce. Οι σύγχρονοι κανόνες διατροφής στις δυτικές κουζίνες έχουν περιορίσει αισθητά το λίπος στα καθημερινά γεύματα. Παράλληλα, οι ασιατικές κουζίνες είναι πολύ φτωχές σε λιπαρά, ιδιαίτερα ελαιόλαδο, αφού η γεωγραφική και οικονομική θέση τους δεν ευνοεί την παραγωγή ή το εμπόριό του. Έτσι υπάρχει ανά τον κόσμο ένα πλούσιο ρεπερτόριο με εύγευστες συνταγές χωρίς λάδι, παραλλαγές των οποίων μπορούμε να ενστερνιστούμε στο καθημερινό μας τραπέζι, ώστε να μείνουμε πιστοί στη χριστιανική μας παράδοση, χωρίς να στερηθούμε την ποικιλία της γεύσης.

Υπάρχει μεγάλη φαντασία και ευρηματικότητα στις συνταγές που ακολουθούν, τόσο σ' αυτές που μας παραδόθηκαν, όσο και σε εκείνες που δημιουργήσαμε. Για όσους τις ακολουθήσετε, οι νηστήσιμες συνταγές κρύβουν εκπλήξεις που ίσως σας αλλάξουν τις συνήθειες, τις επιλογές, τη νοοτροπία και γιατί όχι, τη φιλοσοφία της αντιμετώπισης της υγείας. Τα νηστήσιμα φαγητά δεν είναι μόνο σαφώς ελαφρύτερα, αλλά και απείρως πιο υγιεινά. Αρκεί μια δοκιμή.

Όλες οι αλάδωτες συνταγές που ακολουθούν, μπορούν να μαγειρευτούν και με λάδι. Δοκιμάστε τες με λάδι τις ημέρες που επιτρέπεται η κατάλυση.

Κατά την άποψη ορισμένων στα αλάδωτα φαγητά περιλαμβάνονται και τα μαγειρευμένα με διάφορα σπορέλαια πλην του ελαιόλαδου. Η θεώρηση αυτή της αλάδωτης νηστείας επικρατεί στην Αμερική και στον Καναδά.

(1) Απόκρισις 512. Νικοδήμου Αγιορείτου, Βίβλος Βαρσανουφίου και Ιωάννου, Βόλος 2 1960, σσ. 248-249

ΑΛΛΔΩΤΑ

ΑΛΑΔΩΤΑ ΦΑΓΗΤΑ

ΑΛΑΔΩΤΑ

Γαρίδες Γλυκόξινες

Μερίδες 5-6
Χρόνος προετοιμασίας 1 ώρα
Χρόνος ψησίματος 20΄

1 κιλό μεγάλες γαρίδες
1/3 κούπας σόγια σος
1/3 κούπας κορν φλάουρ
1/4 κουταλάκι αλάτι
1/2 κουταλάκι τζίντζερ
1/4 κουταλάκι πιπέρι
1/3 κούπας μέλι αραιωμένο με
1/4 κούπας νερό
1/2 κούπας σουσάμι
2 κουταλιές ταχίνι
2 σκελίδες σκόρδο τριμμένο
2 κουταλάκια τριμμένο φρέσκο τζίντζερ
2 μεγάλα κρεμμύδια σε τετράγωνα κομματάκια
1 καρότο σε λεπτά φετάκια
1 πράσινη ή κόκκινη πιπεριά σε τετράγωνα κομματάκια
5 ρόδες ανανά από κονσέρβα σε κομματάκια

για τη γλυκόξινη σάλτσα
1 κουταλιά κορν φλάουρ διαλυμένο σε
2 κουταλιές νερό
2 κουταλιές ζάχαρη
2 κουταλιές άσπρο ξίδι
1/2 κούπας ζουμί της κομπόστας ανανά
1/3 κούπας κέτσαπ
1/4 κούπας σόγια σος
1/4 κούπας γλυκόζη
2 σταγόνες κόκκινο χρώμα ζαχαροπλαστικής

Καθαρίστε τις γαρίδες κι αφαιρέστε το εντεράκι με την άμμο. Πλύντε και κόψτε τες στη μέση. Βάλτε τες σ' ένα μπολ, ραντίστε τες με τη σόγια κι ανακατέψτε τες. Αφήστε τες να σταθούν για 30΄ στο ψυγείο. Σε μια πλαστική σακούλα ανακατέψτε το κορν φλάουρ, το αλάτι, το τζίντζερ και το πιπέρι. Ρίξτε μέσα τις γαρίδες, αφού τις στραγγίσετε προηγουμένως, κι αλευρώστε τες. Αδειάστε τες σε τρυπητό και κουνήστε το δεξιά - αριστερά να φύγει η περίσσεια του κορν φλάουρ. Βουτήξτε τες μία - μία στο αραιωμένο μέλι και τυλίξτε τες στο σουσάμι. Αραδιάστε τες σε ταψί στρωμένο με αντικολλητικό χαρτί φούρνου κι αφήστε τες 30΄ στο ψυγείο, για να στερεωθεί το πανάρισμα. Ψήστε τες σε απόσταση 15 εκ. από το γκριλ, 3΄ από την κάθε πλευρά. Σε μια κατσαρόλα με βαρύ πάτο ζεστάνετε το ταχίνι,

ρίξτε μέσα το σκόρδο, το τζίντζερ, τα κρεμμύδια, το καρότο, την πιπεριά και τον ανανά κι ανακατέψτε τα επάνω σε μέτρια φωτιά 5΄- 6΄. Προσθέστε αλάτι και πιπέρι. Ανακατέψτε σ' ένα μπολ τα υλικά της γλυκόξινης σάλτσας κι αδειάστε τα στην κατσαρόλα με τα υπόλοιπα. Σιγοβράστε τη σάλτσα, ώσπου να δέσει και να γυαλίσει. Κατεβάστε την από τη φωτιά, ρίξτε μέσα τις γαρίδες κι ανακατέψτε τες ελαφρά. Σερβίρετε τις γλυκόξινες γαρίδες με ρύζι basmati. Αν θέλετε μπορείτε να σερβίρετε τις γαρίδες μόλις τις βγάλετε από το γκριλ με το ρύζι και χωριστά τη γλυκόξινη σάλτσα με τα λαχανικά και τον ανανά.

Γαρίδες Σουβλάκια

Μερίδες 4
Χρόνος ετοιμασίας 40΄

20 μέτριες γαρίδες καθαρισμένες
1/2 κιλού κολοκυθάκια
1/2 κούπας τριμμένη φρυγανιά
1/2 κουταλάκι ξερό σκόρδο
1 κουταλάκι ξερό βασιλικό ή δυόσμο
αλάτι και φρεσκοτριμμένο πιπέρι
1 κουταλιά κορν φλάουρ διαλυμένο σε 1/2 κούπας νερό
και 2 κουταλιές σόγια σος
2 κουταλιές χυμό λεμονιού

Πλύντε καλά τα κολοκύθια και κόψτε τα σε λεπτές μακρόστενες φέτες. Πασπαλίστε τες με λίγο αλάτι κι αφήστε τες σε τρυπητό να στραγγίσει λίγο από το νερό τους. Ξεπλύντε και στίψτε τες ελαφρά. Τυλίξτε τις γαρίδες με τις φέτες κολοκυθιού και περάστε τες σε ξύλινα σουβλάκια ανά πέντε. Σ' ένα μπολ ανακατέψτε τη φρυγανιά με το σκόρδο και το μυρωδικό της προτίμησής σας. Βουτώντας ένα πινέλο στο διαλυμένο κορν φλάουρ, αλείψτε τα σουβλάκια απ' όλες τις πλευρές και τυλίξτε τα στο μίγμα της φρυγανιάς. Αφήστε τα να σταθούν λίγο στο ψυγείο για να στερεωθεί το πανάρισμα και ψήστε τα στο γκριλ για 4΄- 5΄ από την κάθε πλευρά. Σερβίρετέ τα επάνω σε τρυφερά φύλλα πράσινης σαλάτας. Περιχύστε τα με το χυμό λεμονιού και, αν θέλετε, με 2-3 κουταλιές σουσαμέλαιο.

ΓΑΡΙΔΕΣ ΓΛΥΚΟΞΙΝΕΣ

Γαριδοσαλάτα σε Κούπες Ντομάτας

Μερίδες 4
Χρόνος ετοιμασίας 25΄

4 ομοιόμορφες μέτριες ντομάτες
8 μεγάλες γαρίδες βρασμένες και καθαρισμένες
2 πλοκάμια χταπόδι βρασμένο σε κομμάτια
1 μεγάλη πατάτα βρασμένη σε μικρούς κύβους
8 πράσινες ελιές κομμένες σε τέταρτα
1/4 κούπας ψιλοκομμένο αγγουράκι πίκλες
2 κουταλιές κάπαρη
2 κουταλιές ψιλοκομμένο μαϊντανό
2 κουταλιές ξίδι balsamico ή
2 κουταλιές χυμό λεμονιού
αλάτι και φρεσκοτριμμένο πιπέρι
1/4 κούπας σάλτσα ταχίνι (προαιρετικά)

Πλύντε και σκουπίστε τις ντομάτες. Κόψτε οριζόντια μία φέτα από το επάνω μέρος τους κι αδειάστε τες με κουταλάκι, προσέχοντας να μη χαλάσει η φόρμα τους. Πασπαλίστε το εσωτερικό με λίγο αλάτι και βάλτε τες ανάποδα σε σχάρα, να στραγγίσουν λίγο. Τα πιο σκληρά και στέρεα κομμάτια από το εσωτερικό της ντομάτας κόψτε τα σε μικρούς κύβους. Βάλτε τα σ' ένα μπολ κι ανακατέψτε τα απαλά με τα υπόλοιπα υλικά. Κόψτε τις γαρίδες στα τρία, αν είναι μεγάλες, ή στα δύο, αν είναι μικρότερες. Γεμίστε με το μίγμα τις κούπες της ντομάτας κι αφήστε τες να σταθούν στο ψυγείο, σκεπασμένες με πλαστική μεμβράνη, ως τη στιγμή που θα τις σερβίρετε. Αν θέλετε, σερβίρετε τη γαριδοσαλάτα με σάλτσα ταχίνι (βασικές συνταγές).

Γαρίδες Κοκτέιλ

Μερίδες 4
Χρόνος ετοιμασίας 20΄

1 κιλό μεγάλες γαρίδες
1 κουταλάκι sea food seasoning ή
1 κουταλάκι πάπρικα και λίγο πιπέρι καγιέν
1 μαρούλι
2 αβοκάντο
1/4 κούπας χυμό λεμονιού
2 κουταλιές ψιλοκομμένο φρέσκο κρεμμυδάκι
2 κουταλιές ψιλοκομμένο μαϊντανό

για τη σάλτσα κοκτέιλ
1/2 κούπας φυτική κρέμα (προαιρετικά)
1/4 κούπας κέτσαπ
10 σταγόνες Tabasco sauce
1/2 κουταλάκι τσίλι
1/2 κουταλάκι horseradish
αλάτι και φρεσκοτριμμένο πιπέρι

Αφαιρέστε το κέλυφος από τις γαρίδες κι αφήστε τα κεφάλια και τις ουρές. Με μια φουρκέτα τρυπήστε την πλάτη, τραβήξτε κι αφαιρέστε το εντεράκι με την άμμο. Βράστε τες για 7΄, σε αλατισμένο νερό με το sea food seasoning ή την πάπρικα και το καυτερό πιπέρι, ώσπου να κοκκινίσουν. Πλύντε και καθαρίστε το μαρούλι. Χτυπήστε τη φυτική κρέμα, να πήξει ελαφρά, κι ανακατέψτε τη με τα υπόλοιπα υλικά της σάλτσας. Ή ανακατέψτε τα υλικά της σάλτσας παραλείποντας την κρέμα. Καθαρίστε τα αβοκάντο και κόψτε τα σε όγδοα. Περιχύστε τα με το χυμό λεμονιού. Σερβίρετε τις γαρίδες με τις φέτες αβοκάντο, επάνω σε τρυφερά φύλλα μαρουλιού και συνοδέψτε τες με τη σάλτσα κοκτέιλ. Πασπαλίστε τες με το ψιλοκομμένο φρέσκο κρεμμυδάκι και το μαϊντανό.

Γαριδόσουπα

Μερίδες 4
Χρόνος προετοιμασίας 35΄
Χρόνος μαγειρέματος 8΄

1¹/₂ κιλού μέτριες γαρίδες
1/2 κούπας νερό
1 μικρή καυτερή πιπεριά σε ρόδες
1 μικρό καρότο σε φετάκια
1 κλωνάρι σέλινο σε κομματάκια
1 κουταλάκι πάπρικα
αλάτι και φρεσκοτριμμένο πιπέρι
1/2 κούπας χυμό λεμονιού
2 κουταλιές ψιλοκομμένο μαϊντανό ή άνηθο
2-3 κουταλιές ψιλοκομμένο φρέσκο κρεμμυδάκι

Αφαιρέστε το κέλυφος από τις γαρίδες κι αφήστε τα κεφάλια και τις ουρές. Τρυπήστε την πλάτη με μια φουρκέτα, τραβήξτε κι αφαιρέστε το εντεράκι. Ξεπλύντε τις γαρίδες κι αφήστε τες να στραγγίσουν καλά σε τρυπητό. Βάλτε σε κατσαρόλα το νερό και τα υπόλοιπα υλικά, εκτός από το χυμό λεμονιού, το μαϊντανό και το κρεμμυδάκι. Βράστε τα για 5΄ σε δυνατή φωτιά. Ρίξτε μέσα τις γαρίδες, σκεπάστε την κατσαρόλα και βράστε τες δυνατά 7΄-8΄. Δεν πρέπει να βράσουν περισσότερο, γιατί σκληραίνουν και στεγνώνουν. Στο διάστημα αυτό, ανακατέψτε τες μια-δυο φορές κουνώντας δυνατά την κατσαρόλα. Κατεβάστε από τη φωτιά, περιχύστε με το χυμό λεμονιού και σερβίρετε τη γαριδόσουπα μέσα σε βαθιά πιάτα ή μπολ. Πασπαλίστε την επιφάνεια με το μαϊντανό ή το άνηθο και το κρεμμυδάκι.

Καβουροσαλάτα αν Ζελέ

Μερίδες 5
Χρόνος ετοιμασίας 30΄

1 φακελάκι ζελατίνη Aspic
1 κούπα κρύο νερό
2¹/₂ κούπας γαριδούλες ή καβουροποδαράκια, κατεψυγμένα
2 φρέσκα κρεμμυδάκια ψιλοκομμένα
1/4 κούπας ψιλοκομμένο σέλερι
2 κουταλιές ψιλοκομμένο αγγουράκι πίκλες
2 κουταλιές χυμό λεμονιού
1 κουταλιά ψιλοκομμένο άνηθο
1 κουταλιά τριμμένο κρεμμύδι
αλάτι και φρεσκοτριμμένο πιπέρι
1/2 κούπας φυτική κρέμα χτυπημένη (προαιρετικά)

Φουσκώστε τη ζελατίνη στο νερό και ζεστάνετέ την, ώσπου να διαλυθεί καλά. Κρυώστε την ελαφρά. Σ' ένα μπολ ανακατέψτε τις γαρίδες ή το καβούρι με το κρεμμυδάκι, το σέλερι, τις πί-

κλες, το χυμό λεμονιού, το άνηθο, το κρεμμύδι και το αλατοπίπερο. Ρίξτε κι ανακατέψτε τη ζελατίνη και κατόπιν τη χτυπημένη κρέμα. Αδειάστε το μίγμα σε 5 μικρές στρογγυλές φόρμες και βάλτε τες στο ψυγείο. Μόλις στερεοποιηθεί το ζελέ, ξεφορμάρετε τις σαλάτες επάνω σε τρυφερά φύλλα σπανακιού. Σερβίρετέ τες με φέτες ντομάτας και κράκερς.

Καλαμάρια Μαρινάτα

Μερίδες 4
Χρόνος προετοιμασίας 30
Χρόνος μαγειρέματος 40΄-1 ώρα
Χρόνος στη μαρινάτα 12 ώρες

500 γρ. φρέσκα καλαμαράκια
2 κουταλιές χυμό λεμονιού
4 φρέσκα κρεμμυδάκια ψιλοκομμένα
1 κουταλιά ψιλοκομμένο μαϊντανό
1 κουταλιά ψιλοκομμένο φρέσκο βασιλικό
1/2 κούπας ψιλοκομμένη κόκκινη πιπεριά
1/4 κούπας ξίδι balsamico
1 κουταλάκι ρίγανη
1 δεμάτι ρόκα
τρυφερά φύλλα πράσινης σγουρής σαλάτας
2 κουταλιές σουσαμέλαιο (προαιρετικά)

Καθαρίστε τα καλαμαράκια και κόψτε τα σε κρίκους. Βράστε τα σε ελάχιστο νερό για 40΄ ή ώσπου να μαλακώσουν. Στραγγίστε και βάλτε τα σ' ένα μπολ με όλα τα υπόλοιπα υλικά, εκτός από τη ρόκα και τη σγουρή σαλάτα. Καλύψτε κι αφήστε τα στο ψυγείο, ως την επομένη. Σερβίρετε τα μαριναρισμένα καλαμαράκια με τη ρόκα και τρυφερά φύλλα πράσινης σαλάτας. Αν θέλετε, περιχύστε τα με το σουσαμέλαιο.

Βίδες Σαλάτα με Σάλτσα Αβοκάντο

Μερίδες 4
Χρόνος ετοιμασίας 30΄

300 γρ. πολύχρωμα μακαρόνια βίδες βρασμένα
1 κόκκινη πιπεριά ζουλιέν
1 μεγάλο καρότο ζουλιέν
2 φρέσκα κρεμμυδάκια ψιλοκομμένα
1/4 κούπας ψιλοκομμένο αγγουράκι πίκλες
1/4 κούπας ψιλοκομμένες πιπερίτσες
χαλαπένος (από βάζο)
σάλτσα αβοκάντο (βασικές συνταγές)

Σ' ένα μπολ ανακατέψτε τα μακαρόνια με την πιπεριά, το καρότο, τα κρεμμυδάκια, τις πίκλες και τα χαλαπένος. Αδειάστε τη σαλάτα σε πιατέλα σερβιρίσματος. Ετοιμάστε σάλτσα αβοκάντο παραλείποντας τη φυτική κρέμα και συνοδέψτε μ' αυτή τη σαλάτα.

Βίδες με Σάλτσα Αβοκάντο

Μερίδες 4
Χρόνος ετοιμασίας 30΄

σάλτσα αβοκάντο (βασικές συνταγές)
1/2 κουταλάκι θρυμματισμένες καυτερές πιπερίτσες
400 γρ. μακαρόνια βίδες
50 γρ. κουκουνάρια

Ετοιμάστε τη σάλτσα αβοκάντο παραλείποντας τη φυτική κρέμα και προσθέτοντας τις καυτερές πιπερίτσες. Βάλτε τα κουκουνάρια σ' ένα μικρό τηγάνι κι ανακατέψτε τα σε μέτρια φωτιά, να ροδοψηθούν. Βράστε τα μακαρόνια σε αλατισμένο νερό για 8΄ περίπου και στραγγίστε τα. Έτσι όπως είναι ζεστά, ρίξτε μέσα τα κουκουνάρια και όση από τη σάλτσα αβοκάντο θέλετε κι ανακατέψτε ελαφρά. Συνοδέψτε τα με αγγουράκια κομμένα σε ραβδάκια, πασπαλισμένα με αλάτι και ραντισμένα με λίγο ξίδι balsamico.

Βίδες με Σάλτσα Ελιάς

Μερίδες 4
Χρόνος ετοιμασίας 30΄

σάλτσα ελιάς (βασικές συνταγές)
400 γρ. μακαρόνια βίδες
60 γρ. κουκουνάρια
αλάτι και φρεσκοτριμμένο πιπέρι

Ετοιμάστε τη σάλτσα ελιάς παραλείποντας το λάδι. Βράστε τα μακαρόνια σε αλατισμένο νερό, για 8΄ περίπου. Στο μεταξύ, βάλτε τα κουκουνάρια σ' ένα μικρό τηγάνι κι ανακατέψτε τα επάνω σε μέτρια φωτιά, να ροδοψηθούν. Στραγγίστε τα μακαρόνια και έτσι όπως είναι ζεστά, ανακατέψτε τα με τα κουκουνάρια και όση από τη σάλτσα της ελιάς θέλετε. Σερβίρετέ τα αμέσως σε ζεστά πιάτα. Συνοδέψτε τα με τρυφερή ρόκα, ραντισμένη με ξίδι balsamico.

Ξηροί Καρποί Καβουρντισμένοι

Χρόνος ετοιμασίας 6΄

2 κουταλάκια Worcestershire sauce
1/4 κουταλάκι σκόρδο ξερό
1/2 κουταλάκι μουστάρδα σκόνη
1 κουταλάκι αλάτι
1/4 κουταλάκι chili sauce
2 κούπες ανάλατα φιστίκια ή αμύγδαλα ή φουντούκια

Ανακατέψτε τη γούστερ σος, το σκόρδο, τη σκόνη μουστάρδας, το αλάτι και το chili sauce σ' ένα μπολ. Ρίξτε μέσα τους ξηρούς καρπούς και τρίψτε τους με τα δάχτυλά σας, να λερωθούν τριγύρω με το μίγμα. Αραδιάστε τους σε ταψί και ψήστε τους στους 175˚C, ώσπου να γίνουν ξεροψημένοι και κριτσανιστοί. Βγάλτε τους από το φούρνο κι αφήστε να κρυώσουν. Φυλάξτε τους σε βάζο με καλό κλείσιμο, για να μην πάρουν υγρασία.

ΒΙΔΕΣ ΣΑΛΑΤΑ ΜΕ ΣΑΛΤΣΑ ΑΒΟΚΑΝΤΟ

Θαλασσινά σε Κούπες Αβοκάντο

Μερίδες 6
Χρόνος ετοιμασίας 30΄
Χρόνος στο ψυγείο 12 ώρες

250 γρ. γαριδούλες κατεψυγμένες
250 γρ. καβουροποδαράκια
κατεψυγμένα σε κομματάκια
1 σκελίδα σκόρδο τριμμένο
2 κουταλιές χυμό λεμονιού
2 κουταλιές ξίδι balsamico
1 κουταλάκι μουστάρδα
αλάτι και φρεσκοτριμμένο πιπέρι
3 ώριμα αβοκάντο
1/4 κούπας χυμό λεμονιού
1 κόκκινη πιπεριά ψιλοκομμένη
1 σκληρή ντομάτα ψιλοκομμένη
4 φρέσκα κρεμμυδάκια ψιλοκομμένα
1/4 κούπας πράσινες γεμιστές ελιές σε κομματάκια
1/4 κούπας ψιλοκομμένο αγγουράκι πίκλες
6 κουταλιές μπρικ (προαιρετικά)

Βάλτε σ' ένα μπολ τις γαρίδες και τα καβουροποδαράκια. Ανακατέψτε σ' ένα βαζάκι το σκόρδο, το χυμό λεμονιού, το ξίδι, τη

μουστάρδα, αλάτι και πιπέρι και περιχύστε τα θαλασσινά. Αφήστε τα να σταθούν στο ψυγείο μια νύχτα, να μαριναριστούν. Την επομένη, χωρίστε τα αβοκάντο στη μέση κι αλείψτε τα με χυμό λεμονιού, για να μην μαυρίσουν. Μ' ένα κουταλάκι αφαιρέστε λίγη από τη σάρκα τους, για να μεγαλώσει το άνοιγμα. Τα κομματάκια που αφαιρέσατε προσθέστε τα στα θαλασσινά μαζί με τα υπόλοιπα υλικά. Γεμίστε με το μίγμα τις κούπες αβοκάντο. Πασπαλίστε με λίγο αλάτι, μπόλικο φρεσκοτριμμένο πιπέρι και, αν θέλετε, ψιλοκομμένο άνηθο ή δυόσμο. Προαιρετικά βάλτε μια κουταλιά μπρικ στο καθένα. Αραδιάστε τα αβοκάντο σε πιατέλα και περιτριγυρίστε τα με φουντίτσες μπρόκολα ζεματισμένα ή με τρυφερά φύλλα ρόκας και ραβδάκια από αγγουράκι, ραντισμένα με λίγο ξίδι balsamico. Το αβοκάντο έχει αρκετό λίπος, έτσι η σαλάτα είναι και νόστιμη και χορταστική.

Ψευτόσουπα με Λαχανικά

Μερίδες 4
Χρόνος προετοιμασίας 20΄
Χρόνος μαγειρέματος 40΄

1 πράσο, μόνο το άσπρο μέρος ψιλοκομμένο
1/2 κούπας σέλερι σε φετάκια
1/4 κούπας ψιλοκομμένο κρεμμύδι
1 μικρή σκελίδα σκόρδο τριμμένο
4 κούπες ζωμό λαχανικών (βασικές συνταγές) ή
νερό και 1 κύβο ζωμό λαχανικών
1/2 κούπας ψιλοκομμένο καρότο
1 κούπα μικρούς κύβους πατάτας
150 γρ. μανέστρα ή φιδέ
1/2 κουταλάκι κούρκουμα ή στήμονες
σαφράν αλεσμένους
2 κουταλιές χυμό λεμονιού
αλάτι και φρεσκοτριμμένο πιπέρι
πάπρικα

Βάλτε σε μια κατσαρόλα, επάνω σε δυνατή φωτιά, τα 4 πρώτα υλικά με 1/2 κούπας νερό κι αχνίστε τα, ανακατεύοντας συνεχώς, ώσπου να εξατμισθεί το νερό και τα λαχανικά να μαραθούν. Ρίξτε το ζωμό λαχανικών ή το νερό και τον κύβο λαχανικών, αφού τον διαλύσετε πρώτα σε λίγο ζεστό νερό. Προσθέστε τα καρότα και την πατάτα. Δοκιμάστε και βάλτε λίγο αλάτι, αν χρειάζεται, και φρεσκοτριμμένο πιπέρι. Σκεπάστε και σιγοβράστε, ώσπου να μαλακώσουν τα λαχανικά. Προσθέστε τη μανέστρα ή το φιδέ και σιγοβράστε 8΄-10΄ να μαλακώσει το ζυμαρικό. Η σούπα πρέπει να είναι πηχτή. Μόλις την κατεβάσετε από τη φωτιά, περιχύστε τη με το χυμό λεμονιού. Σερβίρετέ τη σε βαθιά πιάτα ή μπολ πασπαλίζοντάς τη με λίγη πάπρικα και φρεσκοτριμμένο πιπέρι.

Πιατέλα με Θαλασσινά

Μερίδες 6
Χρόνος ετοιμασίας 30΄

12 μεγάλες γαρίδες καθαρισμένες
12 γυαλιστερές
12 κυδώνια
12 μύδια ή στρείδια
5 μικρά αγγουράκια σε ραβδάκια
300 γρ. φασολάκια ή τρυφερά μπιζέλια βρασμένα
300 γρ. φουντίτσες μπρόκολα ζεματισμένα

για τη σάλτσα
1/4 κούπας σουσαμέλαιο (προαιρετικά)
1/4 κούπας χυμό λεμονιού
1 πολύ μικρή σκελίδα σκόρδο τριμμένο
1/4 κουταλάκι αλάτι
1/4 κουταλάκι πιπέρι
1 κουταλάκι μουστάρδα
15 σταγόνες Tabasco sauce

Βάλτε σε μια κατσαρόλα 2 κούπες νερό και 1 κουταλάκι sea food seasoning. Όταν το νερό αρχίσει να βράζει, ρίξτε μέσα τις γαρίδες και βράστε τες για 7΄. Πλύντε καλά και τρίψτε με μια σκληρή βούρτσα τα οστρακοειδή. Φυλάξτε τα στο ψυγείο, ως τη στιγμή που θα τα χρησιμοποιήσετε. Όταν σταθούν στο ψυγείο, τα όστρακα μισοανοίγουν. Για να τα ανοίξετε, βάλτε τη λάμα ενός μαχαιριού στο άνοιγμα. Το όστρακο, εάν είναι ζωντανό, θα κλείσει αμέσως. Αν δεν κλείσει, πετάξτε το. Τραβήξτε τη λάμα προς το σημείο που ενώνονται τα δύο μισά κοχύλια και στρίψτε το μαχαίρι. Έτσι θ' ανοίξουν εύκολα. Αραδιάστε τα λαχανικά και τα όστρακα σε μια μεγάλη πιατέλα και σερβιρετέ τα με τέταρτα λεμονιού, ή βάλτε σ' ένα βαζάκι με καλό κλείσιμο όλα τα υλικά της σάλτσας, χτυπήστε τα να ενωθούν και περιχύστε τα λαχανικά και τα οστρακοειδή. Εναλλακτικά περιχύστε τα με σάλτσα σουσαμιού (βασικές συνταγές).

Vegetarian Σουβλάκια

Μερίδες 4-5
Χρόνος προετοιμασίας 2 ώρες
Χρόνος ψησίματος 15΄

**4 μέτρια κολοκύθια
3 λεπτές μακριές μελιτζάνες
1/2 κιλού μανιτάρια πλευρότους
2 μεγάλες κόκκινες πιπεριές
2 μεγάλα κρεμμύδια**

για το σπαγγέτι
**300 γρ. νούντλς ή σπαγγέτι φιδές
2 κουταλιές σουσαμέλαιο (προαιρετικά)
1 σκελίδα σκόρδο τριμμένο
1 κουταλάκι τριμμένο φρέσκο τζίντζερ
2 φρέσκα κρεμμυδάκια ψιλοκομμένα
1 κουταλιά σουσάμι
1 κουταλάκι κορν φλάουρ διαλυμένο σε
2 κουταλιές νερό**

για τη μαρινάτα
**1/3 κούπας σόγια σος
2 κουταλιές μέλι
1/3 κούπας ξίδι balsamico
1/2 κουταλάκι θρυμματισμένες καυτερές πιπερίτσες
2 κουταλάκια τριμμένο φρέσκο τζίντζερ
1 σκελίδα σκόρδο τριμμένο
αλάτι και φρεσκοτριμμένο πιπέρι**

Χτυπήστε όλα μαζί τα υλικά της μαρινάτας σ' ένα βάζο με καλό κλείσιμο, να ενωθούν. Κόψτε τις μελιτζάνες και τα κολοκύθια σε χοντρές φέτες, αλατίστε τες ελαφρά κι αφήστε να σταθούν 1 ώρα. Στο μεταξύ, κόψτε τις πιπεριές και τα κρεμμύδια σε τετράγωνα κομμάτια. Πλύντε καλά τα μανιτάρια και κόψτε τα σε κομμάτια μπουκιάς. Ξεπλύντε τα κολοκύθια και τις μελιτζάνες και στραγγίστε τα ελαφρά στις παλάμες σας, να φύγει η περίσσεια του νερού. Ανακατέψτε τα κομμένα λαχανικά με τη μαρινάτα κι αφήστε τα να σταθούν για 1 ώρα. Περάστε τα σε μεταλλικές ή ξύλινες σούβλες εναλλάξ και ψήστε τα στα κάρβουνα ή στο γκριλ 8΄-10΄, γυρίζοντάς τα απ' όλες τις πλευρές κι αλείφοντάς τα μια - δυο φορές με τη μαρινάτα. Στο μεταξύ, βράστε το σπαγγέτι σε αλατισμένο νερό. Σ' ένα μεγάλο και βαθύ τηγάνι ζεστάνετε το σουσαμέλαιο και σοτάρετε το σκόρδο, το τζίντζερ, τα κρεμμυδάκια και το σουσάμι. Ρίξτε μέσα τη μαρινάτα που περίσσεψε και το κορν φλάουρ. Ανακατέψτε τη σάλτσα, ώσπου να δέσει και να γίνει διάφανη. Στραγγίστε τα μακαρόνια κι αδειάστε τα μέσα στη σάλτσα. Ανακατέψτε και κατεβάστε τα από τη φωτιά. Σερβίρετέ τα ζεστά συνοδεύοντας με τα σουβλάκια. Πασπαλίστε τα με ψιλοκομμένο φρέσκο κρεμμυδάκι.

Εξωτικά Σουβλάκια

Μερίδες 4
Χρόνος ετοιμασίας 1 ώρα και 30΄

16 μεγάλες γαρίδες καθαρισμένες
200 γρ. σκάλοπ ή χτένια καθαρισμένα
3 πιπεριές (πράσινη, κόκκινη, κίτρινη)
σε τετράγωνα κομμάτια
1 μεγάλο κρεμμύδι σε τετράγωνα κομμάτια
5 φέτες ανανά ή μάνγκο φρέσκο ή
από κονσέρβα σε κομμάτια
12 μεγάλα άσπρα μανιτάρια

για τη μαρινάτα
1 κουταλάκι τριμμένο τζίντζερ φρέσκο ή ξερό
3 κουταλιές σόγια σος
2 κουταλιές μέλι
3 κουταλιές χυμό ανανά
1 κουταλιά ρούμι (προαιρετικά)
αλάτι κι άσπρο πιπέρι
3 κουταλιές σουσαμέλαιο (προαιρετικά)

Βάλτε σ' ένα βαζάκι με καλό κλείσιμο όλα τα υλικά της μαρινάτας και χτυπήστε τα να ενωθούν. Πλύντε καλά τα σκάλοπ και στραγγίστε τα. Περάστε τις γαρίδες, τα σκάλοπ, τα λαχανικά και τα φρούτα, εναλλάξ, σε μεταλλικά ή ξύλινα σουβλάκια, αραδιάστε τα σ' ένα ταψί και, χρησιμοποιώντας ένα πινέλο, αλείψτε τα με τη μαρινάτα. Καλύψτε με πλαστική μεμβράνη και βάλτε τα στο ψυγείο, να σταθούν για 1 ώρα. Ψήστε τα σουβλάκια στα κάρβουνα ή στο γκριλ για 10΄-12΄, αναποδογυρίζοντάς τα να ψηθούν απ' όλες τις πλευρές, αλείφοντάς τα κατά διαστήματα με τη μαρινάτα. Σερβίρετέ τα ζεστά επάνω σε φρέσκα μαρουλόφυλλα και συνοδέψτε τα, αν θέλετε, με βρασμένο αρωματικό ρύζι Σιάμ. Εναλλακτικά, χρησιμοποιείστε σάλτσα μουστάρδας ή σάλτσα σουσαμιού (βασικές συνταγές) για ν' αλείψετε τα σουβλάκια.

Φιδές Οριεντάλ με Χταπόδι

Μερίδες 4
Χρόνος προετοιμασίας 1 ώρα
Χρόνος μαγειρέματος 15΄

2 κιλά χταπόδι
1/3 κούπας ξίδι
20 κόκκους πιπέρι

για τη σάλτσα
100 γρ. κάσιους
2 κουταλιές σουσαμέλαιο
2 σκελίδες σκόρδο τριμμένο
2 κουταλιές τριμμένο φρέσκο τζίντζερ
1/4 κούπας Oyster sauce

2 κουταλιές κέτσαπ
1/2 κούπας σόγια σος
1 κουταλάκι θρυμματισμένες καυτερές πιπερίτσες
300 γρ. φιδέ χοντρό
3 φρέσκα κρεμμυδάκια ψιλοκομμένα

Καθαρίστε και πλύντε το χταπόδι. Βάλτε το σε κατσαρόλα με νερό, προσθέστε το ξίδι, τη δάφνη, το πιπέρι και βράστε το να μισομαλακώσει. Σε μια μεγάλη κατσαρόλα ή σε σκεύος γουόκ, σοτάρετε τα κάσιους στο σουσαμέλαιο. Βγάλτε τα σ' ένα μπολ. Ρίξτε στην κατσαρόλα το σκόρδο και το τζίντζερ και σοτάρετέ τα ανακατεύοντας 2΄-3΄. Στραγγίστε το χταπόδι και κόψτε το σε κομμάτια μπουκιάς. Βάλτε το στην κατσαρόλα μαζί με τις σάλτσες και τις πιπερίτσες και βράστε το, ώσπου μαλακώσει καλά. Βράστε τον φιδέ σε αλατισμένο νερό, στραγγίστε και περιχύστε τον με τη σάλτσα και το χταπόδι. Πασπαλίστε με το κρεμμυδάκι και σερβίρετε αμέσως.

Σπαγγέτι με Λαχανικά

Μερίδες 4
Χρόνος προετοιμασίας 30΄
Χρόνος μαγειρέματος 15΄

300 γρ. σπαγγέτι Νο 5
1/4 κούπας χυμό λεμονιού
2 κουταλάκια μουστάρδα
3 μέτρια καρότα ζουλιέν
1 κονσέρβα 400 γρ. καρδιές αγκινάρας
1 φρέσκο κρεμμυδάκι ψιλοκομμένο
1 μικρή ρίζα φοινόκιο σε κομμάτια
1 κλωνάρι σέλερι σε φετάκια
αλάτι και φρεσκοτριμμένο πιπέρι
2 κουταλιές σουσαμέλαιο (προαιρετικά)

Στραγγίστε τις αγκινάρες, ξεπλύντε και ξαναστραγγίστε τες πολύ καλά. Κόψτε τες στη μέση. Βάλτε σε μια κατσαρόλα το χυμό λεμονιού, τη μουστάρδα διαλυμένη σε 1/3 κούπας νερό, τα καρότα, τις αγκινάρες, το σέλινο, το κρεμμυδάκι, το φοινόκιο, το σέλερι, αλάτι και πιπέρι, σκεπάστε και σιγοβράστε τα για 15΄. Βράστε τα μακαρόνια σε αλατισμένο νερό και στραγγίστε τα. Αδειάστε τα στην κατσαρόλα με τα λαχανικά, περιχύστε τα με το σουσαμέλαιο κι ανακατέψτε τα. Σερβίρετέ τα αμέσως, πασπαλίζοντας με φρεσκοτριμμένο πιπέρι

Αστακοουρές στο Γκριλ

Μερίδες 4
Χρόνος ετοιμασίας 45΄

4 αστακοουρές φρέσκιες ή κατεψυγμένες
αλάτι και φρεσκοτριμμένο πιπέρι
4 κούπες ζωμό λαχανικών ή νερό
2 κουταλιές χυμό λεμονιού
2 κουταλιές σουσαμέλαιο
2 κουταλιές κάπαρη
12 φύλλα βασιλικό ή δυόσμο ψιλοκομμένο
κόκκινο και πράσινο μαρούλι
σάλτσα ταχίνι (βασικές συνταγές) ή
σάλτσα αβοκάντο (βασικές συνταγές)

Βράστε τις αστακοουρές για 10΄ σε αλατισμένο νερό ή σε ζωμό λαχανικών με 2 κουταλιές χυμό λεμονιού. Στραγγίστε τες και κόψτε τες σε φέτες με πολύ κοφτερό μαχαίρι. Αφαιρέστε το εντεράκι. Αλείψτε τες με σουσαμέλαιο, πασπαλίστε με αλάτι και πιπέρι και ψήστε στο γκριλ για 2΄ περίπου. Διαλέξτε όμορφα τρυφερά φύλλα μαρουλιού, πλύντε τα, στραγγίστε τα καλά και στρώστε τα σε πιατέλα. Αραδιάστε επάνω τα μενταγιόν του αστακού. Πασπαλίστε τη σαλάτα με την κάπαρη, το βασιλικό ή το δυόσμο και γαρνίρετέ τη με φέτες λεμονιού. Σερβίρετε με σάλτσα ταχίνι ή σάλτσα αβοκάντο.

Σπαγγέτι με Ελιές και Ντοματίνια

Μερίδες 4
Χρόνος ετοιμασίας 15΄

300 γρ. σπαγγετίνι Νο 10
1/2 κούπας ψιλοκομμένα φυλλαράκια
βασιλικού ή δυόσμου
5-6 ντοματίνια κομμένα σε τέταρτα
1 σκελίδα σκόρδο τριμμένο
1/2 κούπας ψιλοκομμένες ελιές Καλαμών
3 κουταλιές ξίδι balsamico
αλάτι και φρεσκοτριμμένο πιπέρι
1 κουταλάκι θυμάρι
2 κουταλιές σουσαμέλαιο (προαιρετικά)

Βράστε τα μακαρόνια, στραγγίστε και ξεπλύνετέ τα με λίγο κρύο νερό. Αδειάστε τα σε βαθουλή πιατέλα σερβιρίσματος. Ρίξτε κι ανακατέψτε όλα τα υπόλοιπα υλικά. Τρίψτε στην επιφάνεια αρκετό πιπέρι και λίγο θυμάρι. Σερβίρετε το σπαγγέτι ως σαλάτα ή ως κύριο κρύο πιάτο.

ΑΣΤΑΚΟΟΥΡΕΣ ΣΤΟ ΓΚΡΙΛ

Φιογκάκια με Λιαστές Ντομάτες και Σπανάκι

Μερίδες 4
Χρόνος ετοιμασίας 30΄

300 γρ. μακαρόνια φιογκάκια
3 φρέσκα κρεμμυδάκια ψιλοκομμένα
100 γρ. φρέσκο σπανάκι σε κομμάτια
100 γρ. φυλλαράκια ρόκας
3 λιαστές ντομάτες
1/3 κούπας κουκουνάρια

για τη σάλτσα
1 κουταλάκι θρυμματισμένες καυτερές πιπερίτσες
1 σκελίδα σκόρδο τριμμένο
1 κουταλάκι ρίγανη
1/4 κούπας ξίδι balsamico
1 κουταλιά διάφορα χρωματιστά πιπέρια
σε κόκκους, χοντροαλεσμένα
αλάτι

Βάλτε τις λιαστές ντομάτες μέσα σε νερό κι αφήστε τες να σταθούν 2-3 ώρες, να φουσκώσουν. Στραγγίστε σφίγγοντάς τες ελαφρά μέσα στις παλάμες σας και κόψτε τες σε κομματάκια. Βάλτε τα κουκουνάρια σ' ένα μικρό τηγάνι κι ανακατέψτε τα επάνω σε μέτρια φωτιά, να ροδοψηθούν. Βράστε τα μακαρόνια, στραγγίστε τα και ξεπλύνετέ τα με λίγο κρύο νερό. Αδειάστε τα σε μια βαθιά πιατέλα σερβιρίσματος κι ανακατέψτε με τα υπόλοιπα υλικά της σαλάτας. Σ' ένα βαζάκι με καλό κλείσιμο βάλτε τα υλικά της σάλτσας κι ανακατέψτε τα. Περιχύστε τη σαλάτα με τη σάλτσα κι ανακατέψτε την ελαφρά. Η σαλάτα μετατρέπεται σ' ένα πλούσιο, χορταστικό πιάτο, αν προσθέστε δύο πλοκάμια χταπόδι ξιδάτο σε λεπτά φετάκια.

Γκουακαμόλε με Ορεκτικά

Μερίδες 6
Χρόνος ετοιμασίας 20΄

8 φρέσκα κρεμμυδάκια
3 κλωνάρια σέλερι σε ραβδάκια
3 καρότα σε ραβδάκια
3 μικρά αγγουράκια σε ραβδάκια
1 κόκκινη πιπεριά σε ραβδάκια
1 πορτοκαλί πιπεριά σε ραβδάκια
1 κίτρινη πιπεριά σε ραβδάκια
12 ντοματίνια

για την γκουακαμόλε
3 μεγάλα ώριμα αβοκάντο
1/4 κούπας χυμό λεμονιού
1/3 κούπας ψιλοκομμένα φρέσκα κρεμμυδάκια
2 σκελίδες σκόρδο τριμμένο
20 σταγόνες Tabasco sauce
3 κουταλιές ψιλοκομμένο φρέσκο κόλιαντρο ή μαϊντανό
αλάτι κι άσπρο πιπέρι
2 μικρές ντομάτες χωρίς τη φλούδα και τους σπόρους
ψιλοκομμένες (προαιρετικά)

Καθαρίστε τα αβοκάντο και περιχύστε τα αμέσως με το χυμό λεμονιού. Πατήστε τα μ' ένα πιρούνι, να γίνουν πουρές ανομοιογενής. Ρίξτε κι ανακατέψτε το φρέσκο κρεμμυδάκι, το σκόρδο, το Tabasco sauce, το κόλιαντρο ή το μαϊντανό, τις ντομάτες, αλάτι και πιπέρι. Σερβίρετε την γκουακαμόλε στο κέντρο μιας στρογγυλής πιατέλας κι αραδιάστε τριγύρω τα διάφορα λαχανικά, επάνω σε τρυφερά φύλλα σαλάτας. Συνοδέψτε με διάφορες φρυγανίτσες και κριτσίνια.

Ρεβίθια με Ελιές

Μερίδες 6
Χρόνος προετοιμασίας 10΄
Χρόνος μαγειρέματος 1 ώρα

1 συσκευασία ρεβίθια κατεψυγμένα
2 μεγάλες ώριμες ντομάτες σε κομματάκια
3 σκελίδες σκόρδο σε δοντάκια
1/2 κουταλάκι θρυματισμένες καυτερές πιπερίτσες
1 λίτρο ζωμό λαχανικών (βασικές συνταγές)
12 μαύρες ελιές σε τέταρτα
1/4 κούπας χυμό λεμονιού
αλάτι και φρεσκοτριμμένο πιπέρι
2 κουταλιές σουσαμέλαιο (προαιρετικά)
2 κουταλιές ψιλοκομμένο μαϊντανό

Τα κατεψυγμένα ρεβίθια δεν θέλουν φούσκωμα, γιατί είναι ήδη φουσκωμένα. Βάλτε τα σε κατσαρόλα με τις ντομάτες, τα σκόρδα, την τριμμένη καυτερή πιπεριά και το ζωμό λαχανικών, σκεπάστε και σιγοβράστε τα, ώσπου να μαλακώσουν. Προσθέστε τις ελιές και βράστε τα ακόμη 5΄. Κατεβάστε από τη φωτιά και περιχύστε τα με το χυμό λεμονιού και το σουσαμέλαιο. Σερβίρετέ τα ζεστά, πασπαλισμένα με μαϊντανό.

Βάλτε τα μπαρμπουνοφάσουλα να φουσκώσουν από το προηγούμενο βράδυ σε νερό που να τα σκεπάζει. Βάλτε και τα δύο είδη φασολιών σε κατσαρόλα με 2 λίτρα νερό. Σιγοβράστε τα, ώσπου να μισομαλακώσουν. Στο μεταξύ, βάλτε το κρεμμύδι σε κατσαρόλα επάνω σε μέτρια φωτιά κι αχνίστε το, να φύγει το νερό του, ανακατεύοντας συνεχώς, για να μην κολλήσει. Προσθέστε τα καρότα, το σέλινο και τις πιπεριές και συνεχίστε το ανακάτεμα επάνω στη φωτιά, ώσπου να μαραθούν καλά. Προσθέστε τα ντοματάκια, την κέτσαπ, το μαϊντανό, αλάτι, πιπέρι και 1 λίτρο ζεστό νερό. Στραγγίστε τα φασόλια και ρίξτε τα κι αυτά μέσα στην κατσαρόλα με τα υπόλοιπα υλικά. Σκεπάστε και σιγοβράστε το φαγητό, ώσπου να μαλακώσουν καλά τα φασόλια και να μείνουν με όσο ζουμί θέλετε. Αν χρειαστεί, προσθέστε κι άλλο νερό. Ο χρόνος βρασμού και το νερό που θα προσθέσετε εξαρτάται από το πόσο βραστερά είναι τα φασόλια. Σερβίρετέ τα ζεστά συνοδεύοντας με ελιές και διάφορα τουρσιά.

Σαλάτα με Φασόλια και Ελιές

Μερίδες 4
Χρόνος προετοιμασίας 15´
Χρόνος μαγειρέματος 1 ώρα

300 γρ. μικρά άσπρα φασόλια
2 μέτριες ντομάτες χωρίς τους σπόρους
σε μικρά κομματάκια
1 μέτριο κρεμμύδι κομμένο σε λεπτά φετάκια
1/2 κούπας ψιλοκομμένο αγγουράκι πίκλες
1 κούπα μαύρες ελιές χωρίς το κουκούτσι σε φετάκια
1 κόκκινη και 1 πράσινη πιπεριά ζουλιέν
μερικά καλαμποκάκια baby corn

για τη σάλτσα
4 κουταλιές ξίδι balsamico
2 κουταλιές ψιλοκομμένο φρέσκο κόλιαντρο ή
1 κουταλάκι κόλιαντρο ξερό
1 κουταλάκι τσίλι
1/2 κουταλάκι σκόρδο ξερό
1/4 κουταλάκι ζάχαρη
1/2 κουταλάκι αλάτι
1/4 κουταλάκι φρεσκοτριμμένο πιπέρι

Βράστε τα φασόλια σε αλατισμένο νερό, ώσπου να μαλακώσουν. Στραγγίστε τα, ξεπλύντε με λίγο κρύο νερό κι αδειάστε τα σ' ένα μεγάλο μπολ. Ρίξτε κι ανακατέψτε όλα τα υπόλοιπα υλικά της σαλάτας. Σ' ένα βαζάκι με καλό κλείσιμο χτυπήστε τα υλικά της σάλτσας και περιχύστε τη σαλάτα. Αφήστε τη να σταθεί στο ψυγείο αρκετές ώρες, πριν τη σερβίρετε. Γίνεται πιο νόστιμη, όσο στέκεται. Σερβίρεται κρύα. Μπορείτε να τη σερβίρετε ακόμη και τη δεύτερη ημέρα.

Φασόλια Σούπα

Μερίδες 6
Χρόνος προετοιμασίας 1 ώρα
Χρόνος μαγειρέματος 1 ώρα

250 γρ. μέτρια άσπρα φασόλια
250 γρ. μπαρμπουνοφάσουλα ξερά
1 μεγάλο κρεμμύδι τριμμένο
2 μεγάλα καρότα σε φετάκια
1/2 κούπας κομματάκια σέλινο
(ρίζα και τρυφερά φύλλα)
1 μικρή καυτερή πιπεριά (προαιρετικά)
1 μεγάλη πράσινη πιπεριά σε κομματάκια
400 γρ. ντοματάκια κονσέρβας ή
1 κιλό φρέσκιες ώριμες ντομάτες σε κομματάκια
2 κουταλιές κέτσαπ
1/4 κούπας ψιλοκομμένο μαϊντανό
αλάτι και φρεσκοτριμμένο πιπέρι

Σούπα Μινεστρόνε

Μερίδες 6
Χρόνος ετοιμασίας 15΄
Χρόνος μαγειρέματος 15΄

2 φρέσκα κρεμμυδάκια ψιλοκομμένα
1 μικρό πράσο μόνο το άσπρο μέρος ψιλοκομμένο
5 κούπες ζωμό λαχανικών (βασικές συνταγές)
1/2 κούπας ψιλοκομμένη κόκκινη πιπεριά
250 γρ. ανάμικτα λαχανικά κατεψυγμένα
1/2 κούπας αστράκι
αλάτι και φρεσκοτριμμένο πιπέρι
1 κουταλάκι πάπρικα
1/4 κουταλάκι πιπέρι καγιέν
χυμό λεμονιού

Σε μια μεγάλη κατσαρόλα βάλτε το κρεμμυδάκι και το πράσο με ελάχιστο νερό κι αχνίστε τα, ώσπου να εξατμιστεί το νερό και να μαραθούν. Ρίξτε μέσα το ζωμό λαχανικών και τα λαχανικά και σιγοβράστε τα για 15΄, ώσπου να μισομαλακώσουν. Προσθέστε το αστράκι, αλάτι, πιπέρι, την πάπρικα και το πιπέρι καγιέν και συνεχίστε το βράσιμο, ώσπου να μαλακώσουν τα λαχανικά και η πάστα. Ρίξτε κι ανακατέψτε το χυμό λεμονιού. Σερβίρετε τη σούπα σε βαθιά πιάτα ή μπολ, πασπαλισμένη με μπόλικο φρεσκοτριμμένο πιπέρι. Ζεστή ή κρύα, είναι το ίδιο νόστιμη.

Φακές Σούπα

Μερίδες 4
Χρόνος προετοιμασίας 15΄
Χρόνος μαγειρέματος 30΄-1 ώρα

1/2 κιλού φακές
1/2 κιλού φρέσκιες ώριμες ντομάτες ή
400 γρ. ντοματάκια κονσέρβας με το ζουμί τους
2 κουταλιές κέτσαπ
1 μικρό κρεμμύδι ψιλοκομμένο
2 σκελίδες σκόρδο σε δοντάκια
2 φύλλα δάφνης
2 κουταλιές ξίδι
αλάτι και φρεσκοτριμμένο πιπέρι
1 κουταλάκι ρίγανη

Πλύντε τις φακές και στραγγίστε. Ρίξτε τες μέσα σε νερό που βράζει, βράστε τες 5΄ και στραγγίστε πάλι. Έτσι οι φακές δεν θα μαυρίσουν στο τελικό βράσιμο. Περάστε τις ντομάτες από σίτα ή χτυπήστε τες στο μπλέντερ, να γίνουν πουρές. Βάλτε σε μια μεγάλη κατσαρόλα το κρεμμύδι και το σκόρδο με ελάχιστο νερό κι αχνίστε τα, ώσπου να μαραθούν. Προσθέστε 1 λίτρο νερό, τα ντοματάκια, την κέτσαπ, τη δάφνη, αλάτι και πιπέρι. Βάλτε την κατσαρόλα σε δυνατή φωτιά κι όταν το περιεχόμενό της αρχίσει να βράζει, ρίξτε μέσα τις φακές. Σιγοβράστε, ώσπου να μαλακώσουν και να χυλώσουν, 30΄-1 ώρα, εξαρτάται από το πόσο βραστερές είναι. Λίγο πριν τις κατεβάσετε από τη φωτιά, προσθέστε το ξίδι και τη ρίγανη. Κατεβάστε τες κι αφαιρέστε τη δάφνη. Πασπαλίστε τη σούπα με φρεσκοτριμμένο πιπέρι και προσθέστε έξτρα ρίγανη ή ξίδι, ανάλογα με το γούστο σας. Συνοδέψτε με ελιές και τουρσάκια. Ζεστή ή κρύα, είναι το ίδιο νόστιμη.

Θαλασσινά Στιφάδο

Μερίδες 6
Χρόνος προετοιμασίας 40΄
Χρόνος μαγειρέματος 2 ώρες

1 κιλό χταπόδι
1/2 κιλού γαρίδες Νο. 2
2 κουταλιές πάπρικα
200 γρ. μύδια καθαρισμένα
200 γρ. σκάλοπ ή χτένια καθαρισμένα (προαιρετικά)
3 κουταλιές σουσαμέλαιο
3 μεγάλα κρεμμύδια σε φέτες
6 σκελίδες σκόρδο σε δοντάκια
2/3 κούπας ψιλοκομμένη κόκκινη πιπεριά
1/4 κούπας ψιλοκομμένη καυτερή πιπεριά
400 γρ. ψιλοκομμένα ντοματάκια κονσέρβας
με το ζουμί τους
2 κουταλιές πελτέ ντομάτας
1/4 κούπας κέτσαπ
2 κουταλιές κόκκους ανάμικτα πιπέρια
10 κόκκους μπαχάρι
2 φύλλα δάφνης

1/4 κούπας ξίδι balsamico
3 κουταλιές σόγια σος
αλάτι και φρεσκοτριμμένο πιπέρι

Βράστε το χταπόδι και κόψτε το σε κομματάκια 3 εκ. Καθαρίστε τις γαρίδες και αφαιρέστε το εντεράκι. Βάλτε τες σε κατσαρόλα με 1/2 κούπας νερό και την πάπρικα. Βράστε για 4΄, στραγγίστε και κρατήστε το ζουμί. Κόψτε τες σε κομμάτια. Πλύντε καλά τα μύδια. Βάλτε τα σε κατσαρόλα επάνω σε μέτρια φωτιά και αφήστε τα για 5΄, να βγάλουν το νερό τους. Στραγγίστε τα και κρατήστε το ζουμί. Σε μια κατσαρόλα ζεστάνετε το σουσαμέλαιο και μαράνετε τα κρεμμύδια και το σκόρδο. Ρίξτε τις πιπεριές, τα ντοματάκια, τον πελτέ, την κέτσαπ, το ζουμί που κρατήσατε από τις γαρίδες και τα μύδια, τα πιπέρια, το μπαχάρι και τη δάφνη. Ανακατέψτε, σκεπάστε και σιγοβράστε, ώσπου να δέσει η σάλτσα. Ρίξτε μέσα τα σκάλοπ, το χταπόδι και το ξίδι, χαμηλώστε τη φωτιά και σιγοβράστε για 20΄. Προσθέστε τη σόγια, τα μύδια, τις γαρίδες, αλάτι και πιπέρι και σιγοβράστε για 5΄- 7΄, να δέσει και πάλι η σάλτσα. Σερβίρετε το στιφάδο με αρωματικό ρύζι τύπου Siam ή basmati.

Πιλάφι με Σταφίδες Αραβικό

Μερίδες 4
Χρόνος προετοιμασίας 15΄
Χρόνος μαγειρέματος 20΄

1½ κούπας ρύζι basmati
3 κουταλιές κουκουνάρια καβουρντισμένα
1 φρέσκο κρεμμυδάκι ψιλοκομμένο
2 κουταλιές σταφίδα ξανθή
αλάτι κι άσπρο πιπέρι
1 κουταλάκι στήμονες σαφράν
1 κουταλιά χυμό λεμονιού
2 κουταλιές σουσαμέλαιο (προαιρετικά)

Βάλτε το ρύζι να σταθεί μέσα σε νερό που να το καλύπτει 30΄. Στραγγίστε το και ξεπλύντε το με κρύο νερό. Βάλτε το σε κατσαρόλα με 3 κούπες νερό και βράστε το 3΄, ακάλυπτο. Προσθέστε κι ανακατέψτε τα κουκουνάρια, το κρεμμυδάκι, τις σταφίδες, αλάτι και πιπέρι. Σκεπάστε κι αφήστε το, ώσπου ν' αρχίσει πάλι να βράζει. Σβήστε τη φωτιά κι αφήστε το ρύζι επάνω σ' αυτή, ώσπου να πιει όλο το νερό και να φουσκώσει, 20΄ περίπου. Κατεβάστε το απο τη φωτιά κι αδειάστε το σε πιατέλα. Πασπαλίστε με το σαφράν, ανακατέψτε και σερβίρετέ το ζεστό, περιχύνοντάς το με το χυμό λεμονιού και το σουσαμέλαιο.

Ρύζι με Σόγια και Θαλασσινά

Μερίδες 6
Χρόνος προετοιμασίας 20΄
Χρόνος μαγειρέματος 35΄

1 κιλό μέτριες γαρίδες
1/2 κιλού μύδια καθαρισμένα
1 κουταλάκι sea food seasoning ή
1 κουταλιά πάπρικα
2 κούπες ρύζι basmati

για τη σάλτσα
1 μεγάλο κρεμμύδι σε φετάκια
2 πράσα μόνο το άσπρο μέρος ψιλοκομμένα
3 σκελίδες σκόρδο τριμμένο
1 πράσινη πιπεριά ζουλιέν
1 κόκκινη πιπεριά ζουλιέν
4 μέτριες ώριμες ντομάτες χωρίς τη φλούδα και τους
σπόρους ψιλοκομμένες
1/4 κούπας κέτσαπ
1/2 κούπας ψιλοκομμένο άνηθο ή μαϊντανό
2 κουταλάκια πάπρικα
1/2 κουταλάκι πιπέρι καγιέν
αλάτι και φρεσκοτριμμένο πιπέρι
1 κουταλάκι κορν φλάουρ
1 κουταλιά νερό
3 κουταλιές σόγια σος

Πλύντε τις γαρίδες κι αφαιρέστε το κέλυφος, τις ουρές και το εντεράκι με την άμμο. Βάλτε σε μια κατσαρόλα 3 κούπες νερό, το sea food seasoning ή την πάπρικα, ρίξτε μέσα τις γαρίδες και τα μύδια και βράστε τα 5΄. Βγάλτε τα με τρυπητή κουτάλα σ' ένα μπολ. Αφαιρέστε και πετάξτε τα κεφάλια από τις γαρίδες και κόψτε τες σε κομμάτια. Περάστε το ζουμί όπου έβρασαν τα θαλασσινά από λεπτή σίτα ή τουλπάνι. Πρέπει να είναι 3 κούπες, αλλιώς συμπληρώστε με νερό. Αδειάστε το σε καθαρή κατσαρόλα και βάλτε το να βράσει. Ρίξτε μέσα το ρύζι κι όσο αλάτι θέλετε, σκεπάστε και σιγοβράστε, ώσπου να απορροφήσει όλο το νερό και να φουσκώσει. Στο μεταξύ, ετοιμάστε τη σάλτσα. Αχνίστε σε μια κατσαρόλα το κρεμμύδι, το πράσο, το σκόρδο και τις πιπεριές. Προσθέστε τις ντομάτες, την κέτσαπ, το άνηθο, την πάπρικα, το καγιέν, αλάτι και φρεσκοτριμμένο πιπέρι. Σκεπάστε και σιγοβράστε τη σάλτσα 30΄. Διαλύστε το κορν φλάουρ στο νερό και ρίξτε το στην κατσαρόλα μαζί με τη σόγια σος. Συνεχίστε το βράσιμο, ανακατεύοντας, ώσπου να δέσει ελαφρά η σάλτσα. Κατεβάστε από τη φωτιά, ρίξτε κι ανακατέψτε τις γαρίδες, τα μύδια και αρκετό φρεσκοτριμμένο πιπέρι. Βάλτε το ρύζι σε πιατέλα και περιχύστε το με τη σάλτσα. Ζεστό ή κρύο, είναι το ίδιο νόστιμο.

Σαλάτα με Τουρσιά

Μερίδες 4
Χρόνος ετοιμασίας 30΄

2 κούπες διάφορα τουρσιά (όπως κουνουπίδι, καρότο,
βολβοί κρεμμυδιών, πιπεριές, αγγουράκι πίκλες)
1 μικρό καρότο σε λεπτές λωρίδες
200 γρ. ιταλικά αντίδια ή σπανάκι
1 δεμάτι ρόκα
σάλτσα ταχίνι (βασικές συνταγές)

Πλύντε και στραγγίστε καλά τα λαχανικά. Κόψτε τα σε κομμάτια κι ανακατέψτε τα με τα υπόλοιπα υλικά. Βάλτε τη σαλάτα σε μια βαθουλή πιατέλα, πασπαλίστε τη με αλάτι και φρεσκοτριμμένο πιπέρι και περιχύστε τη με τη σάλτσα ταχίνι.

Φάβα

Μερίδες 4
Χρόνος προετοιμασίας 10΄
Χρόνος μαγειρέματος 1 ώρα

1/2 κιλού φάβα πράσινη ή κίτρινη
(από κουκιά, αρακά ή λαθούρι)
5 κούπες νερό
1 μικρό κρεμμύδι τριμμένο
αλάτι και φρεσκοτριμμένο πιπέρι
ρίγανη (προαιρετικά)
3 κουταλιές ψιλοκομμένο μαϊντανό ή άνηθο
4 φρέσκα κρεμμυδάκια ψιλοκομμένα
λίγο σουσαμέλαιο (προαιρετικά)
λίγο χυμό λεμονιού

Πλύντε τη φάβα σε τρυπητό κι αφήστε τη να στραγγίσει. Σε μια κατσαρόλα βάλτε το νερό να βράσει. Ρίξτε μέσα τη φάβα, σκεπάστε και σιγοβράστε την, ώσπου να μισομαλακώσει, για 35΄ περίπου. Αν σχηματιστεί αφρός στην επιφάνεια, αφαιρέστε τον. Σε μια μικρή κατσαρόλα αχνίστε το κρεμμύδι να μαραθεί. Αδειάστε το μέσα στη μισοβρασμένη φάβα, ανακατέψτε το, ρίξτε αλάτι, πιπέρι και, αν θέλετε, λίγη ρίγανη. Συνεχίστε να σιγοβράζετε τη φάβα, ώσπου να χυλώσει και να πήξει καλά, για 30΄ περίπου. Κατεβάστε την από τη φωτιά κι ανακατέψτε ζωηρά με ξύλινη κουτάλα, να γίνει λείος πουρές. Μοιράστε τη σε 6 μπολάκια ή βαθιά πιάτα σούπας και πασπαλίστε με το μαϊντανό, τα κρεμμυδάκια και το χυμό λεμονιού. Σερβίρετέ τη ζεστή ή κρύα, είναι το ίδιο νόστιμη. Αν θέλετε, ραντίστε τη με λίγο σουσαμέλαιο. Συνοδέψτε τη με ελιές.

ΛΛΑΔΕΡΑ

"Εδώ στον ίσκιο μ' αποκάτου
Ήρθ' ο Χριστός ν' αναπαυθή
Κι ακούστηκ' η γλυκιά
λαλιά του
Λίγο προτού να σταυρωθή.
Το δάκρυ Του
δροσιά αγιασμένη,
Έχει στη ρίζα μου χυθή
Είμ' η ελιά η τιμημένη"

Κωστής Παλαμάς

Οι ποιητές μας τραγούδησαν
την ελιά και το
ευλογημένο λάδι της,
που ο Όμηρος ονόμασε
"υγρό χρυσάφι"!

Ο Λατίνος ποιητής Ορώτιος, θαυμαστής της Ελλάδας, έγραψε ανάμεσα στ' άλλα πως *"η σοφία της θεάς Αθηνάς φώτισε τους Έλληνες και καλλιέργησαν την ελιά"*. Από τους αρχαίους χρόνους η ελιά αποτέλεσε για τους Έλληνες σύμβολο ειρήνης, σοφίας και νίκης. Οι πρεσβευτές που μετέφεραν μηνύματα ειρήνης κρατούσαν στο χέρι κλάδους ελιάς. Μ' ένα κλαδάκι ελιάς στο στόμα λευκής περιστεράς έφτασε το χαρμόσυνο άγγελμα του τέλους των βροχών και της αναγέννησης της φύσης στο Νώε, όπως αναφέρεται στην Παλαιά Διαθήκη. Λάδι της ελιάς, ιερό, πρόσφεραν τιμητικά στους νικητές των αγώνων που διεξάγονταν στα Παναθήναια, τοποθετημένο στους "παναθηναϊκούς αμφορείς". Κι αργότερα οι νικητές των Ολυμπιακών Αγώνων στεφανώνονταν με κλαδί αγριελιάς, τον κότινο.

Το σταχτόχρωμο αειθαλές δέντρο της ελιάς, δώρο της θεάς Αθηνάς κατά τη μυθολογία μας, καλλιεργείται και ευδοκιμεί επί χιλιετίες στη χώρα μας και από εδώ μεταφέρθηκε και καλλιεργήθηκε στην Ιταλία, στην Ισπανία και τα τελευταία χρόνια στη μακρινή Αυστραλία. Επί χιλιάδες χρόνια οι Έλληνες χρησιμοποίησαν στη δίαιτά τους τα προϊόντα της ελιάς. Ένα παξιμάδι ή μια φέτα ψωμί με λάδι ή με ελιές, αντικατέστησε συχνά, σε δύσκολες εποχές, το γεύμα ή το δείπνο των Ελλήνων.

Στην Ορθόδοξη Εκκλησία, το λάδι χρησιμοποιήθηκε από τα πρώτα χρόνια θεσμοθέτησης της πίστης από τους ιερείς που δοξολογούσαν το Θεό ανάβοντας καντήλια. Μαζί με το κρασί και το σιτάρι, είναι τα τρία ευλογημένα προϊόντα που αποτελούν αναπόσπαστο μέρος της ορθόδοξης λατρείας. Από το κρασί γίνεται η Θεία Κοινωνία, από το σιτάρι η λειτουργιά και από το λάδι, το οποίο αναμιγνύεται με αρωματικές ουσίες που συμβολίζουν τα πολλαπλά χαρίσματα του Αγίου πνεύματος, το Άγιο Μύρο. Σύμβολο εξαγνισμού και αναγένησης, το λάδι έχει κατά το μυστήριο του βαπτίσματος διττό χαρακτήρα: ως καθαρτήριο πριν και ως σφραγίδα δωρεάς του αναγεννηθέντος μετά το βάπτισμα ανθρώπου. Αποτελεί επίσης το ορατό και απτό μέσο μετάδοσης του έβδομου Μυστηρίου της Ορθόδοξης Εκκλησίας - του Ευχέλαιου - κατά το οποίο οι πιστοί αλοίφονται με το ευλογημένο λάδι προς ίαση σώματος και ψυχής.

Από την προϊστορική εποχή, το ελαιόλαδο χρησιμοποιήθηκε ως φωτιστικό υλικό και ως βασικό διατροφικό αγαθό. Στην ιατρική εθεωρείτο ιαματικό πλήθους ασθενειών. Ο Ιπποκράτης, ο Γαληνός και ο Διοσκουρίδης, οι μεγαλύτεροι γιατροί της Αρχαίας Ελλάδας, πίστεψαν στην αξία του ελαιόλαδου και στις θαυματουργές ιδιότητές του για την υγεία του ανθρώπου, γεγονός που επιβεβαιώνεται και εκτιμάται όλο και περισσότερο.

Η καλλιέργεια της ελιάς είναι συνυφασμένη με το μεσογειακό κλίμα, γι' αυτό ήταν φυσικό το λάδι της ελιάς να κυριαρχήσει στη μεσογειακή διατροφή, που αναγνωρίζεται σήμερα ως η υγιεινότερη από τις δίαιτες που γνώρισε κατά καιρούς η ανθρωπότητα.

Χάρη στη χημική του σύσταση, μια ιδανική ισορροπία ακόρεστων κυρίως λιπαρών οξέων (72% ελαϊκό, 7,9% λινελαϊκό, 0,6% λινολενικό και 0,3% γαδελαϊκό οξύ), με μικρές ποσότητες κεκορεσμένων λιπαρών οξέων, (όπως 11% παλμιτικό και 2,2% στεατικό οξύ), το λάδι είναι ιδανικό για μια υγιεινή δίαιτα. Είναι το πλέον κατάλληλο λάδι για χρήση στις σαλάτες και στο τηγάνισμα. Αντέχει σε υψηλές θερμοκρασίες. Μπορεί να θερμανθεί στους 210°C, χωρίς να διασπαστεί, σε αντίθεση με τα περισσότερα σπορέλαια που καταστρέφονται, όταν θερμανθούν πάνω από τους 170°C. Κανένα άλλο λάδι από τα γνωστά μας δεν έχει παρόμοια σύσταση και τόσο μεγάλη περιεκτικότητα σε ελαϊκό οξύ, μια μονοακόρεστη λιπαρή ουσία με αξιόλογες διαιτητικές ιδιότητες. Από τα λάδια που κυκλοφορούν στην αγορά, το καλαμποκέλαιο και το βαμβακέλαιο έχουν 25% ελαϊκό οξύ, το σογιέλαιο 24% και το ηλιέλαιο μόνο 18%. Σε αντιδιαστολή με το ελαιόλαδο, τα άλλα φυτικά έλαια περιέχουν μεγάλα ποσοστά λινελαϊκό οξύ. Το σογιέλαιο περιέχει και λινολενικό, ένα λιπαρό οξύ με τρεις διπλούς δεσμούς, το οποίο οξειδώνεται και ταγγίζει εύκολα και δημιουργεί προβλήματα στη διατήρησή του.

Μετά το Β' Παγκόσμιο Πόλεμο, άρχισε η βιομηχανική καλλιέργεια, με μεγάλη επιτυχία, κατ' αρχήν στον Καναδά και στη συνέχεια στην Αμερική, ενός φυτούθάμνου, γνωστού από αρχαιοτάτων χρόνων ως Bracica napus L της οικογενείας των φυτών της μουστάρδας. Έχει κίτρινα άνθη και οι καρποί του, μαύροι σπόροι, όμοιοι με το γνωστό μας σουσάμι περιέχουν 40% λάδι και 40% πρωτεΐνη. Το λάδι αυτό περιέχει μεγάλες ποσότητες ενός βλαβερού για την υγεία του ανθρώπου λιπαρού οξέος, του erucic. Έτσι το 1956 απαγορεύτηκε η χρήση του ως εδώδιμου. Οι γενετιστές μετά από μακροχρόνια πειράματα δημιούργησαν ένα νέο, μεταλλαγμένο φυτό που δίνει λάδι με σχετικά μικρή περιεκτικότητα σε ερουσικό οξύ, (κάτω του 2%) και χρησιμοποιείται ως εδώδιμο με το όνομα Κανόλα. Έχει παραπλήσια σύνθεση με το ελαιόλαδο, λόγω όμως του ερουσικού οξέος, η χρήση του στη διατροφή μας πιθανώς να δημιουργήσει προβλήματα στην υγεία μας.

Κανένα από τα λάδια που κυκλοφορούν σήμερα δεν μπορεί να συναγωνιστεί το ελαιόλαδο, του οποίου η αξία έχει αναγνωριστεί επιστημονικά από τους ειδικούς σε όλο τον κόσμο, όχι μόνο για τις θρεπτικές, αλλά και για τις προστατευτικές και θεραπευτικές ιδιότητές του στην καταπολέμηση των παθήσεων της καρδιάς, της χολής, του παχέος εντέρου, ακόμη και της οστεοπόρωσης. Κλινικές μελέτες κατέδειξαν ότι το ελαιόλαδο βοηθά στη μείωση των τριγλυκεριδίων στο αίμα, τα οποία οδηγούν σε παθήσεις των αρτηριών της καρδιάς. Όλες οι πρόσφατες επιστημονικές έρευνες συμφωνούν ότι το ελαιόλαδο συντελεί στη μείωση της κακής χοληστερόλης του αίματος, χωρίς να επηρεάζει το ποσοστό της καλής. Η Εθνική Ακαδημία Επιστημών των ΗΠΑ συνιστά να παίρνουμε καθημερινά το 30% των αναγκών μας σε θερμίδες από τα λιπαρά και, σύμφωνα με τις τελευταίες ανακοινώσεις του Εθνικού Εκπαιδευτικού Προγράμματος Χοληστερόλης των ΗΠΑ, τουλάχιστον τα 2/3 των θερμίδων αυτών πρέπει να προέρχονται από το ελαιόλαδο.

Παράλληλα με την πολύτιμη διατροφική του αξία το ελαιόλαδο έχει κι ένα άλλο μεγάλο πλεονέκτημα έναντι των υπόλοιπων λαδιών της αγοράς. Διαθέτει δυνατές ευδιάκριτες γεύσεις και αρώματα που τις προσθέτει στο φαγητό μας συμμετέχοντας μαζί με όλα τα υπόλοιπα υλικά στο γευστικό του αποτέλεσμα.

Ξεκίνησα με το ποίημα του Κωστή Παλαμά "Η Ελιά" και τελειώνω με μια κρητική μαντινάδα του Κωστή Φραγκούλη, που δανείστηκα από το βιβλίο "Ο πολιτισμός της ελιάς. Το ελαιόλαδο" του φίλου και συναδέλφου μου Νίκου Ψιλάκη.

Άμα έχω κρίθινο ψωμί
και λάδι στο σκουτέλι
τ' άλλα ας τα δίνει του Θεού
η χέρα όπου θέλει

ΜΕ ΛΑΧΑΝΙΚΑ

ΛΑΔΕΡΑ ΦΑΓΗΤΑ

ΛΑΧΑΝΙΚΑ

Τα λαχανικά που καλλιεργούνται στους αγρούς και στους κήπους είναι αστείρευτη πηγή αφθονίας και ποικιλίας θρεπτικών συστατικών, απαραίτητων όχι μόνο για τη διατροφή, αλλά και για τη διατήρηση της καλής υγείας μας. Στη μεσογειακή δίαιτα τα διάφορα λαχανικά χρησιμοποιούνται ωμά ή μαγειρεμένα, ως βασικά κύρια πιάτα και όχι ως συνοδευτικά ή ως συμπλήρωμα πιάτων με κρέας.

Με την ποικιλία των χρωμάτων και των γεύσεών τους εμπνέουν τους τεχνίτες της κουζίνας για τη δημιουργία γκουρμέ πιάτων με δυνατές γευστικές συγκινήσεις.

Οι Έλληνες με τα ταξίδια και τις αποικίες τους και οι Μουσουλμάνοι με τις κατακτήσεις τους, μετέφεραν και δίδαξαν τη χρήση των λαχανικών στη διατροφή των λαών. Το ίδιο συνέβη και με τους Ισπανούς, που κατέκτησαν την Αμερική κυνηγώντας χρυσό και επέστρεψαν κομίζοντας σπόρους για ντομάτες, γλυκιές πιπεριές, φασόλια, καλαμπόκι και πατάτες. Θησαυροί που αποδείχτηκαν πιο πολύτιμοι από τον χρυσό. Επανάσταση στην καλλιέργεια των λαχανικών έφεραν τα πειράματα του Αυστριακού μοναχού Mendel. Οι επιστήμονες αξιοποίησαν τα πειράματα του Mendel, ο οποίος τον 19ο αιώνα έδειξε τον τρόπο με τον οποίο τα γενετικά χαρακτηριστικά των φυτών κληρονομούνται στις επόμενες γενεές. Έτσι η απλή αριθμητική σχέση μεταξύ των μητρικών φυτών και των απογόνων τους έδωσε τη δυνατότητα στους καλλιεργητές να δημιουργούν και να προβλέπουν τα χαρακτηριστικά των νέων ποικιλιών. Τέλος, η συνεχής βελτίωση των καλλιεργητικών μεθόδων, σε συνδυασμό με τη μέθοδο διασταύρωσης του Mendel, έδωσε ποικιλίες ανθεκτικές στις αρρώστιες, με πολύ μεγαλύτερες αποδόσεις και καταπληκτικά αποτελέσματα στο μέγεθος και τις χρωματικές παραλλαγές.

Μολονότι σήμερα με τη βοήθεια των θερμοκηπίων μπορούμε να βρούμε στην αγορά, καθ' όλη τη διάρκεια του χρόνου, τα διάφορα λαχανικά που είναι γνωστά ως εποχιακά, είναι προτιμότερο να τηρούμε τον κανόνα της εποχικότητας, να αγοράζουμε και να χρησιμοποιούμε στη διατροφή μας τα τυπικά εποχιακά λαχανικά, τα οποία είναι πάντα πιο νόστιμα, πιο φρέσκα και κυρίως πιο φτηνά. Είναι επίσης φρόνιμο να ψωνίζουμε τα λαχανικά από το μανάβη και όχι από τα μεγάλα σούπερ μάρκετ, επειδή δεν μπορούμε να γνωρίζουμε την προέλευση και το χρόνο συγκομιδής.

Τα λαχανικά είναι πηγή βιταμινών, κυρίως C και Α, καθώς και μεταλλικών στοιχείων, όπως κάλιο, νάτριο, ασβέστιο, μαγνήσιο, σίδηρος, που είναι απαραίτητα για τη σωστή λειτουργία του οργανισμού. Επίσης στα λαχανικά απαντούν πολλά ιχνοστοιχεία απαραίτητα για τις χημικές και βιοχημικές διεργασίες που γίνονται στον οργανισμό μας. Μερικά από αυτά είναι το κοβάλτιο, το μολυβδαίνιο, ο χαλκός, ο ψευδάργυρος, το φθόριο και το ιώδιο. Τα λαχανικά περιέχουν άφθονες φυτικές ίνες. Με τον όρο αυτό, στη Χημεία χαρακτηρίζονται οι κυτταρίνες που αποτελούν το ξυλώδες περίβλημα των φυτικών κυττάρων. Μολονότι δεν είναι υλικά πέψιμα από τον ανθρώπινο οργανισμό και δεν αποτελούν θρεπτικές ουσίες, είναι συστατικά απαραίτητα στη λειτουργία της διατροφής, γιατί διαφοροποιούν την πέψη και την απορρόφηση και κατά συνέπεια επηρεάζουν την αφομοίωση και το μεταβολισμό των θρεπτικών ουσιών της τροφής.

Απαραίτητες λοιπόν στη διατροφή μας οι φυτικές ίνες, απαραίτητα τα λαχανικά, τα φρούτα, τα δημητριακά και τα όσπρια. Μια δίαιτα με αυξημένη κατανάλωση λαχανικών και περιορισμό των ζωικής προέλευσης πρωτεϊνών και λιπαρών, συντελεί στην καλή λειτουργία των εντέρων και στην υγιεινή της χώνεψης. Σύμφωνα δε με τις σύγχρονες απόψεις των ειδικών επιστημόνων σήμερα, αποτελεί ασπίδα έναντι του καρκίνου των εντέρων.

Τα λαχανικά περιέχουν πρωτεΐνες σε μικρές συνήθως ποσότητες, πλην της σόγιας, των φασολιών και των μπιζελιών, τα οποία ως γνωστόν είναι πηγές πρωτεΐνης φυτικής προέλευσης. Τα αμινοξέα όμως, τα βασικά δηλαδή δομικά συστατικά των πρωτεϊνών αυτών, δεν καλύπτουν τις διατροφικές βιολογικές ανάγκες του οργανισμού μας, γι' αυτό και η χρήση λαχανικών καλό είναι να συνοδεύεται και από ψάρι, καθώς και άλλες πηγές πρωτεϊνών, κυρίως ζωικής προέλευσης, ώστε ο οργανισμός μας να βρίσκει όλα τα απαραίτητα αμινοξέα με τα οποία θα συνθέσει το DNA του, δηλαδή το βασικό γενετικό υ-λικό, το οποίο και τον χαρακτηρίζει.

Πριν από 2.000 χρόνια ο Ιπποκράτης έγραψε: Η κάθε ουσία που περιέχει το διαιτολόγιο του ανθρώπου ενεργεί στο σώμα του και το αλλάζει κατά τρόπους από τους οποίους εξαρτάται ολόκληρη η ύπαρξή του, είτε αυτός είναι υγιής, άρρωστος ή σε φάση ανάρρωσης.

Ευτυχώς, ζούμε σε μια χώρα που λόγω της γεωγραφικής θέσης της, των κλιματολογικών συνθηκών και της μορφολογίας του εδάφους της, μας παρέχει όλα τα προϊόντα μιας σωστής διατροφής, της αναγνωρισμένης πλέον απ' όλο τον κόσμο μεσογειακής διατροφής: φρέσκα λαχανικά, φρούτα, όσπρια και δημητριακά, μέλι, ξηρούς καρπούς, αρωματικά βότανα, άφθονα ψάρια και θαλασσινά και πάνω απ' όλα την πιο πολύτιμη λιπαρή ουσία, το "χρυσάφι της ελληνικής γης", το λάδι της ευλογημένης από τον Θεό ελιάς. Έχουμε λοιπόν μια πληθώρα αγαθών, τα οποία μπορούμε να εμπιστευόμαστε, κάθε τι που χρειαζόμαστε να βάλουμε στην κατσαρόλα και να μαγειρέψουμε σωστά και υγιεινά για την οικογένεια.

Και πρέπει να τρώμε σωστά και υγιεινά, όχι τόσο για να προσθέσουμε χρόνια στη ζωή μας, όσο για να προσδώσουμε ποιότητα στα χρόνια που θα ζήσουμε.

Μουσακάς με Μανιτάρια

Μερίδες 6
Χρόνος προετοιμασίας 1 ώρα
Χρόνος ψησίματος 45΄-50΄

1 μεγάλο κρεμμύδι τριμμένο
2 σκελίδες σκόρδο ψιλοκομμένο
1/2 κούπας λάδι
800 γρ. μανιτάρια κονσέρβας
στραγγισμένα και ψιλοκομμένα (όπως ο κιμάς)
4 ώριμες ντομάτες ψιλοκομμένες ή
400 γρ. ντοματάκια κονσέρβας
2 κουταλιές κέτσαπ
αλάτι και πιπέρι
1/3 κούπας ψιλοκομμένο μαϊντανό
2 κουταλιές τριμμένη φρυγανιά
2 κιλά μελιτζάνες κομμένες σε φέτες τηγανισμένες

για τον πουρέ
1/2 κιλού πατάτες καθαρισμένες σε κομμάτια
αλάτι και φρεσκοτριμμένο πιπέρι
1/8 κουταλάκι μοσχοκάρυδο

1/2 κούπας φυτική κρέμα
1/4 κούπας καλαμποκέλαιο

Σοτάρετε το κρεμμύδι και το σκόρδο στο λάδι. Προσθέστε τα μανιτάρια και σοτάρετέ τα καλά. Ρίξτε την ντομάτα, την κέτσαπ, αλάτι και πιπέρι, σκεπάστε και σιγοβράστε, ώσπου να μαλακώσουν καλά τα μανιτάρια και να δέσει η σάλτσα. Ρίξτε κι ανακατέψτε το μαϊντανό. Λαδώστε ένα πυρέξ σκεύος 30x20 εκ. και πασπαλίστε το με τη φρυγανιά. Στρώστε τις μισές μελιτζάνες κι απλώστε επάνω το μίγμα των μανιταριών. Πασπαλίστε με λίγο φρεσκοτριμμένο πιπέρι. Σκεπάστε την επιφάνεια με τις υπόλοιπες μελιτζάνες. Βάλτε τις πατάτες σε κατσαρόλα με λίγο νερό και σιγοβράστε τες, ώσπου να πιουν όλο το νερό και να μαλακώσουν. Πατήστε τες να γίνουν πουρές. Προσθέστε αλάτι, πιπέρι, το μοσχοκάρυδο, την κρέμα, το καλαμποκέλαιο κι ανακατέψτε καλά. Στρώστε τον πουρέ επάνω από τις μελιτζάνες κι αλείψτε την επιφάνεια με λίγη φυτική κρέμα. Ψήστε το μουσακά στους 200°C 45΄ περίπου, να ροδίσει καλά η επιφάνεια. Σερβίρεται ζεστός.

Πιπεριές Φλώρινας Γεμιστές

Μερίδες 4
Χρόνος ετοιμασίας 30΄
Χρόνος ψησίματος 1 ώρα και 30΄

12 πιπεριές Φλώρινας μεγάλες
1 κιλό μελιτζάνες
2 μεγάλα κρεμμύδια τριμμένα
1 κούπα λάδι
1/3 κούπας ρύζι Καρολίνα
1/2 κούπας μαϊντανό
1 κιλό ώριμες ντομάτες περασμένες από σίτα
35 γρ. κουκουνάρια
αλάτι και φρεσκοτριμμένο πιπέρι

Κόψτε τις μελιτζάνες, χωρίς να τις καθαρίσετε, σε φέτες κατόπιν σε λωρίδες και τέλος σε μικρά τετράγωνα κομματάκια. Βάλτε τες μέσα σε νερό με αλάτι κι αφήστε τες να σταθούν 1 ώρα. Ξεπλύντε και στίψτε τες καλά μέσα στις παλάμες σας να φύγει η περίσσεια του νερού. Ζεστάνετε το μισό λάδι και σοτάρετε τες. Στο άλλο μισό σοτάρετε το κρεμμύδι, ρίξτε τη ντομάτα και σιγοβράστε, ώσπου να μαλακώσει. Προσθέστε το μαϊντανό, το ρύζι, τις μελιτζάνες, τα κουκουνάρια, αλάτι και πιπέρι. Κόψτε κι αφαιρέστε το επάνω μέρος κάθε πιπεριάς κι αδειάστε τους σπόρους. Τηγανίστε τες ελαφρά, γεμίστε κι αραδιάστε τες σ' ένα πυρέξ. Προσθέστε 1/3 κούπας νερό και ψήστε τες στους 180°C, ώσπου να πάρουν χρώμα και να μαλακώσουν. Ζεστές ή κρύες είναι το ίδιο νόστιμες.

Μελιτζάνες Τιμπάλ

Μερίδες 6
Χρόνος προετοιμασίας 1 ώρα και 40΄
Χρόνος ψησίματος 50΄

200 γρ. μακαρόνια πένες
2 κιλά μακριές μελιτζάνες
1 μέτριο κολοκύθι τριμμένο
1/2 κούπας λάδι
1 μέτριο κρεμμύδι τριμμένο
1 σκελίδα σκόρδο τριμμένο
1 μέτριο καρότο τριμμένο
1/2 κούπας πολτοποιημένες ώριμες ντομάτες
1/8 κουταλάκι κανέλα
1/4 κουταλάκι μπαχάρι
1/3 κούπας ψιλοκομμένο μαϊντανό
αλάτι και φρεσκοτριμμένο πιπέρι
1 κούπα ρόφημα σόγιας και
2 κουταλιές κορν φλάουρ ή
1 κούπα φυτική κρέμα και
1 κουταλιά κορν φλάουρ
1/8 κουταλάκι μοσχοκάρυδο

Βράστε τα μακαρόνια σε αλατισμένο νερό με 2 κουταλιές λάδι. Από μία χοντρή μελιτζάνα κόψτε 1-2 στρογγυλές φέτες, τις υπόλοιπες κόψτε τες σε χοντρές μακρόστενες φέτες. Αλατίστε τες κι αφήστε τες να σταθούν 1 ώρα. Ξεπλύντε με άφθονο νερό και στίψτε τες καλά μέσα στις παλάμες σας. Τηγανίστε και στραγγίστε τες σε απορροφητικό χαρτί. Πασπαλίστε το κολοκύθι με λίγο αλάτι κι αφήστε το στο σουρωτήρι, να στραγγίσει το νερό του. Ξεπλύντε το και στίψτε το ελαφρά μέσα στις παλάμες σας. Ετοιμάστε τη σάλτσα. Σοτάρετε το κρεμμύδι και το σκόρδο στο λάδι να μαραθούν. Προσθέστε το καρότο και το κολοκύθι κι ανακατέψτε επάνω στη φωτιά να μαραθούν κι αυτά. Ρίξτε μέσα την ντομάτα, τα μπαχαρικά, το μαϊντανό, αλάτι και πιπέρι. Σιγοβράστε τη σάλτσα 20΄ περίπου, να δέσει. Λαδώστε ένα στρογγυλό πυρέξ ή μεταλλικό σκεύος με διάμετρο 20 εκ. και ύψος 8 εκ. Στρώστε μία στρογγυλή φέτα μελιτζάνας στο κέντρο του σκεύους κι ολόγυρα αραδιάστε τις μακριές φέτες να καλύψουν τον πάτο και τα τοιχώματα σαν πέταλα μαργαρίτας. Σε μια μικρή κατσαρόλα βράστε το ρόφημα σόγιας ή τη φυτική κρέμα και ρίξτε μέσα το κορν φλάουρ διαλυμένο σε 2-3 κουταλιές νερό. Ανακατέψτε επάνω σε μέτρια φωτιά να πήξει σε μπεσαμέλ. Προσθέστε το μοσχοκάρυδο, αλάτι και πιπέρι. Ανακατέψτε τα μακαρόνια με τη σάλτσα ντομάτας και την μπεσαμέλ. Αδειάστε τα μισά μέσα στη φόρμα και καλύψτε τα στρώνοντας μελιτζάνες σε όλη την επιφάνεια. Στρώστε επάνω σ' αυτές τα υπόλοιπα μακαρόνια και σκεπάστε τα με τις υπόλοιπες μελιτζάνες. Γυρίστε προς τα μέσα τα κομμάτια μελιτζάνας που προεξέχουν από τα τοιχώματα του σκεύους. Ψήστε το τιμπάλ στους 200°C 45΄-50΄. Αφήστε το να σταθεί 10΄, πριν το αναποδογυρίσετε σε πιατέλα. Σερβίρεται ζεστό.

Γκιουβέτσι με Λαχανικά

Μερίδες 6
Χρόνος προετοιμασίας 30΄
Χρόνος μαγειρέματος 1 ώρα και 30΄

2 μέτριες μελιτζάνες σε κομματάκια
3 κολοκυθάκια σε μισά φετάκια
1/2 κούπας λάδι
2 σκελίδες σκόρδο τριμμένο
1 μεγάλο κρεμμύδι τριμμένο
1/2 κιλού κριθαράκι
4 μεγάλες ώριμες ντομάτες σε κομματάκια
3 κούπες νερό
1 κλωνάρι σέλερι σε κομματάκια
2 μέτρια καρότα σε φετάκια
1 κούπα τριμμένο φυτικό τυρί (προαιρετικά)

Αλατίστε χωριστά τις μελιτζάνες και τα κολοκυθάκια κι αφήστε τα, να σταθούν 1 ώρα σε τρυπητό. Σε μια μεγάλη κατσαρόλα βάλτε το λάδι σε δυνατή φωτιά, να ζεσταθεί και σοτάρετε το σκόρδο και τα κρεμμύδια, να μαραθούν. Προσθέστε το κριθαράκι και σοτάρετέ το ανακατεύοντας μερικά λεπτά επάνω σε δυνατή φωτιά. Προσθέστε τις ντομάτες, το νερό, το σέλερι και τα καρότα, ανακατέψτε κι αδειάστε το φαγητό σε γκιουβέτσι ή σ' ένα πυρέξ σκεύος και ψήστε το στο φούρνο στους 200°C, 1 ώρα και 30΄ περίπου, ώσπου να μαλακώσει το κριθαράκι. Ίσως χρειαστεί να προσθέσετε λίγο νερό ακόμη. Ξεπλύντε και στίψτε τις μελιτζάνες και τα κολοκυθάκια. Τηγανίστε τα ελαφρά, προσθέστε τα στο γκιουβέτσι κι ανακατέψτε τα απαλά με το κριθαράκι 15΄ πριν το βγάλετε από το φούρνο. Πασπαλίστε το με το τριμμένο φυτικό τυρί και συνεχίστε το ψήσιμο στους 220°C. Σερβίρετέ το ζεστό. **Εναλλακτικά**, μαγειρέψτε το φαγητό στην κατσαρόλα επάνω σε χαμηλή φωτιά και βάλτε το στο φούρνο, αφού προσθέσετε τις μελιτζάνες και το τυρί, για 15΄ μόνο.

Μπριάμι

Μερίδες 6
Χρόνος προετοιμασίας 1 ώρα
Χρόνος ψησίματος 2 ώρες

2 μέτριες μελιτζάνες
2 μέτρια κολοκύθια
2 μικρά καρότα
1 πράσινη και 1 κόκκινη πιπεριά
2 μεγάλες ώριμες ντομάτες
1 μεγάλο κρεμμύδι
10 μεγάλα φρέσκα άσπρα μανιτάρια
1 κούπα λάδι
1½ κούπας χυμό ντομάτας

20 σταγόνες Tabasco sauce
2-3 σκελίδες σκόρδο τριμμένο
1/2 κούπας ψιλοκομμένο μαϊντανό

Καθαρίστε τις μελιτζάνες και τα κολοκύθια και κόψτε τα σε κομμάτια μπουκιάς. Αλατίστε τα και αφήστε τα να σταθούν 1 ώρα σε τρυπητό. Ξεπλύντε τα και στίψτε τα ελαφρά μέσα στις παλάμες σας, να φύγει αρκετό από το νερό τους. Καθαρίστε τα καρότα και τις πιπεριές και κόψτε τα επίσης σε κομμάτια μπουκιάς. Κόψτε τις ντομάτες και το κρεμμύδι σε κομματάκια και τα μανιτάρια σε χοντρά φετάκια. Βάλτε όλα τα κομμένα λαχανικά σε ταψί, περιχύστε τα με το λάδι, το χυμό ντομάτας και το Tabasco sauce. Πασπαλίστε τα με το σκόρδο και το μαϊντανό. Ανακατέψτε τα ελαφρά και ψήστε τα στο φούρνο στους 200°C για 2 ώρες, ώσπου να μαλακώσουν και να μείνουν σχεδόν με το λάδι τους. Σερβίρετέ τα με ρύζι ή μακαρόνια.

Ρύζι Τρίχρωμο

Μερίδες 6
Χρόνος προετοιμασίας 20΄
Χρόνος μαγειρέματος 20΄

1½ κούπας ρύζι για πιλάφι
3 κουταλιές μαργαρίνη
2 κουταλάκια αλάτι
1 κούπα βρασμένο αρακά
2 κουταλιές ψιλοκομμένο μαϊντανό
1/4 κούπας φυτική κρέμα
2 κουταλιές πελτέ ντομάτας
1 κουταλιά κέτσαπ
1 κουταλάκι κούρκουμα (προαιρετικά)

Σε μια μεγάλη κατσαρόλα επάνω σε δυνατή φωτιά βάλτε 3 κούπες νερό, τη μαργαρίνη και το αλάτι. Όταν το νερό αρχίσει να βράζει, ρίξτε το ρύζι κι ανακατέψτε. Σκεπάστε και σιγοβράστε το, 20΄ περίπου, ώσπου να πιει όλο το νερό και να φουσκώσει. Κατεβάστε το από τη φωτιά και χωρίστε το σε τρία μέρη. Χτυπήστε τον αρακά με το μαϊντανό και τη μισή φυτική κρέμα στο πολυμίξερ προσέχοντας, να μη λιώσει εντελώς. Ανακατέψτε τον με το ένα μέρος του ρυζιού. Σ' ένα μπολ ανακατέψτε τον πελτέ με την κέτσαπ και την υπόλοιπη φυτική κρέμα. Προσθέστε το δεύτερο μέρος του ρυζιού κι ανακατέψτε απαλά. Τέλος, χρωματίστε το υπόλοιπο ρύζι κίτρινο προσθέτοντας το κούρκουμα, ή αν προτιμάτε αφήστε το λευκό. Στρώστε τα τρία διαφορετικά χρωματισμένα μέρη του ρυζιού σε μια φόρμα κέικ 24 εκ., καλά λαδωμένη με καλαμποκέλαιο. Ξεφορμάρετε το ρύζι σε πιατέλα και σερβίρετέ το με μπριάμι. Μπορείτε, να ζεστάνετε το ρύζι μέσα στη φόρμα στον ατμό ή στο φούρνο στους 100°C.

Ρύζι με Ντομάτα Πικάντικο

Μερίδες 6
Χρόνος προετοιμασίας 30΄
Χρόνος μαγειρέματος 30΄

1/3 κούπας μαργαρίνη
1/4 κούπας ψιλοκομμένο κρεμμύδι
3 σκελίδες σκόρδο τριμμένο
2 κούπες ρύζι για πιλάφι
1½ κουταλάκι αλάτι
1 κουταλάκι ζάχαρη
1/4 κουταλάκι άσπρο πιπέρι
1/4 κουταλάκι κύμινο
1/2 κουταλάκι τσίλι
1/2 κουταλάκι κόλιαντρο
1 κιλό ώριμες ντομάτες ψιλοκομμένες ή
800 γρ. ντοματάκια κονσέρβας
1 κουταλιά πελτέ ντομάτας
20 σταγόνες Tabasco sauce
1 κούπα ζωμό λαχανικών (βασικές συνταγές)
1 κούπα ψιλοκομμένη κόκκινη πιπεριά

Λιώστε τη μαργαρίνη σε μια μεγάλη κατσαρόλα και σοτάρετε το κρεμμύδι και το σκόρδο. Ρίξτε μέσα το ρύζι και σοτάρετέ το 2΄. Προσθέστε το αλάτι, τη ζάχαρη, τα μπαχαρικά, τις ντομάτες, τον πελτέ ντομάτας, το Tabasco sauce και το ζωμό λαχανικών. Ανακατέψτε, σκεπάστε κι αφήστε το ρύζι σε δυνατή φωτιά ώσπου ν'αρχίσει να βράζει. Χαμηλώστε τη φωτιά και σιγοβράστε 20΄. Ρίξτε μέσα τις ψιλοκομμένες πιπεριές και σιγοβράστε άλλα 5΄. Ζεστό ή κρύο, είναι το ίδιο νόστιμο. Συνοδέψτε το με ελιές και ταραμοσαλάτα.

Ρύζι με Σαφράν και Αρακά

Μερίδες 4-5
Χρόνος προετοιμασίας 30΄
Χρόνος μαγειρέματος 1 ώρα

2 κούπες ρύζι basmati
5-6 στήμονες σαφράν αλεσμένο
1½ κιλού φρέσκο ή 1/2 κιλού κατεψυγμένο αρακά
2/3 κούπας λάδι
1 κούπα ψιλοκομμένα φρέσκα κρεμμυδάκια
750 γρ. ώριμες ντομάτες ή
400 γρ. ντοματάκια κονσέρβας ψιλοκομμένα
1/2 κούπας ψιλοκομμένο άνηθο
αλάτι, πιπέρι

Βράστε το ρύζι μαζί με τους στήμονες σαφράν. Καθαρίστε τον αρακά και πλύντε τον. Βάλτε το λάδι σε κατσαρόλα επάνω σε δυνατή φωτιά να ζεσταθεί. Ρίξτε και σοτάρετε μέσα σ' αυτό τα κρεμμυδάκια. Προσθέστε τον αρακά, τα υπόλοιπα υλικά και 1 κούπα ζεστό νερό. Σκεπάστε και σιγοβράστε, ώσπου να μαλακώσει ο αρακάς και να μείνει με λίγη σάλτσα. Ίσως χρειαστεί να προσθέσετε λίγο νερό ακόμη (εξαρτάται από το πόσο τρυφερός είναι). Σερβίρετε το ρύζι συνοδεύοντάς το με τον αρακά, ζεστό ή κρύο, είναι το ίδιο νόστιμο.

Ντοματόρυζο

Μερίδες 4
Χρόνος προετοιμασίας 30΄
Χρόνος μαγειρέματος 1 ώρα

1/3 κούπας λάδι
1 κιλό ώριμες ντομάτες σε κομματάκια
2 σκελίδες σκόρδο ψιλοκομμένο
3 κουταλιές ψιλοκομμένο μαϊντανό
1 κουταλάκι ζάχαρη
1½ κούπας ζωμό λαχανικών (βασικές συνταγές)
1½ κούπας ρύζι για πιλάφι
αλάτι και φρεσκοτριμμένο πιπέρι

Βάλτε το λάδι σε κατσαρόλα επάνω σε δυνατή φωτιά, να ζεσταθεί. Ρίξτε και σοτάρετε το σκόρδο. Προσθέστε τις ντομάτες, σκεπάστε κι αφήστε τες να σιγοβράσουν 30΄. Προσθέστε το μαϊντανό, τη ζάχαρη, το ζωμό λαχανικών, αλάτι και πιπέρι. Δυναμώστε τη φωτιά κι όταν η σάλτσα αρχίσει να βράζει, ρίξτε το ρύζι, χαμηλώστε τη φωτιά και σιγοβράστε, ώσπου να μαλακώσει το ρύζι, χωρίς να πιει όλο το ζουμί. Σβύστε τη φωτιά, βάλτε ανάμεσα στο καπάκι και στην κατσαρόλα απορροφητικό χαρτί κι αφήστε το ρύζι να φουσκώσει. Ζεστό ή κρύο, είναι το ίδιο νόστιμο. Συνοδέψτε το με ελιές.

Σπανακόρυζο σε Τορτίγιες

Μερίδες 6
Χρόνος προετοιμασίας 1 ώρα και 30΄
Χρόνος μαγειρέματος 30΄

1½ κιλού φρέσκο σπανάκι
1 κούπα λάδι
1 μικρό κρεμμύδι τριμμένο
5 φρέσκα κρεμμυδάκια ψιλοκομμένα
2 μέτριες ντομάτες σε μικρούς κύβους
αλάτι και φρεσκοτριμμένο πιπέρι
1/4 κούπας ψιλοκομμένο άνηθο
1/3 κούπας ρύζι Καρολίνα
1 δόση ζύμη για τορτίγιες (βασικές συνταγές)

Πλύντε και καθαρίστε το σπανάκι αφαιρώντας ένα μέρος από τα κοτσάνια. Κόψτε το σε κομμάτια και ρίξτε το, μέσα σε νερό που βράζει. Ζεματίστε το 5΄ και στραγγίστε το. Σε μια πλατιά ρηχή κατσαρόλα, βάλτε το λάδι να ζεσταθεί, ρίξτε το κρεμμύδι και τα κρεμμυδάκια και σοτάρετέ τα, ώσπου να μαρα-

θούν. Ρίξτε μέσα την ντομάτα, το αλάτι, το πιπέρι, το άνηθο, το σπανάκι κι ανακατέψτε καλά. Απλώστε το μίγμα ομοιόμορφα σ' όλον τον πάτο της κατσαρόλας. Με μια ξύλινη κουτάλα κάντε ανοίγματα εδώ κι εκεί στο σπανάκι και βάλτε το ρύζι, σε μικρές ποσότητες, μέσα σε αυτά. Σκεπάστε την κατσαρόλα και σιγοβράστε 20΄, χωρίς να ανακατέψετε το φαγητό. Σβήστε τη φωτιά, βγάλτε το καπάκι της κατσαρόλας, σκεπάστε τη με απορροφητικό χαρτί και ξαναβάλτε το καπάκι. Αφήστε το φαγητό να σταθεί 10΄ πριν το σερβίρετε.Ετοιμάστε τη ζύμη για τις τορτίγιες, όπως περιγράφεται στη συνταγή. Βάλτε τη σε πλαστική σακούλα κι αφήστε τη να σταθεί 15΄. Χωρίστε τη σε 12 ίσα μέρη, κι ανοίξτε τα με τον πλάστη σε φύλλα με διάμετρο 20 εκ. Ζεστάνετε ένα μεγάλο αντικολλητικό τηγάνι, χωρίς να το λαδώσετε. Ψήστε τις τορτίγιες μία, μία αναποδογυρίζοντάς τες μία φορά. Φορμάρετέ τες στο κυρτό μέρος μικρών μεταλλικών μπολ. Πιέστε τις μαλακές τορτίγιες με τα χέρια γύρω από τα μπολ, να σχηματίσουν πιέτες και να πάρουν το σχήμα τους. Ψήστε τες σε φούρνο 200°C για 7΄-8΄, ώσπου να ροδίσουν και να γίνουν κριτσανιστές. Σερβίρετε το σπανακόρυζο μέσα στις τορτίγιες γαρνίροντάς το με φέτες λεμονιού.

Κολοκυθολούλουδα Γεμιστά

Μερίδες 4-5
Χρόνος προετοιμασίας 30΄
Χρόνος μαγειρέματος 20΄

1/2 κούπας λάδι
1 κούπα ψιλοκομμένα φρέσκα κρεμμυδάκια
2 κουταλιές τριμμένο κρεμμύδι
2 μέτρια κολοκυθάκια τριμμένα
2 κούπες ψιλοκομμένες φρέσκιες ντομάτες
2 κουταλιές χυμό λεμονιού
1/2 κούπας ψιλοκομμένο άνηθο ή δυόσμο
1/2 κούπας ψιλοκομμένο μαϊντανό
3/4 κούπας ρύζι Καρολίνα
25 κολοκυθολούλουδα
αλάτι και φρεσκοτριμμένο πιπέρι
1 κουταλιά πελτέ ντομάτας

Σοτάρετε τα κρεμμύδια και τα κολοκύθια στο μισό λάδι, να μαραθούν. Ρίξτε την ντομάτα και το χυμό λεμονιού και βράστε τα 5΄. Ρίξτε τα μυρωδικά, το ρύζι, αλάτι και πιπέρι, ανακατέψτε και κατεβάστε από τη φωτιά. Πλύντε τα κολοκυθολούλουδα μέσα σε άφθονο νερό. Κόψτε κι αφαιρέστε από το εσωτερικό τους στήμονες. Βάλτε στο κέντρο μια κουταλιά γεμάτη από το μίγμα του ρυζιού κι αραδιάστε τα σε μια κατσαρόλα το ένα πλάι στο άλλο, σε δύο σειρές. Βάλτε την κατσαρόλα στη φωτιά, ρίξτε μέσα το υπόλοιπο λάδι και τον πελτέ, αφού τον διαλύσετε σε μια κούπα νερό. Πασπαλίστε την επιφάνεια με λίγο φρεσκοτριμμένο πιπέρι, σκεπάστε και σιγοβράστε το φαγητό 20΄ περίπου, να μείνει με ελάχιστη σάλτσα. Σερβίρεται ζεστό ή κρύο, είναι το ίδιο νόστιμο.

Ντοματοπιπεριές Γεμιστές

Μερίδες 6
Χρόνος προετοιμασίας 1 ώρα
Χρόνος ψησίματος 1 ώρα και 45΄

6 μεγάλες ντομάτες
6 μεγάλες πιπεριές
2 κουταλιές κέτσαπ
2 κουταλιές ντομάτα πελτέ
1 1/4 κούπας λάδι
1 κούπα τριμμένο κρεμμύδι
1 1/2 κούπας ρύζι Καρολίνα
2/3 κούπας ψιλοκομμένο μαϊντανό
1/4 κούπας ψιλοκομμένο δυόσμο
4 μεγάλες πατάτες

Κόψτε οριζόντια μία φέτα από το επάνω μέρος κάθε ντομάτας και μ' ένα κουταλάκι αφαιρέστε το εσωτερικό. Κόψτε μία φέτα από το επάνω μέρος κάθε πιπεριάς κι αφαιρέστε τους σπόρους. Χτυπήστε στο μπλέντερ, σε μέτρια ταχύτητα, το σαρκώδες μέρος που αφαιρέσατε από τις ντομάτες, ώσπου να γίνει πουρές. Μέσα στον πουρέ ρίξτε κι ανακατέψτε την κέτσαπ και τον πελτέ. Βάλτε σε κατσαρόλα το μισό λάδι, ρίξτε μέσα το κρεμμύδι και σοτάρετέ το σε δυνατή φωτιά. Προσθέστε τον πουρέ ντομάτας, αλάτι και πιπέρι και βράστε τη σάλτσα 10΄. Κατεβάστε την από τη φωτιά, αφήστε να κρυώσει κι ανακατέψτε τη με το ρύζι, το μαϊντανό και το δυόσμο. Αδειάστε τη σε μεγάλο σουρωτήρι και συγκεντρώστε το ζουμί σ' ένα μπολ. Γεμίστε με το μίγμα τις ντομάτες και τις πιπεριές, έως τα 3/4 (το ρύζι θα φουσκώσει, όταν ψηθεί). Αραδιάστε τες σε ταψί ή πιρέξ σκεύος και σκεπάστε τες με τα καπάκια τους. Καθαρίστε και κόψτε τις πατάτες σε έκτα. Τοποθετήστε τες ανάμεσα στα γεμιστά και περιχύστε τες με το ζουμί που πέρασε από το σουρωτήρι. Περιχύστε το φαγητό με το υπόλοιπο λάδι, ρίχνοντάς το κουταλιά-κουταλιά, ώστε να λαδωθούν εξωτερικά τα γεμιστά και οι πατάτες και πασπαλίστε με λίγο αλάτι και πιπέρι. Ψήστε το φαγητό στους 180°C 1 ώρα και 45΄ περίπου. Αν το φαγητό μείνει χωρίς νερό, συμπληρώστε, ρίχνοντας τόσο, ώστε στο τέλος να μείνει με λίγη σάλτσα. Σερβίρεται ζεστό ή κρύο, είναι το ίδιο νόστιμο. **Εναλλακτικά**, προσθέστε στη γέμιση 50 γρ. κουκουνάρια και 1/4 κούπας μαύρες σταφίδες.

Λαχανικά Γεμιστά

Μερίδες 6
Χρόνος προετοιμασίας 1 ώρα
Χρόνος ψησίματος 2 ώρες

3 μεγάλες ντομάτες
1 πράσινη, 1 κόκκινη και 1 κίτρινη πιπεριά
1 χοντρή μελιτζάνα
1 χοντρό κολοκύθι
2 μεγάλα κρεμμύδια
2 μεγάλες πατάτες
1½ κούπας λάδι
1¼ κούπας ρύζι Καρολίνα
1/2 κούπας ψιλοκομμένο δυόσμο
3 κουταλιές πελτέ ντομάτας
1 κουταλιά κέτσαπ
αλάτι και πιπέρι
1/4 κουταλάκι μπαχάρι
1 κούπα χυμό ντομάτας

Πλύντε και στραγγίστε καλά τα λαχανικά. Κόψτε κι αδειάστε τις ντομάτες και τις πιπεριές. Κόψτε τη μελιτζάνα κάθετα στη μέση και το κολοκύθι οριζόντια. Αδειάστε μ' ένα κουταλάκι αρκετό από το εσωτερικό τους, ώστε να σχηματιστούν 4 κούπες. Καθαρίστε τα κρεμμύδια κι αφαιρέστε μία φέτα από το επάνω μέρος. Σκάψτε τα στο κέντρο να σχηματιστούν 2 κούπες. Ψιλοκόψτε τα κομμάτια των κρεμμυδιών που αφαιρέσατε και κρατήστε τα. Ρίξτε τις κούπες της μελιτζάνας, του κολοκυθιού και των κρεμμυδιών σε νερό που βράζει, ζεματίστε τες 5′ και στραγγίστε τες. Αραδιάστε σ' ένα ταψάκι ή σ' ένα πυρέξ σκεύος τις κούπες των λαχανικών. Βάλτε το μισό λάδι σε κατσαρόλα επάνω σε δυνατή φωτιά, ρίξτε και σοτάρετε ελαφρά το ψιλοκομμένο κρεμμύδι. Ψιλοκόψτε τη σάρκα που αφαιρέσατε από τις ντομάτες, τις μελιτζάνες και τα κολοκύθια. Ρίξτε τα μέσα στην κατσαρόλα με το κρεμμύδι και βράστε τα δυνατά ανακατεύοντας για 10′. Κατεβάστε από τη φωτιά, ρίξτε κι ανακατέψτε το ρύζι, το δυόσμο, τον πελτέ ντομάτας, την κέτσαπ, αλάτι, πιπέρι και το μπαχάρι. Γεμίστε με το μίγμα τις κούπες των διαφόρων λαχανικών. Αν σας περισσέψει γέμιση, γεμίστε μερικούς κολοκυθοανθούς και τοποθετήστε τους ανάμεσα στα γεμιστά μαζί με τις πατάτες που θα κόψετε σε κομμάτια. Περιχύστε τες με το χυμό ντομάτας και πασπαλίστε τες με λίγο αλάτι και πιπέρι. Περιχύστε το φαγητό με το υπόλοιπο λάδι ρίχνοντάς το κουταλιά-κουταλιά, ώστε να λαδωθούν εξωτερικά τα γεμιστά και οι πατάτες. Ψήστε σε φούρνο 180°C, για 2 ώρες περίπου, έως ότου ροδοψηθούν τα γεμιστά. Στο διάστημα αυτό, αν το φαγητό μείνει χωρίς νερό, συμπληρώστε ρίχνοντας τόσο, ώστε στο τέλος να μείνει με λίγη σάλτσα. Αν δείτε ότι αρπάζει η επιφάνεια, καλύψτε τα γεμιστά με αλουμινόχαρτο.

Ντομάτες Γεμιστές Αραβικές

Μερίδες 3-4
Χρόνος προετοιμασίας 15΄
Χρόνος ψησίματος 40΄

7-8 μέτριες ντομάτες όχι πολύ ώριμες
2 κουταλάκια αλάτι
1 κουταλάκι πιπέρι
1/4 κούπας λάδι
1 κρεμμύδι ψιλοκομμένο
4 σκελίδες σκόρδο τριμμένο
4 κουταλιές κουκουνάρια
1/3 κούπας νερό
1/2 κούπας ρύζι τύπου Καρολίνα
1/8 κουταλάκι κύμινο, 1/8 κανέλα, 1/8 γαρίφαλο
4 κουταλιές σταφίδα μαύρη
1 κουταλιά ψιλοκομμένο δυόσμο
1 κουταλιά ψιλοκομμένο μαϊντανό
1 κουταλάκι ρίγανη

Πλύντε τις ντομάτες και κόψτε από το επάνω μέρος τους μια λεπτή οριζόντια φέτα. Μ' ένα κουταλάκι αφαιρέστε με προσοχή το εσωτερικό, όσο καλύτερα μπορείτε, χωρίς οι ντομάτες να χάσουν τη φόρμα τους. Περάστε από σίτα τη σάρκα που αφαιρέσατε από τις ντομάτες ή καλύτερα χτυπήστε τη στο πολυμίξερ, ώσπου να γίνει πουρές. Αλατοπιπερώστε τις κούπες και τοποθετήστε τες ανάποδα σε μια σχάρα, να στραγγίσουν τα υγρά τους. Σοτάρετε στο λάδι το κρεμμύδι και το σκόρδο να μαραθούν. Ρίξτε τα κουκουνάρια και σοτά-

ρετέ τα ελαφρά. Ρίξτε μέσα στην κατσαρόλα τον πουρέ ντομάτας, το ρύζι, τα μπαχαρικά και το νερό κι αφήστε τα να σιγοβράσουν 10΄, ώσπου να μισωμαλακώσει το ρύζι. Κατεβάστε από τη φωτιά, ρίξτε κι ανακατέψτε τις σταφίδες, το δυόσμο, το μαϊντανό και τη ρίγανη. Γεμίστε με το μίγμα τις κούπες ντομάτας, ως τα 3/4 του ύψους, αφήνοντας χώρο για να φουσκώσει το ρύζι στο ψήσιμο. Σκεπάστε τες με τα καπάκια τους, κι αλείψτε τες με λίγο λάδι. Τοποθετήστε τες σε πυρίμαχο σκεύος, ελαφρά λαδωμένο, τη μια πλάι στην άλλη και ψήστε τες στο φούρνο 40΄-50΄. Σερβίρονται ζεστές ή κρύες, είναι το ίδιο νόστιμες.

Ρύζι Πιλάφι με Μανιτάρια

Μερίδες 4-5
Χρόνος προετοιμασίας 1 ώρα
Χρόνος μαγειρέματος 30΄

35 γρ. μανιτάρια porcini
3 κούπες βραστό νερό
1/4 κούπας λάδι
5 σκελίδες σκόρδο σε δοντάκια
5 φρέσκα κρεμμυδάκια ψιλοκομμένα
2 κούπες ρύζι για πιλάφι
2 κουταλάκια αλάτι
200 γρ. άσπρα φρέσκα μανιτάρια σε φετάκια
1 κόκκινη ή κίτρινη πιπεριά ψιλοκομμένη
1/2 κούπας ψιλοκομμένο μαϊντανό ή άνηθο
φρεσκοτριμμένο πιπέρι

Βάλτε τα μανιτάρια porcini μέσα στο βραστό νερό κι αφήστε τα τουλάχιστον 1 ώρα, να φουσκώσουν και να καθαρίσουν από το χώμα που τυχόν έχουν. Βγάλτε τα ένα, ένα από το νερό, τινάζοντάς τα να ξεπλυθούν και ψιλοκόψτε τα. Αφήστε το ζουμί να κατακαθίσει και πάρτε 2 κούπες καθαρό ζουμί από την επιφάνεια. Ζεστάνετε το μισό λάδι σε κατσαρόλα και σοτάρετε τα ψιλοκομμένα μανιτάρια, το μισό σκόρδο και το μισό κρεμμυδάκι. Προσθέστε το ρύζι κι ανακατέψτε το επάνω στη φωτιά 1΄ να βουτυρωθούν οι κόκκοι. Προσθέστε το αλάτι, το ζουμί των μανιταριών και 2 ακόμη κούπες νερό βραστό. Σκεπάστε και σιγοβράστε το ρύζι 20΄, να φουσκώσει και να απορροφήσει όλο το νερό. Στο μεταξύ σε μια μικρή κατσαρόλα ζεστάνετε το υπόλοιπο λάδι και σοτάρετε το υπόλοιπο κρεμμυδάκι και το σκόρδο να μαραθούν. Προσθέστε τα άσπρα μανιτάρια και την πιπεριά κι ανακατέψτε τα επάνω στη φωτιά 15΄ να μαραθούν καλά. Ρίξτε τα μέσα στο ρύζι μαζί με το μαϊντανό ή το άνηθο κι αρκετό φρεσκοτριμμένο πιπέρι. Ανακατέψτε τα ελαφρά 1΄ επάνω στη φωτιά να ενωθούν. Βάλτε το ρύζι σε μια φόρμα και πατήστε το να πάρει το σχήμα της. Βγάλτε το σε πιατέλα και σερβίρετέ το ζεστό.

Κολοκυθάκια Γεμιστά

Μερίδες 4
Χρόνος προετοιμασίας 1 ώρα
Χρόνος μαγειρέματος 45´

10 μέτρια κολοκύθια
3/4 κούπας λάδι
1/2 κούπας ψιλοκομμένα φρέσκα κρεμμυδάκια
1/2 κούπας τριμμένο κρεμμύδι
1¹/₂ κούπας πολτοποιημένα ντοματάκια κονσέρβας ή
ώριμες ντομάτες
1/3 κούπας ρύζι Καρολίνα
1/2 κούπας ψιλοκομμένο μαϊντανό
1/2 κούπας ψιλοκομμένο δυόσμο ή άνηθο
αλάτι και φρεσκοτριμμένο πιπέρι
1/2 κουταλάκι ζάχαρη ή
1 κουταλιά κέτσαπ

Πλύντε τα κολοκύθια και κόψτε τις άκρες επάνω-κάτω. Βάλτε τα σε κατσαρόλα μέσα σε νερό που βράζει για 5΄. Στραγγίστε τα, αφήστε να κρυώσουν κι αδειάστε το εσωτερικό τους, όσο καλύτερα μπορείτε, με το εργαλείο που καθαρίζετε τα μήλα. Τα μισά από τα κομμάτια που αφαιρέσατε από το εσωτερικό, ψιλοκόψτε τα ή περάστε τα στον τρίφτη κρεμμυδιού, πασπαλίστε τα με λίγο αλάτι και αφήστε τα να στραγγίσουν καλά. Βάλτε το λάδι σε κατσαρόλα επάνω σε δυνατή φωτιά και σοτάρετε καλά τα κρεμμύδια. Ρίξτε το τριμμένο κολοκύθι και σοτάρετέ το να μαραθεί καλά. Προσθέστε την ντομάτα και βράστε 5΄. Κατεβάστε από τη φωτιά, ρίξτε κι ανακατέψτε το ρύζι, το μαϊντανό, το δυόσμο, αλάτι, πιπέρι και τη ζάχαρη. Αδειάστε το μίγμα σε ένα μεγάλο σουρωτήρι. Γεμίστε μ'αυτό τα κολοκυθάκια. Το ζουμί που πέρασε από το σουρωτήρι βάλτε το σε μια πλατιά κατσαρόλα με βαρύ πάτο και αραδιάστε μέσα τα γεμισμένα κολοκύθια. Σκεπάστε και σιγοβράστε, ώσπου να μαλακώσουν και να δέσει η σάλτσα. Πιθανώς να χρειαστεί να προσθέσετε λίγο νερό. Σερβίρετέ τα ζεστά, πασπαλισμένα με φρεσκοτριμμένο πιπέρι. Αν θέλετε, περιχύστε τα με λίγο χυμό λεμονιού.

Πράσα με Λάχανο και Μπλιγούρι

Μερίδες 4-5
Χρόνος προετοιμασίας 30´
Χρόνος μαγειρέματος 1 ώρα

750 γρ. πράσα
750 γρ. λάχανο

2/3 κούπας λάδι
1 μεγάλο καρότο σε μικρούς κύβους
1 κόκκινη πιπεριά ψιλοκομμένη
2 κλωνάρια σέλερι ψιλοκομμένο
1 κούπα ψιλοκομμένες ώριμες ντομάτες ή
ντοματάκια κονσέρβας
αλάτι και φρεσκοτριμμένο πιπέρι
1/2 κούπας μπλιγούρι
3 κουταλιές χυμό λεμονιού

Καθαρίστε και πλύντε τα πράσα. Κόψτε τα σε κομμάτια και ζεματίστε τα. Στραγγίστε και πετάξτε το νερό. Κάντε το ίδιο και με το λάχανο. Βάλτε το λάδι σε κατσαρόλα επάνω σε μέτρια φωτιά και σοτάρετε το καρότο, την πιπεριά και το σέλερι, να μαραθούν. Ρίξτε μέσα την ντομάτα, τα πράσα, το λάχανο, αλάτι και πιπέρι κι ανακατέψτε ελαφρά. Σκεπάστε και σιγοβράστε να μισομαλακώσουν τα πράσα και το λάχανο. Προσθέστε το μπλιγούρι κάνοντας μικρά ανοίγματα εδώ κι εκεί και τοποθετώντας το μέσα σ' αυτά. Συνεχίστε το βράσιμο, ώσπου να μαλακώσει το μπλιγούρι και το φαγητό να μείνει με ελάχιστη σάλτσα. Περιχύστε το με το χυμό λεμονιού και κουνήστε την κατσαρόλα να πάει παντού. Ζεστό ή κρύο, είναι το ίδιο νόστιμο. Αντικαταστήστε, αν θέλετε, το μπλιγούρι με ρύζι τύπου Καρολίνα.

Αγγινάρες Πολίτικες

Μερίδες 4
Χρόνος προετοιμασίας 30´
Χρόνος μαγειρέματος 30´

8 φρέσκιες ή κατεψυγμένες αγγινάρες
1 κούπα λάδι
1 μέτριο κρεμμύδι τριμμένο
4 φρέσκα κρεμμυδάκια σε κομματάκια
2 μεγάλα καρότα σε μικρούς κύβους
3 μεγάλες πατάτες σε κομμάτια
100 γρ. κατεψυγμένο αρακά
1/2 κούπας ψιλοκομμένο άνηθο
αλάτι και φρεσκοτριμμένο πιπέρι
1/4 κούπας χυμό λεμονιού
1 κουταλιά αλεύρι (προαιρετικά)

Αν χρησιμοποιήσετε φρέσκιες αγγινάρες, καθαρίστε τες, έτσι ώστε να μείνουν οι κούπες μαζί με όσα από τα φύλλα είναι τρυφερά. Αφαιρέστε από το κέντρο το χνούδι. Όσα από τα κοτσάνια έχουν αρκετό τρυφερό μέρος στο κέντρο, καθαρίστε τα και κόψτε τα σε κομμάτια. Τρίψτε τις αγγινάρες με λεμόνι και βάλτε τες να σταθούν μέσα σε νερό με λίγο αλεύρι και χυμό λεμονιού, για να μη μαυρίσουν. Βάλτε το λάδι σε μια πλατιά, ρηχή κατσαρόλα, επάνω σε δυνατή φωτιά, ρίξτε μέσα το κρεμμύδι και τα κρεμμυδάκια και σοτάρετέ τα ελαφρά. Ρίξτε τα καρότα και τον αρακά και σοτάρετε λίγο ακόμη. Αραδιάστε μέσα στην κατσαρόλα τις αγγινάρες, προσθέστε τις πατάτες και 1 κούπα ζεστό νερό. Πασπαλίστε με το άνηθο, αλάτι και πιπέρι, σκεπάστε την κατσαρόλα και σιγοβράστε το φαγητό, 30´ περίπου, ώσπου να μαλακώσουν οι αγγινάρες και οι πατάτες και να μείνουν με λίγη σάλτσα. Αν χρειαστεί, προσθέστε λίγο νερό ακόμη. Περιχύστε το φαγητό με το χυμό λεμονιού, μόλις το κατεβάσετε από τη φωτιά. Αν θέλετε να δέσει και ν' ασπρίσει η σάλτσα, όπως με το αυγολέμονο, διαλύστε το αλεύρι στο χυμό λεμονιού, ρίξτε μέσα λίγη από τη σάλτσα του φαγητού και ρίξτε το στην κατσαρόλα κουνώντας τη να πάει παντού. Βράστε το φαγητό 5´ ακόμη. Σερβίρετε τις κούπες αγγινάρας γεμισμένες με τα ψιλοκομμένα λαχανικά. Περιχύστε τες με τη σάλτσα και περιτριγυρίστε τες με τις πατάτες. Ζεστές ή κρύες είναι το ίδιο νόστιμες.

Αγγινάρες με Κουκιά

Μερίδες 6
Χρόνος προετοιμασίας 1 ώρα
Χρόνος μαγειρέματος 1 ώρα

1¹/₂ κιλού φρέσκα κουκιά
6 αγγινάρες
1 κούπα λάδι
8 φρέσκα κρεμμυδάκια ψιλοκομμένα
1/2 κούπας ψιλοκομμένο άνηθο
αλάτι και πιπέρι

2 κουταλιές χυμό λεμονιού

Αφαιρέστε τις κλωστές από τα κουκιά και κόψτε τα στη μέση. Από αυτά που είναι πολύ μεστωμένα, αφαιρέστε και πετάξτε το φλούδι. Πλύντε τα και στραγγίστε τα. Για να μη μαυρίσουν πολύ, ζεματίστε τα και πετάξτε το νερό. Καθαρίστε τις αγγινάρες, όπως στη συνταγή "Αγγινάρες Πολίτικες". Βάλτε το λάδι σε κατσαρόλα επάνω σε δυνατή φωτιά να ζεσταθεί, ρίξτε και σοτάρετε τα κρεμμυδάκια. Προσθέστε τα κουκιά, τις αγγινάρες, το άνηθο, αλάτι, πιπέρι και 1 κούπα ζεστό νερό. Σκεπάστε και σιγοβράστε το φαγητό, ώσπου να μείνει σχεδόν με το λάδι του. Κατεβάστε το από τη φωτιά και περιχύστε το με το χυμό λεμονιού. Κουνήστε την κατσαρόλα να πάει παντού. Σερβίρετέ το με σαλάτα από φρέσκα λαχανικά. Ζεστό ή κρύο είναι το ίδιο νόστιμο. Κατά τον ίδιο τρόπο μαγειρέψτε σκέτα κουκιά. Εναλλακτικά, προσθέστε στο φαγητό, μαζί με τα υπόλοιπα υλικά, μία ώριμη ντομάτα ψιλοκομμένη και μισό κιλό τρυφερό φρέσκο αρακά.

Αγγινάρες με Λαχανικά και Πατατάκια

Μερίδες 4-5
Χρόνος προετοιμασίας 1 ώρα
Χρόνος ψησίματος 1 ώρα

8 φρέσκιες αγγινάρες καθαρισμένες σε κομματάκια ή
800 γρ. αγγιναράκια κονσέρβας
1/2 κιλού λαχανικά τουρλού κατεψυγμένα
1 μέτριο κρεμμύδι ψιλοκομμένο
1/2 κούπας ψιλοκομμένο άνηθο
2/3 κούπας λάδι
αλάτι και φρεσκοτριμμένο πιπέρι
2 μεγάλες πατάτες σε κύβους
1/4 κούπας χυμό λεμονιού

Αραδιάστε τις αγγινάρες σ' ένα πυρίμαχο σκεύος. Αν χρησιμοποιήσετε αγγιναράκια κονσέρβας, στραγγίστε, ξεπλύντε, πατήστε τα ελαφρά, να φύγει το πολύ νερό και χωρίστε τα στη μέση, αν είναι μεγάλα. Ξεπλύντε τα κατεψυγμένα λαχανικά κι ανακατέψτε τα με το κρεμμύδι και το άνηθο. Αδειάστε το μίγμα μέσα στο πυρέξ με τις αγγινάρες. Περιχύστε τα λαχανικά με το λάδι και πασπαλίστε τα με αλάτι και φρεσκοτριμμένο πιπέρι. Προσθέστε 1 κούπα νερό, σκεπάστε με αλουμινόχαρτο και βάλτε το πυρέξ στο φούρνο στους 200˚C. Ψήστε τα λαχανικά 1 ώρα ή ώσπου να μισομαλακώσουν. Τηγανίστε ελαφρά τις πατάτες σε φριτέζα, στραγγίστε τες και προσθέστε τες μέσα στα λαχανικά. Ανακατέψτε με προσοχή και περιχύστε το φαγητό με το χυμό λεμονιού. Συνεχίστε το ψήσιμο, ώσπου να μαλακώσουν καλά τα λαχανικά και να μείνουν με λίγη σάλτσα. Ίσως χρειαστεί να προσθέσετε λίγο νερό ακόμη.

ΑΓΓΙΝΑΡΕΣ ΠΟΛΙΤΙΚΕΣ

ή πυρέξ σκεύος και περιχύστε τα με τη σάλτσα και μισή κούπα νερό. Ψήστε τα σκεπασμένα με αλουμινόχαρτο στους 200°C, για 1-2 ώρες, ώσπου να μαλακώσουν και να μείνουν με πολύ λίγη σάλτσα. Τα τελευταία 15΄ αφαιρέστε το αλουμινόχαρτο για να ξεροψηθούν ελαφρά. Ίσως χρειαστεί να προσθέσετε ακόμη λίγο νερό (εξαρτάται από το πόσο τρυφερά είναι τα φασολάκια). Ζεστά ή κρύα, είναι το ίδιο νόστιμα. Συνοδέψτε τα με σαλάτα παντζάρια.

Κουκιά με Αρακά

Μερίδες 6
Χρόνος προετοιμασίας 40΄
Χρόνος μαγειρέματος 1 ώρα

1½ κιλού φρέσκα τρυφερά κουκιά
1 κούπα λάδι
8 φρέσκα κρεμμυδάκια ψιλοκομμένα
1/2 κιλού καθαρισμένο αρακά
1/2 κούπας ψιλοκομμένο άνηθο
αλάτι και φρεσκοτριμμένο πιπέρι
2 κουταλιές χυμό λεμονιού

Αφαιρέστε τις κλωστές από τα κουκιά και κόψτε τα στη μέση. Από αυτά που είναι πολύ μεστωμένα, αφαιρέστε και πετάξτε το φλούδι. Πλύντε και στραγγίστε τα. Βάλτε το λάδι σε κατσαρόλα επάνω σε δυνατή φωτιά να ζεσταθεί, ρίξτε και σοτάρετε τα κρεμμυδάκια. Προσθέστε τα κουκιά, τον αρακά, το άνηθο, αλάτι, πιπέρι και 1 κούπα ζεστό νερό. Σκεπάστε και σιγοβράστε, ώσπου να μαλακώσουν τα κουκιά και ο αρακάς και να μείνουν σχεδόν με το λάδι τους. Κατεβάστε τα από τη φωτιά και περιχύστε τα με το χυμό λεμονιού. Κουνήστε την κατσαρόλα να πάει παντού. Ζεστά ή κρύα είναι το ίδιο νόστιμα. Κατά τον ίδιο τρόπο φτιάξτε σκέτα κουκιά. **Εναλλακτικά**, προσθέστε στο φαγητό, μία μεγάλη ώριμη ντομάτα ψιλοκομμένη και λίγο δυόσμο.

Φασολάκια στο Φούρνο

Μερίδες 4-5
Χρόνος προετοιμασίας 35΄
Χρόνος μαγειρέματος 2 ώρες

1½ κιλού φρέσκα φασολάκια ή 1 κιλό κατεψυγμένα
1 κούπα λάδι
1 μικρό κρεμμύδι τριμμένο
4 φρέσκα κρεμμυδάκια ψιλοκομμένα
2 σκελίδες σκόρδο σε δοντάκια
750 γρ. ώριμες φρέσκιες ντομάτες ή
400 γρ. ντοματάκια κονσέρβας ψιλοκομμένα
1/2 κούπας ψιλοκομμένο μαϊντανό
1/2 κουταλάκι ζάχαρη
αλάτι, πιπέρι

Καθαρίστε τα φασολάκια. Πλύντε και κόψτε τα στη μέση ή σε περισσότερα κομμάτια, αν είναι πολύ μακριά. Βάλτε το λάδι σε κατσαρόλα επάνω σε δυνατή φωτιά, να ζεσταθεί, ρίξτε και σοτάρετε τα κρεμμύδια και το σκόρδο. Ρίξτε την ντομάτα και σοτάρετέ τη μερικά λεπτά. Προσθέστε το μαϊντανό, τη ζάχαρη, αλάτι και πιπέρι. Αραδιάστε τα φασολάκια σ' ένα πήλινο

Πατάτες Φούρνου
(Λεμονάτες ή με Ντομάτα)

Μερίδες 4-5
Χρόνος προετοιμασίας 1 ώρα
Χρόνος μαγειρέματος 1 ώρα και 30΄

2 κιλά πατάτες
1/3 κούπας χυμό λεμονιού ή
2 κούπες χυμό ντομάτας
αλάτι, πιπέρι
1 κουταλάκι ρίγανη
2 σκελίδες σκόρδο σε δοντάκια
2/3 κούπας λάδι

Πλύντε και καθαρίστε τις πατάτες. Κόψτε τες σε κομμάτια. Για να τις κάνετε λεμονάτες, ανακατέψτε τες με το χυμό λεμονιού, αλάτι, πιπέρι, ρίγανη και το σκόρδο. Βάλτε τες σε γκιουβέτσι ή σε πυρέξ σκεύος. Περιχύστε τες με το λάδι. Ψήστε τες στους 175°C, για 1 ώρα, σκεπασμένες με αλουμινόχαρτο και 30′ ακάλυπτες ανακατεύοντάς τες από καιρό σε καιρό. Ίσως χρειαστεί να προσθέσετε λίγο νερό. Για να τις κάνετε με ντομάτα, περιχύστε τες με το χυμό ντομάτας αντί με το χυμό λεμονιού, κι ανακατέψτε τες με τα υπόλοιπα υλικά. Ψήστε τες κατά τον ίδιο τρόπο. Σερβίρετέ τες ζεστές και φρεσκοψημένες. Με τον ένα ή τον άλλο τρόπο, είναι το ίδιο νόστιμες.

Πατάτες Ψητές

Μερίδες 5
Χρόνος προετοιμασίας 15′
Χρόνος ψησίματος 1 ώρα και 30′

5 μεγάλες ομοιόμορφες πατάτες
1/2 κούπας ψιλοκομμένα φρέσκα κρεμμυδάκια
1/4 κούπας ψιλοκομμένο μαϊντανό ή άνηθο ή δυόσμο
1 κούπα φυτική κρέμα χτυπημένη
1/4 κούπας ψιλοκομμένη κόκκινη πιπεριά
αλάτι και φρεσκοτριμμένο πιπέρι

για τις γεμιστές πατάτες
2 κουταλιές λάδι
1/2 κούπας ψιλοκομμένα φρέσκα κρεμμυδάκια
1/4 κούπας ψιλοκομμένο μαϊντανό ή άνηθο ή δυόσμο
1/4 κούπας φυτική κρέμα
1/2 κούπας τριμμένο φυτικό τυρί
2 κουταλάκια μουστάρδα έτοιμη
1 κουταλιά χυμό λεμονιού

Πλύντε και σκουπίστε τις πατάτες. Τυλίξτε τες μία - μία σε αλουμινόχαρτο και ψήστε τες στους 200°C 1 ώρα και 30′ περίπου, ώσπου να μαλακώσουν. Για ν' ανοίξουν οι πατάτες σαν λουλούδια, χαράξτε τες με μαχαίρι σταυρωτά, αρκετά βαθιά και πιέστε τες με τα δάχτυλα δεξιά κι αριστερά στο κάτω μέρος. Πασπαλίστε τες με αλάτι και πιπέρι. Συνοδέψτε τες με τη χτυπημένη κρέμα, τα μυρωδικά και το κρεμμυδάκι. Για να φτιάξετε πατάτες γεμιστές, κόψτε τις πατάτες, αφού τις ψήσετε, στη μέση κι αφαιρέστε μ' ένα κουτάλι αρκετό από το εσωτερικό τους, ώστε να σχηματιστούν κούπες. Πατήστε την πατάτα που αφαιρέσατε, να γίνει πουρές. Σοτάρετε ελαφρά το κρεμμυδάκι στο λάδι κι ανακατέψτε το με τον πουρέ και με τα υπόλοιπα υλικά, αλάτι και πιπέρι. Γεμίστε με το μίγμα τις κούπες της πατάτας, και ψήστε τες στους 180°C 30′ περίπου. Πασπαλίστε τες με ψιλοκομμένη κόκκινη πιπεριά κι έξτρα φυτικό τυρί, αν θέλετε. Σερβίρετέ τες αμέσως.

σει ελαφρά. Πάρτε με τρυπητό κουτάλι κρεμμύδια και στραγγίζοντάς τα ελαφρά από τη σάλτσα τοποθετήστε τα επάνω στις φέτες της μελιτζάνας μέσα στο άνοιγμα της πιπεριάς. Βάλτε επάνω μια λεπτή φέτα ντομάτας και πασπαλίστε με ελάχιστο αλάτι και πιπέρι. Περιχύστε τες με τη σάλτσα. Σκεπάστε το ταψί με αλουμινόχαρτο και βάλτε το στο φούρνο. Ψήστε τις μελιτζάνες στους 200°C για 25΄-30΄, να ρουφήξουν τη σάλτσα και να ψηθούν καλά. Σερβίρετέ τες ζεστές ή κρύες είναι το ίδιο νόστιμες. Ωραίο πιάτο για μπουφέ. Σερβίρονται εύκολα και όμορφα.

Κουνουπίδι με Σπανάκι

Μερίδες 4
Χρόνος προετοιμασίας 30΄
Χρόνος μαγειρέματος 30΄

2/3 κούπας λάδι
1/2 κούπας ψιλοκομμένο κρεμμύδι
2 σκελίδες σκόρδο τριμμένο
1 μικρό κουνουπίδι σε φουντίτσες
1 κουταλάκι κόλιαντρο
1/2 κουταλάκι κάρυ
1/4 κουταλάκι κύμινο
1/2 κουταλάκι τριμμένο φρέσκο τζίντζερ
200 γρ. σπανάκι καθαρισμένο σε κομμάτια
4 ώριμες ντομάτες ψιλοκομμένες
αλάτι και φρεσκοτριμμένο πιπέρι

Σε μια κατσαρόλα σοτάρετε το κρεμμύδι και το σκόρδο στο λάδι, να μαραθούν. Προσθέστε το κουνουπίδι και σοτάρετέ το 3΄-4΄, να πάρει ελαφρύ ρόδινο χρώμα. Πασπαλίστε με τα μπαχαρικά. Προσθέστε το σπανάκι, τις ντομάτες, αλάτι και πιπέρι. Σιγοβράστε το φαγητό 20΄.

Μελιτζάνες Σπέσιαλ

Μερίδες 4-5
Χρόνος προετοιμασίας 1 ώρα και 30΄
Χρόνος ψησίματος 30΄

2 κιλά μελιτζάνες χοντρές
4-5 χοντρές πράσινες πιπεριές σε κρίκους 1 εκ.
3-4 ντομάτες κομμένες σε λεπτές στρογγυλές φέτες
1/4 κούπας λάδι
1 μεγάλο κρεμμύδι σε λεπτά φετάκια
1½ κούπας χυμό ντομάτας
2 κουταλιές ψιλοκομμένο φρέσκο δυόσμο
αλάτι και φρεσκοτριμμένο πιπέρι

Πλύντε καλά τις μελιτζάνες και κόψτε τες σε χοντρές φέτες πάχους 3-4 εκ., χωρίς να τις καθαρίσετε. Πασπαλίστε τες με αλάτι, αφήστε τες να σταθούν 1 ώρα, ξεπλύντε τες με άφθονο νερό και πατήστε τες μέσα στις παλάμες σας να στραγγίσουν. Τηγανίστε τες ελαφρά σε λάδι κι αραδιάστε τες σε ταψί τη μία πλάι στην άλλη. Τοποθετήστε επάνω στην κάθε μια ένα κρίκο πιπεριάς. Βάλτε το λάδι σε κατσαρόλα και σοτάρετε ελαφρά το κρεμμύδι, να μαραθεί. Προσθέστε το χυμό ντομάτας, το δυόσμο, πιπέρι και αλάτι αν χρειάζεται. Βράστε τη σάλτσα, να δέ-

Μελιτζανάκια με Τυρί

Μερίδες 4
Χρόνος προετοιμασίας 1 ώρα
Χρόνος μαγειρέματος 35΄

2 κιλά μακριές μελιτζάνες
1/2 κιλού φυτικό τυρί
1/4 κούπας λάδι
3 σκελίδες σκόρδο τριμμένο
1½ κιλού ώριμες ντομάτες περασμένες από σίτα
αλάτι και φρεσκοτριμμένο πιπέρι
1/4 κούπας ψιλοκομμένο μαϊντανό
3-4 μακριές πράσινες πιπεριές σε λεπτούς κρίκους

Κόψτε τις μελιτζάνες σε μακριές φέτες, αλατίστε τες κι αφήστε τες να σταθούν 1 ώρα. Ξεπλύντε και στίψτε τες μέσα στις παλάμες σας. Τηγανίστε τες ελαφρά. Κόψτε το τυρί σε ραβδάκια στο πάχος και το μήκος του μικρού δαχτύλου. Βάλτε ένα ραβδάκι σε κάθε φέτα μελιτζάνας και τυλίξτε τες σε ρολά. Αραδιάστε τα ρολά σ' ένα πυρέξ σκεύος. Ζεστάνετε το λάδι και σοτάρετε το σκόρδο. Προσθέστε τη ντομάτα, αλάτι και πιπέρι και βράστε τη σάλτσα, ώσπου να δέσει ελαφρά, περίπου 10΄. Ρίξτε κι ανακατέψτε το μαϊντανό. Περιχύστε τα μελιτζανάκια με τη σάλτσα και πασπαλίστε στην επιφάνεια τους κρίκους πιπεριάς. Ψήστε τα στους 175°C 30΄-35΄, να ροδίσει ελαφρά η επιφάνεια και σερβίρετέ τα ζεστά.

Τσουμπλέκι
(Συνταγή Νάουσας)

Μερίδες 5-6
Χρόνος προετοιμασίας 1 ώρα
Χρόνος ψησίματος 2-3 ώρες

2½ κιλού κρεμμυδάκια για στιφάδο
1 κούπα λάδι
6 σκελίδες σκόρδο
1 κιλό ώριμες ντομάτες ψιλοκομμένες
1 κούπα κόκκινο ξηρό κρασί
2 κουταλιές ξίδι
3 φύλλα δάφνης
20 κόκκους πιπέρι
10 κόκκους μπαχάρι
αλάτι και φρεσκοτριμμένο πιπέρι

Βουτήξτε τα κρεμμυδάκια σε νερό που βράζει. Σβύστε τη φωτιά κι αφήστε τα να σταθούν 1-2 ώρες. Έτσι θα τα καθαρίσετε πιο εύκολα. Βάλτε το λάδι σε κατσαρόλα και σοτάρετε μέσα σ' αυτό τα κρεμμυδάκια και τα σκόρδα, να μαραθούν ελαφρά. Ανακατέψτε τα με τα υπόλοιπα υλικά κι αδειάστε τα σ' ένα πήλινο ή πυρέξ σκεύος. Βάλτε τα στο φούρνο στους 200°C και ψήστε τα 2-3 ώρες σκεπασμένα, ώσπου να μαλακώσουν και να μείνουν σχεδόν με το λάδι τους.

Καπακωτή

Μερίδες 5-6
Χρόνος προετοιμασίας 2 ώρες
Χρόνος μαγειρέματος 1 ώρα

2 κιλά μελιτζάνες
1/2 κιλού πιπεριές Φλώρινας
1/2 κιλού πράσινες μακριές πιπεριές
1/3 κούπας λάδι
5-6 σκελίδες σκόρδο σε φετάκια
1 κιλό ώριμες ντομάτες πολτοποιημένες
αλάτι, πιπέρι

1/4 κούπας ψιλοκομμένο μαϊντανό
λίγη ρίγανη (προαιρετικά)
λίγο φυτικό τυρί τριμμένο (προαιρετικά)

Ετοιμάστε τις μελιτζάνες, όπως θα τις ετοιμάζατε για τηγάνισμα. Τηγανίστε τες ελαφρά. Τηγανίστε ή ψήστε στο γκριλ τις πιπεριές. Αφαιρέστε τη φλούδα και τους σπόρους. Βάλτε το λάδι σε κατσαρόλα να ζεσταθεί, ρίξτε και σοτάρετε το σκόρδο και αφαιρ. Ρίξτε την ντομάτα, αλάτι, πιπέρι, το μαϊντανό και τη ρίγανη. Βράστε μερικά λεπτά τη σάλτσα. Αραδιάστε τις τηγανητές μελιτζάνες και τις πιπεριές σε γκιουβέτσι ή σ' ένα πυρέξ σκεύος, σε σειρές και περιχύστε τες με τη σάλτσα. Ψήστε τες σκεπασμένες στους 175°C 40΄ περίπου, να μαλακώσουν και να μείνουν με πολύ λίγη σάλτσα. Σερβίρετέ τες ζεστές ή κρύες, είναι το ίδιο νόστιμες. Προαιρετικά, πασπαλίστε τες με λίγο φυτικό τυρί τριμμένο.

Μελιτζάνες Παπουτσάκια

Μερίδες 4-6
Χρόνος προετοιμασίας 1 ώρα και 30´
Χρόνος ψησίματος 1 ώρα

6 χοντρές μελιτζάνες (2 κιλά)
2/3 κούπας λάδι
4 μεγάλα κρεμμύδια σε φετάκια
8 σκελίδες σκόρδο σε φετάκια
1³/₄ κούπας ψιλοκομμένα ντοματάκια κονσέρβας ή
φρέσκιες ώριμες ντομάτες
1/2 κούπας ψιλοκομμένο μαϊντανό
αλάτι και φρεσκοτριμμένο πιπέρι

Πλύντε και χωρίστε τις μελιτζάνες κατά μήκος στη μέση. Σκί-
στε τη σάρκα τους κάνοντας δύο - τρεις επιμήκεις χαρακιές με
το μαχαίρι, χωρίς να τρυπήσετε τη φλούδα. Πασπαλίστε τες με

αλάτι κι αφήστε τες να σταθούν 1-2 ώρες. Ξεπλύντε τες και
στίψτε τες με τις παλάμες σας, να στραγγίσει το περισσότερο
από το νερό τους. Τηγανίστε τες σε φριτέζα ή σε καυτό λάδι,
ώσπου να ροδίσουν ελαφρά. Βγάλτε τες κι αραδιάστε τες σ'
ένα πυρέξ σκεύος, που να τις χωράει άνετα. Σε μια κατσαρόλα,
ζεστάνετε το λάδι και σοτάρετε τα κρεμμύδια και το σκόρδο,
ώσπου να μαραθούν καλά και να γίνουν διάφανα. Ρίξτε μέσα
την ντομάτα και το μαϊντανό, αλάτι και πιπέρι και βράστε τα
10΄. Με τη βοήθεια ενός κουταλιού, ανοίξτε τις μελιτζάνες δη-
μιουργώντας ένα βαθούλωμα σ' όλο το μήκος και γεμίστε το
με το μίγμα των κρεμμυδιών. Περιχύστε τες με τη σάλτσα που
έμεινε στην κατσαρόλα. Πασπαλίστε τες με λίγο φρεσκοτριμ-
μένο πιπέρι και ψήστε τες στους 180˚C, για 1 ώρα περίπου.
Πρέπει να μείνουν με πολύ λίγη σάλτσα. Ίσως χρειαστεί να
προσθέσετε λίγο νερό κατά τη διάρκεια του ψησίματος. Το φα-
γητό σερβίρεται και ζεστό και κρύο. Είναι το ίδιο νόστιμο.

Μπάμιες Γιαχνί

Μερίδες 4
Χρόνος προετοιμασίας 30΄-40΄
Χρόνος μαγειρέματος 15΄

500 γρ. μπάμιες φρέσκιες ή κατεψυγμένες
400 γρ. ντοματάκια κονσέρβας ψιλοκομμένα
3/4 κούπας λάδι
1 μέτριο κρεμμύδι σε λεπτά φετάκια
1/3 κούπας ψιλοκομμένο μαϊντανό
1/8 κουταλάκι ζάχαρη
αλάτι, πιπέρι
3 ρόδες λεμόνι χωρίς τη φλούδα
1 ώριμη ντομάτα σε λεπτές φέτες

Αν οι μπάμιες είναι φρέσκιες, πλύντε τες και χρησιμοποιώντας ένα κοφτερό μαχαίρι αφαιρέστε με προσοχή το κοτσάνι, χωρίς να χαλάσετε το δέρμα. Βουτήξτε το κομμένο μέρος σε αλάτι κι αφήστε τες να σταθούν μισή ώρα. Ξεπλύντε τες καλά με νερό και λίγο ξίδι ή χυμό λεμονιού. Αν είναι κατεψυγμένες, ξεπλύντε τες απλώς με νερό και λίγο ξίδι ή χυμό λεμονιού. Βάλτε το λάδι σε μια πλατιά ρηχή κατσαρόλα επάνω σε δυνατή φωτιά, να ζεσταθεί. Ρίξτε το κρεμμύδι και σοτάρετέ το ελαφρά. Ρίξτε μέσα τα ντοματάκια, το μαϊντανό, τη ζάχαρη, το πιπέρι, τις ρόδες λεμονιού και σιγοβράστε τη σάλτσα 10΄. Κατόπιν, ρίξτε τις μπάμιες κι ανακατέψτε ελαφρά, ώστε όλες να περιχυθούν με τη σάλτσα. Αραδιάστε στην επιφάνεια του φαγητού τις φέτες της ντομάτας και πασπαλίστε τες με λίγο αλάτι και πιπέρι. Σκεπάστε την κατσαρόλα με το καπάκι και βράστε το φαγητό σε μέτρια φωτιά. Από τη στιγμή που θα αρχίσει να βράζει, βράστε το μόνο 15΄, για να μη λιώσουν οι μπάμιες. Δεν θα βάλετε νερό, παρά λίγο, ίσως στο τέλος, αν δείτε ότι δεν έβρασαν οι μπάμιες. Αλάτι θα βάλετε επίσης στο τέλος, αν χρειάζεται, αφού δοκιμάσετε πρώτα. Δεν πρέπει να ανακατέψετε το φαγητό με κουτάλι. Αν χρειαστεί ανακάτεμα, κουνήστε την κατσαρόλα μερικές φορές κυκλικά. Οι μπάμιες είναι πολύ ευαίσθητες και λιώνουν εύκολα, γι' αυτό θέλουν μεγάλη προσοχή στο μαγείρεμα. Σερβίρετέ τες ζεστές ή κρύες, είναι το ίδιο νόστιμες. **Εναλλακτικά**, μπορείτε να μαγειρέψετε τις μπάμιες στο φούρνο. Θα χρειαστούν όμως πολύ περισσότερο χρόνο ψήσιμο. Ίσως 1-2 ώρες. Θα καλύψετε όλη την επιφάνεια με λεπτές φέτες ντομάτας για να μην καούν οι μπάμιες στο ψήσιμο. Γίνονται πολύ νόστιμες.

Ριζότο με Κολοκύθι

Μερίδες 6-8
Χρόνος προετοιμασίας 20΄
Χρόνος μαγειρέματος 10΄

1/4 κούπας λάδι
1/3 κούπας ψιλοκομμένο κρεμμύδι
2 σκελίδες σκόρδο τριμμένο
2 κουταλιές φρέσκο δεντρολίβανο
1/2 κιλού καθαρισμένο κίτρινο κολοκύθι
σε μικρά κομμάτια
1/4 κούπας ζωμό λαχανικών (βασικές συνταγές)
1/4 κούπας ψιλοκομμένο κρεμμύδι
1/3 κούπας μαργαρίνη
1²/₃ κούπας ρύζι Καρολίνα
1¹/₂ λίτρου ζωμό λαχανικών
αλάτι και φρεσκοτριμμένο πιπέρι
1/4 κούπας φρέσκο δεντρολίβανο για το σερβίρισμα

Βάλτε σε μικρή κατσαρόλα το λάδι επάνω σε δυνατή φωτιά, να ζεσταθεί και σοτάρετε μέσα σ' αυτό το κρεμμύδι και το σκόρδο, να μαραθούν. Προσθέστε το δεντρολίβανο, το κολοκύθι και το ζωμό. Σκεπάστε και σιγοβράστε 10΄- 20΄, να μαλακώσει καλά το κολοκύθι. Σε μια μεγάλη κατσαρόλα σοτάρετε το κρεμμύδι στη μισή μαργαρίνη, να μαραθεί. Προσθέστε το ρύζι κι ανακατέψτε επάνω στη φωτιά 1΄- 2΄. Ρίξτε το ζωμό σε δόσεις κατά διαστήματα, ανακατεύοντας συνεχώς και περιμένοντας να απορροφηθεί αυτός που προσθέσατε, πριν ρίξετε καινούριο. Ρίξτε όσο ζωμό χρειαστεί, για να μαλακώσει το ρύζι εξωτερικά, αλλά να κρατάει εσωτερικά. Χρειάζεται περίπου 10΄. Μετά από 5΄-8΄, όταν το ρύζι είναι μισομαγειρεμένο, προσθέστε το κολοκύθι κι ανακατέψτε επάνω στη φωτιά, ώσπου να ψηθεί το ρύζι και το φαγητό να μείνει με ελάχιστη παχιά κρεμώδη σάλτσα. Κατεβάστε το από τη φωτιά, ρίξτε κι ανακατέψτε την υπόλοιπη μαργαρίνη. Δοκιμάστε και προσθέστε αλάτι και πιπέρι, όσο χρειάζεται. Σερβίρετε το ριζότο σε ζεστά πιάτα, πασπαλισμένο με δεντρολίβανο.

Αντίδια Σαλάτα

Μερίδες 4-6
Χρόνος ετοιμασίας 10′

2 χίκορι (σικορέ) χωρισμένα σε φυλλαράκια
4 κούπες πλυμμένα και κομμένα σγουρά αντίδια
2 κούπες κόκκινα αντίδια
ή κόκκινο μαρούλι σε κομμάτια
1 μέτριο κρεμμύδι σε κρίκους

για τη σάλτσα
1 κουταλιά νερό
2 κουταλιές ξίδι
2 κουταλάκια μουστάρδα έτοιμη
3 κουταλιές λάδι
1/8 κουταλάκι πιπέρι
1/4 κουταλάκι αλάτι

Χτυπήστε τα υλικά της σάλτσας σ' ένα βαζάκι με καλό κλείσιμο. Ραντίστε τα φύλλα του χίκορι με 2 κουταλιές σάλτσα κι ανακατέψτε τα σ' ένα μπολ να μαριναριστούν. Ραντίστε τα υπόλοιπα λαχανικά με την υπόλοιπη σάλτσα κι ανακατέψτε τα

προσέχοντας να μην τα μαράνετε. Βάλτε τα σε πιατέλα κι αραδιάστε τριγύρω τα φυλλαράκια του χίκορι.

Πολίτικη Σαλάτα

Μερίδες 4-5
Χρόνος ετοιμασίας 30′

3 κούπες ψιλοκομμένο λάχανο
3 κουταλιές ψιλοκομμένη πράσινη πιπεριά
3 κουταλιές ψιλοκομμένη κόκκινη πιπεριά
1/4 κούπας ψιλοκομμένο σέλινο
1 μεγάλο καρότο τριμμένο
1/4 κούπας λάδι
2 κουταλιές ξίδι
αλάτι και φρεσκοτριμμένο πιπέρι

Σ' ένα μπολ ανακατέψτε όλα μαζί τα ψιλοκομμένα λαχανικά. Σ' ένα βαζάκι με καλό κλείσιμο χτυπήστε το λάδι, το ξίδι, αλάτι και πιπέρι και περιχύστε τη σαλάτα, λίγο πριν τη σερβίρετε.

Λαχανικά με Νουντλς

Μερίδες 4
Χρόνος ετοιμασίας 20΄

100 γρ. νουντλς βρασμένα
1 μεγάλη κόκκινη πιπεριά ζουλιέν
1 καρότο ζουλιέν
1 μέτριο κολοκύθι ζουλιέν
200 γρ. φουντίτσες μπρόκολα ζεματισμένα
2 κουταλιές τριμμένο φυτικό τυρί
σάλτσα μουστάρδας

Ανακατέψτε σ' ένα μπολ όλα τα υλικά μαζί και περιχύστε τα με σάλτσα μουστάρδας, όπως στα σπαράγγια με μουστάρδα.

Σπαράγγια με Μουστάρδα

1 κιλό φρέσκα σπαράγγια ζεματισμένα

για τη σάλτσα
1/4 κούπας λάδι
2 κουταλιές άσπρο ξίδι
2 κουταλάκια μουστάρδα Dijon
1 σκελίδα σκόρδο τριμμένη
1/4 κουταλάκι ζάχαρη
αλάτι και πιπέρι

Χτυπήστε όλα μαζί τα υλικά της σάλτσας σ' ένα βαζάκι με καλό κλείσιμο και περιχύστε τα σπαράγγια. Αφήστε τα να σταθούν τουλάχιστον 2 ώρες πριν τα σερβίρετε.

Καρότα Σαλάτα Βινεγκρέτ

Μερίδες 4
Χρόνος ετοιμασίας 24 ώρες

4 μέγαλα καρότα σε πολύ λεπτά φετάκια
2 κλωνάρια σέλερι σε λεπτά φετάκια
1 μέτριο κόκκινο κρεμμύδι σε κρίκους
1 μικρή πράσινη πιπεριά ζουλιέν
1/2 κούπας λάδι
1/4 κούπας ξίδι
ελάχιστο σκόρδο τριμμένο
αλάτι και πιπέρι
τρυφερά μαρουλόφυλλα

Ανακατέψτε όλα μαζί τα υλικά, εκτός από τα μαρουλόφυλλα, σ' ένα μπολ. Καλύψτε το μπολ με πλαστική μεμβράνη κι αφήστε τα λαχανικά να μαριναριστούν μία νύχτα στο ψυγείο. Στραγγίστε τα και σερβίρετέ τα επάνω στα μαρουλόφυλλα.

Σπανάκι με Μανιτάρια Σαλάτα

Μερίδες 4
Χρόνος ετοιμασίας 15΄

150 γρ. φρέσκο σπανάκι καθαρισμένο σε κομμάτια
1½ κούπας φρέσκα άσπρα μανιτάρια σε φετάκια
3 κουταλιές ξίδι balsamico
3 κουταλιές λάδι
1/2 κουταλάκι τριμμένες καυτερές πιπερίτσες
1 κουταλάκι σουσάμι καβουρντισμένο
αλάτι και πιπέρι

Βάλτε σ' ένα μπολ το σπανάκι και τα μανιτάρια. Χτυπήστε το ξίδι, το λάδι, τις θρυμματισμένες πιπερίτσες, το σουσάμι, αλάτι και φρεσκοτριμμένο πιπέρι σ' ένα βαζάκι με καλό κλείσιμο να ενωθούν και περιχύστε, τη σαλάτα, λίγο πριν τη σερβίρετε.

Πλύντε και καθαρίστε όλα τα λαχανικά. Αφαιρέστε τους σπόρους από τις πιπεριές. Κόψτε όλα τα λαχανικά σε ρόδες πάχους 0,3 εκ. Κόψτε τις μελιτζάνες σε κρίκους, αφαιρώντας το εσωτερικό μ' ένα μικρό στρογγυλό κουπ πατ. Όλα τα λαχανικά πρέπει να είναι ομοιόμορφα κομμένα, ώστε να ψηθούν στον ίδιο χρόνο. Αλατίστε χωριστά τις μελιτζάνες και τα κολοκυθάκια κι αφήστε τα να σταθούν 30'. Ξεπλύντε και στίψτε τα ελαφρά. Σ' ένα βαζάκι ανακατέψτε το λάδι με το σκόρδο, τα μυρωδικά, το αλάτι και το πιπέρι. Αραδιάστε όλα τα λαχανικά σ' ένα πλατύ ρηχό μπολ και ραντίστε τα με το μίγμα του λαδιού. Ανακατέψτε τα απαλά, να καλυφτούν καλά με το αρωματισμένο λάδι. Αραδιάστε τα λαχανικά στο ταψί του φούρνου, στρωμένο με λαδόχαρτο, ελαφρά λαδωμένο και ψήστε τα στους 230°C, για 25'. Στρώστε το σπανάκι και τη ρόκα σε μια μεγάλη βαθουλή πιατέλα κι αραδιάστε επάνω τα ψημένα λαχανικά. Περιχύστε τα με το ξίδι balsamico και σερβίρετέ τα αμέσως.

Λαχανικά στη Σχάρα ή στο Γκριλ

Μπορείτε να ψήσετε μελιτζάνες, κολοκύθια, μανιτάρια ή ντομάτες στη σχάρα και να τους δώσετε ένα ξεχωριστό άρωμα. Κόψτε τις μελιτζάνες και τα κολοκύθια κατά μήκος στη μέση και χαράξτε τη σάρκα τους χιαστί σε όλη την κομμένη επιφάνεια. Αν θέλετε χωρίστε τα λαχανικά σε φέτες. Οι φέτες είναι προτιμότερες όταν πρόκειται να τα ψήσετε στη σχάρα. Αλείψτε τα με λάδι και πασπαλίστε τα με αρωματικά βότανα. Αφήστε τα να μαριναριστούν μερικά λεπτά και ψήστε πρώτα τις κομμένες όψεις εκθέτοντάς τες κάτω από το γκριλ και κατόπιν γυρίστε τα λαχανικά να ψηθούν κι από την άλλη πλευρά. Στο διάστημα που ψήνονται, αλείφετέ τα κατά διαστήματα με λάδι και συνεχίστε το ψήσιμο, ώσπου να μαλακώσουν. Αν θέλετε, στο λάδι που τα αλείφετε, ανακατέψτε μία σκελίδα σκόρδο τριμμένο. Τα μανιτάρια, καθαρίστε τα και ψήστε τα ολόκληρα. Τις ντομάτες, κόψτε τες στη μέση και πατήστε τες ελαφρά στο κάτω μέρος, γέρνοντάς τες, ώστε να βγουν οι σπόροι και το πολύ ζουμί. Τρίψτε ψίχα μπαγιάτικου ψωμιού κι ανακατέψτε τη με ψιλοκομμένο μαϊντανό, δυόσμο ή ρίγανη, ψιλοκομμένο σκόρδο, αλάτι και πιπέρι. Βάλτε αρκετό από το μίγμα επάνω στις ντομάτες και περιχύστε τες με λάδι. Αραδιάστε τες σ' ένα πυρέξ και ψήστε τες, ώσπου να ροδίσει η επιφάνεια. Θα τις ψήσετε σε δυνατό, προθερμασμένο φούρνο 200°C και σε απόσταση 30 εκ. από το γκριλ, για 20' περίπου, ώστε να ψηθούν, χωρίς να καούν.

Σαλάτα με Ψητά Λαχανικά

Μερίδες 4
Χρόνος προετοιμασίας 1 ώρα
Χρόνος ψησίματος 25΄

1 χοντρό τρυφερό καρότο
1 μικρή ρίζα σέλινο
1 μέτριο κρεμμύδι σε κρίκους
1 μέτριο κολοκύθι
1 κόκκινη και 1 κίτρινη πιπεριά
2 μέτρια παντζάρια (μόνο οι βολβοί)
1 μέτρια μακριά μελιτζάνα
1 μέτρια πατάτα
1/3 κούπας λάδι
1 σκελίδα σκόρδο τριμμένο
1 κουταλάκι θυμάρι, δεντρολίβανο, ρίγανη
1¹/₂ κουταλάκι αλάτι
1/2 κουταλάκι φρεσκοτριμμένο πιπέρι
100 γρ. φρέσκο σπανάκι
100 γρ. ρόκα
4 κουταλιές ξίδι balsamico

Αντίδια και Αγριοσπάραγγα Σαλάτα

Μερίδες 6
Χρόνος ετοιμασίας 15΄

1/2 κιλού τρυφερά αντίδια
1/4 κιλού άγρια σπαράγγια ή καυκαλήθρες
2 κουταλιές λάδι
1 σκελίδα σκόρδο σε δοντάκια
2 φέτες ψωμί τοστ σε μικρούς κύβους
1/4 κούπας χοντροτριμμένα καρύδια
2 κουταλιές ξίδι
4 κουταλιές λάδι
αλάτι και φρεσκοτριμμένο πιπέρι

Πλύντε και καθαρίστε τα αντίδια και τα σπαράγγια. Πετάξτε όλα τα σκληρά φύλλα και κρατήστε τα τρυφερά φύλλα της καρδιάς από τα αντίδια, τις κορυφές και τα τρυφερά βλαστάρια από τα σπαράγγια. Κόψτε τα σε κομμάτια και αφήστε τα να στραγγίσουν καλά. Στο μεταξύ, σοτάρετε το σκόρδο μέσα στο λάδι, στραγγίστε και πετάξτε το σκόρδο. Ραντίστε με το λάδι τους κύβους του ψωμιού. Αραδιάστε τους σε ταψάκι και φρυγανίστε τους στους 175°C, ώσπου να πάρουν χρυσοκάστανο χρώμα. Όταν πρόκειται να σερβίρετε, στρώστε τη σαλάτα σε μια πιατέλα βάζοντας στα ενδιάμεσα τα φρυγανισμένα ψωμάκια και τα καρύδια. Βάλτε σ' ένα βαζάκι με καλό κλείσιμο το ξίδι, το λάδι, αλάτι και πιπέρι, χτυπήστε τα να ενωθούν και περιχύστε τη σαλάτα.

Μελιτζάνες Σαλάτα

Μερίδες 4
Χρόνος ετοιμασίας 30΄

**4 μεγάλες μελιτζάνες
αλάτι
5-6 σκελίδες σκόρδο ψιλοκομμένο
1/4 κούπας ξίδι
1/3 κούπας λάδι
10 σταγόνες Tabasco sauce
2 κουταλιές ψιλοκομμένο μαϊντανό
1 μικρή πιπεριά ψιλοκομμένη (προαιρετικά)
1 μικρή ντομάτα
χωρίς τους σπόρους ψιλοκομμένη (προαιρετικά)**

Πλύντε τις μελιτζάνες και σκουπίστε τες καλά. Τυλίξτε τες μία-μία σε αλουμινόχαρτο και ψήστε τες στα κάρβουνα ή στο μάτι της ηλεκτρικής κουζίνας γυρίζοντάς τες, να ψηθούν από όλες τις πλευρές. Όταν ολοκληρώσετε το ψήσιμο, η φλούδα πρέπει να είναι αρκετά καμένη. Σχίστε τες κατά μήκος από τη μία πλευρά, ν'ανοίξουν σαν βαρκούλες. Αραδιάστε τες σε πιατέλα και με το μαχαίρι χωρίστε τη σάρκα σε κομμάτια, χωρίς να τη λιώσετε. Πασπαλίστε τες με αλάτι, ψιλοκομμένο σκόρδο και λίγο μαϊντανό. Χτυπήστε το ξίδι, το λάδι και το Tabasco να ενωθούν και περιχύστε το εσωτερικό κάθε μελιτζάνας. Προαιρετικά, πασπαλίστε την επιφάνειά τους με τα κομματάκια της πιπεριάς και της ντομάτας ή στολίστε τες βάζοντας μισό τοματίνι και μια μικρή σκελίδα σκόρδο στην καθεμιά.

Πατατοσαλάτα

Μερίδες 4
Χρόνος ετοιμασίας 45΄

**4 μεγάλες πατάτες
1 μικρό κρεμμύδι σε κρίκους
3 φρέσκα κρεμμυδάκια σε κομματάκια
2 κουταλιές ψιλοκομμένο μαϊντανό
1 καρότο ζεματισμένο σε λεπτά φετάκια
σος βινεγκρέτ (βασικές συνταγές)**

Πλύντε καλά και βάλτε τις πατάτες σε κατσαρόλα με νερό, που να τις σκεπάζει. Βράστε τες, ώσπου να μαλακώσουν. Στραγγίστε και ξεφλουδίστε τες. Κόψτε τες σε κομμάτια κι ανακατέψτε τες σ' ένα μπολ με τα κρεμμύδια, το μαϊντανό και το καρότο. Αντί μαϊντανό μπορείτε, αν θέλετε, να βάλετε δυόσμο ή άνηθο. Περιχύστε τη σαλάτα με σος βινεγκρέτ κι αφήστε τη να σταθεί μερικές ώρες πριν τη σερβίρετε, για να νοστιμίσει.

Παντζάρια Σκορδαλιά

Μερίδες 4
Χρόνος προετοιμασίας 30΄
Χρόνος μαγειρέματος 1 ώρα

**1 κιλό παντζάρια
1/2 κούπας λάδι
1/4 κούπας ξίδι
1 σκελίδα σκόρδο τριμμένο
αλάτι**

Κόψτε και ξεχωρίστε τους βολβούς και τα φύλλα από τα κοτσάνια. Πλύντε τους βολβούς και τα φύλλα πολύ καλά. Βάλτε τους βολβούς σε κατσαρόλα με νερό, ίσα που να τους καλύπτει, να βράσουν. Όταν μισοβράσουν, ρίξτε μέσα τα φύλλα

και συνεχίστε το βράσιμο, ώσπου να μαλακώσουν οι βολβοί και να τρυπιούνται εύκολα μ' ένα πιρούνι. Τα φύλλα δεν πρέπει να παραβράσουν. Στραγγίστε και ξεχωρίστε τους βολβούς από τα φύλλα. Αφαιρέστε τη φλούδα τους και κόψτε τους σε φέτες. Αραδιάστε τις φέτες και τα φύλλα των παντζαριών σε πιατέλα και περιχύστε τα με τα υπόλοιπα υλικά, αφού τα ανακατέψετε προηγουμένως σ' ένα βαζάκι και τα χτυπήσετε καλά. Αφήστε τα να σταθούν αρκετές ώρες, για να νοστιμίσουν. Ετοιμάστε τα από την προηγούμενη ημέρα καλύτερα. Συνοδέψτε τα με σκορδαλιά.

Ταμπούλι (Μαϊντανοσαλάτα)

Μερίδες 4-6
Χρόνος ετοιμασίας 1 ώρα

1 κούπα μπλιγούρι
2 κούπες νερό
1/2 κούπας χυμό λεμονιού
1/3 κούπας λάδι
1/2 κουταλάκι αλάτι
1 κουταλάκι μαύρο φρεσκοτριμμένο πιπέρι
1 κούπα ψιλοκομμένα φρέσκα κρεμμυδάκια
3 κούπες ψιλοκομμένο μαϊντανό

3 μέτριες ντομάτες,
χωρίς τη φλούδα και τους σπόρους ψιλοκομμένες
1/2 κούπας ψιλοκομμένο δυόσμο
τρυφερά φύλλα μαρουλιού

Βάλτε το μπλιγούρι με το νερό σ' ένα μπολ κι αφήστε το να σταθεί 30′, ώσπου να φουσκώσει. Στραγγίστε το και πετάξτε την περίσσεια του νερού. Βάλτε το στραγγισμένο μπλιγούρι σ' ένα μεγάλο μπολ κι ανακατέψτε το με το μαϊντανό, το δυόσμο, τις ντομάτες και το μισό χυμό λεμονιού. Αφήστε το να σταθεί 30′ ακόμη. Χτυπήστε τον υπόλοιπο χυμό λεμονιού με το λάδι, το αλάτι και το πιπέρι και περιχύστε τη σαλάτα. Σερβίρετέ την επάνω σε τρυφερά μαρουλόφυλλα ή τυροκαλαθάκια. Για να φτιάξετε τα τυροκαλαθάκια, ζεστάνετε ένα αντικολλητικό τηγάνι 22 εκ., σε χαμηλή φωτιά. Πασπαλίστε τον πάτο με 1/4 κούπας τριμμένο φυτικό τυρί. Μόλις λιώσει το τυρί πασπαλίστε 1/4 κούπας τριμμένο καρύδι. Όταν ψηθεί η κρέπα, αφήστε τη να κρυώσει ελαφρά, ξεκολλήστε την από το τηγάνι με μια σπάτουλα κι αναποδογυρίστε την επάνω στο κυρτό μέρος ενός μπολ με διάμετρο 10 εκ. Αφήστε τη να σταθεί, ώσπου να στερεοποιηθεί το τυρί, 20′ περίπου. Επαναλάβετε τη διαδικασία για να φτιάξετε κι άλλα τυροκαλαθάκια. Γαρνίρετε τη σαλάτα με φέτες λεμόνι, μαϊντανό και ντομάτα.

Μανιτάρια στο Φούρνο

Μερίδες 6
Χρόνος ετοιμασίας 15´
Χρόνος ψησίματος 1 ώρα

2 κουταλιές λάδι
4 σκελίδες σκόρδο σε φετάκια
1 μεγάλο κρεμμύδι τριμμένο
400 γρ. ντοματάκια κονσέρβας ψιλοκομμένα
3 κουταλιές κέτσαπ
25 σταγόνες Tabasco sauce
3 κουταλιές σόγια σος
αλάτι και πιπέρι
1 κιλό μεγάλα φρέσκα άσπρα μανιτάρια
1/4 κούπας μαργαρίνη σε κομματάκια
1/4 κούπας ψιλοκομμένο μαϊντανό

Σοτάρετε το σκόρδο και το κρεμμύδι στο λάδι, ώσπου να μαραθούν. Προσθέστε τα ντοματάκια, την κέτσαπ, το Tabasco, τη σόγια, αλάτι και πιπέρι και σιγοβράστε τη σάλτσα 15´. Ρίξτε κι ανακατέψτε το μαϊντανό. Σ' ένα πυρέξ σκεύος αδειάστε τα μανιτάρια και τοποθετήστε εδώ κι εκεί τα κομματάκια της μαργαρίνης. Περιχύστε τα με τη σάλτσα και ψήστε τα στους 185°C 1 ώρα ή ώσπου να δέσει η σάλτσα. Ζεστά ή κρύα, είναι το ίδιο νόστιμα.

Μανιτάρια Γεμιστά

Μερίδες 6
Χρόνος ετοιμασίας 15´
Χρόνος ψησίματος 15´

18 μεγάλα άσπρα φρέσκα μανιτάρια
2 κουταλιές χυμό λεμονιού
1/4 κούπας λάδι
2 σκελίδες σκόρδο τριμμένο
1/3 κούπας ψιλοκομμένα φρέσκα κρεμμυδάκια
2 κουταλιές ψιλοκομμένο φρέσκο δυόσμο ή
1 κουταλιά ξερό δυόσμο
2 κουταλιές κέτσαπ
2 κουταλιές τριμμένη φρυγανιά
1/3 κούπας τριμμένο φυτικό τυρί (προαιρετικά)
αλάτι και φρεσκοτριμμένο πιπέρι

Πλύντε και καθαρίστε τα μανιτάρια, αφαιρέστε τους μίσχους κι αλείψτε τα με το χυμό λεμονιού. Κόψτε τους μίσχους σε κομματάκια κι αφήστε τα στην άκρη. Σοτάρετε το σκόρδο και τα κρεμμυδάκια στο λάδι, ώσπου να μαραθούν. Προσθέστε τα κομματάκια μανιταριού και σοταρέτε τα κι αυτά 2´-3´. Κατεβάστε τα από τη φωτιά, προσθέστε το δυόσμο, την κέτσαπ, τη φρυγανιά, το φυτικό τυρί, αλάτι και πιπέρι. Ανακατέψτε και γεμίστε με το μίγμα τα μανιτάρια. Αραδιάστε τα σ' ένα μικρό ταψί και ψήστε τα στο γκριλ 15´, να ροδίσουν ελαφρά. Σερβίρονται ζεστά.

Λαχανικά Κοκκινιστά

Μερίδες 4-5
Χρόνος προετοιμασίας 1 ώρα
Χρόνος μαγειρέματος 1 ώρα

1/4 κούπας λάδι
1 μικρό κρεμμύδι τριμμένο ή
4 σκελίδες σκόρδο σε δοντάκια
1½ κιλού ώριμες φρέσκιες ντομάτες ή
800 γρ. κονσέρβας ψιλοκομμένες
2 κουταλιές κέτσαπ
1/4 κούπας ψιλοκομμένο μαϊντανό
αλάτι, πιπέρι
1 κιλό μελιτζάνες σε φέτες
1 κιλό πατάτες σε φέτες
1 κιλό μακριές πράσινες γλυκιές πιπεριές
1 κιλό κολοκύθια σε φέτες

Σε μια μεγάλη, πλατιά κατσαρόλα ζεστάνετε το λάδι και σοτάρετε το κρεμμύδι ή το σκόρδο. Ρίξτε τις ντομάτες, την κέτσαπ, το μαϊντανό, αλάτι, πιπέρι, σκεπάστε την κατσαρόλα και σιγοβράστε τη σάλτσα, ώσπου να δέσει. Στο μεταξύ, αλατίστε τις μελιτζάνες κι αφήστε τες να σταθούν 1 ώρα. Ξεπλύνετέ τες και στίψτε τες καλά μέσα στις παλάμες σας. Τηγανίστε τες, στραγγίστε και ακουμπήστε τες σε απορροφητικό χαρτί. Τηγανίστε χωριστά τις πατάτες και τις πιπεριές. Τα κολοκύθια αλατίστε τα ελαφρά και στραγγίστε τα. Αλευρώστε τα, βουτήξτε τα μέσα σε νερό και τηγανίστε τα. Έτσι θα γίνουν κριτσανιστά και νόστιμα. Περιχύστε τα τηγανισμένα λαχανικά με τη σάλτσα κι ανακατέψτε τα ελαφρά. Ζεστά ή κρύα, είναι το ίδιο νόστιμα.

Λαχανικά στο Φούρνο

Μερίδες 6
Χρόνος προετοιμασίας 1 ώρα
Χρόνος ψησίματος 2 ώρες

**5 λιαστές ντομάτες
1 κιλό κολοκυθάκια σε φετάκια
1/2 κιλού μανιτάρια πλευρότους ή
πορτομπέλο σε κομμάτια
1/2 κούπας λάδι**

**1 μέτριο κρεμμύδι ψιλοκομμένο
2 σκελίδες σκόρδο ψιλοκομμένο
1 κούπα χυμό ντομάτας
1 κουταλιά κέτσαπ
1/4 κούπας ψιλοκομμένο μαϊντανό
αλάτι και φρεσκοτριμμένο πιπέρι**

Βάλτε τις λιαστές ντομάτες μέσα σε νερό να σταθούν αρκετές ώρες, ώσπου να φουσκώσουν και να ξαλμυρίσουν. Στραγγίστε τες κι ακουμπήστε τες επάνω σε απορροφητικό χαρτί κουζίνας, να φύγει η περίσσεια του νερού. Αραδιάστε σ' ένα πυρέξ σκεύος τα κολοκύθια, τα μανιτάρια και τις λιαστές ντομάτες. Βάλτε το λάδι σε κατσαρόλα και σοτάρετε το κρεμμύδι και το σκόρδο. Προσθέστε το χυμό ντομάτας και την κέτσαπ και βράστε τη σάλτσα ώσπου να δέσει ελαφρά. Προσθέστε το μαϊντανό, αλάτι, πιπέρι και ρίξτε τη κουταλιά-κουταλιά επάνω στα λαχανικά. Σκεπάστε με αλουμινόχαρτο και ψήστε τα στους 180°C, για 2 ώρες περίπου. Την τελευταία μισή ώρα αφαιρέστε το αλουμινόχαρτο, για να ροδίσουν.

Σπαγγέτι με Σκορδάτη Σάλτσα

Μερίδες 6
Χρόνος προετοιμασίας 40΄
Χρόνος μαγειρέματος 30΄

5 ολόκληρα κεφάλια σκόρδο
3 κουταλιές λάδι
1/4 κούπας μουστάρδα Ντιζόν
1/4 κούπας χυμό λεμονιού
1/2 κουταλάκι μαύρο πιπέρι
3 κολοκυθάκια ζουλιέν
400 γρ. μανιτάρια κονσέρβας σε φετάκια
1/3 κούπας λάδι
400 γρ. ντοματάκια κονσέρβας στραγγισμένα και
ψιλοκομμένα
1/2 κιλού σπαγγέτι

Βάλτε τα σκόρδα σε αλουμινόχαρτο, περιχύστε τα με το λάδι, καλύψτε τα και ψήστε τα 35΄, στους 200°C, να μαλακώσουν. Βγάλτε τα από το φούρνο κι αφού κρυώσουν ελαφρά, χωρίστε τις σκελίδες και πιέστε τες να βγει ο μαλακός πολτός τους. Πετάξτε τις φλούδες. Βάλτε τον πολτό από τα σκόρδα στο μπολ του πολυμίξερ, προσθέστε τη μουστάρδα, το λεμόνι και το πιπέρι και χτυπήστε τα να γίνουν ομοιογενές μίγμα. Σοτάρετε τα κολοκυθάκια και τα μανιτάρια στο λάδι. Προσθέστε τον πουρέ από τα σκόρδα και τα ντοματάκια κι αφήστε τη σάλτσα με τα λαχανικά να σιγοβράσει 20΄. Βράστε τα μακαρόνια σε αλατισμένο νερό με 2 κουταλιές λάδι. Στραγγίστε τα, αδειάστε τα σε ζεστό πυρίμαχο σκεύος, περιχύστε τα με τη σάλτσα, ανακατεύοντας να πάει παντού και σερβίρετέ τα ζεστά.

Τηγανητά Λαχανικά

Μερίδες 6
Χρόνος προετοιμασίας 30΄
Χρόνος τηγανίσματος 30΄

1 μεγάλη μελιτζάνα σε λεπτές φέτες
12 μεγάλα άσπρα μανιτάρια κομμένα στη μέση
2 μεγάλα κολοκύθια σε λεπτές φέτες
1 μικρό κουνουπίδι σε φουντίτσες
1 μικρό μπρόκολο σε φουντίτσες
2 μεγάλα κρεμμύδια σε κρίκους
σάλτσα ταχίνι (βασικές συνταγές)
χυλός για τηγάνισμα (βασικές συνταγές)

Αλατίστε χωριστά τις μελιτζάνες και τα κολοκύθια κι αφήστε τα να σταθούν 30΄ σε τρυπητό. Ετοιμάστε το χυλό, αφήστε τον να σταθεί 1 ώρα, αλλιώς θα γλιστράει και δεν θα κολλάει στα λαχανικά. Βουτήξτε τα λαχανικά στο χυλό και τηγανίστε τα σε καυτό λάδι. Αραδιάστε τα σε πιατέλα και περιχύστε τα με σάλτσα ταχίνι.

Μακαρόνια Τιμπάλ

Μερίδες 6
Χρόνος προετοιμασίας 2 ώρες
Χρόνος ψησίματος 35΄

250 γρ. μακαρόνια Νο 5
2 κούπες μπεσαμέλ (βασικές συνταγές)
1/8 κουταλάκι τριμμένο μοσχοκάρυδο
2 κουταλιές μαργαρίνη
1 κούπα τριμμένο φυτικό τυρί
2 μεγάλες μελιτζάνες σε μικρούς κύβους
1 μέτριο κρεμμύδι τριμμένο
2 σκελίδες σκόρδο τριμμένο
1/3 κούπας λάδι
500 γρ. φρέσκα άσπρα μανιτάρια ψιλοκομμένα
400 γρ. ντοματάκια κονσέρβας ψιλοκομμένα
1 κουταλιά πελτέ ντομάτας
2 κουταλιές κέτσαπ
1 κουταλάκι τσίλι σκόνη
1/8 κουταλάκι κανέλα
1/8 κουταλάκι γαρίφαλο
αλάτι και φρεσκοτριμμένο πιπέρι
2 κουταλιές τριμμένη φρυγανιά

Βράστε τα μακαρόνια σε αλατισμένο νερό με 2 κουταλιές λάδι. Στραγγίστε τα καλά κι αδειάστε τα σ' ένα μπολ. Ετοιμάστε την μπεσαμέλ και προσθέστε το μοσχοκάρυδο. Ανακατέψτε τα μακαρόνια με τη μαργαρίνη, τη μισή μπεσαμέλ και το μισό φυτικό τυρί. Αλατίστε τις μελιτζάνες κι αφήστε τες να σταθούν 30΄. Σοτάρετε το κρεμμύδι και το σκόρδο στο λάδι.

Προσθέστε τα μανιτάρια κι ανακατέψτε τα 5΄. Ρίξτε τα ντοματάκια, την κέτσαπ, τον πελτέ ντομάτας, τα μπαχαρικά, αλάτι και πιπέρι, σκεπάστε και σιγοβράστε, ώσπου να δέσει η σάλτσα. Ξεπλύνετε, στραγγίστε καλά τους κύβους μελιτζάνας και τηγανίστε τους σε μπόλικο καυτό λάδι, να γίνουν κριτσανιστοί. Στραγγίστε τους κι ακουμπήστε τους σε απορροφητικό χαρτί να φύγει το πολύ λάδι. Ρίξτε κι ανακατέψτε τους στη σάλτσα με τα μανιτάρια. Αφήστε τη σάλτσα να κρυώσει. Ρίξτε κι ανακατέψτε το υπόλοιπο τυρί και τη μπεσαμέλ. Αλείψτε με λίγη μαργαρίνη ένα ταψάκι με 6 υποδοχές για τζάμπο κεκάκια και πασπαλίστε τα με φρυγανιά. Στρώστε ολόγυρα στις υποδοχές της φόρμας τα μακαρόνια σε σπιράλ. Γεμίστε τες με τη σάλτσα των μανιταριών και καλύψτε την επιφάνεια με μακαρόνια. Ψήστε τα τιμπάλ στους 200˚C 35΄-40΄. Αφήστε τα να σταθούν 15΄, πριν τα αναποδογυρίσετε σε πιατέλα και τα σερβίρετε. Αν θέλετε, μπορείτε να στρώσετε τα μακαρόνια, τη σάλτσα και την μπεσαμέλ σ' ένα πυρέξ σκεύος 20x25 εκ., όπως όταν φτιάχνετε παστίτσιο, και να το ψήσετε 1 ώρα σε φούρνο 200˚C. Σερβίρεται ζεστό.

κι ανακατέψτε τα ελαφρά. Στρώστε σε μια πιατέλα τα φύλλα ρόκας κι αδειάστε επάνω τη σαλάτα. Στολίστε την με τους κολοκυθοανθούς. Προαιρετικά πασπαλίστε τη σαλάτα με χοντροτριμμένο φυτικό τυρί.

Βολβοί Μάραθου Σοτέ

Μερίδες 4
Χρόνος προετοιμασίας 20΄
Χρόνος μαγειρέματος 20΄

8 μικροί βολβοί μάραθου κομμένοι στη μέση
6 σκελίδες σκόρδο
1/3 κούπας λάδι ή μαργαρίνη
αλάτι και πιπέρι
1/2 κούπας νερό ή χυμό ντομάτας
1/4 κούπας ψιλοκομμένα φύλλα μάραθου
2 κουταλιές χυμό λεμονιού

Ζεστάνετε το λάδι σ' ένα βαθύ τηγάνι με βαρύ πάτο. Αραδιάστε μέσα τους βολβούς και τα σκόρδα και σοτάρετέ τα 10΄-15΄ αναποδογυρίζοντάς τα συχνά, να ροδίσουν ελαφρά απ' όλες τις πλευρές. Ρίξτε το νερό ή το χυμό ντομάτας, αλάτι και πιπέρι, σκεπάστε και σιγοβράστε 20΄ περίπου, ώσπου να μαλακώσουν οι βολβοί και να μείνουν με το λάδι τους. Ένα λεπτό πριν τους κατεβάσετε από τη φωτιά, προσθέστε τον ψιλοκομμένο μάραθο και το χυμό λεμονιού, ανακατέψτε ελαφρά και σερβίρετε αμέσως.

Πάστα με Αρακά Σαλάτα

Μερίδες 4
Χρόνος ετοιμασίας 15΄

2 κούπες μακαρόνια κοχύλια
1 κούπα καθαρισμένο αρακά
2 κόκκινες πιπεριές ψημένες σε λεπτές λωρίδες
σος βινεγκρέτ (βασικές συνταγές)

για το γαρνίρισμα
1 δεμάτι τρυφερά φύλλα ρόκας ή γλυστρίδας
μερικά κολοκυθολούλουδα
1/4 κούπας χοντροτριμμένο φυτικό τυρί (προαιρετικά)

Βράστε τα μακαρόνια σε αλατισμένο νερό με 2 κουταλιές λάδι 8΄ περίπου και στραγγίστε τα. Βράστε και στραγγίστε τον αρακά. Αφήστε τα να κρυώσουν. Ετοιμάστε τη σος βινεγκρέτ, όπως περιγράφεται στη συνταγή. Βάλτε σ' ένα μπολ τα μακαρόνια, τον αρακά και τις πιπεριές, περιχύστε τα με τη σάλτσα

Σκορδομακάρονα

Μερίδες 4
Χρόνος ετοιμασίας 15΄

1/3 κούπας λάδι
3-4 σκελίδες σκόρδο σε λεπτά φετάκια
10 ελιές Καλαμών χωρίς κουκούτσι σε
φετάκια (προαιρετικά)
1 καυτερή πιπερίτσα τριμμένη (προαιρετικά)
400 γρ. μακαρόνια σπαγγέτι
αλάτι και φρεσκοτριμμένο πιπέρι

Σε μια κατσαρόλα ζεστάνετε το λάδι και σοτάρετε το σκόρδο. Προσθέστε τις ελιές και σοτάρετέ τες 1΄- 2΄. Βράστε το σπαγγέτι σε αλατισμένο νερό με 2 κουταλιές λάδι, 8΄ και στραγγίστε το. Ρίξτε τα μακαρόνια στην κατσαρόλα με το αρωματισμένο λάδι κι ανακατέψτε τα. Τρίψτε στην επιφάνεια πιπέρι κι αν θέλετε μια κόκκινη ξερή καυτερή πιπερίτσα. Συνοδέψτε τα με τριμμένο φυτικό τυρί. Σερβίρονται ζεστά.

Λαζάνια Ρολά με Λαχανικά

Μερίδες 6
Χρόνος προετοιμασίας 1 ώρα
Χρόνος ψησίματος 40΄

250 γρ. λαζάνια (12 τεμάχια)
2¹/₂ κούπας μπρόκολα σε μικρές φουντίτσες ζεματισμένα
2¹/₂ κούπας φρέσκα μανιτάρια σε λεπτά φετάκια
2 φρέσκα κρεμμυδάκια ψιλοκομμένα
2 κουταλιές ψιλοκομμένο μαϊντανό
1 κουταλάκι ρίγανη
1 κουταλάκι βασιλικό ή μίγμα μυρωδικών για πίτσα
2¹/₂ κούπας τριμμένο φυτικό τυρί
1 κούπα φυτική κρέμα
1 κουταλιά κορν φλάουρ
αλάτι και φρεσκοτριμμένο πιπέρι

για τη σάλτσα
4 μεγάλες ντομάτες
1/3 κούπας λάδι
3 κουταλιές πελτέ ντομάτας
1 σκελίδα σκόρδο τριμμένο
1 κουταλάκι ρίγανη
1 κουταλάκι μίγμα μυρωδικών για πίτσα ή βασιλικό ξερό
1 φύλλο δάφνης
αλάτι και φρεσκοτριμμένο πιπέρι

Ετοιμάστε πρώτα τη σάλτσα. Αφαιρέστε από τις ντομάτες τη φλούδα και τους σπόρους. Βάλτε τες στο πολυμίξερ κι αλέστε τες να γίνουν πουρές. Αδειάστε τον σε μια κατσαρόλα. Προσθέστε όλα τα υπόλοιπα υλικά της σάλτσας και σιγοβράστε τη σκεπασμένη, ώσπου να δέσει, 10΄ περίπου. Βάλτε σε μια κατσαρόλα αρκετό νερό και 1-2 κουταλιές λάδι. Όταν αρχίσει να βράζει, ρίξτε τα λαζάνια σε 2 δόσεις και βράστε τα σκεπασμένα 5΄, να μαλακώσουν. Βγάλτε τα με τρυπητή κουτάλα και βουτήξτε τα μέσα σε κρύο νερό, να κρυώσουν λίγο, ώστε να μπορέσετε να τα πιάσετε με τα χέρια σας, να τα στραγγίσετε και να τα ακουμπήσετε σε βαμβακερές πετσέτες, να στεγνώσουν. Στο μεταξύ, ανακατέψτε μέσα σε ένα μεγάλο μπολ τα λαχανικά, τα μυρωδικά και το τριμμένο φυτικό τυρί. Βράστε τη φυτική κρέμα με το κορν φλάουρ να δέσει και προσθέστε τη στο μίγμα των λαχανικών μαζί με αλάτι και μπόλικο φρεσκοτριμμένο πιπέρι. Ανακατέψτε τα ελαφρά να ενωθούν. Απλώστε τη μισή σάλτσα ντομάτας σ' ένα πυρέξ 32x28 εκ. Απλώστε αρκετό από το μίγμα των λαχανικών επάνω στα λαζάνια και τυλίξτε τα απαλά σε ρολά. Με τη διπλωμένη άκρη προς τα κάτω, αραδιάστε τα μέσα στο πυρέξ επάνω στη σάλτσα και περιχύστε τα με την υπόλοιπη σάλτσα. Ψήστε τα στους 180˚C 45΄-50΄. Όταν τα βγάλετε από το φούρνο, πασπαλίστε τα με λίγο τριμμένο τυρί. Σερβίρονται ζεστά.

Φιογκάκια με Λαχανικά

Μερίδες 4
Χρόνος προετοιμασίας 40΄
Χρόνος μαγειρέματος 15΄

1/4 κούπας λάδι
1 κούπα μικρά άσπρα μανιτάρια σε φετάκια
1/2 κούπας ψιλοκομμένο κρεμμύδι
2 σκελίδες σκόρδο σε δοντάκια
1 κούπα ψιλοκομμένη πιπεριά Φλώρινας
300 γρ. μακαρόνια φιογκάκια
1 κουταλιά μαργαρίνη
1 κουταλιά αλεύρι ή κορν φλάουρ
1 κούπα φυτική κρέμα ή ρόφημα σόγιας ζεστό
1/8 κουταλάκι τριμμένο μοσχοκάρυδο
αλάτι και φρεσκοτριμμένο πιπέρι
1½ κούπας φουντίτσες μπρόκολα
ή σπαράγγια ζεματισμένα
1 μεγάλο καρότο, κομμένο σε διάφανες λεπτές φέτες
3 κουταλιές ψιλοκομμένο μαϊντανό

2 κουταλιές ψιλοκομμένο βασιλικό
1/3 κούπας τριμμένο φυτικό τυρί

Βάλτε το λάδι σε μια κατσαρόλα επάνω στη φωτιά και σοτάρετε τα μανιτάρια, το κρεμμύδι, το σκόρδο και την πιπεριά, ώσπου να μαραθούν καλά. Βράστε τα μακαρόνια σε αλατισμένο νερό με 2 κουταλιές λάδι και στραγγίστε τα. Λιώστε τη μαργαρίνη σε μικρή κατσαρόλα, προσθέστε το αλεύρι κι ανακατέψτε το 1΄ επάνω στην φωτιά. Προσθέστε την κρέμα ή το ζεστό ρόφημα σόγιας ανακατεύοντας ζωηρά και σιγοβράστε, ώσπου να δέσει η σάλτσα. Κατεβάστε την από τη φωτιά, προσθέστε το μοσχοκάρυδο, αλάτι και μπόλικο φρεσκοτριμμένο πιπέρι. Σ' ένα μεγάλο μπολ ανακατέψτε τα μπρόκολα, τα καρότα, το μίγμα των σοταρισμένων μανιταριών και τα μακαρόνια. Προσθέστε τη σάλτσα, τα μυρωδικά, αλάτι και πιπέρι ή αν προτιμάτε σερβίρετε χωριστά τη σάλτσα ζεστή. Πασπαλίστε με το φυτικό τυρί και σερβίρετε αμέσως.

Φιογκάκια αλ Πέστο

Μερίδες 5-6
Χρόνος προετοιμασίας 30΄
Χρόνος μαγειρέματος 8΄

1 κούπα ψιλοκομμένο μαϊντανό
1 κούπα ψιλοκομμένο πλατύφυλλο βασιλικό
2-3 σκελίδες σκόρδο ψιλοκομμένο
60 γρ. κουκουνάρια
1/2 κούπας λάδι
αλάτι και φρεσκοτριμμένο πιπέρι
1/2 κιλού μακαρόνια φιογκάκια
1/2 κούπας τριμμένο φυτικό τυρί

Βάλτε στο μπλέντερ το μαϊντανό, το βασιλικό, το σκόρδο, τα κουκουνάρια, 1/4 κούπας λάδι, αλάτι και φρεσκοτριμμένο πιπέρι. Χτυπήστε τα να πολτοποιηθούν και, ενώ συνεχίζετε το χτύπημα σε μέτρια ταχύτητα, ρίξτε με λεπτή συνεχή ροή το υπόλοιπο λάδι προσέχοντας να ενσωματωθεί με τα υπόλοιπα υλικά σε μια ομοιογενή πηχτή σάλτσα. Βράστε τα μακαρόνια σε αλατισμένο νερό με 2 κουταλιές λάδι 8' περίπου. Στραγγίστε τα και, έτσι όπως είναι ζεστά, περιχύστε τα με τη σάλτσα. Αν θέλετε, μπορείτε να φτιάξετε τη σάλτσα μόνο με βασιλικό, οπότε θα βάλετε 2 κούπες. Πασπαλίστε τα μακαρόνια με το τριμμένο φυτικό τυρί και σερβίρετε τα αμέσως.

Λιγκουίνι με Πιπεριές

Μερίδες 4
Χρόνος προετοιμασίας 15΄
Χρόνος μαγειρέματος 15΄

1/4 κούπας λάδι
1 κουταλάκι τριμμένο φρέσκο τζίντζερ ή
1 σκελίδα σκόρδο τριμμένο
1 κόκκινη, 1 πράσινη και
1 πορτοκαλί πιπεριά σε λωρίδες
1 μικρή ρίζα μάραθο σε φετάκια
3 φρέσκα κρεμμυδάκια σε λωρίδες
100 γρ. κάσιους σε φετάκια
300 γρ. λιγκουίνι ή σπαγγέτι

Βάλτε το λάδι σε βαθύ τηγάνι να ζεσταθεί, ρίξτε και σοτάρετε το τζίντζερ ή το σκόρδο. Προσθέστε τις πιπεριές, το μάραθο και τα φρέσκα κρεμμυδάκια κι ανακατέψτε τα επάνω στη φωτιά, ώσπου να μαραθούν καλά. Σ' ένα μικρό τηγάνι βάλτε μία κουταλιά λάδι και σοτάρετε τα κάσιους. Βράστε τα μακαρόνια σε αλατισμένο νερό με 2 κουταλιές λάδι. Στραγγίστε τα και βάλτε τα σε βαθουλή πιατέλα. Ρίξτε μέσα τις πιπεριές και τα κάσιους κι ανακατέψτε. Σερβίρονται ζεστά.

Ταλιατέλες με Κολοκύθα και Κρέμα

Μερίδες 4
Χρόνος προετοιμασίας 15΄
Χρόνος μαγειρέματος 30΄

1 κιλό κίτρινη κολοκύθα σε κομματάκια
2 μέτρια πράσα σε λεπτά φετάκια
1/4 κούπας λάδι
1/8 κουταλάκι τριμμένο μοσχοκάρυδο
1/2 κιλού ταλιατέλες χωρίς αυγά
1½ κούπας φυτική κρέμα
1/4 κούπας νερό
1/4 κούπας καβουρντισμένα κουκουνάρια

Σοτάρετε τα πράσα στο λάδι, να μαραθούν. Προσθέστε την κολοκύθα και το μοσχοκάρυδο, αλάτι και φρεσκοτριμμένο πιπέρι και σιγοβράστε 10΄. Προσθέστε την κρέμα και το νερό κι όταν η σάλτσα αρχίσει να βράζει, χαμηλώστε τη φωτιά και σιγοβράστε 10΄, να μαλακώσει η κολοκύθα. Στο μεταξύ, βράστε τις ταλιατέλες σε αλατισμένο νερό με 2 κουταλιές λάδι. Στραγγίστε τες και σερβίρετέ τες σε ζεστά μπολ περιχύνοντας με τη σάλτσα, τα κουκουνάρια και τρίβοντας στην επιφάνεια μπόλικο μαύρο πιπέρι.

Ταλιατέλες με Μανιτάρια και Σάλτσα Ελιάς

Μερίδες 4
Χρόνος προετοιμασίας 15΄
Χρόνος μαγειρέματος 15΄

300 γρ. ταλιατέλες χωρίς αυγά
1 κούπα σάλτσα ελιάς (βασικές συνταγές)
1/4 κούπας λάδι
2 σκελίδες σκόρδο σε δοντάκια
300 γρ. μανιτάρια σε φετάκια

Βράστε τις ταλιατέλες σε αλατισμένο νερό με 2 κουταλιές λάδι. Ετοιμάστε τη σάλτσα ελιάς όπως περιγράφεται στη συνταγή. Σ' ένα τηγάνι ζεστάνετε το λάδι και σοτάρετε το σκόρδο και τα μανιτάρια να μαραθούν και να τηγανιστούν ελαφρά. Στραγγίστε κι ανακατέψτε τις ταλιατέλες με τη σάλτσα ελιάς και τα σοταρισμένα μανιτάρια. Σερβίρονται ζεστές. Συνοδέψτε τες με σαλάτα από φρέσκα λαχανικά.

για τα βραστά λαχανικά
1 μικρό κουνουπίδι σε φουντίτσες
1 μεγάλο μπρόκολο σε φουντίτσες

Πλύντε τα μανιτάρια και κόψτε τα σε κομμάτια. Σε μια μεγάλη κατσαρόλα ζεστάνετε το λάδι και σοτάρετε το σκόρδο. Προσθέστε τα μανιτάρια και σοτάρετέ τα ελαφρά. Βγάλτε τα με τρυπητή κουτάλα σε πιατέλα και διατηρήστε τα ζεστά. Βάλτε τα μανιτάρια πορτσίνι, αν χρησιμοποιήσετε, μέσα σε μια κούπα ζεστό νερό κι αφήστε τα να φουσκώσουν. Ρίξτε τα μαζί με το κρασί μέσα στην κατσαρόλα. Σ' ένα μπολ διαλύστε το κορν φλάουρ στο ζωμό λαχανικών. Ρίξτε κι ανακατέψτε τη μουστάρδα και την κρέμα. Αδειάστε το μίγμα μέσα στην κατσαρόλα κι αφήστε τη σάλτσα να σιγοβράσει, ώσπου να πήξει. Στο μεταξύ, βράστε τα λαχανικά σε μπόλικο νερό, να μαλακώσουν χωρίς να λιώσουν. Σερβίρετε τα μανιτάρια σε ζεστά πιάτα μαζί με τα λαχανικά. Συνοδέψτε τα με πουρέ πατάτας και περιχύστε τα με τη ζεστή σάλτσα μουστάρδας.

Πρασοσέλινο

Μερίδες 4-5
Χρόνος προετοιμασίας 15΄
Χρόνος μαγειρέματος 45΄

1¹/₂ κιλού πράσα καθαρισμένα σε κομμάτια 4 εκ. περίπου
1/2 κιλού σελινόριζες καθαρισμένες
σε τέταρτα ή έκτα ή σέλερι καθαρισμένο καλά
και κομμένο σε κομματάκια 2 εκ.
3/4 κούπας λάδι
αλάτι και φρεσκοτριμμένο πιπέρι
1/3 κούπας χυμό λεμονιού
2 μέτριες πατάτες κομμένες σε έκτα

Αχνίστε χωριστά τα πράσα και τις σελινόριζες και στραγγίστε τες καλά. Βάλτε το λάδι σε κατσαρόλα, επάνω σε δυνατή φωτιά. Όταν ζεσταθεί καλά, ρίξτε μέσα τα πράσα και σοτάρετέ τα μερικά λεπτά. Προσθέστε 1/2 κούπας νερό, αλάτι και πιπέρι. Σκεπάστε και σιγοβράστε, ώσπου να μισομαλακώσουν τα πράσα. Προσθέστε το σέλινο, και τις πατάτες ανακατέψτε ελαφρά, σκεπάστε και σιγοβράστε, ώσπου να μαλακώσουν τα λαχανικά, χωρίς να λιώσουν. Πρέπει να μείνουν με λίγη σάλτσα και να κρατάνε. Ίσως χρειαστεί να προσθέσετε λίγο ακόμη νερό κατά το βράσιμο. Περιχύστε το φαγητό με το χυμό λεμονιού και κουνήστε την κατσαρόλα κυκλικά, ώστε να πάει παντού. Πασπαλίστε με φρεσκοτριμμένο πιπέρι και σερβίρετέ το φαγητό ζεστό.

Μανιτάρια Πλευρότους με Σος Μουστάρδας

Μερίδες 6
Χρόνος προετοιμασίας 30΄
Χρόνος μαγειρέματος 45΄

1/3 κούπας λάδι
2 σκελίδες σκόρδο τριμμένο
1 κιλό μανιτάρια πλευρότους
35 γρ. αποξηραμένα μανιτάρια πορτσίνι (προαιρετικά)
1/2 κούπας λευκό ξηρό κρασί
1 κουταλάκι κορν φλάουρ
1/2 κούπας ζωμό λαχανικών (βασικές συνταγές)
1/4 κούπας μουστάρδα Ντιζόν
1/4 κούπας φυτική κρέμα
2 κουταλιές ψιλοκομμένο μαϊντανό
αλάτι, πιπέρι

Μακαρόνια με Μανιτάρια και Μαύρη Τρούφα

Μερίδες 4
Χρόνος ετοιμασίας 30΄

250 γρ. μακαρονάκι σε σχήμα φύλλου ή σπαγγέτι
3 κουταλιές λάδι
250 γρ. μανιτάρια πλευρότους
25 γρ. τρούφα (μαύρο μανιτάρι) σε βάζο
1 κούπα φυτική κρέμα
2 κουταλάκια λάδι μαύρης τρούφας
αλάτι κι άσπρο πιπέρι

Βράστε τα μακαρόνια σε αλατισμένο νερό με 2 κουταλιές λάδι. Πλύντε τα μανιτάρια πλευρότους, στραγγίστε και στεγνώστε τα με απορροφητικό χαρτί κουζίνας. Αραδιάστε τα σε αλουμινόχαρτο, αλατοπιπερώστε τα, αλείψτε τα με το λάδι και ψήστε τα στο γκριλ 15΄. Ετοιμάστε τη σάλτσα. Βράστε την κρέμα. Προσθέστε το λάδι με γεύση μαύρης τρούφας, λίγο αλάτι κι άσπρο πιπέρι. Αν δεν βρείτε λάδι με γεύση τρούφας, αντικαταστήστε το με το ζουμί από το βαζάκι με την τρούφα. Τρίψτε κι ανακατέψτε μέσα στην κρέμα λίγη τρούφα. Σερβίρετε τα μακαρόνια με τα ψητά μανιτάρια σε ζεστά πιάτα, περιχύστε τα με τη σάλτσα και τρίψτε στην επιφάνεια, την υπόλοιπη τρούφα.

Πατάτες και Μανιτάρια με Τσίλι

Μερίδες 4-5
Χρόνος προετοιμασίας 15΄
Χρόνος ψησίματος 1 ώρα και 30΄

2 κιλά πατάτες καθαρισμένες σε κύβους
1/2 κιλού φρέσκα άσπρα μανιτάρια
1/2 κούπας λευκό ξηρό κρασί
2 κουταλάκια τσίλι
1 κουταλάκι κόλιαντρο ξερό
1 κουταλάκι κούρκουμα
αλάτι και φρεσκοτριμμένο πιπέρι
1/2 κούπας νερό
1/4 κούπας λάδι

Τηγανίστε ελαφρά τις πατάτες και τα μανιτάρια. Ανακατέψτε το κρασί με το τσίλι, το κόλιαντρο, το κούρκουμα, αλάτι και πιπέρι. Βάλτε τις πατάτες και τα μανιτάρια σ' ένα ταψί και περιχύστε τα με το μίγμα του κρασιού, το νερό και το λάδι. Ψήστε το φαγητό στους 200°C, για 1 ώρα και 30΄. Σερβίρεται ζεστό ή κρύο, είναι το ίδιο νόστιμο.

Πουρές Πατάτας

Μερίδες 4
Χρόνος ετοιμασίας 40΄

4 μεγάλες πατάτες καθαρισμένες σε κομμάτια
1/3 κούπας μαργαρίνη
1/2 κούπας ρόφημα σόγιας ή φυτική κρέμα
αλάτι, πιπέρι
1/8 κουταλάκι μοσχοκάρυδο

Βράστε τις πατάτες σε αλατισμένο νερό που να τις σκεπάζει, ώσπου να πιουν όλο το νερό και να μαλακώσουν καλά. Πατήστε τες, να λιώσουν ρίχνοντας μέσα τη μαργαρίνη και όσο ρόφημα σόγιας χρειαστεί, για να γίνουν λείος πουρές. Προσθέστε αλάτι, πιπέρι και το μοσχοκάρυδο. Αφήστε τον πουρέ να σιγοβράσει σε χαμηλή φωτιά, ανακατεύοντας, 5΄.

Σούπα Βελουτέ Παρμαντιέ

Μερίδες 4
Χρόνος προετοιμασίας 30΄
Χρόνος μαγειρέματος 1 ώρα

1/4 κούπας μαργαρίνη
1/2 κιλού πατάτες σε κομματάκια
1 καρότο σε κομματάκια
1 μεγάλο κρεμμύδι σε κομματάκια
1 μικρή ρίζα σέλινο και μερικά τρυφερά φυλλαράκια
από την καρδιά σε κομματάκια
1 κουταλιά αλεύρι
6 κούπες ζωμό λαχανικών (βασικές συνταγές)
αλάτι και φρεσκοτριμμένο πιπέρι
1 κούπα φυτική κρέμα (προαιρετικά)
3 κουταλιές ψιλοκομμένο μαϊντανό
λίγο σέλερι σε λεπτά φετάκια

Βάλτε τη μαργαρίνη σε κατσαρόλα επάνω στη φωτιά να λιώσει. Ρίξτε μέσα τα κομματάκια των λαχανικών και σοτάρετέ τα, ώσπου να μαραθούν. Προσθέστε το αλεύρι κι ανακατέψτε ένα λεπτό ακόμη επάνω στη φωτιά. Προσθέστε το ζωμό λαχανικών, αλάτι και πιπέρι, σκεπάστε και σιγοβράστε, ώσπου να λιώσουν σχεδόν τα λαχανικά. Αφήστε τα να κρυώσουν λίγο και χτυπήστε τα στο πολυμίξερ, να γίνουν χυλός. Βάλτε το χυλό στην κατσαρόλα, κι αν είναι πολύ πηχτός, προσθέστε λίγο νερό. Βράστε τον 5΄. Προσθέστε την κρέμα κι ανακατέψτε επάνω στη φωτιά ώσπου να κάψει η σούπα. Σερβίρετε την πασπαλισμένη με ψιλοκομμένο μαϊντανό και φετάκια σέλερι.

Καπονάτα

Μερίδες 6
Χρόνος ετοιμασίας 24 ώρες

5 κούπες μικρούς κύβους μελιτζάνας
αλάτι
1 κούπα κρεμμύδι ψιλοκομμένο
1/4 κούπας λάδι
3/4 κούπας ψιλοκομμένο σέλερι
1/2 κούπας ψιλοκομμένη πράσινη πιπεριά
1/2 κούπας ψιλοκομμένη κόκκινη πιπεριά
1/2 κιλού ώριμες ντομάτες ψιλοκομμένες
2 κουταλιές ξίδι balsamico
1 κουταλάκι ζάχαρη
1/2 κούπας πράσινες ελιές σε φετάκια
2 κουταλιές κάπαρη
2 κουταλιές ψιλοκομμένο μαϊντανό

Αλατίστε τις μελιτζάνες κι αφήστε τες να σταθούν 1 ώρα. Ξεπλύντε τες με άφθονο κρύο νερό και στραγγίστε τες στις παλάμες σας, να φύγει η περίσσεια του νερού. Τηγανίστε τες ελαφρά. Βγάλτε και στραγγίστε τις μελιτζάνες σε απορροφητικό χαρτί κουζίνας. Σοτάρετε το κρεμμύδι στο λάδι, να μαραθεί. Προσθέστε το σέλερι και τις πιπεριές. Ανακατέψτε τα για λίγα λεπτά επάνω στη φωτιά ώσπου να μαραθούν. Προσθέστε την ντομάτα και σιγοβράστε 5΄. Ρίξτε μέσα στην κατσαρόλα το ξίδι, τη ζάχαρη, τις ελιές και την κάπαρη και σιγοβράστε άλλα 10΄, ώσπου να δέσει η σάλτσα. Προσθέστε τις μελιτζάνες και το μαϊντανό. Ανακατέψτε και κατεβάστε από τη φωτιά. Η καπονάτα γίνεται πιο νόστιμη, όσο στέκεται. Ετοιμάστε την καλύτερα από την προηγούμενη.

Βίδες με Σάλτσα Μελιτζάνας

Μερίδες 4
Χρόνος προετοιμασίας 1 ώρα
Χρόνος μαγειρέματος 30΄

1¹/₂ κιλού μελιτζάνες
1/4 κούπας λάδι
2 σκελίδες σκόρδο σε δοντάκια
1 κιλό ώριμες ντομάτες χωρίς τη φλούδα και τους
σπόρους σε κομματάκια
2 κουταλιές κέτσαπ
20 σταγόνες Tabasco sauce
1/4 κούπας ψιλοκομμένο βασιλικό ή δυόσμο
300 γρ. μακαρόνια βίδες
τριμμένο φυτικό τυρί (προαιρετικά)

Κόψτε τις μελιτζάνες σε μικρούς κύβους. Πασπαλίστε τες με λίγο αλάτι μέσα σε τρυπητό κι αφήστε τες να σταθούν 1 ώρα. Ξεπλύντε και πατήστε τες μέσα στις παλάμες σας, να φύγει η περίσσεια του νερού. Τηγανίστε τες ελαφρά σε φριτέζα. Βάλτε σε κατσαρόλα το λάδι και σοτάρετε ελαφρά το σκόρδο. Ρίξτε τις ντομάτες, την κέτσαπ και το Tabasco sauce. Σιγο-βράστε, να δέσει ελαφρά η σάλτσα. Όταν είναι σχεδόν έτοιμη, προσθέστε τα μυρωδικά και τις μελιτζάνες και βράστε λίγο ακόμη. Βράστε τα μακαρόνια 8΄-10΄ σε αλατισμένο νερό με 2 κουταλιές λάδι και στραγγίστε τα. Σερβίρετέ τα σε ζεστά πιάτα, περιχύνοντας με αρκετή σάλτσα και πασπαλίζοντάς τα με τριμμένο φυτικό τυρί.

Σπαγγέτι Ναπολιτάνα με Λαχανικά

Μερίδες 4
Χρόνος προετοιμασίας 30΄
Χρόνος μαγειρέματος 30΄

1/4 κούπας λάδι
1 κρεμμύδι ψιλοκομμένο
1 πράσο σε φετάκια
2 κλωνάρια σέλερι σε κομματάκια
200 γρ. μανιτάρια μίνι ολόκληρα
2 καρότα σε φετάκια
400 γρ. ντοματάκια στραγγισμένα σε κομματάκια
2 κουταλιές κέτσαπ
2 κουταλιές ψιλοκομμένο βασιλικό
1/4 κουταλάκι πιπέρι καγιέν
300 γρ. πράσινο σπαγγέτι με άρωμα πέστο
αλάτι και μαύρο φρεσκοτριμμένο πιπέρι

Ετοιμάστε τη σάλτσα. Σοτάρετε το κρεμμύδι στο λάδι, να μαραθεί. Προσθέστε το πράσο, το σέλερι, τα μανιτάρια και τα καρότα κι ανακατέψτε τα 10΄ επάνω στη φωτιά, να μαραθούν λίγο. Προσθέστε τα ντοματάκια, την κέτσαπ, το βασιλικό, αλάτι και το πιπέρι καγιέν. Ανακατέψτε τα επάνω σε δυνατή φωτιά και, όταν αρχίσουν να βράζουν, χαμηλώστε τη φωτιά κι αφήστε τη σάλτσα με τα λαχανικά να σιγοβράσει 30΄. Στο μεταξύ, βράστε τα μακαρόνια σε αλατισμένο νερό με 2 κουταλιές λάδι. Αν δεν βρείτε σπαγγέτι με άρωμα πέστο, χρησιμοποιείστε λευκό σπαγγέτι. Στραγγίστε τα κι αδειάστε τα σε πιατέλα σερβιρίσματος. Περιχύστε τα με τη σάλτσα και σερβίρετε αμέσως.

Μακαρόνια Μπολονέζ με Μανιτάρια

Μερίδες 4
Χρόνος προετοιμασίας 15΄
Χρόνος μαγειρέματος 30΄

800 γρ. μανιτάρια κονσέρβας
1/4 κούπας λάδι
1 μέτριο κρεμμύδι τριμμένο
2 σκελίδες σκόρδο ψιλοκομμένο
800 γρ. ντοματάκια κονσέρβας ψιλοκομμένα
1 κουταλιά ντομάτα πελτέ
2 κουταλιές κέτσαπ
1 φύλλο δάφνης
1/4 κουταλάκι μπαχάρι
3 κουταλιές ψιλοκομμένο μαϊντανό

αλάτι και φρεσκοτριμμένο πιπέρι
400 γρ. μακαρόνια Νο 5
2 κουταλιές μαργαρίνη
τριμμένο φυτικό τυρί (προαιρετικά)

Στραγγίστε τα μανιτάρια, στεγνώστε τα σε απορροφητικό χαρτί κουζίνας κι αλέστε τα στο πολυμίξερ, να γίνουν όπως ο κιμάς. Σοτάρετε το κρεμμύδι και το σκόρδο στο λάδι, να μαραθούν. Προσθέστε τον κιμά μανιταριών και σοτάρετέ τον ελαφρά. Προσθέστε τα ντοματάκια, τον πελτέ, την κέτσαπ, τη δάφνη, το μπαχάρι, το μαϊντανό, αλάτι και φρεσκοτριμμένο πιπέρι κι αφήστε τη σάλτσα να σιγοβράσει, ώσπου να δέσει, 20΄ περίπου. Βράστε τα μακαρόνια σε αλατισμένο νερό με 2 κουταλιές λάδι και στραγγίστε τα. Λιώστα και ζεστάνετε καλά τη μαργαρίνη στην κατσαρόλα που έβρασαν τα μακαρόνια. Κατεβάστε την από τη φωτιά, ρίξτε μέσα τα μακαρόνια κι ανακατέψτε τα, να βουτυρωθούν. Σερβίρετε τα μακαρόνια σε ζεστά πιάτα συνοδεύοντάς τα με τη σάλτσα μανιταριών και τριμμένο φυτικό τυρί.

Μακαρόνια Ροζ

Μερίδες 4
Χρόνος ετοιμασίας 10΄
Χρόνος μαγειρέματος 15΄

3 κουταλιές λάδι
5 φρέσκα κρεμμυδάκια ψιλοκομμένα
(μόνο το άσπρο μέρος)
3 λιαστές ντομάτες
400 γρ. χυμό ντομάτας κονσέρβας
1/2 κούπας φυτική κρέμα
400 γρ. μακαρόνια βίδες ή φιογκάκια
αλάτι και φρεσκοτριμμένο πιπέρι
3 κουταλιές ψιλοκομμένο φρέσκο βασιλικό

Βάλτε τις ντομάτες μέσα σε νερό κι αφήστε τες αρκετές ώρες, ώσπου να φουσκώσουν και να ξαλμυρίσουν. Στραγγίστε και κόψτε τες σε λωρίδες. Βάλτε το λάδι σε κατσαρόλα να ζεσταθεί, ρίξτε και σοτάρετε ελαφρά τα κρεμμύδια. Προσθέστε τις λιαστές ντομάτες και σοτάρετε, ανακατεύοντας επάνω σε δυνατή φωτιά, μερικά λεπτά. Ρίξτε το χυμό ντομάτας κι αφήστε τη σάλτσα να βράσει, ώσπου να δέσει. Λίγο πριν την κατεβάσετε από τη φωτιά, προσθέστε την κρέμα κι ανακατέψτε, ώσπου να επιτύχετε μια ωραία ροζ σάλτσα. Δοκιμάστε την και ρίξτε πιπέρι κι αν χρειάζεται αλάτι. Βράστε τα μακαρόνια και στραγγίστε τα. Περιχύστε τα με τη σάλτσα κι ανακατέψτε ελαφρά. Πασπαλίστε τα με ψιλοκομμένο φρέσκο βασιλικό και σερβίρετε τα αμέσως.

ΣΠΑΓΓΕΤΙ ΝΑΠΟΛΙΤΑΝΑ ΜΕ ΛΑΧΑΝΙΚΑ

Σαλιγκάρια Στιφάδο

Μερίδες 4
Χρόνος προετοιμασίας 30΄
Χρόνος μαγειρέματος 2 ώρες

1 κιλό ζωντανά ή κοιμισμένα σαλιγκάρια
1 κούπα αλεύρι για το καθάρισμα
των ζωντανών σαλιγκαριών
1 κούπα λάδι
1 κιλό κρεμμύδια σε φετάκια
2 σκελίδες σκόρδο σε φετάκια
1½ κούπας χυμό ντομάτας
2 κουταλιές πελτέ ντομάτας
2-3 φύλλα δάφνης
3-4 κόκκους μπαχάρι
αλάτι, πιπέρι
1/4 κούπας κόκκινο ξηρό κρασί

Αν μαζέψετε φρέσκα, ζωντανά σαλιγκάρια από το χωράφι, αφήστε τα να σταθούν 8-10 ημέρες, πασπαλίζοντάς τα με μια χούφτα αλεύρι κάθε 2-3 ημέρες, για να καθαρίσουν. Αν πάρετε σαλιγκάρια κοιμισμένα, από την αγορά, ρίξτε τα μέσα σε κρύο νερό, αφαιρέστε τον υμένα που τα καλύπτει, για να ξυπνήσουν και να ξεχωρίσετε έτσι τα ζωντανά από τα ψόφια. Τα ψόφια πετάξτε τα. Βάλτε τα σαλιγκάρια σε τρυπητό και ξεπλύντε τα πολλές φορές με μπόλικο νερό. Πασπαλίστε τα με λίγο αλάτι, ανακατέψτε τα κι αφήστε τα να σταθούν 5΄. Ξεπλύντε τα πολλές φορές με μπόλικο νερό, να καθαρίσει καλά το σάλιο τους. Βάλτε τα επάνω σε σιγανή φωτιά, σε κατσαρόλα με νερό που να τα σκεπάζει και λίγο αλάτι, για να βγάλουν τα κεφάλια τους έξω από το κέλυφος. Δυναμώστε τη φωτιά και βράστε τα, ώσπου να μαλακώσουν αρκετά (1 ώρα περίπου) αφαιρώντας τον αφρό που σχηματίζεται στην επιφάνεια. Στραγγίστε τα κι αφήστε το ζουμί τους να κατακαθήσει. Πάρτε 1 κούπα καθαρό ζουμί από την επιφάνεια, το υπόλοιπο πετάξτε το. Βάλτε το λάδι σε κατσαρόλα επάνω σε δυνατή φωτιά, ρίξτε και σοτάρετε ελαφρά το κρεμμύδι και το σκόρδο. Ρίξτε μέσα τα σαλιγκάρια, την ντομάτα, τον πελτέ, τη δάφνη, το μπαχάρι, πιπέρι και το ζουμί που κρατήσατε. Σκεπάστε την κατσαρόλα και σιγοβράστε, ώσπου να μαλακώσουν καλά τα σαλιγκάρια και μείνουν με το λάδι. Ρίξτε το κρασί και το αλάτι και σιγοβράστε μερικά λεπτά ακόμη. Σερβίρετε το φαγητό κρύο. Την άλλη ημέρα είναι ακόμη πιο νόστιμο.

Σαλιγκάρια με Λαχανικά

Μερίδες 4-5
Χρόνος προετοιμασίας 30΄
Χρόνος μαγειρέματος 1 ώρα

1/2 κιλού μελιτζάνες σε κομμάτια
1/2 κιλού κολοκύθια σε κομμάτια
1/2 κιλού πατάτες σε κομμάτια
1 κιλό σαλιγκάρια
1 κούπα λάδι
1 μεγάλο κρεμμύδι σε κομματάκια
4 σκελίδες σκόρδο σε φετάκια
1 κιλό ώριμες ντομάτες σε κομματάκια
2 φύλλα δάφνης
6 κόκκους μπαχάρι
10 κόκκους πιπέρι
αλάτι και φρεσκοτριμμένο πιπέρι

Αλατίστε τις μελιτζάνες, αφήστε τες να σταθούν 1 ώρα, ξεπλύντε και στίψτε τες. Τηγανίστε τες ελαφρά. Τηγανίστε επίσης ελαφρά τα κολοκύθια και τις πατάτες. Βάλτε τα σαλιγκάρια μέσα σε νερό που βράζει και βράστε τα 1 ώρα περίπου. Στραγγίστε τα κι αφήστε το νερό τους να κατακαθήσει. Πάρτε μια κούπα από την επιφάνεια και το υπόλοιπο πετάξτε το. Βάλτε το λάδι σε κατσαρόλα επάνω σε δυνατή φωτιά και σοτάρετε μέσα σ' αυτό το κρεμμύδι και το σκόρδο. Προσθέστε τις ντομάτες κι ανακατέψτε 5΄ επάνω στη φωτιά, να μαραθούν.

Ρίξτε μέσα όλα τα υπόλοιπα υλικά και τα σαλιγκάρια, σκεπάστε και σιγοβράστε το φαγητό, ώσπου να μαλακώσουν τα λαχανικά, 35′ περίπου. Ίσως χρειαστεί να προσθέσετε και λίγο νερό κατά τη διάρκεια του βρασμού. Το φαγητό πρέπει να μείνει σχεδόν με το λάδι του, για να είναι νόστιμο. Όταν το σερβίρετε, πασπαλίστε το με φρεσκοτριμμένο πιπέρι.

Κρεμμυδόσουπα

Μερίδες 8
Χρόνος ετοιμασίας 1 ώρα και 30′

4 μεγάλα κρεμμύδια κομμένα σε πολύ λεπτά φετάκια
1/3 κούπας μαργαρίνη
2 κουταλιές αλεύρι
8 κούπες ζεστό ζωμό λαχανικών
8 λεπτές φέτες ψωμί μπαγιάτικο φρυγανισμένες

2 κουταλιές λάδι
200 γρ. τριμμένο φυτικό τυρί
αλάτι και φρεσκοτριμμένο πιπέρι

Λιώστε τη μαργαρίνη σε κατσαρόλα και προσθέστε τα κρεμμύδια. Πασπαλίστε τα με λίγο αλάτι, σκεπάστε και σιγομαγειρέψτε τα σε χαμηλή φωτιά ανακατεύοντας κατά διαστήματα, 40′ περίπου, ώσπου να μαλακώσουν, χωρίς να πάρουν χρώμα. Αφαιρέστε το καπάκι, προσθέστε το αλεύρι και δυναμώστε τη φωτιά. Σοτάρετε τα κρεμμύδια ανακατεύοντας συνεχώς, ώσπου να πάρουν το χρώμα της χρυσοκάστανης καραμέλας, 30′ περίπου. Εάν ξανθαίνουν γρήγορα, χαμηλώστε τη θερμοκρασία. Προσθέστε το ζωμό λαχανικών και σιγοβράστε 10′. Προσθέστε αλάτι και φρεσκοτριμμένο πιπέρι και μοιράστε τη σούπα σε 8 πυρίμαχα μπολ. Βάλτε από μια φέτα ψωμί στο καθένα, ραντίστε τη με λίγο λάδι και καλύψτε τη με τυρί τριμμένο. Βάλτε τα μπολ κάτω από ζεστό γκριλ, ώσπου να λιώσει το τυρί και να πάρει ξανθό χρώμα. Σερβίρετε τη σούπα αμέσως.

Λαχανοντολμάδες

Μερίδες 4-5
Χρόνος προετοιμασίας 1 ώρα
Χρόνος μαγειρέματος 30΄-40΄

1 μέτριο λάχανο
1½ κούπας λάδι
1 κούπα τριμμένο κρεμμύδι
1 κούπα ψιλοκομμένα φρέσκα κρεμμυδάκια
1 μεγάλο καρότο ψιλοκομμένο
2 κούπες πολτοποιημένη φρέσκια ντομάτα
ή ντοματάκια κονσέρβας
1/2 κούπας ψιλοκομμένο άνηθο
1/2 κούπας ψιλοκομμένο μαϊντανό
1½ κούπας ρύζι Καρολίνα
αλάτι και φρεσκοτριμμένο πιπέρι
1/4 κουταλάκι πιπέρι καγιέν
35 γρ. κουκουνάρια

Πλύντε το λάχανο και με κοφτερό μαχαίρι κόψτε ένα κομμάτι κυκλικά γύρω από το κοτσάνι σε βάθος κι αφαιρέστε το, ώστε να ελευθερωθούν τα φύλλα και να ξεχωρίζουν εύκολα. Βάλτε το σε μεγάλη κατσαρόλα μέσα σε νερό που βράζει, με το κομμένο μέρος προς τα κάτω, και βράστε το ώσπου να μαλακώσουν τα φύλλα. Βγάλτε το, αφήστε το να κρυώσει και ξεχωρίστε τα φύλλα. Αν στο εσωτερικό είναι ακόμη σκληρά και δεν ξεχωρίζουν, ξαναβάλτε το λάχανο στην κατσαρόλα και βράστε το πάλι. Αφαιρέστε από τα φύλλα τα σκληρά μέρη κι αν είναι μεγάλα, χωρίστε τα σε δύο ή τρία κομμάτια κατάλληλα για τύλιγμα. Βάλτε το μισό λάδι σε κατσαρόλα επάνω σε δυνατή φωτιά, ρίξτε μέσα τα κρεμμύδια και το καρότο και σοτάρετέ τα. Προσθέστε την ντομάτα και τα υπόλοιπα υλικά, εκτός από το ρύζι και τα κουκουνάρια. Βράστε τη σάλτσα 10΄. Κατεβάστε την από τη φωτιά, ρίξτε κι ανακατέψτε το ρύζι και τα κουκουνάρια. Περάστε το μίγμα από σουρωτήρι και χωρίστε το από το ζουμί. Με το μίγμα του ρυζιού και τα λαχανόφυλλα τυλίξτε ντολμάδες και τοποθετήστε τους σε πλατιά κατσαρόλα, στον πάτο της οποίας έχετε στρώσει μερικά από τα σκληρά μέρη των φύλλων. Περιχύστε τους ντολμάδες με το ζουμί, καλύψτε τους μ' ένα βαρύ πιάτο, που να χωράει στην κατσαρόλα, σκεπάστε και σιγοβράστε τους, ώσπου να μείνουν με ελάχιστη σάλτσα. Αν χρειαστεί, προσθέστε λίγο νερό, ώστε οι ντολμάδες να μαλακώσουν και να μείνουν με ελάχιστη σάλτσα. Συνοδέψτε τους με ελιές.

Ντολμαδάκια Γιαλαντζί

Μερίδες 6-8
Χρόνος προετοιμασίας 2 ώρες
Χρόνος ψησίματος 30΄

1/2 κιλού κληματόφυλλα
2½ κούπας ψιλοκομμένα φρέσκα κρεμμυδάκια
2½ κούπας τριμμένα ξερά κρεμμύδια
1/2 κιλού ρύζι Καρολίνα
1 κούπα ψιλοκομμένο μαϊντανό
1 κούπα ψιλοκομμένο άνηθο ή
1/2 κούπας ψιλοκομμένο δυόσμο
35 γρ. κουκουνάρια (προαιρετικά)
1/4 κούπας μαύρες σταφίδες (προαιρετικά)
2 κούπες λάδι
1/3 κούπας χυμό λεμονιού
2½ κούπας βραστό νερό
αλάτι και φρεσκοτριμμένο πιπέρι

Πλύντε και ζεματίστε για 2΄-3΄ τα κληματόφυλλα βουτώντας τα λίγα-λίγα σε νερό που βράζει. Ανακατέψτε τα ψιλοκομμένα φρέσκα και ξερά κρεμμύδια σε σουρωτήρι, πασπαλίστε τα με λίγο αλάτι και τρίψτε τα, να μαραθούν. Ξεπλύντε τα με λίγο νερό και σφίξτε τα μέσα στις παλάμες σας λίγα-λίγα. Ανακατέψτε τα μέσα σ' ένα μπολ με τα υπόλοιπα υλικά, εκτός από το λάδι και το νερό. Ρίξτε κι ανακατέψτε το μισό λάδι, αλάτι και πιπέρι. Βάλτε από ένα κουταλάκι γέμιση σε κάθε φύλλο και τυλίξτε ελαφρά. Στρώστε μερικά κληματόφυλλα στον πάτο μιας πλατιάς κατσαρόλας κι αραδιάστε τα ντολμαδάκια το ένα πλάι στο άλλο, σε σειρές. Στο στάδιο αυτό, μπορείτε να τα φυλάξετε στην κατάψυξη. Βάλτε την κατσαρόλα στη φωτιά, ρίξτε το υπόλοιπο λάδι, το βραστό νερό και το χυμό λεμονιού. Σκεπάστε τα μ' ένα βαρύ πιάτο, που να χωράει στην κατσαρόλα. Σκεπάστε την με το καπάκι της και σιγοβράστε σε μέτρια φωτιά, έως ότου τα ντολμαδάκια πιουν όλο το νερό και μείνουν σχεδόν με το λάδι τους. Δοκιμάστε και, αν δεν έχει μαλακώσει το ρύζι, ρίξτε λίγο νερό ακόμη και συνεχίστε το βράσιμο. Όταν τα κατεβάσετε από τη φωτιά, βάλτε ανάμεσα στο καπάκι και στην κατσαρόλα μια απορροφητική πετσέτα κι αφήστε τα να κρυώσουν. Σερβίρονται κρύα.

ΜΕ ΘΑΛΑΣΣΙΝΑ

ΛΑΔΕΡΑ ΦΑΓΗΤΑ

ΘΑΛΑΣΣΙΝΑ

Πλούσια η ποικιλία των θαλασσινών που προσφέρουν οι ελληνικές θάλασσες. Κυδώνια, χτένια, καραβίδες, καλαμάρια, χταπόδια, σουπιές, αχινοί, στρείδια, μύδια, γυαλιστερές, γαρίδες, αστακοί, μαγειρεύονται με χίλιους δυο τρόπους. Συνδυασμένα με λαχανικά ή ζυμαρικά, μας προσφέρουν πιάτα πλούσια σε γεύση και υγιεινά συστατικά.

Τα οστρακοειδή είναι ευαίσθητα και αλλοιώνονται εύκολα, γι' αυτό και πωλούνται ζωντανά. Αν πρόκειται να τα μαγειρέψετε με το όστρακο, τρίψτε τα με σκληρή βούρτσα, κάτω από τρεχούμενο νερό, ώσπου να φύγουν τα χνούδια και η άμμος και να γυαλίσει το κέλυφος. Μην τα βράσετε πολύ, γιατί σφίγγουν και σκληραίνουν. Μην τα φάτε ωμά με λεμόνι, αν δεν είστε βέβαιοι πως ήταν ζωντανά. Οι χειρότερες δηλητηριάσεις προέρχονται από αλλοιωμένα οστρακοειδή.

ΜΥΔΙΑ Τα καθαρισμένα, βάλτε τα σε τρυπητό κι αφήστε τα να σταθούν με το τρυπητό μέσα σε νερό που να τα σκεπάζει, για 30′. Από καιρό σε καιρό τρίβετέ τα ελαφρά με τα χέρια σας. Στραγγίστε τα σηκώνοντας το τρυπητό. Επαναλάβετε την ίδια διαδικασία με καινούριο νερό άλλη μία ή δύο φορές, ώσπου να μη βγάζουν πια μαύρο ζουμί. Τα ακαθάριστα μύδια τρίψτε τα με σκληρή βούρτσα κάτω από τρεχούμενο νερό. Τραβήξτε και κόψτε τα μουστάκια. Για να τα ανοίξετε βάλτε τα επάνω σε δυνατή φωτιά, σε κατσαρόλα με ελάχιστο νερό και διάφορα μυρωδικά, για να αρωματιστούν συγχρόνως. Βγάλτε τα από τη φωτιά αμέσως μόλις ανοίξουν. Στραγγίστε τα και κρατήστε το ζουμί, αν χρειάζεται για τη συνταγή.

ΧΤΑΠΟΔΙ Το φρέσκο, πρέπει να είναι χτυπημένο καλά. Στην κατάψυξη μαλακώνει και δεν χρειάζεται χτύπημα. Βάλτε το φρέσκο να σταθεί μερικές ημέρες στην κατάψυξη. Πλύντε το καλά, τραβήξτε και ξεκολλήστε με προσοχή τη γλοιώδη πέτσα του. Για να το βράσετε, βάλτε το σε κατσαρόλα με νερό που να το σκεπάζει. Προσθέστε αρκετό ξίδι και βράστε το να μισομαλακώσει. Για ψήσιμο στα κάρβουνα ή στο γκριλ, προτιμήστε τα μικρά χταπόδια που θα ψηθούν πιο εύκολα. Τα μεγάλα είναι καλύτερα να τα βράσετε πρώτα, να μισομαλακώσουν, και μετά να τα ψήσετε.

ΚΑΒΟΥΡΙΑ Ανοίξτε τα από το μέρος της κοιλιάς κι αφαιρέστε μ'ένα κουτάλι το εσωτερικό. Πετάξτε το λευκόγκριζο στομάχι που είναι πίσω από το στόμα και τα λευκά σκληρά σαν λέπια κομμάτια. Σπάστε τις δαγκάνες και τα ποδαράκια κι αφαιρέστε το φαΐ. Οι καβουροδαγκάνες έχουν συνήθως το περισσότερο. Όταν ψαρεύουν τα καβούρια, κυρίως τα μπλε που είναι περιζήτητα, τους κόβουν τις δαγκάνες και τα ρίχνουν πάλι με δίχτυ μέσα στη θάλασσα. Οι δαγκάνες ξαναδημιουργούνται και γεμίζουν με καινούρια νόστιμη σάρκα.

ΚΟΧΥΛΙΑ ΚΑΙ ΓΥΑΛΙΣΤΕΡΕΣ Για να τα ανοίξετε, αφήστε τα σκεπασμένα στο ψυγείο 2-3 ώρες, ώσπου να μισανοίξουν. Βάλτε στο άνοιγμα τη μύτη ενός μαχαιριού. Το όστρακο, αν είναι ζωντανό, θα κλείσει αμέσως. Αν δεν κλείσει, πετάξτε το. Τραβήξτε τη λάμα προς το σημείο που ενώνονται τα δύο μισά κοχύλια και στρίψτε το μαχαίρι. Έτσι θ'ανοίξουν εύκολα. Αφαιρέστε το εσωτερικό, κόψτε και πετάξτε το σακουλάκι με την άμμο. Πλύντε και μαγειρέψτε τα αμέσως.

ΣΚΑΛΟΠ Τα σκάλοπ ή χτένια είναι από τα πιο νόστιμα οστρακοειδή. Είναι ιδιαίτερα εμφανίσιμα μέσα στα μεγάλα λευκά κοχύλια τους, με τις χαλκόχρωμες ραβδώσεις. Υπάρχουν και κατεψυγμένα αλλά τα φρέσκα είναι πιο νόστιμα. Ανοίξτε τα, όπως και τις γυαλιστερές. Η άσπρη σάρκα τους βρίσκεται κολλημένη στο επίπεδο μισό του κοχυλιού. Πετάξτε την γκρίζα μεμβράνη που την περιτριγυρίζει. Χωρίστε το κοράλ για να το χρησιμοποιήσετε σύμφωνα με τη συνταγή. Κόψτε τη σάρκα στα δύο και αφαιρέστε το μαύρο εντεράκι. Φυλάξτε το κοχύλι, για να σερβίρετε σ' αυτό τα σκάλοπ. Στο βράσιμο μαζεύουν και σκληραίνουν. Βράστε τα μόνο 10′.

ΓΑΡΙΔΕΣ, ΚΑΡΑΒΙΔΕΣ Οι γαρίδες, φρέσκιες ή κατεψυγμένες, έχουν γκρι-μπλε χρώμα κι όταν βράσουν κοκκινίζουν. Για να τις καθαρίσετε, βάλτε τες κάτω από τρεχούμενο νερό και αφαιρέστε το κέλυφος, την ουρά και το κεφάλι, σύμφωνα με τις οδηγίες της συνταγής. Τα κεφάλια δίνουν νόστιμο ζωμό, γι' αυτό βράστε τες μαζί με τα κεφάλια ή κρατήστε τα για να φτιάξετε ζωμό ή νόστιμες σάλτσες. Με μια ξύλινη φουρκέτα τρυπήστε την πλάτη, τραβήξτε και αφαιρέστε το μαύρο εντεράκι. Οι καραβίδες έχουν κέλυφος πιο σκληρό από τις γαρίδες, παρόμοιο με του αστακού, και δαγκάνες όπως του αστακού αλλά πολύ μικρότερες. Έχουν ροζ χρώμα και κοκκινίζουν όταν ψήνονται. Ζεματίστε τες, αν είναι πολύ μεγάλες, και, πριν τις ψήσετε, χωρίστε τες στα δύο με το ψαλίδι ή κοφτερό μαχαίρι. Αφαιρέστε το μαύρο εντεράκι.

ΑΣΤΑΚΟΣ Αγοράζετε πάντα ζωντανό αστακό και προσέξτε να μην έχει λευκούς λεκέδες στο κέλυφος γιατί είναι σημάδι γήρανσης. Ο ζωντανός είναι μπλε-μαύρος κι όταν βράσει γίνεται κόκκινος. Οι θηλυκοί έχουν πιο νόστιμο κρέας και στο κεφάλι τους βρίσκεται το πολύτιμο πορτοκαλί "κοράλ" που χρησιμοποιείται σε σάλτσες και στην αστακοσαλάτα. Είναι μεγαλύτεροι από τους αρσενικούς, με μικρότερες δαγκάνες. Διαλέξτε αστακό με βάρος 2-2,5 κιλά, σχετικά βαρύ για το μέγεθός του. Αστακοί μεγάλοι και ελαφρείς μπορεί να έχουν μείνει στο ιχθυοτροφείο για πολλές ημέρες χωρίς τροφή ή έχουν πρόσφατα αλλάξει κέλυφος και δεν πρόλαβε να αναπτυχθεί η σάρκα τους. Αποφύγετε τον κατεψυγμένο, γιατί το κρέας του είναι σκληρό. Για να βράσετε τον αστακό, διπλώστε την ουρά προς το κεφάλι και δέστε τον καλά. Συνήθως οι δαγκάνες είναι δεμένες. Βουτήξτε τον με το κεφάλι μέσα σε μπόλικο νερό που βράζει. Σκεπάστε με το καπάκι και βράστε τον, ώσπου να κοκκινίσει, για 25′. Αν θέλετε, προσθέστε στο νερό seafood seasoning ή διάφορα αρωματικά λαχανικά, όπως σέλερι, καρότο, κρεμμύδι και μπαχαρικά (πάπρικα, πιπέρι καγιέν και φύλλα δάφνης), για να αρωματιστεί ο αστακός και για να μείνει ένας πολύ νόστιμος ζωμός. Αφαιρέστε τις κλωστές κι απλώστε τον με την κοιλιά προς τα κάτω σε επίπεδη επιφάνεια. Βάλτε στην πλάτη του ένα βάρος, για να ισιώσει. Όταν κρυώσει, κόψτε τον κατά μήκος στη μέση μ' ένα κοφτερό μαχαίρι ή με ψαλίδι κουζίνας. Αφού τον χωρίσετε στα δυο, αφαιρέστε και πετάξτε το εντεράκι που τρέχει κατά μήκος της ράχης και τη σακούλα με το στομάχι από το κεφάλι. Κρατήστε το πορτοκαλί κοράλ, καθώς και το γκρι-πράσινο συκώτι, που είναι πολύ νόστιμο, για να το χρησιμοποιήσετε σε σάλτσες ή σαλάτες. Βγάλτε με το ειδικό πιρουνάκι τη σάρκα από τις δαγκάνες, χωρίς να τις σπάσετε, και κρατήστε τες για τη διακόσμηση. Σερβίρετε τον αστακό μέσα στα δύο μισά κελύφη.

ΚΑΛΑΜΑΡΙΑ, ΣΟΥΠΙΕΣ Για να τα καθαρίσετε χωρίστε πρώτα το κεφάλι και τα πτερύγια από το σώμα. Αφαιρέστε και πετάξτε τα εντόσθια, τη φούσκα με το μελάνι και το κόκαλο της ράχης. Αφαιρέστε και πετάξτε τις μεμβράνες που καλύπτουν το σώμα. Ξεπλύντε μέσα και έξω με άφθονο νερό και κόψτε σε κομμάτια ή σε κρίκους, σύμφωνα με τις οδηγίες της συνταγής ή γεμίστε τα καλαμάρια και μαγειρέψτε τα ολόκληρα. Από τα κεφάλια αφαιρέστε και πετάξτε το δόντι και τα μάτια (με προσοχή, γιατί έχουν λίγη μελάνη). Αν θέλετε, φυλάξτε τη μελάνη από τις σουπιές για να χρωματίσετε σπιτικά μακαρόνια. Αφήστε τα κεφάλια ολόκληρα. Βάλτε τα μαζί με τα κομμάτια σε τρυπητό, να στραγγίσουν καλά, για να τα χρησιμοποιήσετε. Όταν ψηθούν τα καλαμάρια μαζεύουν. Θυμηθείτε το αν πρόκειται να τα γεμίσετε. Είναι προτιμότερο να τα ζεματίσετε πριν το γέμισμα. Πριν τα σοτάρετε σε λάδι, είναι καλύτερα να τα βάλετε σε κατσαρόλα με ελάχιστο νερό και να τα σιγοβράσετε σκεπασμένα, ώσπου να εξατμιστούν τα υγρά τους και να μαλακώσουν. Αλλιώς σφίγγουν και σκληραίνουν και δεν μαλακώνουν όσο κι αν τα βράσετε.

Θαλασσινά Μεντιτερανέο

Μερίδες 4
Χρόνος προετοιμασίας 45΄
Χρόνος μαγειρέματος 30΄

1/3 κούπας λάδι
1 μέτριο κρεμμύδι ψιλοκομμένο
1 σκελίδα σκόρδο τριμμένο
1 μικρό καρότο ψιλοκομμένο
1 μικρή πιπεριά ψιλοκομμένη
4 μεγάλες ώριμες ντομάτες ψιλοκομμένες
15 σταγόνες Tabasco sauce ή
1/4 κουταλάκι πιπέρι καγιέν
1 κουταλάκι Italian Herbs
αλάτι και φρεσκοτριμμένο πιπέρι
1 μικρό φρέσκο αστακό ή αστακοουρά κατεψυγμένη
1 κιλό διάφορα θαλασσινά (γυαλιστερές, κυδώνια,
χάβαρα, καβούρι) καθαρισμένα
400 γρ. ταλιατέλες λεπτές
1 κούπα τριμμένο φυτικό τυρί (προαιρετικά)
1 κουταλιά ψιλόκομμένο βασιλικό

Βάλτε το λάδι σε κατσαρόλα επάνω σε δυνατή φωτιά να ζεσταθεί, ρίξτε και σοτάρετε το κρεμμύδι, το σκόρδο και τα ψιλοκομμένα λαχανικά, ώσπου να μαραθούν. Προσθέστε τη ντομάτα, τα μυρωδικά, αλάτι, πιπέρι, σκεπάστε και σιγοβράστε, ώσπου να δέσει η σάλτσα. Για να δώσετε θαλασσινή φρεσκάδα στο πιάτο, βάλτε στη σάλτσα μερικά θαλασσινά με το κέλυφος. Οι γυαλιστερές έχουν ωραίο χρώμα και είναι οι πλέον κατάλληλες για να στολίσουν την πιατέλα σας. Ρίξτε μέσα τα θαλασσινά και συνεχίστε το βράσιμο σε δυνατή φωτιά 5΄-10΄ ανακατεύοντας κατά διαστήματα. Βράστε τις ταλιατέλες σε αλατισμένο νερό με 2 κουταλιές λάδι. Στραγγίστε τες και βάλτε τες σε βαθουλή πιατέλα. Περιχύστε τες με τη σάλτσα, πασπαλίστε τες με το τριμμένο φυτικό τυρί και το βασιλικό και σερβίρετέ τες αμέσως.

Πιλάφι με Θαλασσινά

Μερίδες 6
Χρόνος προετοιμασίας 45΄
Χρόνος μαγειρέματος 40΄

1/2 κιλού μύδια καθαρισμένα
1/2 κιλού γαρίδες καθαρισμένες σε κομματάκια
250 γρ. καλαμάρια ψιλοκομμένα
3/4 κούπας λάδι
1 κούπα ψιλοκομμένο κρεμμύδι
2 σκελίδες σκόρδο σε φετάκια
2 μικρές πράσινες πιπεριές ψιλοκομμένες
1 κιλό ώριμες ντομάτες ψιλοκομμένες
3 κουταλιές κέτσαπ
1/4 κούπας ψιλοκομμένο μαϊντανό
αλάτι και φρεσκοτριμμένο πιπέρι
1/4 κουταλάκι πιπέρι καγιέν
2 κούπες ρύζι για πιλάφι
70 γρ. κουκουνάρια
5-6 μεγάλες γαρίδες βρασμένες

Ζεματίστε τα μύδια σε λίγο νερό και στραγγίστε τα. Κρατήστε το ζουμί. Ζεματίστε τις γαρίδες και στραγγίστε τες κρατώντας και πάλι το ζουμί. Μετρήστε το ζουμί. Πρέπει να είναι 4 κούπες. Αν είναι λιγότερο, συμπληρώστε με νερό. Αν είναι περισσότερο, πετάξτε το υπόλοιπο. Βάλτε τα καλαμάρια σε μικρή κατσαρόλα επάνω σε μέτρια φωτιά, σκεπάστε τα και βράστε τα, ώσπου να εξατμιστούν όλα τα υγρά τους και να μισομαλακώσουν. Βάλτε το λάδι σε κατσαρόλα επάνω σε δυνατή φωτιά, ρίξτε και σοτάρετε το κρεμμύδι, το σκόρδο και τις πιπεριές. Ρίξτε τις ντομάτες κι ανακατέψτε μερικά λεπτά σε δυνατή φωτιά. Προσθέστε την κέτσαπ, το μαϊντανό, αλάτι, πιπέρι, το πιπέρι καγιέν και τα καλαμάρια. Σκεπάστε και σιγοβράστε τα, ώσπου να μαλακώσουν και να δέσει η σάλτσα. Προσθέστε το ζουμί από τα θαλασσινά κι όταν αρχίσει να βράζει, ρίξτε κι ανακατέψτε το ρύζι. Σκεπάστε και σιγοβράστε, ώσπου να απορροφηθεί όλο το νερό και να μαλακώσει το ρύζι. Ρίξτε κι ανακατέψτε τα υπόλοιπα θαλασσινά, 5΄ πριν κατεβάσετε το ρύζι από τη φωτιά. Αδειάστε και στρώστε το πιλάφι θαλασσινών σε φόρμα με σχήμα αστερία. Αναποδογυρίστε το σε πιατέλα και σερβίρετέ το ζεστό ή κρύο, είναι το ίδιο νόστιμο. Γαρνίρετε με κουκουνάρια σοταρισμένα σε καλαμποκέλαιο, με ψιλοκομμένο μαϊντανό και με τις ολόκληρες βρασμένες γαρίδες.

Θαλασσινά στα Κάρβουνα

Μερίδες 6
Χρόνος προετοιμασίας 2 ώρες
Χρόνος ψησίματος 20΄

1/2 κιλού μύδια
1 μικρό χταπόδι
4 μέτρια καλαμάρια ή σουπιές καθαρισμένες
1/2 κιλού μεγάλες γαρίδες, καθαρισμένες,
χωρίς κεφάλια και ουρές

για τη σάλτσα σκόρδου
6 σκελίδες σκόρδο τριμμένο
1 κούπα φύλλα βασιλικού
1/2 κούπας λάδι
2 κουταλιές χυμό λεμονιού

για τη σάλτσα σόγιας
1/2 κούπας σόγια σος
1/2 κούπας oyster sauce
2 κουταλάκια ζάχαρη
2 κουταλάκια κορν φλάουρ
1 κουταλιά χυμό λεμονιού
1/4 κουταλάκι τριμμένο φρέσκο τζίντζερ

για τη λέμον τάρταρ σος
1 κουταλιά ψιλή κάπαρη λιωμένη
2 κουταλιές ψιλοκομμένο αγγουράκι πίκλες
1 κουταλιά ψιλοκομμένο φρέσκο κρεμμυδάκι
1/2 κουταλάκι δυόσμο λιωμένο

1 κούπα μαγιονέζα (βασικές συνταγές)
1 κουταλιά χυμό λεμονιού
φρεσκοτριμμένο πιπέρι

Τρίψτε καλά τα μύδια με μια σκληρή βούρτσα κι αφαιρέστε τα μουστάκια. Αρκετές ώρες νωρίτερα, αλείψτε το χταπόδι, τα καλαμάρια και τις γαρίδες με λάδι. Σκεπάστε τα θαλασσινά και φυλάξτε τα στο ψυγείο. Ψήστε τα θαλασσινά λίγο πριν τα σερβίρετε. Αραδιάστε τις γαρίδες και τα καλαμάρια σε μια διπλή σχάρα και κλείστε την, να στερεωθούν. Κάντε το ίδιο και με το χταπόδι απλώνοντας τα πλοκάμια του μέσα στις δύο σχάρες. Βάλτε τα μύδια μέσα σ' ένα ταψί με καπάκι και ραντίστε τα με λίγο άσπρο κρασί. Βάλτε τις σχάρες επάνω στη φωτιά και ψήστε τις γαρίδες, τα καλαμάρια και το χταπόδι κι από τις δύο πλευρές γρήγορα, όσο χρειάζεται για να ψηθούν, χωρίς να χάσουν το ζουμί τους και να στεγνώσουν (2-3 λεπτά από την κάθε πλευρά για τις γαρίδες και 8-10 λεπτά αντίστοιχα για τα καλαμάρια και το χταπόδι). Βάλτε το ταψί με τα μύδια στη σχάρα και αφήστε τα 6-8 λεπτά, ώσπου να ανοίξουν. Σερβίρετε τα θαλασσινά με τις σάλτσες. **Εναλλακτικά**, ψήστε τα θαλασσινά στο γκριλ. Όταν τα γυρίσετε για να ψηθούν κι από την άλλη πλευρά, αλείψτε τα πάλι με λάδι.

Σάλτσα σκόρδου: Χτυπήστε στο μπλέντερ το σκόρδο, το βασιλικό, το λάδι και το χυμό λεμονιού, να ενωθούν.

Σάλτσα σόγιας: Βάλτε τα υλικά σε μικρή κατσαρόλα και σιγοβράστε τα, ώσπου να γίνει μια διάφανη, ελαφριά σάλτσα.

Λέμον τάρταρ σος: Ανακατέψτε καλά όλα τα υλικά μαζί σ' ένα μπόλ.

Βολ-ο-βάν με Θαλασσινά

Μερίδες 4
Χρόνος ετοιμασίας 1 ώρα και 10΄

1 κούπα νερό
1/2 κούπας λευκό κρασί
1 μικρό κρεμμύδι χαραγμένο στο κέντρο σε σταυρό
200 γρ. σκάλοπ κατεψυγμένα
1/2 κιλού γυαλιστερές ή κυδώνια
1/2 κιλού καβουροδαγκάνες
6 κουταλιές μαργαρίνη
3 κουταλιές αλεύρι
1/2 κούπας φυτική κρέμα
αλάτι, πιπέρι
1 μέτρια μελιτζάνα σε μικρούς κύβους
3 φρέσκα κρεμμυδάκια ψιλοκομμένα
2 κουταλιές ψιλοκομμένο μαϊντανό
4 μεγάλα βολ-ο-βάν σε σχήμα ψαριού

Σε μια κατσαρόλα βάλτε το νερό, το κρασί και το κρεμμύδι και βράστε τα 5΄. Προσθέστε τα σκάλοπ και βράστε τα 15΄. Βγάλτε τα με τρυπητή κουτάλα και φυλάξτε τα. Ρίξτε στο ζουμί τις γυαλιστερές και τις καβουροδαγκάνες και μόλις αρχίσουν να βράζουν, στραγγίστε τες και κρατήστε 1½ κούπας από το ζουμί. Βγάλτε με προσοχή το φαΐ από τις γυαλιστερές κι αφαιρέστε το σακουλάκι με την άμμο. Σπάστε τις καβουροδαγκάνες, αφαιρέστε το φαΐ και ψιλοκόψτε το. Βάλτε τη μισή μαργαρίνη σε κατσαρόλα επάνω σε μέτρια φωτιά και σοτάρετε το αλεύρι 1΄. Προσθέστε το ζουμί που κρατήσατε κι ανακατέψτε επάνω στη φωτιά, ώσπου να πήξει η σάλτσα. Ρίξτε τη φυτική κρέμα, αλάτι και πιπέρι κι ανακατέψτε λίγο ακόμα επάνω στη φωτιά. Αλατίστε τα κομματάκια της μελιτζάνας κι αφήστε τα να σταθούν 30΄. Ξεπλύντε και στίψτε τα καλά. Σε χωριστή κατσαρόλα βάλτε την υπόλοιπη μαργαρίνη και σοτάρετε τα κρεμμυδάκια και τη μελιτζάνα, ώσπου να μαραθούν καλά. Προσθέστε τα θαλασσινά, ανακατέψτε και κατεβάστε τα από τη φωτιά. Ρίξτε κι ανακατέψτε τη σάλτσα και το μαϊντανό. Μοιράστε το μίγμα στα 4 βολ-ο-βάν. Λίγο πριν σερβίρετε, βάλτε τα βολ-ο-βάν σε δυνατό φούρνο κι αφήστε τα να ζεσταθούν καλά. Σερβίρετέ τα αμέσως συνοδεύοντάς τα με λαχανικά σοταρισμένα.

φερές και να μην έχουν σκληρές ίνες. Βάλτε τες να βράσουν μέσα σε νερό με αλάτι και χυμό λεμονιού, ώσπου να μαλακώσουν. Στραγγίστε τες κι αλείψτε τες με λίγο λάδι. Ετοιμάστε τη γέμιση. Βάλτε το λάδι σε κατσαρόλα και σοτάρετε το κρεμμυδάκι, το σέλερι, το σκόρδο και την πιπεριά, να μαραθούν. Προσθέστε το καβούρι, το μαϊντανό, αλάτι και πιπέρι. Ανακατέψτε 1-2′ επάνω στη φωτιά και κατεβάστε τα. Γεμίστε τις κούπες της αγγινάρας βάζοντας αρκετή από τη γέμιση. Ετοιμάστε την μπεσαμέλ και βάλτε από μια γεμάτη κουταλιά σε κάθε αγγινάρα. Ψήστε τις αγγινάρες στους 180°C, για 30′-35′, να ροδίσει καλά η επιφάνεια. Σερβίρονται ζεστές.

Αγγινάρες με Καβούρι

Για μπουφέ
Χρόνος προετοιμασίας 1 ώρα
Χρόνος ψησίματος 30′-35′

12 αγγινάρες φρέσκες

για τη γέμιση
250 γρ. καβούρι κονσέρβας
1/4 κούπας λάδι
1/2 κούπας ψιλοκομμένο φρέσκο κρεμμυδάκι
1/4 κούπας ψιλοκομμένο σέλερι
1 σκελίδα σκόρδο ψιλοκομμένο
1/4 κούπας ψιλοκομμένη πράσινη πιπεριά
1/4 κούπας ψιλοκομμένο μαϊντανό
1¹/₂ κούπας μπεσαμέλ (βασικές συνταγές)

Στραγγίστε και καθαρίστε το καβούρι ψηλαφώντας το με τα δάχτυλα και αφαιρώντας όλα τα διαφανή κελύφη. Καθαρίστε τις αγγινάρες και κρατήστε μόνο τις κούπες. Μπορείτε να χρησιμοποιήσετε και κατεψυγμένες. Προσέξτε μόνο να είναι τρυ-

Καλαμάρια Stir-Fry

Μερίδες 4
Χρόνος ετοιμασίας 30′

1/2 κιλού καλαμάρια
1/2 κούπας τριμμένη φρυγανιά
1/4 κούπας λάδι
1 σκελίδα σκόρδο τριμμένο
2 κουταλάκια τριμμένο φρέσκο τζίντζερ
1 καρότο ζουλιέν
1/2 κόκκινη και 1/2 πράσινη πιπεριά ζουλιέν
5 ραπανάκια σε φετάκια
1 κολοκυθάκι ζουλιέν
1 φρέσκο κρεμμυδάκι σε λωρίδες
100 γρ. κινέζικο λάχανο ψιλοκομμένο
100 γρ. κάσιους
για το ντρέσινγκ
2 κουταλιές λάδι
3 κουταλιές σόγια σος
1/4 κουταλάκι τζίντζερ
1 κουταλιά oyster sauce
1 κουταλιά σουσάμι
αλάτι και φρεσκοτριμμένο πιπέρι

Χτυπήστε όλα μαζί τα υλικά για το ντρέσινγκ, να ενωθούν. Χωρίστε τα κεφάλια με τα μουστάκια από τα καλαμάρια και κόψτε το σώμα σε κομμάτια. Αλευρώστε τα κομμάτια και τα κεφάλια, βουτήξτε τα ένα-ένα σε νερό, τυλίξτε τα στη φρυγανιά και βάλτε τα στο ψυγείο να στερεωθεί το πανάρισμα. Ζεστάνετε το λάδι σε γουόκ ή σε βαθύ τηγάνι και σοτάρετε, ανακατεύοντας, τα λαχανικά ρίχνοντάς τα με τη σειρά που αναφέρονται. Τελευταία ρίξτε τα κάσιους. Βγάλτε τα σε πιατέλα και περιχύστε τα με το 1/3 του ντρέσινγκ. Τηγανίστε τα καλαμάρια στο γουόκ ή σε φριτέζα 2′-3′, να ροδίσουν. Βγάλτε τα με τρυπητή κουτάλα στραγγίζοντάς τα καλά κι ανακατέψτε τα με τα σοταρισμένα λαχανικά. Περιχύστε τα με το υπόλοιπο ντρέσινγκ. Σερβίρετέ τα ζεστά, επάνω σε φύλλα μαρουλιού.

Τορτίγιες με Καβούρι

Μερίδες 8
Χρόνος προετοιμασίας 30΄
Χρόνος ψησίματος 30΄

για τη σάλτσα
400 γρ. ντοματάκια κονσέρβας ψιλοκομμένα
1 μεγάλη κόκκινη πιπεριά ψιλοκομμένη
2 κουταλιές λάδι
4 σκελίδες σκόρδο τριμμένο
1 κούπα ψιλοκομμένο κρεμμύδι
1/4 κούπας κέτσαπ
20 σταγόνες Tabasco sauce
1/4 κουταλάκι κύμινο
1 κουταλάκι κόλιαντρο
2 κουταλιές ξίδι balsamico
1 κουταλάκι ζάχαρη
αλάτι και φρεσκοτριμμένο πιπέρι

για τη γέμιση
2 κουταλιές λάδι
4 φρέσκα κρεμμυδάκια ψιλοκομμένα
2 κούπες μανιτάρια κονσέρβας σε φετάκια
300 γρ. καβουροποδαράκια σε κομματάκια
1/4 κούπας ψιλοκομμένο μαϊντανό

1 κούπα τριμμένο φυτικό τυρί
16 τορτίγιες (βασικές συνταγές)

Ετοιμάστε τη σάλτσα. Χτυπήστε τα ντοματάκια με την πιπεριά στο μπλέντερ, να πολτοποιηθούν. Ζεστάνετε το λάδι σε μικρή κατσαρόλα και σοτάρετε το σκόρδο και το κρεμμύδι να μαραθούν καλά. Αδειάστε μέσα στην κατσαρόλα το μίγμα ντομάτας - πιπεριάς, προσθέστε την κέτσαπ, το Tabasco, το κύμινο, το κόλιαντρο, το ξίδι και τη ζάχαρη, αλάτι και πιπέρι. Σκεπάστε και σιγοβράστε, ώσπου να δέσει ελαφρά η σάλτσα.

Ετοιμάστε τη γέμιση. Σοτάρετε τα φρέσκα κρεμμυδάκια στο λάδι. Ρίξτε μέσα τα μανιτάρια κι ανακατέψτε τα επάνω στη φωτιά να μαραθούν. Ανακατέψτε τα με το καβούρι, το μαϊντανό και το τυρί. Αλείψτε τις τορτίγιες με λίγη σάλτσα. Μοιράστε το μίγμα της γέμισης στις τορτίγιες, τυλίξτε τες σε φλογέρες κι αραδιάστε τες σε πυρίμαχο σκεύος. Περιχύστε τες με την υπόλοιπη σάλτσα. Ψήστε τες στους 200°C, για 20΄. Γαρνίρετέ τες με φυλλαράκια μαϊντανό και κρίκους πιπεριάς. Σερβίρονται ζεστές.

Παέλια με Θαλασσινά

Μερίδες 6
Χρόνος προετοιμασίας 20΄
Χρόνος μαγειρέματος 30΄

15 μύδια με ή χωρίς το όστρακο
12 μέτριες γαρίδες
200 γρ. σκάλοπ κατεψυγμένα
4 μεγάλες καβουροδαγκάνες
1/3 κούπας λευκό ξηρό κρασί
2 σκελίδες σκόρδο τριμμένο
1 μέτριο κρεμμύδι ψιλοκομμένο
1/3 κούπας λάδι
1½ κούπας ρύζι ή κουσκούς
4 λιαστές ντομάτες ζουλιέν
1 κουταλάκι στήμονες σαφράν αλεσμένους
1/4 κούπας ψιλοκομμένο μαϊντανό
1/4 κουταλάκι πιπέρι καγιέν
αλάτι και φρεσκοτριμμένο πιπέρι
1/2 κούπας βρασμένο αρακά (προαιρετικά)

Τρίψτε τα μύδια με βούρτσα και κόψτε τα μουστάκια τους ή καθαρίστε τα και πετάξτε τα κελύφη. Αφαιρέστε από τις γαρίδες το κέλυφος και το εντεράκι αφήνοντας τα κεφάλια και τις ουρές. Βάλτε το κρασί και 1/2 κούπας νερό σε κατσαρόλα επάνω στη φωτιά. Ρίξτε μέσα τα σκάλοπ και βράστε τα 10΄. Προσθέστε τις γαρίδες και συνεχίστε το βράσιμο άλλα 7΄. Ρίξτε κι ανακατέψτε τα μύδια και τις καβουροδαγκάνες κι αφήστε τα επάνω στη φωτιά, ώσπου ν'ανοίξουν. Βγάλτε τα θαλασσινά με τρυπητή κουτάλα σε μια πιατέλα. Στραγγίστε το ζουμί και κρατήστε το. Σε μια κατσαρόλα βάλτε το λάδι και σο-

τάρετε το σκόρδο και το κρεμμύδι. Ρίξτε κι ανακατέψτε το ρύζι ή το κουσκούς, τις λιαστές ντομάτες, το ζουμί από τα θαλασσινά, το σαφράν, το μαϊντανό, το πιπέρι καγιέν, αλάτι και φρεσκοτριμμένο πιπέρι. Σκεπάστε και σιγοβράστε, ώσπου να φουσκώσει το ρύζι και να πιει όλο το νερό. Ρίξτε κι ανακατέψτε τα θαλασσινά και τον αρακά. Σερβίρετε την παέλια ζεστή ή κρύα, είναι το ίδιο νόστιμη. Γαρνίρετέ τη με κρίκους πράσινης πιπεριάς ελαφρά τηγανισμένους.

Θαλασσινά Σαγανάκι με Κουσκούς

Μερίδες 4
Χρόνος ετοιμασίας 20΄

4 μεγάλες ή 8 μέτριες γαρίδες
250 γρ. μύδια καθαρισμένα, πλυμένα και στραγγισμένα
1 κούπα κουσκούς
1/3 κούπας λάδι
3 σκελίδες σκόρδο σε φετάκια
200 γρ. σκάλοπ κατεψυγμένα
2 κουταλιές κονιάκ
1 μεγάλη ή 2 μικρές ώριμες ντομάτες σε κομματάκια
1/2 κούπας βρασμένο αρακά
3 κουταλιές ψιλοκομμένο άνηθο
1/4 κουταλάκι πιπέρι καγιέν
αλάτι και φρεσκοτριμμένο πιπέρι

Καθαρίστε τις γαρίδες κι αφήστε μόνο τα κεφάλια και τις ουρές. Αφήστε τες σε τρυπητό, να στραγγίσουν πολύ καλά. Στο μεταξύ σε μια κατσαρόλα βάλτε ελάχιστο νερό κι όταν αρχίσει να βράζει ρίξτε μέσα τα μύδια. Βράστε τα δυνατά 3΄-4΄ και βγάλτε τα με τρυπητή κουτάλα. Προσοχή, μην τα αφήσετε να βράσουν περισσότερο, γιατί θα μαζέψουν και θα σφίξουν. Στραγγίστε, μετρήστε το ζουμί τους κι αν είναι λιγότερο από 1½ κούπας, συμπληρώστε με νερό. Ρίξτε λίγο αλάτι και βάλτε το σε δυνατή φωτιά. Όταν αρχίσει να βράζει, ρίξτε μέσα το κουσκούς, ανακατέψτε, κατεβάστε από τη φωτιά, σκεπάστε κι αφήστε το να σταθεί 5΄. Στο μεταξύ, σ'ένα τηγάνι με βαρύ πάτο ζεστάνετε το λάδι και σοτάρετε το σκόρδο. Αφαιρέστε και πετάξτε το. Βάλτε μέσα τις γαρίδες και τηγανίστε τες, ώσπου να κοκκινίσουν. Προσθέστε τα σκάλοπ κι ανακατέψτε μερικά λεπτά επάνω σε δυνατή φωτιά, να εξατμιστούν τα υγρά τους. Ρίξτε το κονιάκ κι ανάψτε προσεκτικά. Όταν πέσουν οι φλόγες, ρίξτε τη ντομάτα κι ανακατέψτε 3΄. Κατόπιν ρίξτε τον αρακά, το άνηθο, το καγιέν, αλάτι, πιπέρι και τα μύδια. Ανακατέψτε ακόμη 3΄ επάνω στη φωτιά και κατεβάστε τα. Σερβίρετε τα θαλασσινά συνοδεύοντάς τα με το κουσκούς.

ΘΑΛΑΣΣΙΝΑ ΣΑΓΑΝΑΚΙ ΜΕ ΚΟΥΣΚΟΥΣ

Ανοιξιάτικο Σπαγγέτι με Γαρίδες

Μερίδες 4
Χρόνος ετοιμασίας 30΄

1 κουταλιά λάδι
1 σκελίδα σκόρδο τριμμένο
1 κουταλιά αλεύρι
1 κούπα φυτική κρέμα
1/4 κουταλάκι άσπρο πιπέρι
1/3 κούπας φυλλαράκια φρέσκου βασιλικού
1/2 κούπας κομματάκια λιαστής ντομάτας
1/2 κουταλάκι αλάτι
350 γρ. μέτριες γαρίδες καθαρισμένες
2 κουταλάκια πάπρικα
300 γρ. μακαρόνια σπαγγέτι
2 κουταλιές ψιλοκομμένο μαϊντανό
1 καυτερή πιπερίτσα τριμμένη

Βάλτε το λάδι σε μικρή κατσαρόλα, ρίξτε και σοτάρετε το σκόρδο. Προσθέστε το αλεύρι και σοτάρετε για 1΄ ανακατεύοντας συνεχώς. Ρίξτε τη φυτική κρέμα κι ανακατέψτε τη σάλτσα επάνω στη φωτιά, ώσπου να πήξει. Προσθέστε κι ανακατέψτε όλα τα υπόλοιπα υλικά. Κατεβάστε τη σάλτσα από τη φωτιά. Βράστε τις γαρίδες 7΄ σε νερό με την πάπρικα, να ροδοκοκκινίσουν, στραγγίστε και ρίξτε τες μέσα στη σάλτσα. Βράστε τα μακαρόνια σε αλατισμένο νερό με 2 κουταλιές λάδι. Στραγγίστε τα κι ανακατέψτε τα με τη σάλτσα και τις γαρίδες. Αδειάστε τα σε πιατέλα σερβιρίσματος, πασπαλίστε τα με το μαϊντανό και την καυτερή πιπεριά και σερβίρετέ τα αμέσως.

Κρέπες με Θαλασσινά

Μερίδες 6
Χρόνος ετοιμασίας 25΄

3 κουταλιές λάδι
1 μικρό κολοκύθι ψιλοκομμένο
4 φρέσκα κρεμμυδάκια ψιλοκομμένα
1 μικρή σκελίδα σκόρδο τριμμένο
1 κούπα μανιτάρια σε λεπτά φετάκια
1 μικρή πράσινη πιπεριά ψιλοκομμένη
1/2 κουταλάκι τζίντζερ
3 κουταλιές σόγια σος
1/4 κούπας νερό
1¹/₂ κούπας βρασμένες γαρίδες σε κομματάκια
1¹/₂ κούπας φρέσκο καβούρι βρασμένο, σε κομματάκια
12 κρέπες (βασικές συνταγές)
1/4 κούπας ψημένο σουσάμι
1 κούπα σάλτσα μπεσαμέλ (βασικές συνταγές)

Σ' ένα μεγάλο τηγάνι βάλτε το λάδι και σοτάρετε το κολοκύθι, τα κρεμμυδάκια και το σκόρδο, ώσπου να μαραθούν. Προσθέστε τα μανιτάρια και την πιπεριά κι ανακατέψτε επάνω στη φωτιά, ώσπου να μαραθούν κι αυτά. Προσθέστε το τζίντζερ, τη σόγια και το νερό, σκεπάστε και σιγοβράστε σε χαμηλή φωτιά, ώσπου να μαλακώσουν τα υλικά. Ρίξτε κι ανακατέψτε τις γαρίδες και το καβούρι. Γεμίστε τις κρέπες με το μίγμα και διπλώστε τες. Αραδιάστε τες σ' ένα πυρίμαχο σκεύος, περιχύστε τες με λίγη μπεσαμέλ και πασπαλίστε τες με σουσάμι. Βάλτε τες σε δυνατό φούρνο, για 5΄-10΄, να ζεσταθούν καλά. Σερβίρετε αμέσως συνοδεύοντάς τες με λίγη ακόμη σάλτσα μπεσαμέλ. **Εναλλακτικά**, μπορείτε να χρησιμοποιήσετε γαριδούλες κατεψυγμένες και καβουροδαγκάνες, επίσης κατεψυγμένες.

Γαρίδες Φιογκάκια με Ρύζι

Μερίδες 4
Χρόνος προετοιμασίας 20΄
Χρόνος μαγειρέματος 20΄

12 μεγάλες γαρίδες
1 κούπα νερό
4 κουταλιές λάδι
1 κουταλάκι seafood seasoning ή
1 κουταλιά πάπρικα

για τη σάλτσα
3 κουταλιές λάδι
2 σκελίδες σκόρδο τριμμένο
1 κουταλάκι τριμμένο φρέσκο τζίντζερ
1 μικρό κρεμμύδι τριμμένο
1/2 κούπας ψιλοκομμένη κόκκινη πιπεριά
2 μεγάλες ώριμες ντομάτες σε κομματάκια
2 κουταλιές ξίδι
1 κουταλάκι ζάχαρη
1 κουταλιά ψιλοκομμένο βασιλικό
αλάτι και φρεσκοτριμμένο πιπέρι
1 κούπα ρύζι basmati

Πλύντε τις γαρίδες κι αφαιρέστε τα κεφάλια και το κέλυφος αφήνοντας τις ουρές στη θέση τους. Κάντε μια σχισμή κατά μήκος της γαρίδας, στη μέση περίπου της πλάτης, τόση ώστε να χωράει να περάσει από μέσα το "κεφάλι" της, δηλαδή το μέρος απ' όπου έχετε αφαιρέσει το κεφάλι. Αφαιρέστε με μια οδοντογλυφίδα το εντεράκι και περάστε μέσα από τη σχισμή που κάνατε το κεφάλι, να βγει από την άλλη πλευρά. Ανοίξτε τις ουρές σαν βεντάλιες. Βάλτε σε κατσαρόλα το νερό, το λάδι και το seafood seasoning, να βράσουν. Ρίξτε τις γαρίδες και βράστε τες 8΄, να κοκκινίσουν. Στραγγίστε τες και κρατήστε το ζουμί. Ετοιμάστε τη σάλτσα. Σοτάρετε το σκόρδο, το τζίντζερ, το κρεμμύδι και την πιπεριά στο λάδι. Προσθέστε τις ντομάτες, το ξίδι, τη ζάχαρη, το βασιλικό, αλάτι και πιπέρι και βράστε τη σάλτσα 10΄. Προσθέστε το ρύζι και το ζουμί που έβρασαν οι γαρίδες. Όταν αρχίσει να βράζει, χαμηλώστε τη φωτιά στο ελάχιστο κι αφήστε το ρύζι να σιγοβράσει 10΄, ώσπου να πιει όλο το ζουμί και να φουσκώσει. Σερβίρετε το κόκκινο ρύζι μέσα σε τρυφερά φύλλα μαρουλιού με τις γαρίδες τριγύρω. Γαρνίρετε με φυλλαράκια βασιλικού.

Γαρίδες με Οινόμελο στη Θράκα

Μερίδες 4
Χρόνος προετοιμασίας 6 ώρες
Χρόνος ψησίματος 8΄

24 μεγάλες γαρίδες
24 μεγάλα φρέσκα άσπρα μανιτάρια

για το οινόμελο
1/3 κούπας μέλι
1/3 κούπας λάδι
1/4 κούπας ξίδι από κόκκινο κρασί
1 κουταλάκι θυμάρι ή δεντρολίβανο
αλάτι και φρεσκοτριμμένο πιπέρι
1 σκελίδα σκόρδο τριμμένο

Αφαιρέστε από τις γαρίδες το κέλυφος και τα κεφάλια κι αφήστε μόνο τις ουρές. Με μια φουρκέτα τρυπήστε την πλάτη, τραβήξτε κι αφαιρέστε το εντεράκι με την άμμο. Πλύντε κι αφήστε τες σε τρυπητό να στραγγίσουν καλά. Στο μεταξύ, ετοιμάστε το οινόμελο. Βάλτε όλα τα υλικά σ' ένα βαζάκι με καλό κλείσιμο και χτυπήστε τα, να ενωθούν. Βάλτε τις γαρίδες και τα μανιτάρια σ' ένα μπολ και περιχύστε τα με το οινόμελο. Ανακατέψτε τα, να βραχούν καλά από όλες τις πλευρές. Σκεπάστε κι αφήστε τα να σταθούν στο ψυγείο 6 ώρες. Στο διάστημα αυτό, φροντίστε να τα ανακατέψετε 3-4 φορές. Λίγο πριν σερβίρετε, στραγγίστε κι αραδιάστε τις γαρίδες και τα μανιτάρια σε σχάρα ή περάστε τα εναλλάξ σε ξύλινα σουβλάκια. Ψήστε τα σουβλάκια στη σχάρα 4΄ από τη μία πλευρά και 4΄ από την άλλη. Σερβίρονται, κατά προτίμηση, ζεστά. Και κρύα, όμως, είναι πολύ νόστιμα.

Γαρίδες Κρεόλ

Μερίδες 4
Χρόνος προετοιμασίας 20΄
Χρόνος μαγειρέματος 30΄

20 μέγαλες γαρίδες
1 κούπα νερό
2 κουταλιές λάδι
1 κουταλάκι seafood seasoning

για τη σάλτσα
1/4 κούπας λάδι
1 μέτριο κρεμμύδι ψιλοκομμένο
3 σκελίδες σκόρδο τριμμένο
1 μικρή καυτερή πράσινη πιπεριά ψιλοκομμένη
400 γρ. ντοματάκια κονσέρβας ψιλοκομμένα
1/4 κούπας κέτσαπ
2 κουταλιές χυμό λεμονιού
αλάτι και φρεσκοτριμμένο πιπέρι
1/4 κούπας ψιλοκομμένο άνηθο

Καθαρίστε τις γαρίδες αφήνοντας το κεφάλι και την ουρά στη θέση τους. Με μια φουρκέτα τρυπήστε την πλάτη, τραβήξτε κι αφαιρέστε το εντεράκι με την άμμο. Βάλτε τες σε μία κατσαρόλα με το νερό, το λάδι, το seafood seasoning κι αφήστε τες να βράσουν 8΄, ώσπου να κοκκινίσουν. Βγάλτε τες με τρυπητή κουτάλα σ' ένα πιάτο και κρατήστε το ζουμί. Σ' ένα μεγάλο βαθύ τηγάνι ζεστάνετε το λάδι και σοτάρετε μέσα σ' αυτό το κρεμμύδι, το σκόρδο και την πιπεριά. Προσθέστε τα ντοματάκια, την κέτσαπ, το χυμό λεμονιού, το ζουμί από τις γαρίδες, αλάτι, πιπέρι και σιγοβράστε τη σάλτσα για 20΄, ώσπου να δέσει. Ρίξτε κι ανακατέψτε τις γαρίδες και το άνηθο. Σερβίρετε τις γαρίδες κρεόλ με ρύζι πιλάφι. Γαρνίρετε με φυλλαράκια μαϊντανού.

Γαρίδες με Μελιτζάνες

Μερίδες 5
Χρόνος προετοιμασίας 1 ώρα
Χρόνος ψησίματος 10΄

5 μακριές μελιτζάνες
20 μεγάλες γαρίδες
2/3 κούπας λάδι
2 σκελίδες σκόρδο σε φετάκια
1 κούπα πολτοποιημένες φρέσκιες ντομάτες ή
ντοματάκια κονσέρβας
1 κουταλιά πελτέ ντομάτας
1 κουταλιά κέτσαπ
1 κουταλάκι θυμάρι
1 φύλλο δάφνης τριμμένο
αλάτι και φρεσκοτριμμένο πιπέρι
1/4 κούπας ψιλοκομμένο μαϊντανό

Πλύντε τις μελιτζάνες και, χωρίς να καθαρίσετε τη φλούδα, χω-
ρίστε τες κατά μήκος σε 4 φέτες την κάθε μία. Αλατίστε κι αφή-
στε τες να σταθούν 1 ώρα. Ξεπλύντε τες με άφθονο νερό και
στίψτε τες μέσα στις παλάμες σας, να φύγει η περίσσεια του νε-
ρού. Καθαρίστε τις γαρίδες αφήνοντας το κεφάλι και την ουρά
στη θέση τους. Με μια φουρκέτα τρυπήστε την πλάτη, τραβήξτε
κι αφαιρέστε το εντεράκι με την άμμο. Βάλτε το λάδι σ' ένα τη-
γάνι και τηγανίστε ελαφρά πρώτα τις μελιτζάνες και κατόπιν τις
γαρίδες, αφού πρώτα τις αλευρώσετε, ώσπου να πάρουν
χρώμα. Βάλτε τες να σταθούν επάνω σε απορροφητικό χαρτί,
να φύγει το πολύ λάδι. Σε μια κατσαρόλα βάλτε δύο κουταλιές
από το λάδι και σοτάρετε μέσα σ' αυτό το σκόρδο. Προσθέστε
την ντομάτα, τον πελτέ, την κέτσαπ, το θυμάρι, τη δάφνη, αλάτι
και φρεσκοτριμμένο πιπέρι. Ανακατέψτε και σιγοβράστε τη σάλ-
τσα, χωρίς να τη σκεπάσετε, ώσπου να δέσει ελαφρά. Στο με-
ταξύ, τυλίξτε μια φέτα μελιτζάνας γύρω από κάθε γαρίδα και
στερεώστε τη με μια ξύλινη φουρκέτα. Αραδιάστε τις τυλιγμέ-
νες γαρίδες σ' ένα πυρέξ σκεύος και περιχύστε τες με τη σάλ-
τσα. Πριν τις σερβίρετε, ψήστε τες σε φούρνο 200˚C, για 10΄-
15΄. Ένα ωραίο φαγητό, για πρώτο πιάτο ή για μπουφέ.

Γαρίδες με Άνηθο

Μερίδες 4
Χρόνος προετοιμασίας 10΄
Χρόνος μαγειρέματος 10΄

1/4 κούπας λάδι
1 κιλό γαρίδες καθαρισμένες
1/4 κούπας ούζο
1 κουταλιά αλεύρι

1/4 κούπας ψιλοκομμένο άνηθο
1 κούπα φυτική κρέμα
αλάτι και φρεσκοτριμμένο πιπέρι

Βάλτε το λάδι σε κατσαρόλα να ζεσταθεί. Ρίξτε τις γαρίδες και
σοτάρετέ τες σε δυνατή φωτιά. Πασπαλίστε τες με το αλεύρι
και σβήστε τες με το ούζο. Προσθέστε το άνηθο αλάτι, πιπέρι
και περιχύστε τες με την κρέμα. Αφήστε τες επάνω στη φωτιά,
ώσπου ν' αρχίσουν να βράζουν. Σερβίρετέ τες αμέσως. Συνο-
δέψτε τες με ταλιατέλες σοταρισμένες με λίγη μαργαρίνη.

Βάλτε τις γαριδούλες στο πολυμίξερ κι αλέστε τες. Προσθέστε τα υπόλοιπα υλικά και χτυπήστε τα 1΄, να ενωθούν με τον πουρέ της γαρίδας. Πλάστε με το μίγμα τέσσερα μπιφτέκια. Αλευρώστε τα και τηγανίστε τα σε λάδι κι από τις δύο πλευρές, να ροδίσουν ελαφρά. Συνοδέψτε τα με τρυφερά φύλλα μαρουλιού, φέτες ντομάτας, αγγουράκια πίκλες και σάλτσα κοκτέιλ ή τη σάλτσα που θα ετοιμάσετε μόνη σας. Κλείστε τα, αν θέλετε, σε αφράτα ζεστά ψωμάκια για μπιφτέκια. Ετοιμάστε τη σάλτσα. Βράστε τα κεφάλια από τις γαρίδες σε ελάχιστο νερό με το seafood seasoning. Στραγγίστε και κρατήστε το ζουμί τους, που πρέπει να είναι 1/4 κούπας. Ρίξτε κι ανακατέψτε τη φυτική κρέμα, το χυμό λεμονιού, το άνηθο, το σκόρδο, την κέτσαπ, αλάτι κι άσπρο πιπέρι. Αφήστε τη σάλτσα να σταθεί 30΄ στο ψυγείο, πριν τη σερβίρετε.

Ριζότο με Θαλασσινά

Μερίδες 4-5
Χρόνος προετοιμασίας 30΄
Χρόνος μαγειρέματος 30΄

1/3 κούπας λάδι
2 σκελίδες σκόρδο σε φετάκια
250 γρ. καβουροποδαράκια κατεψυγμένα
250 γρ. γαριδούλες κατεψυγμένες
250 γρ. σκάλοπ κατεψυγμένα
250 γρ. άσπρα φρέσκα μανιτάρια σε φετάκια
2/3 κούπας τριμμένο κρεμμύδι
1 2/3 κούπας ρύζι Καρολίνα
2 λίτρα ζωμό λαχανικών (βασικές συνταγές)
αλάτι και φρεσκοτριμμένο πιπέρι
3 κουταλιές μαργαρίνη
1/4 κουταλάκι πιπέρι καγιέν
3 κουταλιές ψιλοκομμένο μαϊντανό

Βάλτε το μισό λάδι σε κατσαρόλα και σοτάρετε το σκόρδο, ώσπου να ροδίσει ελαφρά. Βγάλτε το και πετάξτε το. Ρίξτε μέσα τα θαλασσινά και τα μανιτάρια κι ανακατέψτε τα επάνω σε δυνατή φωτιά, ώσπου να εξατμιστούν τα υγρά τους και να μείνουν σχεδόν μόνο με το λάδι. Σε μια άλλη κατσαρόλα ζεστάνετε το υπόλοιπο λάδι και σοτάρετε το κρεμμύδι. Ρίξτε το ρύζι και σοτάρετέ το 2΄-3΄. Ανακατεύοντας συνεχώς επάνω σε δυνατή φωτιά. Ρίξτε σε δόσεις το ζωμό λαχανικών, περιμένοντας να απορροφηθεί η πρώτη δόση, πριν ρίξετε την επόμενη, ώσπου να μαλακώσει το ρύζι και να πιεί όλο το ζωμό, 15΄ περίπου. Προσθέστε τα θαλασσινά, τη μαργαρίνη, το καγιέν, αλάτι και φρεσκοτριμμένο πιπέρι. Ανακατέψτε απαλά επάνω στη φωτιά, ώσπου να ενωθούν με το ριζότο και να ζεσταθούν καλά. Σερβίρετε το ριζότο ζεστό, πασπαλίζοντάς το με το μαϊντανό και φρεσκοτριμμένο πιπέρι.

Μπιφτέκια με Γαρίδες

Γίνονται 4 μπιφτέκια
Χρόνος προετοιμασίας 10΄
Χρόνος ψησίματος 10΄

1 κιλό μικρές γαρίδες ή
1 κιλό γαριδούλες κατεψυγμένες
1/2 κούπας ψιλοκομμένα φρέσκα κρεμμυδάκια
1 σκελίδα σκόρδο τριμμένο
200 γρ. ψίχα φρέσκου ψωμιού τριμμένη
1 κουταλιά Italian Herbs ή
ξερό βασιλικό
2 κουταλιές ψιλοκομμένο άνηθο
1 κουταλιά ξίδι balsamico
2 κουταλιές λάδι
αλάτι και φρεσκοτριμμένο πιπέρι

για τη σάλτσα
1 κουταλάκι seafood seasoning
1 κούπα φυτική κρέμα
2 κουταλιές χυμό λεμονιού
1 κουταλιά ψιλοκομμένο άνηθο
1/4 κουταλάκι σκόρδο ξερό
1 κουταλιά κέτσαπ (προαιρετικά)
αλάτι κι άσπρο πιπέρι

Γαρίδες Ανοιξιάτικες

Μερίδες 4
Χρόνος προετοιμασίας 35´
Χρόνος μαγειρέματος 20´

300 γρ. ταλιατέλες χωρίς αυγό
1/3 κούπας μαργαρίνη
1/2 κούπας τριμμένο κρεμμύδι
2-3 σκελίδες σκόρδο τριμμένο
1 κιλό μεγάλες γαρίδες
1½ κούπας φυτική κρέμα
1 κούπα τριμμένο φυτικό τυρί
αλάτι και φρεσκοτριμμένο πιπέρι
300 γρ. μπρόκολα σε φουντίτσες
ζεματισμένα και στραγγισμένα

Αφαιρέστε από τις γαρίδες το κέλυφος, τα κεφάλια, τις ουρές και το εντεράκι. Πλύντε τες και στραγγίστε τες καλά. Βράστε τις ταλιατέλες σε αλατισμένο νερό με 2 κουταλιές λάδι και στραγγίστε τες. Σ' ένα μεγάλο βαθύ τηγάνι λιώστε 3 κουταλιές μαργαρίνη και σοτάρετε ελαφρά το κρεμμύδι και το σκόρδο. Προσθέστε τις γαρίδες κι ανακατέψτε επάνω σε δυνατή φωτιά, ώσπου να πάρουν χρώμα και να μαλακώσουν. Βγάλτε τες με τρυπητή κουτάλα, βάλτε τες σ' ένα μπολ και διατηρήστε τες ζεστές. Προσθέστε στο τηγάνι την υπόλοιπη μαργαρίνη και τη φυτική κρέμα. Ανακατέψτε, ώσπου να λιώσει το λίπος. Ρίξτε κι ανακατέψτε το τυρί, αλάτι και πιπέρι. Σε μια μεγάλη κατσαρόλα ανακατέψτε τις ταλιατέλες με τα μπρόκολα και το μίγμα της κρέμας. Αδειάστε τες σε ζεστή πιατέλα και τοποθετήστε επάνω τις γαρίδες. Σερβίρετέ τες αμέσως πασπαλίζοντας με μπόλικο φρεσκοτριμμένο πιπέρι.

Πλύντε και καθαρίστε τις γαρίδες. Αφαιρέστε από τις μισές τα κεφάλια, το κέλυφος και τις ουρές και κόψτε τες σε κομματάκια. Τις υπόλοιπες αφήστε τες με τις ουρές και χαράξτε τες μ' ένα μαχαίρι κατά μήκος της κοιλιάς, ώστε να μη διπλώσουν στο μαγείρεμα. Βάλτε 2 κουταλιές από το λάδι σ' ένα τηγάνι και σοτάρετε το σκόρδο. Ρίξτε το seafood seasoning, τα κομματάκια και τις ολόκληρες γαρίδες και σοτάρετέ τες 7'-8', να κοκκινίσουν. Σε μια κατσαρόλα βάλτε το υπόλοιπο λάδι και σοτάρετε τα κρεμμύδια, ώσπου να μαραθούν. Ρίξτε το ρύζι και ανακατέψτε το 1' επάνω στη φωτιά. Προσθέστε το ζωμό λαχανικών, το αλάτι, το πιπέρι, το θυμάρι και το μαϊντανό. Όταν αρχίσει να βράζει, χαμηλώστε τη φωτιά και σιγοβράστε το ρύζι 20', ώσπου να πιει όλο το ζουμί. Κατεβάστε το από τη φωτιά, χωρίστε το 1/3 και στο υπόλοιπο ανακατέψτε τα λαχανικά, καθώς και τα σοταρισμένα κομματάκια γαρίδας. Λαδώστε ελαφρά μια φόρμα τιμπάλ και τοποθετήστε τριγύρω στα τοιχώματα της φόρμας τις ολόκληρες γαρίδες, τα φασολάκια και τις λωρίδες κόκκινης πιπεριάς εναλλάξ. Στρώστε το λευκό ρύζι και καλύψτε τα τοιχώματα της φόρμας. Γεμίστε το εσωτερικό της με το ρύζι το ανακατεμμένο με τα λαχανικά και τις γαρίδες. Πιέστε το με το κυρτό μέρος ενός κουταλιού να φορμαριστεί. Ξεφορμάρετε το τιμπάλ σε πιατέλα σερβιρίσματος και σερβίρετέ το ζεστό ή κρύο, είναι το ίδιο νόστιμο.

Γαρίδες Σαγανάκι

Μερίδες 4-6
Χρόνος ετοιμασίας 30'

1 κιλό μέτριες γαρίδες
1/3 κούπας λάδι
1/4 κούπας νερό
1 καυτερή πιπεριά κομμένη στα τρία
1/4 κούπας ψιλοκομμένο μαϊντανό
αλάτι και φρεσκοτριμμένο πιπέρι
1/4 κούπας χυμό λεμονιού

Αφαιρέστε το κέλυφος από τις γαρίδες κι αφήστε τις ουρές και τα κεφάλια. Με μια φουρκέτα τρυπήστε την πλάτη, τραβήξτε κι αφαιρέστε το εντεράκι. Βάλτε σε κατσαρόλα, επάνω σε δυνατή φωτιά, το λάδι, το νερό, το μαϊντανό, την πιπεριά, αλάτι και πιπέρι. Σκεπάστε και σιγοβράστε, ώσπου να εξατμιστεί σχεδόν όλο το νερό. Ρίξτε μέσα τις γαρίδες κι αφήστε να βράσουν 8', κουνώντας την κατσαρόλα δυνατά, για να αλλάζουν θέση οι γαρίδες. Προσοχή δεν πρέπει να παραβράσουν, γιατί σκληραίνουν. Κατεβάστε τες από τη φωτιά και περιχύστε με το χυμό λεμονιού. Σερβίρονται αμέσως.

Γαρίδες Τιμπάλ με Λαχανικά

Μερίδες 6
Χρόνος προετοιμασίας 20'
Χρόνος μαγειρέματος 20'

16 μεγάλες γαρίδες
1/3 κούπας λάδι
2 σκελίδες σκόρδο τριμμένο
1 κουταλάκι seafood seasoning
3 κουταλιές λάδι
1/4 κούπας τριμμένο κρεμμύδι
4 φρέσκα κρεμμυδάκια ψιλοκομμένα
2 κούπες ρύζι jasmine ή ρύζι για πιλάφι
5 κούπες ζωμό λαχανικών (βασικές συνταγές)
1½ κουταλάκι αλάτι
1/4 κουταλάκι άσπρο πιπέρι
1 κουταλάκι θυμάρι
1/3 κούπας ψιλοκομμένο μαϊντανό
1 κούπα ανάμικτα κατεψυγμένα λαχανικά ζεματισμένα
8 φασολάκια ολόκληρα ζεματισμένα
8 λεπτές λωρίδες κόκκινης πιπεριάς από βάζο

Γαρίδες Σαγανάκι με Ντομάτα

Μερίδες 4
Χρόνος προετοιμασίας 15´
Χρόνος ψησίματος 15´

1/4 κούπας λάδι
1/2 κούπας ψιλοκομμένο κρεμμύδι
1 κούπα ψιλοκομμένα ντοματάκια κονσέρβας
1/3 κούπας λευκό ξηρό κρασί
2 κουταλάκια ρίγανη
16 μέτριες γαρίδες καθαρισμένες
2 κουταλιές ψιλοκομμένο μαϊντανό ή δυόσμο
1/2 κούπας τριμμένο φυτικό τυρί

Σοτάρετε το κρεμμύδι στο λάδι, ώσπου να γίνει διάφανο. Προσθέστε τη ντομάτα, το κρασί και τη ρίγανη. Σιγοβράστε τη σάλτσα ακάλυπτη, ώσπου να δέσει καλά. Ρίξτε μέσα τις γαρίδες και συνεχίστε το βράσιμο, ώσπου να δέσει και πάλι η σάλτσα. Ρίξτε κι ανακατέψτε το μαϊντανό. Αδειάστε τις γαρίδες σε γκιουβετσάκι και πασπαλίστε τες με το τριμμένο φυτικό τυρί. Ψήστε για 5´ στο γκριλ, ώσπου να λιώσει το τυρί. Σερβίρονται αμέσως.

Καραβίδες με Πέστο

Μερίδες 4
Χρόνος προετοιμασίας 30´
Χρόνος ψησίματος 15´

16 μεγάλες καραβίδες (1½ κιλού περίπου)
αλάτι και πιπέρι
1/4 κούπας λάδι
1 κουταλιά sea food seasoning
1 δόση σάλτσα πέστο (βασικές συνταγές)

Πλύντε καλά τις καραβίδες και, μ' ένα ψαλίδι σκίστε το κέλυφος κατά μήκος της κοιλιάς, για να καθαρίζονται εύκολα, χωρίς να το αφαιρέσετε. Βάλτε σε μια μεγάλη κατσαρόλα αρκετό νερό, το sea food seasoning, το λάδι, αλάτι και πιπέρι. Βάλτε την κατσαρόλα επάνω στη φωτιά κι όταν το νερό αρχίσει να βράζει, ρίξτε μέσα τις καραβίδες και βράστε τες 10´. Στραγγίστε τες. Ετοιμάστε τη σάλτσα πέστο, όπως περιγράφεται στη συνταγή. Σερβίρετε τις καραβίδες στα πιάτα, συνοδεύοντάς τες με τη σάλτσα πέστο, φέτες λεμονιού και φυλλαράκια φρέσκο βασιλικό.

Καραβίδες Ψητές

Μερίδες 2
Χρόνος προετοιμασίας 15΄
Χρόνος ψησίματος 15΄

8 μεγάλες καραβίδες (800 γρ. περίπου)
αλάτι
1/2 κούπας μαργαρίνη
1 σκελίδα σκόρδο τριμμένο
λίγο άνηθο ή μαϊντανό ψιλοκομμένο
λίγο άσπρο πιπέρι
10 σταγόνες Tabasco sauce

Πλύντε τις καραβίδες, στραγγίστε καλά και πασπαλίστε τες με αλάτι. Χωρίστε τες με κοφτερό μαχαίρι κατά μήκος στη μέση κι αφαιρέστε με προσοχή το εντεράκι. Δουλέψτε μ' ένα πηρούνι τη μαργαρίνη με το σκόρδο, το άνηθο, το πιπέρι, το ταμπάσκο σος κι ελάχιστο αλάτι. Αλείψτε τις καραβίδες στην επιφάνεια με την αρωματισμένη μαργαρίνη, χρησιμοποιώντας μια μικρή σπάτουλα. Αραδιάστε τες στο δίσκο του γκριλ και ψήστε τες 5΄ σε απόσταση 10 εκ. από τη φωτιά. Σερβίρετέ τες αμέσως γαρνιρισμένες με τρυφερά φύλλα μαρουλιού και τέταρτα ή φετάκια λεμονιού. Συνοδέψτε τες με σοταρισμένα λαχανικά, όπως κολοκυθάκια και καρότα, κομμένα σε ρόδες.

Καραβίδες Γιαχνί

Μερίδες 4-5
Χρόνος προετοιμασίας 15΄
Χρόνος μαγειρέματος 1 ώρα

1½ κιλού καραβίδες
1 κούπα λάδι
2 κιλά κρεμμύδια σε φέτες
1½ κιλού ώριμες ντομάτες πολτοποιημένες ή
800 γρ. ντοματάκια κονσέρβας πολτοποιημένα
1 ξύλο κανέλας
2 φύλλα δάφνης
5-6 κόκκους μπαχάρι
αλάτι και φρεσκοτριμμένο πιπέρι

Πλύντε και στραγγίστε τις καραβίδες. Μ' ένα ψαλίδι σκίστε το κέλυφος κατά μήκος της κοιλιάς, για να καθαρίζονται εύκολα, χωρίς να το αφαιρέσετε. Βάλτε το λάδι σε κατσαρόλα και σοτάρετε τα κρεμμύδια να μαραθούν καλά. Προσθέστε την ντομάτα, τα δαφνόφυλλα, την κανέλα, το μπαχάρι, αλάτι, πιπέρι και βράστε, ώσπου να μισομαλακώσουν τα κρεμμύδια και να δέσει η σάλτσα. Ρίξτε μέσα τις καραβίδες, ανακατέψτε να βραχούν όλες καλά, σκεπάστε και βράστε, ώσπου να δέσει και πάλι η σάλτσα και να μαλακώσουν τα κρεμμύδια. Σερβίρετε τις καραβίδες με ρύζι πιλάφι ή ταλιατέλες.

Καραβιδόψιχα

Μερίδες 4
Χρόνος προετοιμασίας 15΄
Χρόνος ψησίματος 5΄

2 κιλά καραβίδες
1 κούπα αλεύρι
2 κουταλάκια αλάτι
1 κουταλάκι πιπέρι
λάδι για το τηγάνισμα
σάλτσα κοκτέιλ (βασικές συνταγές)

Καθαρίστε τις καραβίδες σχίζοντας την κοιλιά μ' ένα ψαλίδι και αφαιρώντας με προσοχή το εσωτερικό. Αφαιρέστε με μια ξύλινη φουρκέτα το εντεράκι, βάλτε τες σε τρυπητό και ξεπλύντε τες με λίγο νερό. Αφήστε τες να στραγγίσουν καλά. Βάλτε τες σε μια πλαστική σακούλα με το αλεύρι, το αλάτι και το πιπέρι κι αλευρώστε τες. Αδειάστε τες σε τρυπητό και κουνήστε το να φύγει η περίσσεια του αλευριού. Τηγανίστε τες 2΄-3΄ σε καυτό λάδι και σερβίρετέ τες συνοδεύοντάς τες με τη σάλτσα κοκτέιλ.

Λαζάνια με Καλαμάρια και Μελιτζάνες

Μερίδες 8
Χρόνος προετοιμασίας 1 ώρα
Χρόνος μαγειρέματος 1 ώρα και 40΄

750 γρ. καλαμάρια ή σουπιές
1½ κιλού μελιτζάνες
3/4 κούπας λάδι
1 κούπα τριμμένο κρεμμύδι
2 σκελίδες σκόρδο ψιλοκομμένο
800 γρ. ντοματάκια κονσέρβας πολτοποιημένα
1 κουταλιά πελτέ ντομάτας
2 κουταλιές κέτσαπ
1 φύλλο δάφνης
1/8 κουταλάκι τριμμένο μπαχάρι
αλάτι και φρεσκοτριμμένο πιπέρι
1/2 κούπας ψιλοκομμένο μαϊντανό ή βασιλικό
1/2 κιλού λαζάνια
1 κούπα φυτική κρέμα
2 κούπες τριμμένο φυτικό τυρί
1/3 κούπας μαργαρίνη λιωμένη

Καθαρίστε και κόψτε τα καλαμάρια σε λεπτές λωρίδες και κατόπιν σε μικρά τετράγωνα κομματάκια. Αφήστε τα σε τρυπητό, να στραγγίσουν καλά. Βάλτε τα σε κατσαρόλα επάνω σε μέτρια φωτιά κι ανακατέψτε τα, ώσπου να φύγει το νερό τους. Καθαρίστε τις μελιτζάνες αφαιρώντας όλη τη φλούδα. Κόψτε τες σε φέτες, κατόπιν σε λωρίδες και τέλος σε μικρά τετράγωνα κομματάκια. Βάλτε τες μέσα σε νερό με αλάτι κι αφήστε

τες να σταθούν 1 ώρα. Στραγγίστε τες, ξεπλύντε τες με άφθονο νερό και πατήστε τες μέσα στις παλάμες σας, να φύγει η περίσσεια του νερού. Βάλτε σ' ένα τηγάνι το μισό λάδι και τηγανίστε τες ελαφρά, ανακατεύοντας κατά διαστήματα. Βάλτε σε μια κατσαρόλα το υπόλοιπο λάδι, να ζεσταθεί και σοτάρετε μέσα σ' αυτό το κρεμμύδι και το σκόρδο. Προσθέστε τα καλαμάρια κι ανακατέψτε τα για 2΄-3΄ σε δυνατή φωτιά. Ρίξτε μέσα την ντομάτα, τον πελτέ, την κέτσαπ, τη δάφνη, το μπαχάρι, λίγο αλάτι κι αρκετό φρεσκοτριμμένο πιπέρι. Χαμηλώστε τη φωτιά, σκεπάστε και σιγοβράστε, ώσπου να πήξει η σάλτσα και να μαλακώσουν τα καλαμάρια. Ρίξτε κι ανακατέψτε τις τηγανισμένες μελιτζάνες και το μαϊντανό. Κατεβάστε από τη φωτιά, δοκιμάστε και προσθέστε κι άλλο αλάτι, αν χρειάζεται. Ζεματίστε τα λαζάνια σε μπόλικο νερό με λίγο αλάτι και 2 κουταλιές λάδι, να μαλακώσουν. Στραγγίστε τα κι ακουμπήστε τα σε βαμβακερή πετσέτα, να στεγνώσουν. Βουτυρώστε ένα πυρέξ σκεύος 28x38 εκ. και στρώστε μέσα τα λαζάνια σε 4 στρώσεις απλώνοντας στα ενδιάμεσα λίγη από τη σάλτσα, ραντίζοντάς τα με τη φυτική κρέμα και πασπαλίζοντάς τα με το φυτικό τυρί. Πρέπει να τελειώσετε με σάλτσα, τυρί και κρέμα. Ψήστε τα λαζάνια στους 200˚C για 35΄-40΄, να ροδίσει καλά η επιφάνεια. Αφήστε τα να σταθούν 10΄, πριν τα κόψετε και τα σερβίρετε.

χαμηλή φωτιά. Σκεπάστε την κατσαρόλα και σιγοβράστε τα, ώσπου να εξατμιστούν τα υγρά τους. Σε μια άλλη κατσαρόλα βάλτε το λάδι, ρίξτε και σοτάρετε το σκόρδο, την πιπεριά και τα κρεμμυδάκια, ώσπου να μαραθούν. Προσθέστε τα καλαμαράκια και τα υπόλοιπα υλικά της σάλτσας. Όταν αρχίσουν να βράζουν, χαμηλώστε τη φωτιά και σιγοβράστε για 35΄-40΄, ώσπου να μαλακώσουν τα καλαμάρια και να δέσει η σάλτσα. Στο μεταξύ, βράστε τα μακαρόνια σε αλατισμένο νερό με 2 κουταλιές λάδι. Στραγγίστε τα, βάλτε τα σε ζεστή πιατέλα και περιχύστε τα με τα καλαμάρια και τη σάλτσα. Ανακατέψτε τα ελαφρά και σερβίρετέ τα.

Καλαμάρια Γεμιστά

Μερίδες 4
Χρόνος προετοιμασίας 30΄
Χρόνος μαγειρέματος 1 ώρα

1½ κιλού μέτρια καλαμάρια (10-12)
3/4 κούπας λάδι
1/2 κούπας τριμμένο κρεμμύδι
1/4 κούπας ρύζι για πιλάφι
1/2 κούπας ψιλοκομμένο άνηθο
2 κουταλιές σταφίδα μαύρη
2 κουταλιές κουκουνάρια
αλάτι και φρεσκοτριμμένο πιπέρι
1/2 κούπας λευκό κρασί
1 κούπα νερό
1 κουταλιά χυμό λεμονιού

Σπαγγέτι με Κοκκινιστά Καλαμαράκια

Μερίδες 4-5
Χρόνος προετοιμασίας 30΄
Χρόνος μαγειρέματος 40΄

750 γρ καλαμαράκια
1/2 κιλού σπαγγέτι

για τη σάλτσα
3 κουταλιές λάδι
1 σκελίδα σκόρδο τριμμένο
1 κόκκινη πιπεριά ψιλοκομμένη
1/2 κούπας ψιλοκομμένα φρέσκα κρεμμυδάκια
400 γρ. ντοματάκια κονσέρβας ψιλοκομμένα
2 κουταλιές κέτσαπ
1/4 κούπας κόκκινο ξηρό κρασί
1 κουταλάκι τσίλι
1 κουταλάκι αλάτι
1/4 κουταλάκι πιπέρι καγιέν

Καθαρίστε και πλύντε τα καλαμαράκια. Αν είναι μεγάλα, κόψτε τα σε κομμάτια μπουκιάς. Βάλτε τα σε κατσαρόλα επάνω σε

Καθαρίστε και πλύντε τα καλαμάρια. Χωρίστε τα πλοκάμια και ψιλοκόψτε τα. Τρυπήστε τα καλαμάρια μ' ένα σουβλάκι σε μερικά σημεία εδώ κι εκεί. Ζεστάνετε το μισό λάδι και σοτάρετε μέσα σ' αυτό το κρεμμύδι και τα ψιλοκομμένα πλοκάμια των καλαμαριών. Κατεβάστε τα από τη φωτιά, ρίξτε μέσα το ρύζι, το άνηθο, τη σταφίδα, τα κουκουνάρια, αλάτι και φρεσκοτριμμένο πιπέρι. Γεμίστε τα καλαμάρια ως τη μέση, γιατί στο ψήσιμο, το μεν ρύζι θα φουσκώσει, τα δε καλαμάρια θα μαζέψουν. Κλείστε το άνοιγμα στερεώνοντάς το με ξύλινες φουρκέτες. Αν θέλετε, πριν γεμίσετε τα καλαμάρια, βάλτε τα σε κατσαρόλα με ελάχιστο νερό κι ανακατέψτε τα 5' επάνω σε δυνατή φωτιά, να φύγει το νερό τους, οπότε θα μαζέψουν κι έτσι θα τα γεμίσετε πιο εύκολα βάζοντας περισσότερη γέμιση, ως τα 2/3. Αραδιάστε τα γεμιστά καλαμάρια σε πλατιά κατσαρόλα, περιχύστε τα με το υπόλοιπο λάδι και σοτάρετέ τα ελαφρά γυρίζοντάς τα απ' όλες τις πλευρές. Περιχύστε τα με το κρασί, προσθέστε το νερό και το χυμό λεμονιού, σκεπάστε και σιγοβράστε, ώσπου να μαλακώσουν και να μείνουν με λίγη σάλτσα. Αν θέλετε, μπορείτε να δέσετε τη σάλτσα με 1 κουταλάκι κορν φλάουρ. Όταν τα κατεβάσετε από τη φωτιά, τρίψτε στην επιφάνεια λίγο μαύρο πιπέρι. Σερβίρετέ τα με φέτες λεμονιού.

Καθαρίστε και κόψτε τα καλαμάρια σε πολύ ψιλά κομματάκια να γίνουν κιμάς. Αφήστε τα να στραγγίσουν καλά. Βάλτε σε κατσαρόλα επάνω σε μέτρια φωτιά κι ανακατέψτε τα, ώσπου να φύγει το νερό τους. Στραγγίστε τα μανιτάρια κι αλέστε τα στο πολυμίξερ να γίνουν κιμάς. Τηγανίστε τα ελαφρά σε λάδι. Σε μια κατσαρόλα ζεστάνετε το λάδι και σοτάρετε το κρεμμύδι και το σκόρδο. Προσθέστε τα καλαμάρια και τα μανιτάρια. Ρίξτε μέσα τη ντομάτα, τον πελτέ, την κέτσαπ, τη δάφνη, το μπαχάρι, λίγο αλάτι κι αρκετό φρεσκοτριμμένο πιπέρι. Σιγοβράστε, ώσπου να πήξει η σάλτσα και να μαλακώσουν τα καλαμάρια. Κατεβάστε από τη φωτιά, δοκιμάστε κι αν χρειάζεται, προσθέστε λίγο ακόμη αλάτι και το μαϊντανό. Σε μια μικρή κατσαρόλα ανακατέψτε την κρέμα με το κορν φλάουρ και βράστε τη, να πήξει ελαφρά. Ρίξτε κι ανακατέψτε το μοσχοκάρυδο, αλάτι και πιπέρι. Βράστε τα μακαρόνια σε αλατισμένο νερό με 2 κουταλιές λάδι. Στραγγίστε τα κι ανακατέψτε τα με την κρέμα και το τυρί. Λαδώστε ένα πυρέξ και στρώστε μέσα τα μισά φύλλα λαδώνοντάς τα. Στρώστε τα μισά μακαρόνια επάνω στα φύλλα κι απλώστε επάνω σ' αυτά τη γέμιση. Σκεπάστε τη με τα υπόλοιπα μακαρόνια και τα υπόλοιπα φύλλα λαδώνοντάς τα. Χαράξτε τα επάνω φύλλα με κοφτερό μαχαίρι σε 8 κομμάτια και ραντίστε την επιφάνεια με λίγο νερό. Ψήστε το παστίτσιο στους 200°C 35'-40'. Αφήστε το να σταθεί 10', πριν το κόψετε και το σερβίρετε.

Παστίτσιο με Καλαμάρια

Μερίδες 8
Χρόνος προετοιμασίας 2 ώρες
Χρόνος ψησίματος 40΄

750 γρ. καλαμάρια ή σουπιές
800 γρ. μανιτάρια κονσέρβας
1/4 κούπας λάδι
1/2 κούπας τριμμένο κρεμμύδι
2 σκελίδες σκόρδο ψιλοκομμένο
800 γρ. ντοματάκια κονσέρβας πολτοποιημένα
1 κουταλιά πελτέ ντομάτας
2 κουταλιές κέτσαπ
1 φύλλο δάφνης
1/8 κουταλάκι κανέλα
1/8 κουταλάκι τριμμένο μπαχάρι
αλάτι και φρεσκοτριμμένο πιπέρι
1/2 κούπας ψιλοκομμένο μαϊντανό
1½ κούπας φυτική κρέμα
2 κουταλιές κορν φλάουρ διαλυμένο σε
3 κουταλιές νερό
1/8 κουταλάκι τριμμένο μοσχοκάρυδο
1/2 κιλού μακαρόνια Νο 5
2 κούπες τριμμένο φυτικό τυρί
1/3 κούπας μαργαρίνη λιωμένη
8 φύλλα κρούστας

Φιογκάκια με Σκορδάτα Καλαμαράκια

Μερίδες 6
Χρόνος προετοιμασίας 20΄
Χρόνος μαγειρέματος 1 ώρα

1/2 κιλού μακαρόνια φιογκάκια
1 κιλό καλαμαράκια καθαρισμένα
1/3 κούπας λάδι
6 σκελίδες σκόρδο σε δοντάκια
1/3 κούπας λευκό ξηρό κρασί
2 κουταλάκια τριμμένο θυμάρι
1 μικρό radiccio (Ιταλικό κόκκινο λάχανο)
1/2 κούπας ψιλοκομμένα φρέσκα κρεμμυδάκια
αλάτι και φρεσκοτριμμένο πιπέρι

Βράστε τα φιογκάκια σε αλατισμένο νερό με 2 κουταλιές λάδι. Κόψτε τα καλαμαράκια σε κρίκους με φάρδος 2 εκ. Αφήστε τα πλοκάμια ολόκληρα. Βάλτε το λάδι σε κατσαρόλα και σοτάρετε το σκόρδο. Προσθέστε τα καλαμαράκια κι ανακατέψτε τα 1΄ επάνω σε δυνατή φωτιά. Ρίξτε το κρασί και το θυμάρι και σιγοβράστε τα, σκεπασμένα, ώσπου να μαλακώσουν και να μείνουν με λίγο ζουμί. Κρατήστε μερικά ολόκληρα φύλλα από το λάχανο για το γαρνίρισμα και ψιλοκόψτε το υπόλοιπο. Προσθέστε το ψιλοκομμένο radiccio, τα κρεμμυδάκια, αλάτι και πιπέρι μέσα στα καλαμάρια κι ανακατέψτε τα όλα μαζί για 10΄ επάνω στη φωτιά, ώσπου να μαλακώσει το radiccio και τα κρεμμύδια. Στραγγίστε τα φιογκάκια, ρίξτε κι ανακατέψτε τα στην κατσαρόλα με τα υπόλοιπα υλικά. Σερβίρετέ τα μέσα σε φύλλα από radiccio, και πασπαλίστε τα με μπόλικο φρεσκοτριμμένο πιπέρι.

Σπαγγέτι με Μύδια και Καλαμάρια

Μερίδες 5
Χρόνος προετοιμασίας 30΄
Χρόνος μαγειρέματος 1 ώρα

1/2 κιλού καλαμάρια
1 κιλό μύδια με το όστρακο
1/4 κούπας λευκό ξηρό κρασί
1 κουταλιά χυμό λεμονιού
400 γρ. σπαγγέτι λιγκουίνι ή bavette
με άρωμα πέστο ή πιπεριάς
1/4 κούπας λάδι
1 κόκκινη πιπεριά ζουλιέν
1 πράσινη πιπεριά ζουλιέν
2 σκελίδες σκόρδο τριμμένο
1 κουταλάκι τριμμένες καυτερές πιπερίτσες
ξύσμα 1 λεμονιού
2 κουταλιές ψιλοκομμένο μαϊντανό

Τρίψτε και καθαρίστε καλά τα μύδια. Βάλτε σε κατσαρόλα το κρασί με το χυμό λεμονιού να βράσει, ρίξτε τα μύδια, σκεπάστε και σιγοβράστε τα 5΄, ν' ανοίξουν. Βγάλτε τα με τρυπητή κουτάλα σ' ένα μπολ, και φυλάξτε το ζουμί. Σοτάρετε το σκόρδο και τις πιπεριές στο λάδι, να μαραθούν. Προσθέστε τις πιπερίτσες, το ξύσμα λεμονιού, τα καλαμάρια και το ζουμί από τα μύδια. Σιγοβράστε τα καλαμαράκια σκεπασμένα, ώσπου να μαλακώσουν. Βράστε τα μακαρόνια σε αλατισμένο νερό με 2 κουταλιές λάδι, στραγγίστε τα κι αδειάστε τα σε ζεστή πιατέλα. Καθαρίστε τα μύδια και κρατήστε μερικά με το όστρακο για τη διακόσμηση της πιατέλας. Ρίξτε κι ανακατέψτε τα μύδια μέσα στη σάλτσα με τα καλαμάρια κι αδειάστε τα επάνω στα μακαρόνια. Σερβίρετέ τα αμέσως πασπαλίζοντας τα με το μαϊντανό και 2-3 κουταλιές λάδι.

Καλαμάρια με Πιπεριές και Μελιτζάνες

Μερίδες 6
Χρόνος προετοιμασίας 30΄
Χρόνος μαγειρέματος 1 ώρα

1 κιλό καλαμάρια σε κομμάτια μπουκιάς
3/4 κούπας λάδι
1/4 κούπας λευκό κρασί
10 κόκκους πιπέρι
αλάτι και φρεσκοτριμμένο πιπέρι
2 μέτριες μελιτζάνες σε κύβους
5 σκελίδες σκόρδο σε φετάκια
5 μεγάλα κρεμμύδια σε φετάκια
5-6 μακριές πράσινες πιπεριές σε κρίκους
1 καυτερή πιπεριά σε κομμάτια

Βάλτε τα καλαμάρια σε κατσαρόλα επάνω σε χαμηλή φωτιά, κι αφήστε τα ώσπου να εξατμιστεί το νερό τους. Ρίξτε το μισό λάδι και σοτάρετέ τα ελαφρά. Σβήστε τα με το κρασί, προσθέστε τους κόκκους πιπέρι και λίγο αλάτι κι αφήστε τα να σιγοβράσουν, σκεπασμένα, ώσπου να μαλακώσουν, προσθέτοντας όσο νερό χρειαστεί. Στο μεταξύ, αλατίστε τις μελιτζάνες κι αφήστε τες να σταθούν 30΄. Ξεπλύντε και στραγγίστε τες. Σε μια άλλη κατσαρόλα βάλτε το υπόλοιπο λάδι και σοτάρετε το σκόρδο, το κρεμμύδι, τις πιπεριές και τις μελιτζάνες, ώσπου να μαραθούν και να μαλακώσουν. Προσθέστε τα καλαμάρια και σιγοβράστε το φαγητό λίγο ακόμη, ώσπου να μείνει με λίγη σάλτσα, σχεδόν με το λάδι του. Σερβίρεται ζεστό και συνοδεύεται με πιλάφι.

Χταπόδι με Φάβα

Μερίδες 5-6
Χρόνος προετοιμασίας 20΄
Χρόνος μαγειρέματος 1 ώρα και 20΄

1 μεγάλο κρεμμύδι ψιλοκομμένο
1 πράσινη πιπεριά ψιλοκομμένη
1/4 κούπας λάδι
300 γρ. φάβα από μπιζέλια (πράσινη)
1 κουταλιά πάπρικα
1/2 κουταλάκι πιπέρι καγιέν
αλάτι και φρεσκοτριμμένο πιπέρι
1 κιλό χταπόδι βρασμένο σε κομματάκια
3 κουταλιές ψιλοκομμένη φρέσκια ρίγανη ή μαντζουράνα

Σε μια μεγάλη κατσαρόλα ζεστάνετε το λάδι και σοτάρετε το κρεμμύδι και την πιπεριά, ώσπου να μαραθούν. Προσθέστε τη φάβα, την πάπρικα, το πιπέρι καγιέν, αλάτι και πιπέρι. Προσθέστε όσο νερό χρειάζεται για να σκεπαστεί η φάβα, κλείστε την κατσαρόλα και σιγοβράστε τη 1 ώρα και 15΄, να μαλακώσει, χωρίς να χάσει εντελώς τη φόρμα της. Αφαιρέστε τον αφρό και ρίξτε μέσα το χταπόδι και το μαϊντανό. Ανακατέψτε και σιγοβράστε άλλα 5΄. Σερβίρετε τη φάβα σε βαθιά πιάτα πασπαλίζοντας την επιφάνεια με μπόλικο ψιλοκομμένο κρεμμύδι και πάπρικα. Ραντίστε τη με λίγο λάδι και χυμό λεμονιού.

Χταπόδι Στιφάδο

Μερίδες 6
Χρόνος προετοιμασίας 30΄
Χρόνος μαγειρέματος 1 ώρα και 30΄

1 μεγάλο χταπόδι 3 κιλά
1/2 κούπας ξίδι
2½ κιλού κρεμμυδάκια στιφάδου
10 σκελίδες σκόρδο
1 κούπα λάδι
1 κούπα κόκκινο ξηρό κρασί
1/4 κούπας ξίδι balsamico
1 κουταλιά πιπέρι σε κόκκους
10 κόκκους μπαχάρι
2 φύλλα δάφνης
400 γρ. ντοματάκια κονσέρβας πολτοποιημένα
1/4 κούπας κέτσαπ
αλάτι και φρεσκοτριμμένο πιπέρι

Καθαρίστε και πλύνετε καλά το χταπόδι τραβώντας και ξεκολλώντας με προσοχή τη γλοιώδη πέτσα του. Βάλτε το σε κατσαρόλα με νερό που να το σκεπάζει. Προσθέστε το ξίδι και βράστε το να μισομαλακώσει. Στραγγίστε και κόψτε το σε κομμάτια μπουκιάς. Ρίξτε τα κρεμμυδάκια σε νερό που βράζει και κατεβάστε τα από τη φωτιά. Αφήστε τα να σταθούν μερικές ώρες. Έτσι θα τα καθαρίσετε πιο εύκολα. Αφού τα καθαρίσετε, σοτάρετέ τα μαζί με τα σκόρδα στο λάδι. Ρίξτε μέσα το κρασί, το ξίδι, τα μυρωδικά, την ντομάτα, την κέτσαπ, αλάτι και πιπέρι κι ανακατέψτε καλά. Σιγοβράστε το φαγητό, ώσπου να μισομαλακώσουν τα κρεμμύδια και προσθέστε το χταπόδι. Συνεχίστε το βράσιμο, ώσπου να μαλακώσουν καλά το χταπόδι και τα κρεμμύδια και το φαγητό να μείνει με λίγη πηχτή σάλτσα. Αν η σάλτσα είναι πολλή και αραιή, στραγγίστε τη σε μικρή κατσαρόλα, συμπυκνώστε τη και προσθέστε τη πάλι στο φαγητό. Έτσι δεν θα λιώσουν τα κρεμμύδια.

ΧΤΑΠΟΔΙ ΣΤΙΦΑΔΟ

Χταπόδι με Μελιτζάνες

Μερίδες 4-5
Χρόνος προετοιμασίας 1 ώρα
Χρόνος μαγειρέματος 1 ώρα και 30΄

2 κιλά χταπόδι
2 κιλά μελιτζάνες σε κομμάτια μπουκιάς
1/4 κούπας ξίδι balsamico
1 φύλλο δάφνης
20 κόκκους μαύρο πιπέρι
1/2 κούπας λάδι
1/2 κούπας τριμμένο κρεμμύδι
1 σκελίδα σκόρδο σε φετάκια
3 ώριμες ντομάτες ψιλοκομμένες
2 κουταλιές κέτσαπ
1/4 κούπας ψιλοκομμένο μαϊντανό
αλάτι και φρεσκοτριμμένο πιπέρι

Καθαρίστε και πλύντε το χταπόδι. Βάλτε το σε κατσαρόλα με νερό, προσθέστε το ξίδι, τη δάφνη, το πιπέρι και βράστε το να μισομαλακώσει. Σε μια δεύτερη κατσαρόλα βάλτε το λάδι και σοτάρετε το κρεμμύδι και το σκόρδο να μαραθούν. Προσθέστε την ντομάτα, την κέτσαπ, αλάτι, πιπέρι και βράστε τη σάλτσα για 5΄. Στραγγίστε το χταπόδι και κόψτε το σε κομμάτια μπουκιάς. Βάλτε το στην κατσαρόλα με τα υπόλοιπα υλικά και βράστε το, ώσπου να μαλακώσει καλά και να δέσει η σάλτσα. Στο μεταξύ, πασπαλίστε τις μελιτζάνες με λίγο αλάτι κι αφήστε τες να σταθούν 1 ώρα. Ξεπλύντε και στίψτε τες μέσα στις

παλάμες σας. Ρίξτε τες μέσα σε καυτό λάδι και τηγανίστε τες ελαφρά. Στραγγίστε τες σε απορροφητικό χαρτί να φύγει το πολύ λάδι και ρίξτε τες μαζί με το μαϊντανό μέσα στην κατσαρόλα με το χταπόδι. Σιγοβράστε το φαγητό 10΄ και σερβίρετέ το. Ζεστό ή κρύο, είναι το ίδιο νόστιμο.

Χταπόδι Ξιδάτο

Μερίδες 6
Χρόνος προετοιμασίας 15΄
Χρόνος μαγειρέματος 2 ώρες και 30΄

1 χταπόδι (2-3 κιλά)
1 κούπα ξίδι
2 κλωνάρια σέλινο
2 μικρά καρότα
1 μέτριο κρεμμύδι
10 κόκκους πιπέρι
μερικά φυλλαράκια μαϊντανό

για τη σάλτσα
1/2 κούπας λάδι
1/3 κούπας ξίδι
10 κόκκους πιπέρι
λίγο αλάτι

Αν αγοράσετε φρέσκο χταπόδι, πρέπει να προσέξετε να είναι χτυπημένο καλά (το χτυπούν τουλάχιστον 50 φορές σε λεία πέτρα, για να μαλακώσει). Στην κατάψυξη μαλακώνει και δεν χρειάζεται χτύπημα. Για σιγουριά, αγοράστε κατεψυγμένο χταπόδι ή βάλτε το φρέσκο να σταθεί μερικές ημέρες στην κατάψυξη, άσχετα αν είναι χτυπημένο ή όχι. Πλύντε καλά το χταπόδι, τραβήξτε και ξεκολλήστε με προσοχή τη γλοιώδη πέτσα του. Βάλτε το σε κατσαρόλα με νερό, που να το σκεπάζει. Ρίξτε μέσα το ξίδι, σκεπάστε και βάλτε επάνω σε δυνατή φωτιά. Όταν αρχίσει να βράζει, χαμηλώστε τη φωτιά και σιγοβράστε το χταπόδι 1 ώρα και 30΄. Στραγγίστε, ξεπλύντε το καλά με κρύο νερό και καθαρίστε προσεκτικά τις μεμβράνες. Βάλτε το σε κατσαρόλα με καθαρό νερό. Ρίξτε μέσα το σέλινο, τα καρότα, το κρεμμύδι, τους κόκκους πιπέρι και αρκετό αλάτι. Σκεπάστε την κατσαρόλα και σιγοβράστε το χταπόδι 1 ώρα ακόμη. Στραγγίστε το. Χτυπήστε όλα μαζί τα υλικά της σάλτσας, ν' ανακατευτούν καλά, και περιχύστε το, όσο είναι ζεστό. Αφήστε το να σταθεί μέσα στη σάλτσα 24 ώρες τουλάχιστον, ανακατεύοντας από καιρό σε καιρό, για να νοστιμίσει. Τοποθετήστε το με ανοιχτά πλοκάμια σε πιατέλα και στολίστε το με κόκκινη πιπεριά και φυλλαράκια μαϊντανό. Ή, αν προτιμάτε, κόψτε το σε κομμάτια. Περιχύστε το με τη σάλτσα του. Μπορείτε να το σερβίρετε και αλάδωτο, περιχύνοντάς το μόνο με ξίδι. Ωραίος μεζές για ούζο.

Χταπόδι Κοκκινιστό με Μακαρονάκι Κοφτό

Μερίδες 4
Χρόνος προετοιμασίας 30΄
Χρόνος μαγειρέματος 1 ώρα

1/2 κιλού μακαρόνια κοφτά
1¹/₂ κιλού μικρά χταποδάκια κατεψυγμένα ή ένα μεγάλο
1/4 κούπας ξίδι balsamico
1/4 κούπας λάδι
2 σκελίδες σκόρδο τριμμένο
400 γρ. ντοματάκια κονσέρβας ψιλοκομμένα
2 κουταλιές ντομάτα πελτέ
2 κουταλιές κέτσαπ
1/2 κούπας λευκό ξηρό κρασί
1 κουταλιά σάλτσα τσίλι ή
1/4 κουταλάκι πιπέρι καγιέν
4-5 κόκκους μπαχάρι
1-2 φύλλα δάφνης
αλάτι και φρεσκοτριμμένο πιπέρι

Βράστε τα χταποδάκια σε αλατισμένο νερό με το ξίδι και τα φύλλα δάφνης, ώσπου να μαλακώσουν. Στραγγίστε τα και κόψτε τα σε κομμάτια. Κρατήστε 1 κούπα από το ζουμί. Σε μια κατσαρόλα ζεστάνετε το λάδι και σοτάρετε το σκόρδο και το κρεμμύδι. Προσθέστε όλα τα υπόλοιπα υλικά, το ζουμί που κρατήσατε, αλάτι, πιπέρι, σκεπάστε και σιγοβράστε τη σάλτσα 10΄. Προσθέστε το χταπόδι κι αφήστε το να βράσει με τη σάλτσα άλλα 10΄-15΄. Στο μεταξύ, βράστε τα μακαρόνια σε αλατισμένο νερό με 2 κουταλιές λάδι. Στραγγίστε τα κι αδειάστε τα σε ζεστή πιατέλα. Περιχύστε τα με τη σάλτσα και το χταπόδι και σερβίρετε αμέσως.

Χταπόδι με Φασόλια

Μερίδες 4
Χρόνος προετοιμασίας 12 ώρες
Χρόνος μαγειρέματος 2 ώρες

1 κουταλάκι ρίγανη
1 κουταλάκι δεντρολίβανο
1 κουταλάκι ξερό βασιλικό
1/2 κούπας λάδι
300 γρ. μέτρια άσπρα φασόλια
1 λίτρο ζωμό λαχανικών
1¹/₂ κιλού χταπόδι
1/4 κούπας ξίδι
1 φύλλο δάφνης
20 κόκκους μαύρο πιπέρι
1 μεγάλο κρεμμύδι ψιλοκομμένο
2 ώριμες ντομάτες ψιλοκομμένες
αλάτι και φρεσκοτριμμένο πιπέρι

Σ' ένα βάζο ανακατέψτε το λάδι με τα ξερά μυρωδικά κι αφήστε το να σταθεί 12 ώρες, ώστε να αναπτυχθεί το άρωμά τους. Βάλτε τα φασόλια να φουσκώσουν 12 ώρες σε νερό που να τα σκεπάζει. Στραγγίστε τα, βάλτε τα σε κατσαρόλα με το ζωμό λαχανικών και βράστε τα, ώσπου να μισομαλακώσουν. Στο μεταξύ, καθαρίστε και πλύνετε το χταπόδι. Βάλτε το σε κατσαρόλα με το ξίδι, τη δάφνη και τους κόκκους πιπέρι και βράστε το, ώσπου να μισομαλακώσει. Στραγγίστε το και κόψτε το σε κομμάτια. Σε μια δεύτερη κατσαρόλα ζεστάνετε το αρωματισμένο λάδι μαζί με τα μυρωδικά και σοτάρετε το κρεμμύδι, ώσπου να μαραθεί. Προσθέστε τα φασόλια με το ζουμί τους, τις ντομάτες και το χταπόδι, αλάτι και πιπέρι. Σιγοβράστε το φαγητό, ώσπου να μαλακώσουν τα φασόλια και το χταπόδι και να μείνουν με λίγη πηχτή σάλτσα.

Σουπιές με Αγγινάρες

Μερίδες 4
Χρόνος προετοιμασίας 1 ώρα
Χρόνος μαγειρέματος 40΄

8 μέτριες ή 12 μικρότερες φρέσκιες ή
κατεψυγμένες σουπιές
3/4 κούπας λάδι
3 σκελίδες σκόρδο ψιλοκομμένο
1 μεγάλο κρεμμύδι ψιλοκομμένο
800 γρ. αγγιναράκια κονσέρβας
3-4 κουταλιές ρύζι Καρολίνα ή
τριμμένο μπαγιάτικο ψωμί
1/4 κούπας κουκουνάρια
1/4 κούπας ψιλοκομμένο άνηθο
1/4 κούπας ψιλοκομμένο μαϊντανό
αλάτι και φρεσκοτριμμένο πιπέρι
1/2 κούπας λευκό κρασί
1/3 κούπας νερό
1 κουταλιά αλεύρι
1/4 κούπας χυμό λεμονιού

Καθαρίστε και πλύντε τις σουπιές, χωρίστε τα κεφάλια με τα πλοκάμια και ψιλοκόψτε τα. Βάλτε τις σουπιές σε κατσαρόλα με ελάχιστο νερό κι ανακατέψτε τες 5΄ επάνω σε δυνατή φωτιά, να φύγει το νερό τους. Τρυπήστε τες μ' ένα σουβλάκι εδώ κι εκεί. Σε μια κατσαρόλα ζεστάνετε το μισό λάδι και σοτάρετε το σκόρδο και το κρεμμύδι, ώσπου να μαραθούν. Προσθέστε τα ψιλοκομμένα πλοκάμια, ελάχιστο νερό και 1 κουταλιά χυμό λεμονιού. Σκεπάστε και σιγοβράστε τα, ώσπου να μείνουν σχεδόν με το λάδι. Κατεβάστε από τη φωτιά, ρίξτε μέσα το ρύζι ή το ψωμί, τα κουκουνάρια, τα μυρωδικά, αλάτι και πιπέρι. Γεμίστε τις σουπιές κι αραδιάστε τες σε πλατιά κατσαρόλα. Περιχύστε τες με το υπόλοιπο λάδι και σοτάρετέ τες ελαφρά γυρίζοντάς τες απ'όλες τις πλευρές. Στραγγίστε τ'αγγιναράκια κι αραδιάστε τα μέσα στην κατσαρόλα γύρω από τις σουπιές. Ρίξτε το κρασί και το νερό, σκεπάστε και σιγοβράστε, ώσπου να μαλακώσουν και να μείνουν με λίγο ζουμί. Διαλύστε το αλεύρι στο χυμό λεμονιού, προσθέστε λίγο από το ζουμί του φαγητού και ρίξτε το στην κατσαρόλα με τις σουπιές. Αφήστε τες να βράσουν 5΄ ακόμη, για να δέσει η σάλτσα. Σερβίρονται ζεστές.

Σουπιές με Μάραθο

Μερίδες 4
Χρόνος προετοιμασίας 30΄
Χρόνος μαγειρέματος 1 ώρα

1½ κιλού σουπιές καθαρισμένες
1 κούπα λάδι
1/3 κούπας λευκό ξηρό κρασί
1 κιλό φρέσκα κρεμμυδάκια
1/2 κιλού βολβούς και φύλλα μάραθου (φοινόκιο)
αλάτι και φρεσκοτριμμένο πιπέρι
1/4 κούπας χυμό λεμονιού
1 κουταλιά αλεύρι

Κόψτε τις σουπιές σε κομμάτια και χωρίστε τα κεφάλια με τα πλοκάμια στη μέση. Βάλτε τες σε κατσαρόλα με ελάχιστο νερό και βράστε τες, ώσπου να εξατμιστούν τα υγρά τους. Σε χωριστή κατσαρόλα ζεστάνετε το λάδι, ρίξτε τις σουπιές και σοτάρετέ τες ελαφρά. Σβήστε τες με το κρασί. Κόψτε τα κρεμμύδια και το μάραθο σε κομμάτια. Ζεματίστε τα κρεμμύδια, στραγγίστε τα και βάλτε τα μαζί με το μάραθο στην κατσαρόλα με τις σουπιές προσθέτοντας μισή κούπα νερό, αλάτι και πιπέρι. Σκεπάστε και σιγοβράστε, ώσπου να μαλακώσουν οι σουπιές και τα λαχανικά και να μείνουν με λίγο ζουμί. Διαλύστε το αλεύρι στο χυμό λεμονιού και προσθέστε λίγο από το ζουμί του φαγητού. Ρίξτε το μέσα στην κατσαρόλα, κουνήστε τη να πάει παντού και σιγοβράστε 5΄-7΄ να δέσει η σάλτσα. Σερβίρεται ζεστό.

Σουπιές Κρασάτες

Μερίδες 4
Χρόνος προετοιμασίας 30΄
Χρόνος μαγειρέματος 1 ώρα και 30΄

1 κιλό σουπιές, καλαμαράκια ή χταπόδι
1 κιλό κρεμμύδια σε φετάκια
1 κούπα λάδι
6 σκελίδες σκόρδο κομμένες στη μέση
1 κούπα λευκό ξηρό κρασί
3 κουταλιές πελτέ ντομάτας
2 φύλλα δάφνης
3 κόκκους μπαχάρι
10 κόκκους πιπέρι
αλάτι και φρεσκοτριμμένο πιπέρι

Καθαρίστε πλύντε και κόψτε τις σουπιές σε κομμάτια. Αφήστε τα κεφάλια ολόκληρα. Βάλτε τα όλα μαζί σε κατσαρόλα επάνω σε μέτρια φωτιά και σιγοβράστε τα, ώσπου να εξατμισθούν τα υγρά τους. Σε μια κατσαρόλα ζεστάνετε το λάδι, και σοτάρετέ τα τα κρεμμύδια και τα σκόρδα, ώσπου να γίνουν διάφανα. Ρίξτε μέσα τις σουπιές κι ανακατέψτε τες επάνω σε δυνατή φωτιά, για 2΄. Διαλύστε τον πελτέ ντομάτας σε 1/4 κούπας νερό και ρίξτε τον μαζί με τα υπόλοιπα υλικά στην κατσαρόλα με τις σουπιές. Σκεπάστε και σιγοβράστε τες, ώσπου να μείνουν με πολύ λίγη σάλτσα. Αν μαγειρέψετε χταπόδι, βράστε το πρώτα σε νερό με 1 κούπα ξίδι επί 1 ώρα. Στραγγίστε το, καθαρίστε το και κόψτε το σε κομμάτια. Συνεχίστε, όπως και με τις σουπιές. Επειδή το χταπόδι θέλει περισσότερο βράσιμο, θα χρειαστεί ίσως να προσθέσετε περισσότερο νερό κατά το μαγείρεμα.

Σουπιές με Ελιές (Γιαγιάς Μαρίτσας)

Μερίδες 5
Χρόνος προετοιμασίας 30΄
Χρόνος μαγειρέματος 1 ώρα

1½ κιλού σουπιές
1 κιλό κρεμμύδια σε φετάκια
2 σκελίδες σκόρδο σε δοντάκια
1 κούπα λάδι
1½ κούπας χυμό ντομάτας
2 φύλλα δάφνης
αλάτι, πιπέρι
250 γρ. ελιές πράσινες χωρίς κουκούτσια
1/4 κούπας κονιάκ

Καθαρίστε και κόψτε τις σουπιές σε κομμάτια μπουκιάς. Βάλτε τες σε κατσαρόλα με ελάχιστο νερό κι ανακατέψτε τες επάνω σε δυνατή φωτιά, ώσπου να φύγει το νερό τους. Σε χωριστή κατσαρόλα ζεστάνετε το λάδι, ρίξτε μέσα τα κρεμμύδια και το σκόρδο κι ανακατέψτε τα επάνω σε δυνατή φωτιά, να μαραθούν και να γίνουν διάφανα. Ρίξτε μέσα τις σουπιές, την ντομάτα, τα δαφνόφυλλα, αλάτι και πιπέρι, σκεπάστε και σιγοβράστε, ώσπου να δέσει η σάλτσα και να μαλακώσουν καλά οι σουπιές. Προσθέστε τις ελιές και το κονιάκ και βράστε ακόμη 5΄. Κατεβάστε από τη φωτιά και σερβίρετε το φαγητό ζεστό ή κρύο, είναι το ίδιο νόστιμο. Για να ξαλμυρίσουν οι ελιές, βάλτε τες μέσα σε ζεστό νερό κι αφήστε τες να σταθούν 2 ώρες.

Σουπιές με Σπανάκι

Μερίδες 4
Χρόνος προετοιμασίας 1 ώρα
Χρόνος μαγειρέματος 40΄

1 κιλό φρέσκιες ή κατεψυγμένες σουπιές
3/4 κούπας λάδι
1 μεγάλο κρεμμύδι σε φετάκια
1/2 κούπας λευκό ξηρό κρασί
1 κουταλιά πελτέ ντομάτας
αλάτι και φρεσκοτριμμένο πιπέρι
1 κιλό σπανάκι φρέσκο ή 1/2 κιλού κατεψυγμένο
1/2 κούπας ψιλοκομμένο άνηθο

Καθαρίστε και κόψτε τις σουπιές σε κομμάτια μπουκιάς. Βάλτε τες σε κατσαρόλα με ελάχιστο νερό κι ανακατέψτε τες επάνω σε δυνατή φωτιά, ώσπου να φύγει το νερό τους. Σοτάρετε το κρεμμύδι στο λάδι. Προσθέστε τις σουπιές και σοτάρετέ τες για 5΄. Ρίξτε το κρασί, τον πελτέ, αλάτι, πιπέρι κι ανακατέψτε. Σκεπάστε και σιγοβράστε για 10΄. Αν το σπανάκι είναι φρέσκο, καθαρίστε και πλύντε το καλά. Κόψτε το σε κομμάτια, ζεματίστε το 5΄ σε νερό που βράζει και στραγγίστε το. Αν είναι κατεψυγμένο, δε χρειάζεται ζεμάτισμα. Αφήστε το όμως σε τρυπητό να ξεπαγώσει και να στραγγίσει. Βάλτε το στην κατσαρόλα με τις σουπιές, προσθέστε το άνηθο και σιγοβράστε το φαγητό, ώσπου να μαλακώσει το σπανάκι και να δέσει η σάλτσα, 15΄ περίπου.

Δεματάκια με Θαλασσινά

Γίνονται 20 δεματάκια
Χρόνος προετοιμασίας 1 ώρα
Χρόνος ψησίματος 30΄

1/2 κιλού γαρίδες
250 γρ. καβουροποδαράκια
2 κούπες νερό
2 κουταλιές ψιλοκομμένο σέλερι
6 λεπτά φρέσκα κρεμμυδάκια
3 κουταλιές φυτική κρέμα
1 μικρή σκελίδα σκόρδο τριμμένο
2 κουταλιές άνηθο
αλάτι και φρεσκοτριμμένο πιπέρι
10 φύλλα κρούστας
μαργαρίνη λιωμένη

για τη σάλτσα
1 κουταλιά χυμό λεμονιού
1/2 κούπας φυτική κρέμα
2 κουταλάκια κορν φλάουρ
2 κουταλιές μαργαρίνη
1 κουταλιά ψιλοκομμένο φρέσκο κρεμμυδάκι
1 κουταλιά ψιλοκομμένο άνηθο
αλάτι και φρεσκοτριμμένο πιπέρι

Καθαρίστε τις γαρίδες κι αφαιρέστε το εντεράκι με την άμμο. Ξεπλύντε και στραγγίστε τες καλά. Βάλτε το νερό σε κατσαρόλα να βράσει μαζί με το σέλερι. Προσθέστε τις γαρίδες και τα καβουροποδαράκια και βράστε τα 1΄-2΄. Στραγγίστε τα και κρατήστε το ζουμί. Χωρίστε το άσπρο μέρος των κρεμμυδιών και ψιλοκόψτε το. Τις πράσινες μακριές ουρές τους ρίξτε τες μέσα στο ζουμί που έβρασαν τα θαλασσινά και ζεματίστε τες, να μαλακώσουν λίγο. Αφαιρέστε τες με τρυπητή κουτάλα. Περάστε το ζουμί από λεπτό τουλπάνι, κρατήστε 1/2 κούπας για τη σάλτσα και πετάξτε το υπόλοιπο. Ψιλοκόψτε τις γαρίδες και το καβούρι κι ανακατέψτε τα με τη φυτική κρέμα, το σκόρδο, το άσπρο μέρος των κρεμμυδιών, το άνηθο, αλάτι και πιπέρι. Χωρίστε τα φύλλα κατά μήκος στη μέση. Λαδώστε κάθε μισό φύλλο και διπλώστε το στη μέση. Ξαναλαδώστε, βάλτε στη μία άκρη 1 γεμάτη κουταλιά από το μίγμα των θαλασσινών και τυλίξτε σε ρολό. Σφίξτε ελαφρά τις άκρες από εδώ κι από εκεί και δέστε τες με τις ζεματισμένες ουρές των κρεμμυδιών. Ετοιμάστε κατά τον ίδιο τρόπο όλα τα δεματάκια κι αραδιάστε τα σε λαδωμένο ταψί. Αλείψτε τις επιφάνειες με λιωμένη μαργαρίνη και ψήστε τα στους 180°C, για 30΄, ώσπου να ροδίσουν ελαφρά. Σερβίρετέ τα ζεστά συνοδεύοντάς τα με τη σάλτσα. Για να φτιάξετε τη σάλτσα, ανακατέψτε το ζωμό που κρατήσατε με το χυμό λεμονιού, την κρέμα και το κορν φλάουρ σε χαμηλή φωτιά, ώσπου το μίγμα να πήξει ελαφρά. Ρίξτε κι ανακατέψτε λίγη, λίγη τη μαργαρίνη. Προσθέστε τα κρεμμυδάκια, το άνηθο, αλάτι και πιπέρι και κατεβάστε το από τη φωτιά.

Νουντλς Τηγανητά με Θαλασσινά

Μερίδες 4
Χρόνος ετοιμασίας 45΄

250 γρ. κινέζικα νουντλς
1 κουταλιά κορν φλάουρ
1/2 κούπας μαργαρίνη
1/2 κούπας λάδι
1 κουταλάκι τριμμένο φρέσκο τζίντζερ
250 γρ. μεγάλες γαρίδες καθαρισμένες,
κομμένες στη μέση
250 γρ. καβουροποδαράκια σε κομμάτια
175 γρ. καλαμάρια κομμένα σε λωριδίτσες ή
σκάλοπ ολόκληρα
1 κουταλάκι σουσάμι
1 κουταλάκι σουσαμέλαιο (προαιρετικά)
2 κουταλιές σόγια σος

Ζεματίστε τα νουντλς μέσα σε αλατισμένο νερό με 2 κουταλιές λάδι, 3΄. Στραγγίστε τα και ξεπλύντε τα με μπόλικο τρεχούμενο νερό. Στραγγίστε τα και πάλι πολύ καλά. Στεγνώστε τα επάνω σε απορροφητικό χαρτί. Πασπαλίστε τα με το κορν φλάουρ κι ανακατέψτε τα ελαφρά με τα χέρια σας να αλευ-

ρωθούν. Ανακατέψτε τη μαργαρίνη με το λάδι. Ζεστάνετε το 1/3 του λίπους σε τηγάνι σοτάρετε μέσα το τζίντζερ και τηγανίστε τις γαρίδες 1΄, σε δυνατή φωτιά. Στραγγίστε τες κι αφήστε τες στην άκρη. Συμπληρώστε το λίπος που απορροφήθηκε από τις γαρίδες με νέο και τηγανίστε μέσα σ' αυτό τα καβουροποδαράκια, επίσης 1΄. Στραγγίστε τα και φυλάξτε τα μαζί με τις γαρίδες. Συμπληρώστε πάλι λίγο λίπος στο τηγάνι και ρίξτε τα καλαμάρια, αφού πρώτα τα αλευρώσετε και τα αφήσετε να σταθούν 1΄-2΄. Τηγανίστε τα να γίνουν κριτσανιστά. Στραγγίστε τα και πετάξτε το λίπος. Βάλτε το υπόλοιπο λίπος μέσα σ' ένα καθαρό βαθουλό τηγάνι και τηγανίστε τα νουντλς, ώσπου να ροδίσουν ελαφρά. Προσθέστε τα τηγανισμένα θαλασσινά. Πασπαλίστε με το σουσάμι και ραντίστε με το σουσαμέλαιο και τη σόγια. Ανακατέψτε τα καλά επάνω στη φωτιά και σερβίρετέ τα αμέσως σε ζεστά πιάτα.

Εξωτικό Ρύζι με Θαλασσινά

Μερίδες 4-5
Χρόνος ετοιμασίας 20΄

1/2 κιλού μύδια καθαρισμένα
400 γρ. γαρίδες καθαρισμένες σε κομμάτια
2 κούπες ρύζι τύπου Siam ή basmati
1/3 κούπας καλαμποκέλαιο
2 κουταλιές τριμμένο φρέσκο τζίντζερ
2 σκελίδες σκόρδο τριμμένο
1 κόκκινη πιπεριά ζουλιέν
1 κούπα τριμμένο καρότο
1 κούπα τριμμένο λάχανο
1 κούπα φύτρες φασολιών
8 φρέσκα κρεμμυδάκια ζουλιέν
1 κουταλάκι τριμμένες καυτερές πιπερίτσες
1/3 κούπας σόγια σος
1 κουταλιά oyster sauce (προαιρετικά)

Βάλτε τα μύδια και τις γαρίδες σε κατσαρόλα με 1/4 κούπας νερό, επάνω σε δυνατή φωτιά και βράστε τα 4΄. Βγάλτε τα με τρυπητή κουτάλα σ' ένα μπολ και κρατήστε το ζουμί τους. Συμπληρώστε με νερό να γίνει 3½ κούπας. Σε μια κατσαρόλα σοτάρετε το ρύζι στο μισό λάδι. Ρίξτε το ζουμί των θαλασσινών και σιγοβράστε, ώσπου να φουσκώσει το ρύζι και να πιεί όλο το νερό. Αφήστε το να κρυώσει. Πλύντε καλά τις φύτρες και στραγγίστε τες. Σε μια μεγάλη κατσαρόλα ή σκεύος γουόκ, ζεστάνετε το υπόλοιπο λάδι και σοτάρετε το τζίντζερ, το σκόρδο, την πιπεριά, το καρότο, το λάχανο, τις φύτρες και τα κρεμμυδάκια, ώσπου να μαραθούν. Ρίξτε το ρύζι καθώς και όλα τα υπόλοιπα υλικά κι ανακατέψτε τα να ενωθούν. Βάλτε το ρύζι σε μια φόρμα κέικ και πατήστε το ελαφρά να πάρει το σχήμα της. Αναποδογυρίστε το σε μια βαθουλή πιατέλα. Ζεστό ή κρύο, είναι το ίδιο νόστιμο.

Κοκτέιλ με Θαλασσινά και Ρύζι

Μερίδες 4
Χρόνος ετοιμασίας 30΄

1 κούπα ρύζι για πιλάφι
1 κουταλάκι μουστάρδα
1/4 κούπας μαγιονέζα (βασικές συνταγές)
2 κουταλιές χυμό λεμονιού
αλάτι, πιπέρι
125 γρ. γαριδούλες κατεψυγμένες
125 γρ. μύδια καθαρισμένα κι αχνισμένα
4 φρέσκα κρεμμυδάκια σε κομματάκια
1 μικρό τρυφερό αγγουράκι σε κομματάκια
6 ντοματίνια στα τέσσερα
1/4 κούπας κομματάκια σέλερι
1 μικρή πράσινη καυτερή πιπεριά σε ρόδες

Βράστε το ρύζι 20΄ σε αλατισμένο νερό και στραγγίστε το. Αφήστε το να κρυώσει ελαφρά. Ανακατέψτε σ' ένα μικρό μπολ τη μουστάρδα, τη μαγιονέζα και το χυμό λεμονιού. Προσθέστε αλάτι και πιπέρι. Σε ένα άλλο μπολ, ανακατέψτε το ρύζι με τα θαλασσινά και τα λαχανικά και περιχύστε τα με το μίγμα της μαγιονέζας. Σερβίρετε τη σαλάτα σε ποτήρια κοκτέιλ.

Σαλάτα με Καβούρι και Μακαρονάκι

Μερίδες 4
Χρόνος ετοιμασίας 30΄

150 γρ. μακαρονάκι κοφτό βρασμένο
200 γρ. καβουροποδαράκια σε κομματάκια
1 πορτοκαλί πιπεριά ζουλιέν
1 πράσινη πιπεριά ζουλιέν
2 φρέσκα κρεμμυδάκια σε φετάκια
1 φρέσκο σκόρδο σε φετάκια
2 κούπες ψιλοκομμένο μαρούλι
σος βινεγκρέτ ή σάλτσα κοκτέιλ (βασικές συνταγές)

Ανακατέψτε όλα μαζί τα υλικά της σαλάτας σ' ένα μπολ. Περιχύστε τα με το ντρέσινγκ και σερβίρετέ τα σε ποτήρια κοκτέιλ. Γαρνίρετε με φέτες λεμονιού κι αν θέλετε βάλτε στην κορυφή ένα κουταλάκι μπρικ ή μαύρο χαβιάρι.

Σαλάτα Θαλασσινών σε Όστρακα

Μερίδες 4
Χρόνος ετοιμασίας 30΄

4 μέτρια καβούρια βρασμένα
1½ κούπας φύτρες άλφα-άλφα
4 φρέσκα κρεμμυδάκια ψιλοκομμένα
250 γρ. χάβαρα καθαρισμένα και ζεματισμένα ή
250 γρ. σκάλοπ
250 γρ. γαριδούλες κατεψυγμένες
1/4 κούπας ψιλοκομμένο αγγουράκι πίκλες
2 κουταλιές ψιλοκομμένο μαϊντανό
3/4 κούπας μαγιονέζα ή σάλτσα κοκτέιλ
αλάτι και φρεσκοτριμμένο πιπέρι

Ανοίξτε τα καβούρια από το μέρος της κοιλιάς κι αφαιρέστε το εσωτερικό. Σπάστε τις δαγκάνες και τα ποδαράκια κι αφαιρέστε κι από αυτά τη σάρκα. Κόψτε τα σε κομμάτια κι ανακατέψτε τα με τα υπόλοιπα υλικά. Αν χρησιμοποιήσετε σκάλοπ, βράστε τα 20΄ σε 1/4 κούπας λευκό ξηρό κρασί με 1 φύλλο δάφνης. Μοιράστε τη σαλάτα μέσα στα τέσσερα κελύφη των καβουριών. Σερβίρετέ τα σε φύλλα από radiccio ή κόκκινο λάχανο.

Μύδια Σαγανάκι

Μερίδες 4
Χρόνος ετοιμασίας 30΄

1/2 κιλού μύδια καθαρισμένα
1/2 κούπας λάδι
1/4 κούπας νερό
3 κουταλιές ψιλοκομμένο μαϊντανό
1 πράσινη καυτερή πιπεριά σε κρίκους
αλάτι και φρεσκοτριμμένο πιπέρι
1/3 κούπας χυμό λεμονιού

Πλύντε και στραγγίστε καλά τα μύδια. Απλώστε τα επάνω σε απορροφητικό χαρτί, να στεγνώσουν καλά. Βάλτε σε κατσαρόλα, επάνω σε δυνατή φωτιά, το λάδι, το νερό, το μαϊντανό, την πιπεριά, αλάτι και πιπέρι. Όταν τα υλικά αρχίσουν να βράζουν χαμηλώστε τη φωτιά, σκεπάστε και σιγοβράστε τα 5΄. Δυναμώστε τη φωτιά, ρίξτε μέσα στην κατσαρόλα τα μύδια κι αφήστε τα να βράσουν 5 λεπτά μόνο, κουνώντας μια-δυο φορές την κατσαρόλα για ν' ανακατευτούν. Δεν πρέπει να βράσουν περισσότερο, γιατί μαζεύουν και σκληραίνουν. Κατεβάστε τα από τη φωτιά και περιχύστε τα με το χυμό λεμονιού. Σερβίρετέ τα αμέσως. Εναλλακτικά, αν τα θέλετε πιο καυτερά, αντικαταστήστε την πράσινη πιπεριά με μια κόκκινη καυτερή πιπερίτσα τριμμένη. Διαλύστε στο ζουμί που θα βράσουν 1 κουταλιά πελτέ ντομάτας και στη θέση του μαϊντανού βάλτε φρέσκια ψιλοκομμένη ή ξερή τριμμένη ρίγανη. Παραλείψτε το χυμό λεμονιού.

Μυδοπίλαφο με Κάρυ

Μερίδες 4
Χρόνος ετοιμασίας 20΄
Χρόνος μαγειρέματος 20΄

1½ κιλού μύδια με το όστρακο
1/3 κούπας λάδι
1/3 κούπας τριμμένο κρεμμύδι
1/3 κούπας ψιλοκομμένα φρέσκα κρεμμυδάκια
1 μικρή καυτερή πιπεριά ψιλοκομμένη
1 κούπα ρύζι για πιλάφι
1/2 κουταλάκι αλάτι
1 κουταλάκι κάρυ
αλάτι και φρεσκοτριμμένο πιπέρι

Τρίψτε τα μύδια με σκληρή βούρτσα κάτω από τρεχούμενο νερό και καθαρίστε τα καλά. Τραβήξτε και κόψτε τα μουστάκια. Βάλτε τα σε κατσαρόλα με ελάχιστο νερό επάνω σε δυνατή φωτιά κι αφήστε τα, ώσπου ν' ανοίξουν. Στραγγίστε τα

και κρατήστε το ζουμί τους. Βάλτε το λάδι σε κατσαρόλα επάνω στη φωτιά και σοτάρετε τα κρεμμύδια και την πιπεριά. Ρίξτε μέσα το ρύζι κι ανακατέψτε το 1΄-2΄ επάνω στη φωτιά. Μετρήστε το ζουμί από τα μύδια και συμπληρώστε με ζεστό νερό, να γίνει 2 κούπες. Βάλτε το να βράσει και ρίξτε το μέσα στην κατσαρόλα με το ρύζι. Προσθέστε το αλάτι και το κάρυ, σκεπάστε κι αφήστε το ρύζι να σιγοβράσει, ώσπου να μαλακώσει 20΄ περίπου. Χωρίστε τα μύδια από τα όστρακα και ρίξτε τα μέσα στο ρύζι καθώς και μπόλικο φρεσκοτριμμένο πιπέρι. Ανακατέψτε καλά κι αφήστε το να κρυώσει ελαφρά. Διαλέξτε μερικά μεγάλα, όμορφα όστρακα και γεμίστε τα με το ρύζι. Σερβίρετε το υπόλοιπο ρύζι σε πιατέλα κι αραδιάστε εδώ κι εκεί τα γεμιστά όστρακα. Ζεστό ή κρύο, είναι το ίδιο νόστιμο.

Μυδοπίλαφο με Άνηθο

Μερίδες 4
Χρόνος προετοιμασίας 50΄
Χρόνος μαγειρέματος 25΄

1¹/₂ κιλού μύδια με το όστρακο
1/2 κούπας λάδι
1/2 κούπας τριμμένο κρεμμύδι
1/2 κούπας ψιλοκομμένα φρέσκα κρεμμυδάκια
1¹/₂ κούπας ρύζι για πιλάφι
1/2 κούπας ψιλοκομμένο άνηθο
2 κουταλιές ψιλοκομμένο δυόσμο
αλάτι και φρεσκοτριμμένο πιπέρι

Τρίψτε τα μύδια με σκληρή βούρτσα κάτω από νερό που τρέχει και καθαρίστε τα καλά. Τραβήξτε και κόψτε τα μουστάκια. Βάλτε τα σε κατσαρόλα με ελάχιστο νερό επάνω σε δυνατή φωτιά κι αφήστε τα, ώσπου ν' ανοίξουν. Στραγγίστε και κρατήστε το ζουμί. Βάλτε το λάδι σε κατσαρόλα επάνω σε δυνατή φωτιά και σοτάρετε τα κρεμμύδια, ώσπου να μαραθούν καλά. Ρίξτε μέσα το ρύζι κι ανακατέψτε το 1΄-2΄ επάνω στη φωτιά. Μετρήστε το ζουμί από τα μύδια και συμπληρώστε με ζεστό νερό, να γίνει 3 κούπες. Βάλτε το να βράσει και ρίξτε το μέσα στην κατσαρόλα με το ρύζι. Προσθέστε 1 κουταλάκι αλάτι, σκεπάστε κι αφήστε το ρύζι να σιγοβράσει, ώσπου να μαλακώσει, 20΄ περίπου. Προσθέστε το άνηθο, το δυόσμο, τα μύδια κι αρκετό πιπέρι φρεσκοτριμμένο. Ανακατέψτε καλά. Σκεπάστε την κατσαρόλα πρώτα με μια βαμβακερή πετσέτα κι ύστερα με το καπάκι της. Σβήστε τη φωτιά κι αφήστε την κατσαρόλα επάνω σ' αυτή 10΄, για να φουσκώσει το ρύζι. Σερβίρετε το μυδοπίλαφο ζεστό ή κρύο, είναι το ίδιο νόστιμο. Ραντίστε με λίγο χυμό λεμονιού και πασπαλίστε το με φρεσκοτριμμένο πιπέρι, καθώς και λίγο πιπέρι καγιέν.

Σαλάτα με Θαλασσινά

Μερίδες 6
Χρόνος ετοιμασίας 30΄

1/4 κιλού καλαμάρια καθαρισμένα σε στενές λωρίδες
20 κόκκους πιπέρι
1/4 κιλού γαριδούλες κατεψυγμένες
1/4 κιλού μύδια καθαρισμένα
1/4 κιλού καβουροποδαράκια σε κομματάκια
τρυφερά φύλλα μαρουλιού και φέτες λεμονιού
για το γαρνίρισμα

για τη σάλτσα
2 φρέσκα κρεμμυδάκια ψιλοκομμένα
3 σκελίδες σκόρδο τριμμένο
3 κουταλιές ψιλοκομμένο μαϊντανό
1/2 κούπας λάδι
1/4 κούπας χυμό λεμονιού
1/2 κουταλάκι αλάτι
άσπρο πιπέρι

Βάλτε τα καλαμάρια με ελάχιστο νερό, λίγο αλάτι και τους κόκκους πιπέρι σε μια κατσαρόλα επάνω σε μέτρια φωτιά κι αφήστε τα να σιγοβράσουν, ώσπου να εξατμιστεί όλο το υγρό τους και να μαλακώσουν. Ρίξτε τα μύδια σε νερό που βράζει και βράστε τα 5΄. Κάντε το ίδιο για τις γαρίδες και τα καβουροποδαράκια. Στραγγίστε τα καλά. Σε μια πιατέλα στρώστε τρυφερά μαρουλόφυλλα και τοποθετήστε επάνω τα διάφορα θαλασσινά, αφού προηγουμένως τα ανακατέψετε. Σ' ένα βαζάκι με καλό κλείσιμο βάλτε όλα τα υλικά της σάλτσας και χτυπήστε τα, να ενωθούν. Περιχύστε με το μίγμα τα θαλασσινά και γαρνίρετέ τα με τις φέτες λεμονιού.

Μυδόσουπα

Μερίδες 4
Χρόνος προετοιμασίας 20΄
Χρόνος μαγειρέματος 30΄

1½ κιλού μύδια με το όστρακο
1 κουταλιά πελτέ ντομάτας
4 ώριμες ντομάτες πολτοποιημένες
3 κουταλιές σάλτσα πιπεριάς ή
2 κουταλιές κέτσαπ
3 σκελίδες σκόρδο τριμμένο
1/3 κούπας λάδι
1/4 κούπας ψιλοκομμένο μαϊντανό
1/4 κούπας ψιλοκομμένο βασιλικό
4 φέτες ψωμί χωριάτικο
αλάτι και φρεσκοτριμμένο πιπέρι

Τρίψτε τα μύδια με σκληρή βούρτσα κάτω από τρεχούμενο νερό και καθαρίστε τα καλά. Τραβήξτε και κόψτε τα μουστάκια. Βάλτε τα σε κατσαρόλα με 1 κούπα νερό επάνω σε δυνατή φωτιά κι αφήστε τα, ώσπου ν' ανοίξουν. Βγάλτε τα με τρυπητή κουτάλα σ' ένα πιάτο και φυλάξτε 1 κούπα από το ζουμί τους. Διαλύστε τον πελτέ ντομάτας σε 2 κουταλιές νερό κι ανακατέψτε τον με τις πολτοποιημένες ντομάτες και τη σάλτσα πιπεριάς. Σε μια κατσαρόλα σοτάρετε το σκόρδο στο λάδι. Προσθέστε τις ντομάτες, το ζουμί που κρατήσατε από τα μύδια, τα μυρωδικά και λίγο αλάτι. Σιγοβράστε 30΄, προσθέστε τα μύδια, ανακατέψτε τα επάνω στη φωτιά και κατεβάστε τα. Αλείψτε τις φέτες του ψωμιού με λίγο λάδι αρωματισμένο με σκόρδο και φρυγανίστε τες. Σερβίρετε τα μύδια με το ζουμί τους σε μπολ, τρίψτε άφθονο μαύρο πιπέρι και συνοδέψτε με τις φρυγανισμένες φέτες ψωμιού.

Μύδια με Σαφράν Σαλάτα

Μερίδες 4
Χρόνος ετοιμασίας 30΄

1 μικρό κρεμμύδι σε φετάκια
1 πολύ μικρό πράσο σε λεπτές ρόδες
1 κούπα νερό
1/2 κιλού μύδια καθαρισμένα
1/4 κούπας λάδι
2 φρέσκα κρεμμυδάκια σε φετάκια
1/4 κούπας φυτική κρέμα
1/4 κουταλάκι σκόνη σαφράν
1 άισμπεργκ
2 κουταλιές χυμό λεμονιού
2 κουταλιές ψιλοκομμένο σέλερι
2 κουταλιές ψιλοκομμένο φρέσκο κρεμμυδάκι
2 κουταλιές ψιλοκομμένο φρέσκο εστραγκόν ή μαϊντανό
αλάτι και φρεσκοτριμμένο πιπέρι

Βάλτε σε μικρή κατσαρόλα το κρεμμύδι, το πράσο και το νερό και σιγοβράστε τα 5΄. Ρίξτε μέσα τα μύδια και ζεστάνετέ τα σε δυνατή φωτιά, μέχρι ν' αρχίσουν να βράζουν. Στραγγίστε τα και κρατήστε 1 κούπα από το ζουμί τους. Ζεστάνετε σ' ένα μικρό τηγάνι το λάδι και σοτάρετε ελαφρά τα κρεμμυδάκια. Προσθέστε την κρέμα, το σαφράν και το ζουμί που κρατήσατε. Βράστε το μίγμα 1΄ και προσθέστε τα μύδια. Ανακατέψτε και κατεβάστε τα αμέσως από τη φωτιά. Κόψτε το άισμπεργκ στα τέσσερα. Βάλτε από ένα τέταρτο σε κάθε πιάτο και ραντίστε με το χυμό λεμονιού. Μοιράστε τα μύδια στα 4 πιάτα και πασπαλίστε με σέλερι, κρεμμυδάκια, εστραγκόν ή μαϊντανό, αλάτι και φρεσκοτριμμένο πιπέρι. Γαρνίρετε με φέτες λεμονιού και κόκκινες καυτερές πιπερίτσας.

Κλαμπ Σάντουιτς με Θαλασσινά

Γίνονται 3 σάντουιτς
Χρόνος ετοιμασίας 20΄

1 κούπα γαριδούλες κατεψυγμένες
1 κούπα ψιλοκομμένα καβουροποδαράκια κατεψυγμένα
1 κούπα ψιλοκομμένο μαρούλι
100 γρ. φύτρες φασολιών
1 καρότο τριμμένο
1/2 κούπας σάλτσα αβοκάντο (βασικές συνταγές)
9 φέτες ψωμί τοστ
1 μέτρια ντομάτα σε πολύ λεπτά φετάκια
1 αγγουράκι σε λεπτά φετάκια
αλάτι και φρεσκοτριμμένο πιπέρι

Ανακατέψτε σ' ένα μεγάλο μπολ τα πρώτα 5 υλικά. Προσθέστε τη σάλτσα αβοκάντο κι ανακατέψτε απαλά. Μοιράστε τη γέμιση σε 6 φέτες ψωμιού. Στρώστε επάνω φετούλες ντομάτας κι αγγουριού. Ενώστε ανά δύο τις φέτες με τη γέμιση και καλύψτε με μια σκέτη φέτα ψωμιού, σχηματίζοντας τρία τρίπατα σάντουιτς. Πατήστε τα ελαφρά με την παλάμη σας να ενωθούν. Κόψτε τα με κοφτερό μαχαίρι διαγωνίως στη μέση και σερβίρετέ τα επάνω σε τρυφερά φύλλα μαρουλιού.

Μπαγκέτα με Θαλασσινά

Μερίδες 4
Χρόνος ετοιμασίας 35΄

2 μέτριες μπαγκέτες
4 καλαμάρια σε κρίκους
4 μικρές γαρίδες καθαρισμένες
8 μύδια καθαρισμένα
μερικά φετάκια καρότο τουρσί
μερικά τρυφερά φυλλαράκια ρόκας
2 μέτριες μελιτζάνες σε φέτες τηγανητές ή κοκκινιστές

για το πανάρισμα
1/4 κουταλάκι τριμμένο τζίντζερ ή σκόρδο
2 κουταλιές σόγια σος
κορν φλάουρ και τριμμένη φρυγανιά
1/4 κούπας μέλι αραιωμένο με
3 κουταλιές νερό

Βάλτε τα θαλασσινά σ' ένα μπολ με το τζίντζερ και τη σόγια κι αφήστε τα να σταθούν 10΄. Στραγγίστε και τυλίξτε τα πρώτα στο κορν φλάουρ, έπειτα βουτήξτε τα στο μέλι και κατόπιν στην τριμμένη φρυγανιά. Βάλτε τα στο ψυγείο 30΄ να στερεωθεί το πανάρισμα. Τηγανίστε τα παναρισμένα θαλασσινά σε καυτό λάδι. Κόψτε τις μπαγκέτες στη μέση διαγωνίως. Ανοίξτε

τες και γεμίστε τες με τις μελιτζάνες, τα τηγανητά θαλασσινά, καροτάκια τουρσί και ρόκα. Σερβίρετε τα σάντουιτς αμέσως.

Μπαγκέτα με Χταπόδι

Μερίδες 2
Χρόνος ετοιμασίας 20΄

1 μεγάλη μπαγκέτα
100 γρ. χταπόδι ξιδάτο
1 αγγουράκι σε φετάκια
1 μικρή ντομάτα σε λεπτές φέτες
1/2 κούπας πάστα ελιάς (βασικές συνταγές)
λίγη ρίγανη

Κόψτε τη μπαγκέτα, διαγωνίως, στη μέση. Ανοίξτε το κάθε μέρος της στα δύο, αλείψτε το εσωτερικό με πάστα ελιάς και γεμίστε το με το χταπόδι, το αγγουράκι και τη ντομάτα. Πασπαλίστε με λίγη ρίγανη και κλείστε ελαφρά σε σάντουιτς.

γκριλ. Για να φτιάξετε την αστακοσαλάτα χρησιμοποιείστε το κόραλ που θα βγάλετε από το κεφάλι του αστακού και τη σάρκα από τις δαγκάνες. Ανακατέψτε τα με τη μαγιονέζα, το μαϊντανό, αλάτι και πιπέρι. Φυλάξτε την αστακοσαλάτα στο ψυγείο, ώσπου να σερβίρετε. Αν θέλετε, κρατήστε τις δαγκάνες για να φτιάξετε bisque και να το σερβίρετε ως πρώτο πιάτο. Ετοιμάστε τη σάλτσα για το σπαγγέτι. Σοτάρετε το σκόρδο στο λάδι. Προσθέστε όλα τα υπόλοιπα υλικά και σιγοβράστε τη σάλτσα, ώσπου να δέσει. Βράστε το σπαγγέτι σε αλατισμένο νερό με 2 κουταλιές λάδι. Στραγγίστε και βάλτε το σε πιατέλα. Περιχύστε το με τη σάλτσα ντομάτας. Γεμίστε το άδειο μέρος στο κεφάλι του αστακού με την αστακοσαλάτα και τοποθετήστε τα δύο μισά κομμάτια στην πιατέλα με το σπαγγέτι. Σερβίρετε αμέσως.

Lobster Bisque

Μερίδες 4
Χρόνος ετοιμασίας 1 ώρα

1 αστακό (1 κιλό περίπου)
αλάτι κι άσπρο πιπέρι
2 κουταλιές λάδι
1 πολύ μικρό κρεμμύδι ψιλοκομμένο
2 κούπες ζωμό λαχανικών (βασικές συνταγές)
3 πατάτες καθαρισμένες σε κύβους
2 μεγάλες αγγινάρες καθαρισμένες
2 κουταλάκια σαφράν
1/4 κούπας φυτική κρέμα
8 λεπτές φέτες γαλλικής μπαγκέτας αλειμμένες με λίγη μαργαρίνη και φρυγανισμένες
2 κουταλιές ψιλοκομμένο μαϊντανό

Βράστε τον αστακό. Κρατήστε 1 κούπα από το ζουμί όπου έβρασε κι αφήστε τον να κρυώσει. Στο μεταξύ, σε μια μεγάλη κατσαρόλα, ζεστάνετε το λάδι και σοτάρετε το κρεμμυδάκι. Ρίξτε μέσα το ζουμί που κρατήσατε, το ζωμό λαχανικών, τις πατάτες και τις αγγινάρες κι αφήστε τα να σιγοβράσουν 20′ περίπου, ώσπου να λιώσουν οι πατάτες. Αφήστε το μίγμα να κρυώσει και χτυπήστε το στο πολυμίξερ, να γίνει ομοιογενής χυλός. Βάλτε τον στην κατσαρόλα και ζεστάνετέ τον. Ρίξτε κι ανακατέψτε το σαφράν, την κρέμα γάλακτος, αλάτι και πιπέρι. Καθαρίστε τον αστακό, κόψτε τον σε κομμάτια, μοιράστε τον σε τέσσερα βαθιά πιάτα και περιχύστε τον με τη ζεστή σούπα. Γαρνίρετε τη σούπα με το μαϊντανό και συνοδέψτε τη με το φρυγανισμένο ψωμί. Μπορείτε, αν θέλετε, να ετοιμάσετε το bisque μόνο με δαγκάνες από αστακούς. Θα χρειαστείτε 4 μεγάλες δαγκάνες.

Αστακός με Σπαγγέτι αλά Ιταλιάνα

Μερίδες 2
Χρόνος προετοιμασίας 1 ώρα
Χρόνος μαγειρέματος 30′

1 αστακό (1¹/₂ κιλού)
1/4 κούπας μαργαρίνη λιωμένη
200 γρ. σπαγγέτι ή λιγκουίνι
1/4 κούπας λάδι
1 σκελίδα σκόρδο τριμμένο
400 γρ. ντοματάκια ψιλοκομμένα χωρίς το ζουμί τους
1 κουταλιά ξίδι
1/4 κουταλάκι ζάχαρη
1 κουταλάκι ντομάτα πελτέ
1/3 κούπας ψιλοκομμένο βασιλικό ή μαϊντανό

για την αστακοσαλάτα
1/2 κούπας μαγιονέζα (βασικές συνταγές)
1/2 κούπας ψιλοκομμένο μαϊντανό
αλάτι κι άσπρο πιπέρι

Βράστε τον αστακό και κόψτε τον κατά μήκος στη μέση. Καλύψτε τα κομμάτια του αστακού με πλαστική μεμβράνη και φυλάξτε τα στο ψυγείο, ως την ώρα που θα σερβίρετε. Για να τα ζεστάνετε, αλείψτε τα με τη μαργαρίνη και ψήστε τα 5′ στο

Chowder με Καβούρι

Μερίδες 6
Χρόνος προετοιμασίας 20΄
Χρόνος μαγειρέματος 10΄

1 κούπα φρέσκα μανιτάρια σε λεπτά φετάκια
1/4 κούπας ψιλοκομμένο σέλερι
1/4 κούπας ψιλοκομμένα φρέσκα κρεμμυδάκια
2 κουταλιές μαργαρίνη
2 κουταλιές αλεύρι
1/2 κουταλάκι αλάτι
3 κούπες ζωμό λαχανικών (βασικές συνταγές)
2 μέτριες πατάτες βρασμένες σε μικρούς κύβους
250 γρ. ψίχα καβούρι κονσέρβας
1 κούπα φυτική κρέμα
2 κουταλάκια ψιλοκομμένο φρέσκο άνηθο

Βάλτε τη μαργαρίνη σε μικρή κατσαρόλα, να ζεσταθεί. Ρίξτε και σοτάρετε μέσα σ' αυτή τα μανιτάρια, το σέλερι και τα κρεμμυδάκια, ώσπου να μαραθούν. Ρίξτε το αλεύρι και το αλάτι κι ανακατέψτε 1΄ επάνω στη φωτιά. Προσθέστε το ζωμό λαχανικών, τις πατάτες και το καβούρι. Σιγοβράστε επάνω σε μέτρια φωτιά, ώσπου το μίγμα να πήξει ελαφρά. Προσθέστε κι ανακατέψτε την κρέμα και το άνηθο. Ανακατέψτε τη σούπα επάνω σε μέτρια φωτιά, ώσπου ν' αρχίσει να βράζει. Κατεβάστε την από τη φωτιά και σερβίρετέ τη πασπαλισμένη με ψιλοκομμένο άνηθο.

Clam Chowder

Μερίδες 4-5
Χρόνος προετοιμασίας 30΄
Χρόνος μαγειρέματος 40΄

1/4 κούπας μαργαρίνη
1/3 κούπας ψιλοκομμένο φρέσκο κρεμμυδάκι
2 κουταλιές ψιλοκομμένη πράσινη πιπεριά
2 κουταλιές ψιλοκομμένο σέλερι
1/4 κούπας ψιλοκομμένο καρότο
1 σκελίδα σκόρδο τριμμένο
400 γρ. πατάτες σε μικρούς κύβους
3 κούπες νερό
1 κουταλάκι αλάτι
1/2 κουταλάκι πιπέρι
20 σταγόνες Tabasco sauce
2 κούπες φρέσκα clams ή
άλλα οστρακοειδή καθαρισμένα
1 κούπα φυτική κρέμα
λίγο μαϊντανό ψιλοκομμένο

Βάλτε τη μαργαρίνη σε κατσαρόλα επάνω σε δυνατή φωτιά και σοτάρετε το κρεμμύδι, την πιπεριά, το σέλινο, το καρότο και το σκόρδο, να μαραθούν. Προσθέστε τις πατάτες και τα υπόλοιπα υλικά, εκτός από τα clams και την κρέμα. Σκεπάστε και σιγοβράστε, ώσπου να μαλακώσουν οι πατάτες. Ρίξτε τα clams και τη φυτική κρέμα κι όταν αρχίσει η σούπα να βράζει, κατεβάστε την από τη φωτιά και σερβίρετέ την πασπαλισμένη με ψιλοκομμένο μαϊντανό.

Μακαρόνια Τιμπάλ με Θαλασσινά

Μερίδες 6
Χρόνος προετοιμασίας 40΄
Χρόνος μαγειρέματος 1 ώρα και 30΄

300 γρ. μακαρόνια χοντρά
2 κουταλιές μαλακιά μαργαρίνη
1 κουταλιά ψιλοκομμένο άνηθο
1 κούπα τριμμένο μπαγιάτικο ψωμί
1 κούπα φυτική κρέμα
2 κουταλιές τριμμένο κρεμμύδι
αλάτι και πιπέρι
350 γρ. γαρίδες καθαρισμένες και αλεσμένες
1/4 κούπας ψιλοκομμένο άνηθο
250 γρ. σπανάκι κατεψυγμένο
2 κουταλιές μαργαρίνη
2 κουταλιές αλεύρι
1 κούπα φυτική κρέμα
λίγο μοσχοκάρυδο
1¹/₂ κούπας τριμμένο φυτικό τυρί

Βράστε τα μακαρόνια 10΄ σε αλατισμένο νερό με 1 κουταλιά λάδι. Στραγγίστε τα κι απλώστε τα σε απορροφητικό χαρτί να στεγνώσουν, προσέχοντας να μην ακουμπάει το ένα στο άλλο. Απλώστε με τα δάχτυλα τη μαργαρίνη και καλύψτε όλη την εσωτερική επιφάνεια ενός μεταλλικού μπολ που να χωράει 9 κούπες νερό. Πασπαλίστε το με το άνηθο. Ξεκινώντας από το κέντρο της βάσης, τυλίξτε τα μακαρόνια σε σπιράλ, καλύπτοντας όλη την επιφάνεια του μπολ, μέχρι τα χείλη. Σκεπάστε και βάλτε το μπολ στο ψυγείο. Κόψτε τα υπόλοιπα μακαρόνια σε κομμάτια 2 εκ. περίπου. Ανακατέψτε στο μπολ του πολυμίξερ το ψωμί, τη φυτική κρέμα, το κρεμμύδι, αλάτι και πιπέρι. Προσθέστε τις αλεσμένες γαρίδες και το άνηθο και χτυπήστε το μίγμα σε μέτρια ταχύτητα 3΄. Απλώστε το μίγμα στρώνοντάς το προσεχτικά και καλύψτε όλη την επιφάνεια των μακαρονιών μέσα στο μπολ. Σκεπάστε και βάλτε το στο ψυγείο. Ζεματίστε το σπανάκι και στραγγίστε το καλά. Πιέστε το μέσα στις παλάμες σας, να φύγει η περίσσεια του νερού. Βάλτε τη μαργαρίνη σε μικρή κατσαρόλα, προσθέστε το αλεύρι και σοτάρετέ το 1΄ σε μέτρια φωτιά. Ρίξτε την κρέμα κι ανακατέψτε επάνω στη φωτιά, ώσπου να πήξει η σάλτσα. Ρίξτε κι ανακατέψτε το μοσχοκάρυδο, αλάτι και πιπέρι. Ανακατέψτε μέσα το σπανάκι, τα κομμένα μακαρόνια και το φυτικό τυρί. Αδειάστε το μίγμα μέσα στο μπολ με τα στρωμένα υλικά. Καλύψτε τις άκρες του μπολ με αλουμινόχαρτο, αφήνοντας ανοιχτό το κέντρο. Βάλτε το σε ταψάκι, μέσα στο οποίο έχετε βάλει βραστό νερό σε ύψος 1 εκ. Ψήστε το στους 180°C 1 ώρα και 30΄ ή ώσπου να στερεωθεί. Βγάλτε το μπολ από το νερό, αφήστε το να σταθεί 15΄ και αναποδογυρίστε το σε πιατέλα. Γαρνίρετέ το με ψιλοκομμένο άνηθο κι ένα τριανταφυλλάκι ντομάτας.

Πατάτες Γεμιστές με Θαλασσινά

Μερίδες 3
Χρόνος προετοιμασίας 30΄
Χρόνος ψησίματος 20΄

3 μεγάλες γλυκοπατάτες
1/2 κούπας λάδι
3 σκελίδες σκόρδο τριμμένο
1 πράσο μόνο το άσπρο μέρος ψιλοκομμένο
3 φρέσκα κρεμμυδάκια ψιλοκομμένα
350 γρ. σκάλοπ κατεψυγμένα
6 μέτριες γαρίδες σε κομματάκια
1 κουταλιά αλεύρι
1/2 κούπας λευκό κρασί
1/2 κούπας φυτική κρέμα
αλάτι και φρεσκοτριμμένο πιπέρι
1 κούπα τριμμένο φυτικό τυρί
2 κουταλιές ψιλοκομμένο μαϊντανό
2 κουταλιές τριμμένη φρυγανιά

Βράστε τις πατάτες σε αλατισμένο νερό, να μαλακώσουν χωρίς να λιώσουν κι αφαιρέστε τη φλούδα. Χωρίστε τες κατά μήκος στη μέση και σκάψτε τες ελαφρά, δημιουργώντας ένα βαθούλωμα, να μοιάζουν με βαρκούλες. Χρησιμοποιώντας ένα πινέλο αλείψτε όλη την επιφάνειά τους με λάδι κι αραδιάστε τες σ' ένα ταψί. Βάλτε το λάδι σε κατσαρόλα επάνω σε δυνατή φωτιά και σοτάρετε το πράσο, το σκόρδο και τα κρεμμυδάκια, ώσπου να μαραθούν. Προσθέστε τα σκάλοπ και τις γαρίδες κι ανακατέψτε τα λίγο επάνω στη φωτιά. Πασπαλίστε με το αλεύρι και συνεχίστε λίγο ακόμη το ανακάτεμα. Προσθέστε το κρασί και την κρέμα και σιγοβράστε ανακατεύοντας ελαφρά, ώσπου να πήξει η σάλτσα. Κατεβάστε από τη φωτιά, ρίξτε αλάτι, πιπέρι και το μισό τριμμένο τυρί. Ανακατέψτε και μοιράστε το μίγμα στις πατάτες, γεμίζοντάς τες. Ανακατέψτε το υπόλοιπο τυρί με το μαϊντανό και την τριμμένη φρυγανιά. Πασπαλίστε με το μίγμα τις γεμιστές πατάτες, βάλτε τες στο φούρνο και ψήστε τες στους 180°C 15΄-20΄, να ροδίσει καλά η επιφάνεια. Σερβίρετέ τες ζεστές βάζοντας 1 κουταλιά μπρικ στην κάθε μία.

ΜΕ ΟΣΠΡΙΑ

ΛΑΔΕΡΑ ΦΑΓΗΤΑ

ΟΣΠΡΙΑ

Τα όσπρια είναι βρώσιμοι σπόροι, οι οποίοι, όταν βλαστήσουν, δίνουν διάφορα λαχανικά, όπως πράσινα χυμώδη φασολάκια, τροφαντό αρακά, τρυφερά κουκιά. Τα όσπρια λοιπόν, σε αντίθεση με τα δημητριακά, μας προσφέρονται από τη φύση και ξερά και φρέσκα. Η περίοδος που κυκλοφορούν νωπά είναι μικρή, μόλις μερικές εβδομάδες, ενώ ως ξερά είναι διαθέσιμα καθ' όλη τη διάρκεια του έτους. Στην ξερή τους μορφή χρησιμοποιούνται επί χιλιάδες χρόνια ως βασική τροφή από τους κατοίκους του Μεξικού, της Κίνας και της Αφρικής. Για εμάς τους Έλληνες αποτέλεσαν, από τους κλασικούς ακόμη χρόνους, ένα μεγάλο κομμάτι της παραδοσιακής κουζίνας μας.

Είναι νόστιμα, θρεπτικά και οικονομικά και έχουν το πλεονέκτημα ν' αποθηκεύονται και να διατηρούνται επί μεγάλο χρονικό διάστημα. Είναι φτωχά σε λιπαρά, πλούσια σε φυτικές ίνες και υδατάνθρακες. Περιέχουν σίδηρο, φολικό οξύ και σημαντικές ποσότητες καλίου, που μειώνει και κρατά σταθερή την πίεση του αίματος. Η θρεπτική αξία τους έγκειται στις σημαντικές ποσότητες πρωτεϊνών που περιέχουν. Αποτελούν την πιο πλούσια πηγή πρωτεϊνών του φυτικού βασιλείου. Μόλις μία κούπα φασόλια μαγειρευμένα περιέχουν την απαιτούμενη ημερήσια ποσότητα σε πρωτεΐνες και σίδηρο, που χρειάζεται ο οργανισμός. Στην Ινδία, όπου ο πληθυσμός είναι κατά το κύριο μέρος χορτοφάγος, η κίτρινη φάβα είναι η βασική πηγή πρωτεϊνών του λαού. Μια δίαιτα με όσπρια που συμπληρώνεται με δημητριακά και λαχανικά, παρέχει στον οργανισμό όλα τα απαραίτητα συστατικά και έχει όλες τις προϋποθέσεις μιας ισορροπημένης διατροφής.

Σήμερα, κυκλοφορούν εκατοντάδες ποικιλίες οσπρίων. Πολλά από τα όσπρια απαντούν σε διαφορετικά χρώματα, όπως κίτρινη, πράσινη, μαύρη και κόκκινη φακή, άσπρα, μαύρα, κόκκινα ή πολύχρωμα φασόλια. Τα βασικά τους χαρακτηριστικά είναι κοινά. Ο κάθε σπόρος τους αποτελείται από δύο μέρη που συγκρατούνται ενωμένα από τον εξωτερικό σκληρό φλοιό που τα περιβάλλει. Πολλά όσπρια κυκλοφορούν αποφλοιωμένα και οι σπόροι είναι χωρισμένοι στα δύο. Τα αποφλοιωμένα όσπρια βράζουν πιο γρήγορα, δύσκολα όμως κρατούν τη φόρμα τους. Στο βράσιμο λιώνουν, χυλώνουν και παίρνουν τη μορφή και την υφή πουρέ. Τα όσπρια με τον καιρό αφυδατώνονται και σκληραίνουν. Φυλάξτε τα καλά κλεισμένα σε σκιερά και δροσερά μέρη, μακριά από υγρασία και καταναλώστε τα μέσα σε έξι μήνες. Όσο περισσότερο στέκονται, τόσο πιο σκληρά γίνονται και τόσο πιο δύσκολα βράζουν. Αποφύγετε να αγοράσετε όσπρια που είναι παλαιότερα από ένα χρόνο. Επειδή από την όψη τους δεν μπορούμε να προσδιορίσουμε την ηλικία τους, είναι καλύτερα να αγοράζουμε μικρές ποσότητες από καταστήματα που έχουν μεγάλη κατανάλωση.

Ο καλύτερος τρόπος να μαγειρευτούν είναι το σιγανό και αργό βράσιμο σε χαμηλή φωτιά και χωρίς πολύ ανακάτεμα, για να μαλακώσουν χωρίς να χάσουν τη φόρμα τους. Μερικά όσπρια, όπως τα ρεβίθια, τα κουκιά και ορισμένα είδη φασολιών, χρειάζεται να μουσκέψουν, επί αρκετές ώρες σε νερό, για να απορροφήσουν ένα μέρος από το νερό που έχασαν κατά την ξήρανση. Έτσι βράζουν πιο γρήγορα. Επίσης τα φασόλια και οι φακές επιβάλλεται να βράσουν σε μπόλικο νερό, το οποίο θα στραγγίσουμε και θα πετάξουμε, πριν τα μαγειρέψουμε. Έτσι τα φασόλια θα γίνουν πιο ελαφριά και οι φακές δεν θα μαυρίσουν, όταν μαγειρευτούν.

Με μικρές αλλά χαρακτηριστικές διαφορές σε γεύση, τα διάφορα όσπρια, ποικιλόμορφα, με ελκυστικά χρώματα, μας προσφέρουν μια πλειάδα επιλογών για γευστικά, θρεπτικά και υγιεινά πιάτα. Οι τρόποι μαγειρέματος και παρουσίασής τους ποικίλλουν στα διάφορα μέρη της γης. Τα τελευταία χρόνια γνωρίζουν δόξες στα χέρια των δημιουργών της γεύσης. Η αναβάθμισή τους, συνέπεια των νέων απόψεων περί υγιεινής διατροφής των ειδικών, τα φέρνει παρέα με πιάτα γκουρμέ, ακόμη και με τη μαύρη τρούφα ή το χαβιάρι. Στην κατσαρόλα ή στο φούρνο, με αγνό λάδι ελιάς, ντομάτα και φρέσκα αρωματικά βότανα, είναι ο δικός μας απλός παραδοσιακός τρόπος μαγειρέματος. Μαγειρέψτε και απολαύστε τα, όπως σας αρέσει.

Φασόλια Σαλάτα

Μερίδες 4
Χρόνος προετοιμασίας 12 ώρες
Χρόνος μαγειρέματος 2 ώρες

250 γρ. μικρά άσπρα φασόλια
1 μικρό κρεμμύδι σε φετάκια
2 φρέσκα κρεμμυδάκια ψιλοκομμένα
1 μικρή πράσινη πιπεριά ψιλοκομμένη
3 κουταλιές ψιλοκομμένο μαϊντανό
4 κουταλιές ψιλοκομμένο αγγουράκι πίκλες
5-6 μαύρες ελιές για το στόλισμα
1/4 κούπας ξίδι
1/4 κούπας λάδι
αλάτι και φρεσκοτριμμένο πιπέρι

Βάλτε τα φασόλια σε μια κατσαρόλα με μπόλικο νερό κι αφήστε τα να βράσουν, ώσπου να μαλακώσουν καλά. Στραγγίστε τα κι αφήστε τα να κρυώσουν λίγο. Σε μια βαθουλή πιατέλα ανακατέψτε τα φασόλια με τα υπόλοιπα υλικά και περιχύστε τα με το ξίδι, το λάδι, αλάτι και φρεσκοτριμμένο πιπέρι. Αφήστε τα να σταθούν μερικές ώρες πριν τα σερβίρετε, για να νοστιμίσουν. Στολίστε τα με τις ελιές.

Σαλάτα με Μαύρα Φασόλια και Ρύζι

Μερίδες 4
Χρόνος προετοιμασίας 15´
Χρόνος μαγειρέματος 1 ώρα και 30´

250 γρ. φασόλια μαύρα ή μαυρομάτικα
1 κούπα ρύζι για πιλάφι βρασμένο
1/2 κούπας ψιλοκομμένα φρέσκα κρεμμυδάκια
10 ελιές γεμιστές με πιπεριά σε φετάκια
σος βινεγκρέτ (βασικές συνταγές)
1 κουταλιά ψιλοκομμένο δυόσμο

Βάλτε τα φασόλια μέσα σε νερό να φουσκώσουν 12 ώρες. Στραγγίστε τα και βάλτε τα σε μία κατσαρόλα με νερό να βράσουν, ώσπου να μαλακώσουν. Στραγγίστε τα κι αφήστε τα να κρυώσουν λίγο. Σε μια βαθουλή πιατέλα ανακατέψτε τα φασόλια με τα υπόλοιπα υλικά και περιχύστε τα με τη σος βινεγκρέτ, αλάτι και φρεσκοτριμμένο πιπέρι. Αφήστε τη σαλάτα να σταθεί 1-2 ώρες στο ψυγείο, πριν τη σερβίρετε. Συνοδέψτε τη με χόρτα βραστά, όπως σέσκουλα, βλήτα ή αντίδια σαλάτα.

Φασόλια με Πιπεριές και Ρύζι

Μερίδες 6
Χρόνος προετοιμασίας 12 ώρες
Χρόνος μαγειρέματος 2 ώρες

150 γρ. μαύρα φασόλια
150 γρ. μαυρομάτικα φασόλια
1/2 κούπας λάδι
3 μέτρια κρεμμύδια σε φετάκια
1 πράσινη, 1 κόκκινη και 1 κίτρινη πιπεριά
σε λεπτές λωρίδες
400 γρ. ντοματάκια κονσέρβας πολτοποιημένα
4 κουταλιές κέτσαπ
1 κουταλιά πάπρικα
1 κουταλιά τσίλι σος
1/4 κουταλάκι πιπέρι καγιέν
αλάτι και φρεσκοτριμμένο πιπέρι
2 κουταλιές μαργαρίνη
200 γρ. καλαμπόκι κονσέρβας
3 κούπες βρασμένο ρύζι basmati

Βάλτε τα φασόλια να φουσκώσουν 12 ώρες σε νερό που να τα σκεπάζει. Στραγγίστε τα και βράστε τα για 1 ώρα σε αλατι-σμένο νερό, να μισομαλακώσουν. Στο μεταξύ, ζεστάνετε το λάδι σε κατσαρόλα και σοτάρετε τα κρεμμύδια και τις πιπεριές, ώσπου να μαραθούν. Προσθέστε τα ντοματάκια, την κέτσαπ, τα μπαχαρικά, αλάτι και πιπέρι. Στραγγίστε τα φασόλια, ρίξτε κι ανακατέψτε τα στην κατσαρόλα με τα υπόλοιπα υλικά. Σιγοβράστε τα, ώσπου να μαλακώσουν καλά και να μείνουν με λίγη σάλτσα. Λιώστε τη μαργαρίνη σε μικρή κατσαρόλα και σοτάρετε το καλαμπόκι. Σερβίρετε τα φασόλια με το ρύζι και το σοταρισμένο καλαμπόκι.

Φασόλια σε Πιπεριές

Μερίδες 6
Χρόνος προετοιμασίας 50´
Χρόνος ψησίματος 1 ώρα και 45´

200 γρ. μικρά άσπρα φασόλια
200 γρ. κόκκινα ξερά φασόλια
1 λίτρο ζωμό λαχανικών (βασικές συνταγές)
1/4 κούπας λάδι
1 μέτριο κρεμμύδι τριμμένο
1 σκελίδα σκόρδο τριμμένο
4 πράσα μόνο το άσπρο μέρος ψιλοκομμένα
14 μεγάλες κόκκινες ή πράσινες πιπεριές
250 γρ. φυτικό τυρί σε κομματάκια
1/2 κούπας ψιλοκομμένο άνηθο
1/2 κούπας ψιλοκομμένο μαϊντανό
2 κούπες χυμό από φρέσκιες ντομάτες
1/2 κούπας λάδι
αλάτι και φρεσκοτριμμένο πιπέρι

Αφήστε τα φασόλια να φουσκώσουν για 12 ώρες σε νερό που να τα σκεπάζει. Στραγγίστε, βάλτε τα σε μια κατσαρόλα με το ζωμό λαχανικών και σιγοβράστε τα για 1 ώρα, ώσπου να μαλακώσουν. Σε μια μεγάλη κατσαρόλα, ζεστάνετε το λάδι και σοτάρετε το κρεμμύδι, το σκόρδο και τα πράσα. Σκεπάστε και σιγοβράστε 15´, να μισομαλακώσουν τα πράσα. Στραγγίστε τα φασόλια κι αδειάστε τα στην κατσαρόλα με τα λαχανικά, προσθέστε αλάτι και φρεσκοτριμμένο πιπέρι και κατεβάστε τα από τη φωτιά. Στο μεταξύ, πλύντε τις πιπεριές κι αφαιρέστε μία φέτα από το επάνω μέρος με το κοτσάνι. Τηγανίστε τες σε φριτέζα. Στο μίγμα των φασολιών προσθέστε το τυρί, το άνηθο και το μαϊντανό. Ανακατέψτε ελαφρά και γεμίστε με το μίγμα τις πιπεριές. Αραδιάστε τες σ' ένα πυρέξ σκεύος. Ζεστάνετε το λάδι σε μικρή κατσαρόλα, ρίξτε το χυμό ντομάτας, αλάτι, πιπέρι και σιγοβράστε, ώσπου να δέσει η σάλτσα. Ρίξτε 2 κουταλιές σάλτσα σε κάθε πιπεριά και την υπόλοιπη αδειάστε την στο ταψάκι γύρω τους. Σκεπάστε τες με αλουμινόχαρτο και βάλτε το ταψί στο φούρνο. Ψήστε το φαγητό στους 175°C, για 40´-45´. Σερβίρεται ζεστό.

Μεξικάνικες Γεμιστές Τορτίγιες

Μερίδες 4
Χρόνος ετοιμασίας 2-3 ώρες

για τη γέμιση
1/4 κούπας λάδι
2 σκελίδες σκόρδο σε φετάκια
2 μέτρια κρεμμύδια σε φετάκια
1 κόκκινη, 1 πορτοκαλί και
1 κίτρινη πιπεριά σε λωρίδες
20 σταγόνες Tabasco sauce (προαιρετικά)
1 κουταλιά σουσάμι
1 κουταλιά γούστερ σος
3 κουταλιές χυμό λεμονιού
αλάτι και φρεσκοτριμμένο πιπέρι

για το σερβίρισμα
8 τορτίγιες ή αραβικές πίτες
1 δόση φασόλια πουρέ
1 δόση σάλτσα γκουακαμόλε (σελ. 27) ή
1 κούπα έτοιμη σάλτσα τσίλι

Ετοιμάστε τη γέμιση. Σε μια κατσαρόλα ζεστάνετε το λάδι και σοτάρετε το σκόρδο, τα κρεμμύδια και τις πιπεριές, ανακατεύοντας συνεχώς, ώσπου να εξατμιστούν τα υγρά τους και να μαραθούν. Προσθέστε το Tabasco, το σουσάμι και τη γούστερ σος κι ανακατέψτε ζωηρά. Κατεβάστε από τη φωτιά, ρίξτε αλάτι, πιπέρι και ραντίστε με το χυμό λεμονιού. Αλείψτε τις τορτίγιες με τον πουρέ φασολιών και μοιράστε σ' αυτές τη γέμιση. Συνοδέψτε με σάλτσα γκουακαμόλε ή σάλτσα τσίλι.

Φασόλια Πουρέ

Μερίδες 6
Χρόνος προετοιμασίας 12 ώρες
Χρόνος μαγειρέματος 2 ώρες και 30΄

500 γρ. ξερά φασόλια χάνδρες
1 μεγάλο κρεμμύδι
3 σκελίδες σκόρδο
1 μεγάλο καρότο
1 ρίζα σέλινο
2 φύλλα δάφνης
1/2 κούπας ζωμό λαχανικών (βασικές συνταγές)
4 κουταλιές λάδι
4 σκελίδες σκόρδο τριμμένο
1 μικρό κρεμμύδι τριμμένο
1 κουταλιά πάπρικα
1 κουταλάκι τσίλι
αλάτι και φρεσκοτριμμένο πιπέρι

Βάλτε τα φασόλια να φουσκώσουν 12 ώρες σε νερό που να τα σκεπάζει. Στραγγίστε τα και βάλτε τα σε μια μεγάλη κατσαρόλα με 1½ λίτρου νερό, το κρεμμύδι, το σκόρδο, το καρότο, το σέλινο, τη δάφνη, αλάτι και πιπέρι κι αφήστε τα να σιγοβράσουν, ώσπου να μαλακώσουν. Στραγγίστε κι αφήστε τα να κρυώσουν λίγο. Βάλτε τα στο πολυμίξερ με το ζωμό λαχανικών κι αλέστε τα, να γίνουν πουρές. Σε μια κατσαρόλα βάλτε το λάδι να ζεσταθεί και σοτάρετε το σκόρδο και το κρεμμύδι. Προσθέστε τα μπαχαρικά, αλάτι και πιπέρι. Προσθέστε τον πουρέ των φασολιών κι ανακατέψτε επάνω σε χαμηλή φωτιά, να ενωθεί με τα υπόλοιπα υλικά. Επειδή, όσο περισσότερο τον σοτάρετε, τόσο περισσότερο σφίγγει, γιατί εξατμίζεται το νερό, ίσως χρειαστεί να προσθέσετε λίγο ζεστό νερό. Σερβίρεται ζεστός.

Τάρτα Καρδιά με Φασόλια

Μερίδες 8
Χρόνος προετοιμασίας 2 ώρες
Χρόνος ψησίματος 35΄

450 γρ. μέτρια ξερά φασόλια
1 μεγάλο κρεμμύδι
1 πράσινη καυτερή πιπεριά
1 ρίζα σέλινο
1 κόκκινη πιπεριά
2 κουταλιές λάδι
2 κουταλιές τριμμένο κρεμμύδι
2 σκελίδες σκόρδο τριμμένο
450 γρ. σπανάκι σε κομμάτια ζεματισμένο και
καλά στιμμένο
1 κουταλιά ξίδι
1 κουταλιά ψιλοκομμένο βασιλικό

αλάτι και φρεσκοτριμμένο πιπέρι
1 φέτα ντομάτας
μερικά φρέσκα μανιτάρια σε φετάκια

για τη ζύμη
300 γρ. αλεύρι για όλες τις χρήσεις
1 κουταλάκι μαγιά ξερή
1/2 κουταλάκι αλάτι
1 κούπα νερό
1 κουταλιά καλαμποκέλαιο

Βάλτε τα φασόλια σε μια κατσαρόλα με νερό και βράστε τα 1 ώρα. Στραγγίστε και βράστε τα σε καινούριο νερό μαζί με τα λαχανικά, ώσπου να μαλακώσουν. Στραγγίστε τα πάλι και φυλάξτε το ζουμί. Αλέστε τα στο πολυμίξερ προσθέτοντας όσο ζουμί χρειαστεί για να γίνουν μαλακός πουρές. Ψήστε την πιπεριά στο γκριλ 5΄. Αφαιρέστε τα σπόρια, κόψτε τη μισή σε λωρίδες και την υπόλοιπη σε μικρά κομματάκια. Σοτάρετε το κρεμμύδι και το σκόρδο στο λάδι. Ρίξτε κι ανακατέψτε τον πουρέ των φασολιών, τα κομματάκια της πιπεριάς, το ζεματισμένο σπανάκι, το ξίδι, το βασιλικό, αλάτι και πιπέρι. Σκεπάστε το μίγμα με πλαστική μεμβράνη και αφήστε το στο ψυγείο, ώσπου να το χρειαστείτε. Ζυμώστε όλα μαζί τα υλικά της ζύμης στο μίξερ, ώσπου να μαζευτεί ή ζύμη γύρω από το γάντζο ζυμώματος και συνεχίστε το ζύμωμα 5΄, σε χαμηλή ταχύτητα. Λαδώστε καλά μια μεγάλη φόρμα για τάρτες σε σχήμα καρδιάς και στρώστε μέσα τη ζύμη, καλύπτοντας τον πάτο και τα τοιχώματα. Τρυπήστε την επιφάνεια της τάρτας μ' ένα πηρούνι κι αφήστε τη να σταθεί στο ψυγείο 10΄. Αλείψτε την με λίγο λάδι και ψήστε τη στους 200˚C για 35΄. Αφήστε τη να κρυώσει ελαφρά, στρώστε μέσα το μίγμα των φασολιών και γαρνίρετε με τις λωρίδες κόκκινης πιπεριάς, την ντομάτα και τα μανιτάρια. Ραντίστε τη με λίγο λάδι, πασπαλίστε τη με αλάτι και πιπέρι και ψήστε τη για 15΄ στους 200˚C, ώσπου να ζεσταθεί καλά.

Φασόλια Πικάντικα

Μερίδες 4
Χρόνος προετοιμασίας 12 ώρες
Χρόνος μαγειρέματος 2 ώρες και 30΄

1/2 κιλού μέτρια άσπρα φασόλια ή
μπαρμπουνοφάσολα ξερά
1½ λίτρου ζωμό λαχανικών (βασικές συνταγές)
1/3 κούπας λάδι
3 σκελίδες σκόρδο σε δοντάκια
1 μέτριο κρεμμύδι ψιλοκομμένο
1 κόκκινη πιπεριά σε κομματάκια
1/2 κιλού ώριμες ντομάτες σε κύβους
20 σταγόνες Tabasco sauce

4 κουταλιές κέτσαπ
1/4 κουταλάκι κύμινο
1 κουταλάκι ρίγανη
1/2 κουταλάκι κόλιαντρο ξερό
αλάτι και φρεσκοτριμμένο πιπέρι
φρέσκο κόλιαντρο ή μαϊντανό ψιλοκομμένο

Βάλτε τα φασόλια να φουσκώσουν 12 ώρες σε νερό που να τα σκεπάζει. Στραγγίστε τα και βάλτε τα σε μια μεγάλη κατσαρόλα με το ζωμό λαχανικών. Σκεπάστε και σιγοβράστε τα, ώσπου να μισομαλακώσουν. Στραγγίστε τα φασόλια και κρατήστε 1 κούπα από το ζουμί. Σε μια κατσαρόλα βάλτε το λάδι να ζεσταθεί, ρίξτε και σοτάρετε το σκόρδο, το κρεμμύδι και την πιπεριά. Προσθέστε τα φασόλια, το ζουμί που κρατήσατε, τις ντομάτες, το Tabasco, την κέτσαπ, τα μπαχαρικά, αλάτι και πιπέρι κι αφήστε τα να σιγοβράσουν, ώσπου να μαλακώσουν και να μείνουν με λίγη σάλτσα. Ίσως χρειαστεί να προσθέσετε λίγο νερό. Πασπαλίστε τα με λίγο ψιλοκομμένο φρέσκο κόλιαντρο ή μαϊντανό και σερβίρετέ τα.

Κοχυλάκια με Σάλτσα από Φακές

Μερίδες 4
Χρόνος προετοιμασίας 15΄
Χρόνος μαγειρέματος 1 ώρα

1/4 κούπας λάδι
2 σκελίδες σκόρδο τριμμένο
1 μεγάλο κρεμμύδι τριμμένο
1 πράσινη πιπεριά ψιλοκομμένη
1 μέτριο καρότο ψιλοκομμένο
1 κούπα φακές
1²/₃ κούπας ζωμό λαχανικών
1/2 κουταλάκι ρίγανη
1/4 κουταλάκι δεντρολίβανο
1 κουταταλάκι αλάτι
1/4 κουταλάκι μαύρο πιπέρι
400 γρ. κοχυλάκια
1/3 κούπας ψιλοκομμένα φρέσκα κρεμμυδάκια

Ζεστάνετε το λάδι σε μια κατσαρόλα επάνω σε μέτρια φωτιά και σοτάρετε το σκόρδο, το κρεμμύδι, την πιπεριά και το καρότο, ώσπου να μαραθούν. Προσθέστε τις φακές και το ζωμό, τη ρίγανη, το δεντρολίβανο, το αλάτι και το πιπέρι και σιγοβράστε 30΄- 35΄, ώσπου να βράσουν οι φακές και να δέσει η σάλτσα. Στο μεταξύ, βράστε τα κοχυλάκια σε αλατισμένο νερό με 2 κουταλιές λάδι. Στραγγίστε, αδειάστε τα σε ζεστή πιατέλα, περιχύστε με τη ζεστή σάλτσα και πασπαλίστε τα με το φρέσκο κρεμμυδάκι. Σερβίρετέ τα αμέσως.

Φασόλια Χάντρες Γιαχνί

Μερίδες 4
Χρόνος προετοιμασίας 30΄
Χρόνος μαγειρέματος 1-2 ώρες

1 κιλό φασόλια χάντρες καθαρισμένα
(2 κιλά με το φλούδι)
3/4 κούπας λάδι
1 μέτριο κρεμμύδι τριμμένο
400 γρ. ντοματάκια κονσέρβας πολτοποιημένα
1 κουταλιά πελτέ ντομάτας (προαιρετικά)
1 κουταλιά κέτσαπ
1/2 κούπας ψιλοκομμένο μαϊντανό
1 μικρή πράσινη πιπεριά σε κομματάκια
αλάτι και φρεσκοτριμμένο πιπέρι

Ξεφλουδίστε τα φασόλια, βάλτε τα σ' ένα τρυπητό και ξεπλύντε τα. Βάλτε το λάδι σε κατσαρόλα επάνω σε δυνατή φωτιά, ρίξτε το κρεμμύδι και σοτάρετέ το ελαφρά. Ρίξτε το χυμό ντομάτας, τον πελτέ, την κέτσαπ, το μαϊντανό, την πιπεριά, τα φασόλια, αλάτι, πιπέρι και 2 κούπες νερό. Σκεπάστε και σιγοβράστε τα φασόλια, ώσπου να μαλακώσουν και να μείνουν με λίγη σάλτσα. Ίσως χρειαστεί να προσθέσετε λίγο νερό ακόμη, εξαρτάται από το πόσο βραστερά είναι τα φασόλια. Ζεστά ή κρύα, είναι το ίδιο νόστιμα.

Τρίχρωμη Σαλάτα με Φασόλια

Μερίδες 6
Χρόνος προετοιμασίας 10΄
Χρόνος μαγειρέματος 2 ώρες και 30΄

100 γρ. μικρά άσπρα φασόλια
100 γρ. μαύρα φασόλια
100 γρ. μαυρομάτικα φασόλια

100 γρ. red kidney beans κονσέρβας στραγγισμένα
1½ λίτρου ζωμό λαχανικών (βασικές συνταγές)
2-3 φρέσκα μανιτάρια σε φετάκια
4 φρέσκα κρεμμυδάκια ψιλοκομμένα
1 μέτριο κρεμμύδι ψιλοκομμένο

για το ντρέσινγκ
1/3 κούπας κρασόξιδο
1/3 κούπας ψιλοκομμένο μαϊντανό ή βασιλικό
2 κουταλάκια μουστάρδα
1 μικρή σκελίδα σκόρδο τριμμένο
1/3 κούπας λάδι ή σουσαμέλαιο

Βάλτε τα φασόλια, εκτός από τα red kidney beans, σε κατσαρόλα με νερό που να τα σκεπάζει και βράστε τα, ώσπου να μισομαλακώσουν. Στραγγίστε τα και βάλτε τα πάλι μέσα στην κατσαρόλα με το ζωμό λαχανικών. Σκεπάστε και σιγοβράστε τα, ώσπου να μαλακώσουν καλά. Στραγγίστε τα κι αδειάστε τα σ' ένα μπολ. Ρίξτε κι ανακατέψτε τα red kidney beans, τα μανιτάρια και τα κρεμμύδια. Χτυπήστε όλα τα υλικά για το ντρέσινγκ σ' ένα βαζάκι με καλό κλείσιμο και περιχύστε τη σαλάτα. Αφήστε τη να σταθεί 2-3 ώρες στο ψυγείο, πριν τη σερβίρετε. Γαρνίρετε τη σαλάτα με μερικές λεπτές φέτες ντομάτας.

Ριγκατόνι με Τσίλι

Μερίδες 4
Χρόνος προετοιμασίας 15΄
Χρόνος μαγειρέματος 30΄

300 γρ. ριγκατόνι ή πένες
1/4 κούπας λάδι
2 σκελίδες σκόρδο σε δοντάκια
1 κόκκινη πιπεριά
1/4 κούπας νερό
200 γρ. φασόλια red kidney beans κονσέρβας
200 γρ. καλαμπόκι κονσέρβας
2 κουταλιές chili seasoning ή
3 κουταλιές chili sauce
αλάτι και φρεσκοτριμμένο πιπέρι

Σε μια κατσαρόλα ζεστάνετε το λάδι και σοτάρετε το σκόρδο. Χτυπήστε την πιπεριά με το νερό στο μπλέντερ, να γίνει πουρές. Ρίξτε τον στην κατσαρόλα μαζί με τα φασόλια, το καλαμπόκι, το chili αλάτι και πιπέρι. Σκεπάστε και σιγοβράστε, ώσπου να δέσει η σάλτσα. Βράστε τα μακαρόνια σε αλατισμένο νερό με 2 κουταλιές λάδι και στραγγίστε τα. Σερβίρετέ τα σε ζεστά πιάτα συνοδεύοντάς τα με τα φασόλια. Ζεστό ή κρύο το φαγητό, είναι το ίδιο νόστιμο.

ΡΙΓΚΑΤΟΝΙ ΜΕ ΤΣΙΛΙ

Φασόλια με Αντζούγιες

Μερίδες 6
Χρόνος ετοιμασίας 2 ώρες

1/4 κούπας λάδι
3 σκελίδες σκόρδο τριμμένο
1/4 κούπας ψιλοκομμένα φρέσκα κρεμμυδάκια
400 γρ. μανιτάρια κονσέρβας σε φετάκια
5 φιλέτα αντζούγιας χωρίς κόκαλα
1/4 κούπας άσπρο ξίδι
250 γρ. βρασμένα μέτρια φασόλια (2 κούπες)
2 κουταλιές χυμό λεμονιού
αλάτι και φρεσκοτριμμένο πιπέρι
ρίγανη, φρέσκο κρεμμυδάκι ψιλοκομμένο

Σοτάρετε το σκόρδο και τα κρεμμυδάκια στο λάδι. Προσθέστε τα μανιτάρια και σοτάρετέ τα, να μαραθούν. Ρίξτε κι ανακα-

τέψτε τις αντζούγιες και το ξίδι και βράστε, ώσπου να μείνει το μισό ζουμί. Προσθέστε τα φασόλια, το χυμό λεμονιού, αλάτι, πιπέρι, ανακατέψτε κι αδειάστε σε πιατέλα σερβιρίσματος. Πασπαλίστε τα με ρίγανη και ψιλοκομμένο φρέσκο κρεμμυδάκι. Σερβίρονται ζεστά.

Φασόλια με Βίδες

Μερίδες 4
Χρόνος προετοιμασίας 12 ώρες
Χρόνος μαγειρέματος 1 ώρα και 30´

250 γρ. μέτρια άσπρα φασόλια
1 λίτρο ζωμό λαχανικών
1 κούπα κολοκύθι ζουλιέν
1 κούπα μαύρες ελιές σε φετάκια
300 γρ. βίδες
1 κούπα σάλτσα πιπεριά Φλώρινας (βασικές συνταγές)
2 κουταλιές ψιλοκομμένο μαϊντανό
αλάτι και φρεσκοτριμμένο πιπέρι

Βάλτε τα φασόλια να φουσκώσουν 12 ώρες σε νερό που να τα σκεπάζει. Στραγγίστε και βάλτε τα σε κατσαρόλα με το ζωμό λαχανικών, αλάτι και πιπέρι. Σκεπάστε και σιγοβράστε τα, ώσπου να μαλακώσουν. Στραγγίστε κι ανακατέψτε τα σ' ένα μπολ με το κολοκύθι και τις ελιές. Βράστε τις βίδες σ'αλατισμένο νερό με 2 κουταλιές λάδι. Στραγγίστε κι αδειάστε τες στο μπολ με τα φασόλια. Περιχύστε με τη σάλτσα Φλώρινας, ανακατέψτε και πασπαλίστε με το μαϊντανό και φρεσκοτριμμένο πιπέρι. Σερβίρονται κρύα.

Φασόλια Σούπα με Πάστα

Μερίδες 6
Χρόνος προετοιμασίας 12 ώρες
Χρόνος μαγειρέματος 2 ώρες

1 κούπα μέτρια άσπρα φασόλια
1/2 κούπας λάδι
1 μεγάλο κρεμμύδι τριμμένο
1 καρότο σε κύβους
1 σκελίδα σκόρδο τριμμένο
1/2 κούπας ψιλοκομμένο σέλινο
2 κούπες τριμμένο λάχανο
2 κούπες χυμό ντομάτας
αλάτι και φρεσκοτριμμένο πιπέρι
1 κουταλάκι θυμάρι
1/4 κούπας ψιλοκομμένο μαϊντανό
2 λίτρα ζωμό λαχανικών (βασικές συνταγές)
1/2 κούπας κοφτό μακαρονάκι

Βάλτε τα φασόλια να φουσκώσουν 12 ώρες σε νερό που να τα σκεπάζει. Στραγγίστε και βράστε τα για 30′ σε αλατισμένο νερό. Σε μια μεγάλη κατσαρόλα ζεστάνετε το λάδι και σοτάρετε το κρεμμύδι, το καρότο και το σκόρδο. Προσθέστε τα φασόλια, αφού τα στραγγίσετε προηγουμένως και τα υπόλοιπα υλικά, εκτός από το μακαρονάκι. Αφήστε τη σούπα να σιγοβράσει, ώσπου να μαλακώσουν τα φασόλια. Προσθέστε το μακαρονάκι και συνεχίστε το βράσιμο για 10′. Σερβίρετε τη σούπα ζεστή.

Ρύζι με Φακές και Λαχανικά

Μερίδες 4
Χρόνος προετοιμασίας 1 ώρα
Χρόνος μαγειρέματος 40′

1 μέτρια μελιτζάνα σε κύβους
1/4 κούπας λάδι
2 σκελίδες σκόρδο σε δοντάκια
1 κούπα ψιλοκομμένα ντοματάκια
1/4 κούπας φυλλαράκια βασιλικό

1/2 κούπας φακές
3 κουταλιές μαργαρίνη
1 μέτριο κρεμμύδι ψιλοκομμένο
2 κούπες ζωμό λαχανικών
1/2 κούπας ρύζι
2 κούπες κομματάκια λαχανικών (καρότο, κολοκύθι,
κόκκινη και πράσινη πιπεριά)
1/3 κούπας αρακά
100 γρ. μπρόκολα σε φουντίτσες

Αλατίστε τις μελιτζάνες κι αφήστε τες να σταθούν 30′. Ξεπλύντε και στίψτε τες καλά. Βάλτε σε μικρή κατσαρόλα το λάδι και σοτάρετε το σκόρδο. Αφαιρέστε το, προσθέστε τις μελιτζάνες και τηγανίστε τες ελαφρά. Προσθέστε τα ντοματάκια και το βασιλικό και σιγοβράστε 15′, να δέσει η σάλτσα. Στο μεταξύ ζεματίστε τις φακές και στραγγίστε τες. Σε μια μεγάλη κατσαρόλα λιώστε τη μαργαρίνη και σοτάρετε το κρεμμύδι, να μαραθεί. Προσθέστε το ζωμό λαχανικών, το ρύζι, τις φακές, σκεπάστε και σιγοβράστε 10′, να μισομαλακώσουν. Ρίξτε κι ανακατέψτε τα λαχανικά και συνεχίστε το βράσιμο για 15′, ώσπου να μαλακώσουν και να φουσκώσει το ρύζι. Προσθέστε τη σάλτσα με τις μελιτζάνες, ανακατέψτε και κατεβάστε από τη φωτιά. Ζεστό ή κρύο, είναι το ίδιο νόστιμο.

Γίγαντες Πλακί

Μερίδες 6-8
Χρόνος προετοιμασίας 24 ώρες
Χρόνος ψησίματος 1 ώρα

1/2 κιλού φασόλια γίγαντες Φλώρινας
μερικά κοτσάνια σέλινο
1 καρότο
μερικούς κόκκους πιπέρι
1 κούπα λάδι
1 κούπα τριμμένο κρεμμύδι
5-6 σκελίδες σκόρδο σε φετάκια
1 κιλό ώριμες ντομάτες περασμένες από σίτα
αλάτι, πιπέρι, λίγη ζάχαρη
1/2 κούπας ψιλοκομμένο μαϊντανό
2 μεγάλες ντομάτες κομμένες σε λεπτές ρόδες

Βάλτε τα φασόλια να φουσκώσουν 24 ώρες σε νερό που να τα σκεπάζει. Στραγγίστε τα και βάλτε τα σε μεγάλη κατσαρόλα με μπόλικο νερό. Προσθέστε το σέλινο, το καρότο και τους κόκκους πιπέρι. Βράστε τα φασόλια, ώσπου να μαλακώσουν. Στραγγίστε κι αδειάστε τα σ' ένα πυρέξ ή καλύτερα σε πήλινο σκεύος. Βάλτε το λάδι σε κατσαρόλα επάνω σε δυνατή φωτιά και σοτάρετε ελαφρά το κρεμμύδι και το σκόρδο. Ρίξτε την ντομάτα, αλάτι, πιπέρι, λίγη ζάχαρη κι αφήστε τη σάλτσα να βράσει μερικά λεπτά. Κατεβάστε την από τη φωτιά, ρίξτε κι ανακατέψτε το μαϊντανό. Περιχύστε τους γίγαντες με τη σάλτσα και τοποθετήστε στην επιφάνεια τις ρόδες της ντομάτας. Πασπαλίστε τες με λίγο αλάτι, πιπέρι και ρίγανη και περιχύστε τες με λίγο λάδι. Βάλτε το φαγητό στο φούρνο και ψήστε το στους 175°C, για 1 ώρα περίπου. Εάν χρειαστεί, ρίξτε λίγο νερό, έτσι ώστε τα φασόλια να μαλακώσουν και να μείνουν με πολύ λίγη σάλτσα. Ζεστά ή κρύα, είναι το ίδιο νόστιμα.

Φακές με Λαχανικά

Μερίδες 5-6
Χρόνος προετοιμασίας 35΄
Χρόνος μαγειρέματος 30΄ - 50΄

300 γρ. φακές
1 κολοκυθάκι σε μικρούς κύβους
1 μέτριο κρεμμύδι ψιλοκομμένο
1 σκελίδα σκόρδο τριμμένο
1 πράσο μόνο το άσπρο μέρος σε κομματάκια
1 πράσινη πιπεριά σε κομματάκια
1 μικρό καρότο σε κύβους
2 μέτριες ντομάτες σε κομματάκια
2 φύλλα δάφνης
20 κόκκους πιπέρι
1 κούπα λάδι
1 μέτρια πατάτα σε κύβους

Καθαρίστε και πλύντε τις φακές. Βάλτε τες σε κατσαρόλα με νερό που να τις σκεπάζει, επάνω σε δυνατή φωτιά. Όταν αρχίσουν να βράζουν, στραγγίστε τες και πετάξτε το νερό. Καθαρίστε και κόψτε τα λαχανικά. Βάλτε το λάδι σε κατσαρόλα επάνω σε μέτρια φωτιά και σοτάρετε το κρεμμύδι, το σκόρδο και τα λαχανικά να μαραθούν. Προσθέστε τις φακές, την ντομάτα, τη δάφνη, το πιπέρι, αλάτι κι όσο νερό χρειαστεί για να σκεπαστούν οι φακές. Σιγοβράστε τες για 25΄ ή όσο χρειαστεί για να μαλακώσουν. Στο μεταξύ τηγανίστε τις πατάτες και προσθέστε τες στις έτοιμες φακές. Βράστε το φαγητό 5΄ ακόμη και σερβίρετέ το ζεστό, συνοδεύοντάς το με ελιές και ταραμοσαλάτα.

Τρίχρωμες Φακές Σαλάτα

Μερίδες 6
Χρόνος προετοιμασίας 15´
Χρόνος μαγειρέματος 1 ώρα

100 γρ. κόκκινη φακές
100 γρ. κίτρινη φακές
100 γρ. πράσινη φακές
4 φρέσκα κρεμμυδάκια ψιλοκομμένα
1 πράσινη πιπεριά ψιλοκομμένη
2 μέτριες ντομάτες ψιλοκομμένες
2 κουταλιές ψιλοκομμένο άνηθο
2 κουταλιές κουκουνάρια (προαιρετικά)

για το ντρέσινγκ
1/4 κούπας λάδι
2 κουταλιές ξίδι balsamico

1 σκελίδα σκόρδο τριμμένο
1/2 κουταλάκι πάπρικα
1/2 κουταλάκι τσίλι
αλάτι και φρεσκοτριμμένο πιπέρι

Σε μια κατσαρόλα βάλτε τις φακές με νερό που να τις σκεπάζει και βράστε τες, να μαλακώσουν, χωρίς να λιώσουν. Αν θέλετε, για περισσότερη νοστιμιά, βράστε τες σε ζωμό λαχανικών. Στραγγίστε τες, αδειάστε σ' ένα μπολ κι ανακατέψτε τες με τα υπόλοιπα ψιλοκομμένα λαχανικά, το άνηθο και τα κουκουνάρια. Βάλτε όλα τα υλικά του ντρέσινγκ σ' ένα βαζάκι με καλό κλείσιμο και χτυπήστε τα να ενωθούν. Περιχύστε τις φακές, ανακατέψτε τες κι αφήστε να σταθούν 1 ώρα στο ψυγείο, πριν τις σερβίρετε.

1 κουταλάκι κύμινο
2 κουταλιές τσίλι σος ή τσίλι κέτσαπ
1½ κουταλάκι αλάτι
φρεσκοτριμμένο πιπέρι

Πλύντε τις φακές και βάλτε τες σε κατσαρόλα με το νερό να σιγοβράσουν, ώσπου να μισομαλακώσουν. Στραγγίστε τες και πετάξτε το ζουμί. Ζεστάνετε σε μια μεγάλη κατσαρόλα το λάδι και σοτάρετε το κρεμμύδι, το σέλερι, το σκόρδο, τις πιπεριές και τα μανιτάρια ανακατεύοντάς τα επάνω σε δυνατή φωτιά, ώσπου να μαραθούν. Προσθέστε τον ντοματοχυμό, τα ψιλο-κομμένα ντοματάκια, τα φασόλια, τα μπαχαρικά, την κέτσαπ, το αλάτι, αρκετό πιπέρι και τις φακές. Ανακατέψτε ελαφρά, σκεπάστε και σιγοβράστε το φαγητό, ώσπου να μαλακώσουν οι φακές και να δέσει η σάλτσα. Σερβίρετε το chili ζεστό ή κρύο, είναι το ίδιο νόστιμο. **Εναλλακτικά**, φτιάξτε το chili με φακές αλάδωτο, παραλείποντας το λάδι κι αχνίζοντας τα λα-χανικά, αντί να τα σοτάρετε. Γίνεται το ίδιο νόστιμο.

Ρεβίθια με Σπανάκι

Μερίδες 4-5
Χρόνος προετοιμασίας 12 ώρες
Χρόνος μαγειρέματος 35΄

1 κούπα ρεβίθια
2 μεγάλα κρεμμύδια σε λεπτά φετάκια
1 κιλό σπανάκι καθαρισμένο σε κομμάτια
1/2 κούπας ψιλοκομμένο άνηθο
αλάτι και φρεσκοτριμμένο πιπέρι
1 κούπα χυμό ντομάτας
2/3 κούπας λάδι
1/4 κούπας χυμό λεμονιού

Βάλτε τα ρεβίθια να φουσκώσουν από το προηγούμενο βράδυ μέσα σε νερό που να τα σκεπάζει με 1 κουταλιά αλάτι. Την επομένη στραγγίστε και ξεπλύντε τα με λίγο νερό. Σε μια κα-τσαρόλα βάλτε το μισό λάδι να ζεσταθεί, ρίξτε και σοτάρετε τα κρεμμύδια, ώσπου να μαραθούν. Προσθέστε τα ρεβίθια και το χυμό ντομάτας και σιγοβράστε τα για 15΄, ώσπου να μισομα-λακώσουν. Ανακατέψτε το σπανάκι με το άνηθο και στρώστε το μισό σε μια μεγάλη κατσαρόλα. Αραδιάστε επάνω τα ρεβίθια. Σκεπάστε τα με το υπόλοιπο σπανάκι, πασπαλίστε την επιφά-νεια με αλάτι και πιπέρι και περιχύστε με το υπόλοιπο λάδι. Σκεπάστε την κατσαρόλα κι όταν το φαγητό αρχίσει να βράζει, χαμηλώστε τη φωτιά και σιγοβράστε το για 30΄- 35΄, ώσπου να μαλακώσουν τα ρεβίθια, χωρίς να λιώσει το σπανάκι. Το φα-γητό πρέπει να μείνει με πολύ λίγη σάλτσα. Όταν το σερβίρετε, περιχύστε το με το χυμό λεμονιού. **Εναλλακτικά**, ζεματίστε και στραγγίστε το σπανάκι πριν το ανακατέψετε με το άνηθο.

Chili με Φακές

Μερίδες 6
Χρόνος προετοιμασίας 40΄
Χρόνος μαγειρέματος 1 ώρα

6 κούπες νερό
300 γρ. φακές
1/3 κούπας λάδι
1 μεγάλο κρεμμύδι ψιλοκομμένο (1 κούπα)
1 κούπα σέλερι σε ψιλά κομματάκια
1 σκελίδα σκόρδο τριμμένο
2 μακριές πράσινες πιπεριές ψιλοκομμένες
1 κονσέρβα 250 γρ. μανιτάρια σε λεπτά φετάκια
1 κουτί 400 γρ. ντοματοχυμό
800 γρ. ντοματάκια κονσέρβας ψιλοκομμένα
400 γρ. red kidney beans κονσέρβας
2 κουταλάκια τσίλι

Ρεβίθια με Ντομάτα

Μερίδες 6
Χρόνος προετοιμασίας 12 ώρες
Χρόνος μαγειρέματος 1 ώρα και 30΄

1/2 κιλού ρεβίθια
1 λίτρο ζωμό λαχανικών
1/3 κούπας λάδι
1 μεγάλο κρεμμύδι τριμμένο
2 πράσα μόνο το άσπρο μέρος σε ρόδες
2 σκελίδες σκόρδο τριμμένο
400 γρ. ντοματάκια κονσέρβας με το ζουμί τους
1 κουταλιά πελτέ ντομάτας
1 κουταλάκι ρίγανη
10-12 φύλλα φρέσκου βασιλικού ψιλοκομμένα
αλάτι και φρεσκοτριμμένο πιπέρι

Βάλτε τα ρεβίθια να φουσκώσουν από το προηγούμενο βράδυ μέσα σε νερό με 1 κουταλιά αλάτι. Την επομένη στραγγίστε και ξεκολύστε τα. Βάλτε τα σε μια κατσαρόλα με το ζωμό λαχανικών και βράστε τα, ώσπου να μισομαλακώσουν. Σε μια κατσαρόλα ζεστάνετε το λάδι και σοτάρετε το κρεμμύδι, τα πράσα και το σκόρδο, να μαραθούν. Προσθέστε τα ντοματάκια, τον πελτέ ντομάτας, τη ρίγανη και το βασιλικό κι ανακατέψτε τα. Προσθέστε τα ρεβίθια μαζί με το ζουμί τους. Ρίξτε λίγο αλάτι, αν χρειάζεται, γιατί τα ρεβίθια έχουν πάρει αρκετό κατά το φούσκωμα και μπόλικο φρεσκοτριμμένο πιπέρι. Σκεπάστε και σιγοβράστε τα, ώσπου να μαλακώσουν και να μείνουν με λίγη πηχτή σάλτσα. Σερβίρετέ τα γαρνίροντας με μερικά φυλλαράκια φρέσκου βασιλικού.

Μεξικάνικα Ρεβίθια

Μερίδες 4-5
Χρόνος προετοιμασίας 12 ώρες
Χρόνος μαγειρέματος 1 ώρα και 50΄

1/2 κιλού ρεβίθια χοντρά
1½ λίτρου νερό

για τη σάλτσα
1/2 κούπας άσπρο ξίδι
1 κουταλάκι ρίγανη
1 κουταλάκι κόλιαντρο σε κόκκους
1 γαρίφαλο
1 ξυλαράκι κανέλα
1 κουταλιά πιπέρι σε κόκκους
1 φύλλο δάφνης
1/3 κούπας λάδι
1 μέτριο κρεμμύδι ψιλοκομμένο
3 σκελίδες σκόρδο τριμμένο
2 κόκκινες ή πράσινες πιπεριές σε κομματάκια

1 κουταλάκι ζάχαρη
2 κόκκινες καυτερές πιπερίτσες τριμμένες
800 γρ. ντοματάκια κονσέρβας ψιλοκομμένα
1 κουταλιά πελτέ ντομάτας
1/4 κούπας ψιλοκομμένο κόλιαντρο ή μαϊντανό
αλάτι και φρεσκοτριμμένο πιπέρι

Βάλτε τα ρεβίθια να φουσκώσουν 12 ώρες σε νερό που να τα σκεπάζει με 1 κουταλιά αλάτι. Στραγγίστε, βάλτε τα σε μια κατσαρόλα με το νερό και βράστε τα για 1 ώρα, να μαλακώσουν. Στραγγίστε και κρατήστε 1 κούπα από το ζουμί. Σε μικρή κατσαρόλα βάλτε το ξίδι, τα μπαχαρικά και τη δάφνη και βράστε τα σκεπασμένα, για 10΄. Στραγγίστε και κρατήστε το αρωματισμένο ξίδι. Σε μια μεγάλη κατσαρόλα ζεστάνετε το λάδι και σοτάρετε το κρεμμύδι, το σκόρδο και την πιπεριά. Προσθέστε τα ντοματάκια, τον πελτέ, το αρωματισμένο ξίδι, τη ζάχαρη, τις καυτερές πιπερίτσες, το ζουμί από τα ρεβίθια, αλάτι και πιπέρι και σιγοβράστε τη σάλτσα για 40΄. Προσθέστε τα ρεβίθια και συνεχίστε το μαγείρεμα για άλλα 10΄. Σερβίρετέ τα ζεστά με τουρσιά και τορτίγιες ή αραβικές πιτούλες πασπαλίζοντας με τον ψιλοκομμένο κόλιαντρο.

Ρεβίθια με Μελιτζάνες

Μερίδες 4
Χρόνος προετοιμασίας 12 ώρες
Χρόνος μαγειρέματος 1 ώρα και 30΄

400 γρ. ρεβίθια χοντρά
1/4 κούπας λάδι
1 μεγάλο κρεμμύδι σε φετάκια
4 σκελίδες σκόρδο σε φετάκια
400 γρ. ντοματάκια κονσέρβας ψιλοκομμένα
1/2 κουταλάκι μπαχάρι
1 κουταλάκι πάπρικα
1/2 κουταλάκι κόλιαντρο
αλάτι και φρεσκοτριμμένο πιπέρι
4 μέτριες μελιτζάνες σε κομμάτια μπουκιάς

Αφήστε τα ρεβίθια να φουσκώσουν 12 ώρες σε νερό με 1 κουταλιά αλάτι. Στραγγίστε, βάλτε τα σε κατσαρόλα με νερό που να τα σκεπάζει και βράστε τα για 30΄, να μισομαλακώσουν. Στραγγίστε και πετάξτε το νερό. Σε μια μεγάλη κατσαρόλα ζεστάνετε το λάδι και σοτάρετε το κρεμμύδι και το σκόρδο, ώσπου να μαραθούν. Προσθέστε την ντομάτα, το μπαχάρι, την πάπρικα, το κόλιαντρο, τα ρεβίθια, αλάτι και πιπέρι και συνεχίστε το βράσιμο για 1 ώρα ακόμη, ώσπου να μαλακώσουν τα ρεβίθια και να δέσει η σάλτσα. Στο μεταξύ, ετοιμάστε τις μελιτζάνες, όπως θα τις ετοιμάζατε για τηγάνισμα. Τηγανίστε και βάλτε τες σε απορροφητικό χαρτί, να φύγει η περίσσεια του λαδιού. Αδειάστε τες μέσα στην κατσαρόλα με τα ρεβίθια κι ανακατέψτε ελαφρά. Σκεπάστε και σιγοβράστε 5΄, για να ενωθούν οι γεύσεις. Ζεστά ή κρύα, είναι το ίδιο νόστιμα.

Ρεβίθια αλά China

Μερίδες 4
Χρόνος προετοιμασίας 12 ώρες
Χρόνος μαγειρέματος 1 ώρα

250 γρ. ρεβίθια χοντρά
1 λίτρο ζωμό λαχανικών
2 μικρές μελιτζάνες ζουλιέν
1/4 κούπας λάδι
2 φρέσκα κρεμμυδάκια ζουλιέν
2 σκελίδες σκόρδο σε δοντάκια
1 κουταλάκι τριμμένο φρέσκο τζίντζερ
2 κόκκινες πιπεριές ζουλιέν
2 μέτρια καρότα ζουλιέν
2 μέτρια κολοκύθια ζουλιέν
1/4 κούπας σόγια σος
1 κουταλιά κέτσαπ
1 μικρή καυτερή κόκκινη πιπερίτσα τριμμένη
1 κουταλάκι κορν φλάουρ διαλυμένο σε
1 κουταλιά νερό

3 κουταλιές κάσιους σε φετάκια καβουρντισμένα
αλάτι και φρεσκοτριμμένο πιπέρι

Αφήστε τα ρεβίθια να φουσκώσουν μία νύχτα σε νερό που να τα σκεπάζει με 1 κουταλιά αλάτι. Στραγγίστε και ξεπλύνετέ τα με αρκετό νερό. Βάλτε τα σε μια κατσαρόλα με το ζωμό λαχανικών και σιγοβράστε, ώσπου να μαλακώσουν. Στο μεταξύ, αλατίστε τις μελιτζάνες κι αφήστε τες να σταθούν για 1 ώρα. Ξεπλύντε καλά και στίψτε τες στις παλάμες σας, να φύγει η περίσσεια του νερού. Βάλτε στο γουόκ ή σε μια μεγάλη κατσαρόλα με βαρύ πάτο το λάδι να ζεσταθεί σε μέτρια φωτιά και σοτάρετε το σκόρδο και το τζίντζερ. Προσθέστε τα λαχανικά κι ανακατέψτε τα, να μαραθούν καλά. Ρίξτε τα ρεβίθια, τη σόγια, την κέτσαπ, την τριμμένη καυτερή πιπεριά, το κορν φλάουρ, πιπέρι και αλάτι, αν χρειάζεται. Ανακατέψτε για 10΄ επάνω στη φωτιά κι αδειάστε το φαγητό σ' ένα μπολ σερβιρίσματος. Πασπαλίστε με τα κάσιους και σερβίρετέ το με ρύζι basmati.

Ρεβίθια με Λαχανικά

Μερίδες 6
Χρόνος προετοιμασίας 12 ώρες
Χρόνος μαγειρέματος 1 ώρα

1/2 κιλού ρεβίθια χοντρά
1 λίτρο ζωμό λαχανικών
1/2 κούπας λάδι
2 σκελίδες σκόρδο σε φετάκια
1 μικρό κρεμμύδι σε κομματάκια
3 πράσα μόνο το λευκό μέρος σε κομματάκια
1 μεγάλο καρότο σε κομματάκια
2 τρυφερά κλωνάρια σέλερι σε κομματάκια
δεντρολίβανο ή θυμάρι
3 κουταλιές πελτέ ντομάτας
αλάτι και φρεσκοτριμμένο πιπέρι

Βάλτε τα ρεβίθια να φουσκώσουν 12 ώρες σε νερό που να τα σκεπάζει με 1 κουταλιά αλάτι. Στραγγίστε και ξεπλύνετέ τα με αρκετό τρεχούμενο νερό. Βάλτε τα σε μια κατσαρόλα με το ζωμό λαχανικών και βράστε τα, ώσπου να μισομαλακώσουν. Σε μια άλλη κατσαρόλα ζεστάνετε το λάδι και σοτάρετε το σκόρδο, το κρεμμύδι και τα λαχανικά, ώσπου να μαραθούν. Προσθέστε το δεντρολίβανο ή το θυμάρι, τα ρεβίθια μαζί με το ζουμί τους και τον πελτέ διαλυμένο σε 1/2 κούπας νερό. Ρίξτε λίγο αλάτι, αν χρειάζεται, γιατί τα ρεβίθια έχουν πάρει αρκετό κατά το φούσκωμα, και μπόλικο φρεσκοτριμμένο πιπέρι. Σκεπάστε τα και σιγοβράστε, ώσπου να μαλακώσουν και να χυλώσουν. Το φαγητό πρέπει να μείνει με λίγη πηχτή σάλτσα. Σερβίρεται ζεστό.

ΡΕΒΙΘΙΑ ΜΕ ΛΑΧΑΝΙΚΑ

Σπανάκι ή Ρόκα Σαλάτα με Ρεβίθια

Μερίδες 4
Χρόνος ετοιμασίας 15´

300 γρ. φύλλα ρόκας ή σπανάκι
2 καρότα τριμμένα στον τρίφτη του κρεμμυδιού
1 μικρό αγγουράκι ζουλιέν
1 κούπα βρασμένα ρεβίθια

για τη σάλτσα
1/4 κούπας λάδι
2 κουταλιές χυμό λεμονιού
1 κουταλιά ξίδι
1 πολύ μικρή σκελίδα σκόρδο τριμμένο
αλάτι, πιπέρι
20 σταγόνες Tabasco sauce

Καθαρίστε και πλύντε καλά τη ρόκα ή το σπανάκι. Αφαιρέστε τα σκληρά μέρη. Στρώστε τα φύλλα σε μια πιατέλα, τοποθετήστε επάνω τα τριμμένα καρότα, το αγγουράκι και τα ρεβίθια. Βάλτε τα υλικά της σάλτσας σ' ένα βαζάκι με καλό κλείσιμο και χτυπήστε τα, να ενωθούν. Περιχύστε τη σαλάτα, λίγο πριν τη σερβίρετε.

Χούμους (Ρεβιθοσαλάτα)

Μερίδες 4
Χρόνος προετοιμασίας 12 ώρες
Χρόνος μαγειρέματος 1-2 ώρες

250 γρ. ρεβίθια
1 κουταλιά αλάτι
1/4 κούπας ταχίνι
1-2 κουταλιές χυμό λεμονιού
1/4 κούπας λάδι
1-2 σκελίδες σκόρδο τριμμένο
αλάτι, πιπέρι
λίγο μαϊντανό ψιλοκομμένο

Βάλτε τα ρεβίθια να φουσκώσουν 12 ώρες σε νερό που να τα σκεπάζει με 1 κουταλιά αλάτι. Στραγγίστε, ξεπλύνετε και βάλτε τα να βράσουν, ώσπου να μαλακώσουν καλά και να σκάσουν. Στραγγίστε τα και περάστε τα από πρες πουρέ ή αλέστε τα στο πολυμίξερ. Χτυπήστε το ταχίνι με 1-2 κουταλιές νερό. Ανακατέψτε τον πουρέ των ρεβιθιών με το σκόρδο, λίγο αλάτι και λίγο πιπέρι. Δουλεύοντας τον μ' ένα πηρούνι ρίξτε λίγο, λίγο το ταχίνι και κατόπιν το λάδι. Τέλος ρίξτε το χυμό λεμονιού. Ρίξτε τόσο, όσο σας αρέσει στη γεύση. Βάλτε τη ρεβιθοσαλάτα σ' ένα μπολ και πασπαλίστε τη με το μαϊντανό. Αφήστε να σταθεί στο ψυγείο μερικές ώρες, πριν τη σερβίρετε. Συνοδεύστε τη με τουρσιά κι αραβικές πίτες.

Ρεβιθοκεφτέδες

Μερίδες 4-5
Χρόνος προετοιμασίας 12 ώρες
Χρόνος τηγανίσματος 30΄

1/2 κιλού ρεβίθια
1¹/₂ κούπας αλεύρι που φουσκώνει μόνο του
1 μεγάλο κρεμμύδι τριμμένο
1 κουταλιά πελτέ ντομάτας διαλυμένο σε
1/2 κούπας νερό
3 κουταλιές ψιλοκομμένο άνηθο ή δυόσμο
αλάτι και φρεσκοτριμμένο πιπέρι
λάδι για το τηγάνισμα

Βάλτε τα ρεβίθια να φουσκώσουν 12 ώρες σε νερό που να τα σκεπάζει με 1 κουταλιά αλάτι. Το πρωί στραγγίστε τα και πατήστε τα στο γουδί ή αλέστε τα στο πολυμίξερ, να γίνουν χοντρός πουρές. Βάλτε τον σ' ένα μπολ, ρίξτε κι ανακατέψτε το κρεμμύδι, τη ντομάτα, τα μυρωδικά και 2 κουταλιές λάδι. Προσθέστε όσο αλεύρι χρειαστεί, ώστε να γίνει ένα μίγμα όχι πολύ σφιχτό αλλά ούτε και ρευστό. Περίπου όπως η ζύμη του λουκουμά. Αφήστε το να σταθεί σκεπασμένο 1 ώρα. Πάρτε κουταλιές από το μίγμα και ρίξτε τες μέσα σε καυτό λάδι. Αφού ψηθούν από τη μία πλευρά, γυρίστε τους ρεβιθοκεφτέδες να ψηθούν κι από την άλλη. Βγάλτε τους με τρυπητή κουτάλα κι αραδιάστε τους επάνω σε απορροφητικό χαρτί, να στραγγίσει το πολύ λάδι τους. **Εναλλακτικά**, αντικαταστήστε τον πελτέ ντομάτας με 1/2 κούπας πολτοποιημένες ώριμες φρέσκιες ντομάτες. Σερβίρονται ζεστοί.

Μπρόκολα με Μανιτάρια και Ρεβίθια Σαλάτα

Μερίδες 4
Χρόνος ετοιμασίας 30΄

700 γρ. μπρόκολα σε φουντίτσες
200 γρ. φρέσκα μανιτάρια
2 κούπες βρασμένα ρεβίθια
4 κουταλιές λάδι
3 κουταλιές χυμό λεμονιού
αλάτι και φρεσκοτριμμένο πιπέρι
1 κουταλάκι δεντρολίβανο

Βάλτε τα μπρόκολα μέσα σε λεκάνη με άφθονο νερό και πλύντε τα προσέχοντας να μη χάσουν το σχήμα τους. Αλλάξτε το νερό και πλύντε τα μια φορά ακόμη. Στραγγίστε και βάλτε τα σε μεγάλη κατσαρόλα μέσα σε νερό που βράζει. Σκεπάστε και βράστε τα 5΄ να μαλακώσουν ελαφρά, χωρίς να λιώσουν. Στο μεταξύ, πλύντε, καθαρίστε και κόψτε τα μανιτάρια σε φετάκια. Βγάλτε τα μπρόκολα με τρυπητή κουτάλα σε πιατέλα κι αραδιάστε επάνω σ' αυτά τα μανιτάρια. Ρίξτε επάνω τα ρεβίθια. Βάλτε το λάδι, το χυμό λεμονιού, το δεντρολίβανο και το αλατοπίπερο σ' ένα βαζάκι με καλό κλείσιμο και χτυπήστε τα να ενωθούν. Περιχύστε τη σαλάτα και σερβίρετέ την αμέσως. Τα μπρόκολα ελαφρά ζεστά είναι πιο νόστιμα. Με το λαδολέμονο αλλοιώνεται το ωραίο πράσινο χρώμα τους, όσο στέκονται. Γι' αυτό μην τα περιχύσετε, παρά μόνο όταν πρόκειται να τα σερβίρετε.

Σινί Μαντί με Ρεβίθια
(Γιαγιάς Σουλτάνας)

Μερίδες 6-8
Χρόνος προετοιμασίας 12 ώρες
Χρόνος ψησίματος 1 ώρα

10 φύλλα κρούστας σπιτικά
ελαφρά στεγνά (βασικές συνταγές)
1/2 κούπας λάδι
1/2 κιλού ρεβίθια
1 μεγάλο κρεμμύδι ψιλοκομμένο
αλάτι και φρεσκοτριμμένο πιπέρι
1/4 κούπας λάδι
1/4 κούπας χυμό λεμονιού (προαιρετικά)

Αφήστε τα ρεβίθια να φουσκώσουν μία νύχτα, σε νερό που να τα σκεπάζει με 1 κουταλιά αλάτι. Τυλίξτε τα φύλλα σε ρολά και κόψτε τα σε κομμάτια 1 εκ. Ανοίξτε τα σε κορδέλες κι αραδιάστε τες σ' ένα ταψί. Ραντίστε με το λάδι και ψήστε τες στους 180˚C, για 35' περίπου, να ροδίσουν καλά. Σε μια κατσαρόλα μαράνετε το κρεμμύδι στο λάδι. Στραγγίστε τα ρεβίθια, ξεπλύντε με λίγο νερό και ρίξτε τα μέσα στην κατσαρόλα με το κρεμμύδι. Προσθέστε αρκετό νερό, ώστε να σκεπαστούν και σιγοβράστε τα, ώσπου να μαλακώσουν. Προσθέστε το πιπέρι κι αλάτι, αν χρειάζεται, ανακατέψτε απαλά κι αδειάστε τα μαζί με το ζουμί τους, που πρέπει να είναι 5 κούπες περίπου, επάνω στα φύλλα μέσα στο ταψί. Βάλτε τα στο φούρνο και ψήστε τα, ώσπου ν' απορροφηθεί όλο το ζουμί και να φουσκώσουν τα φύλλα. Σερβίρετε το φαγητό ζεστό κι αν θέλετε περιχύστε το με λίγο χυμό λεμονιού.

Ρεβίθια Σιφνιώτικα

Μερίδες 6
Χρόνος προετοιμασίας 12 ώρες
Χρόνος ψησίματος 12 ώρες

1/2 κιλού ρεβίθια
2 μεγάλα κρεμμύδια σε φετάκια
1 κουταλάκι κόκκους πιπέρι
1 κουταλιά αλεύρι
1 κουταλάκι αλάτι
2 σκελίδες σκόρδο (προαιρετικά)
χυμό λεμονιού

Αφήστε τα ρεβίθια να φουσκώσουν όλη τη νύχτα σε νερό με 1 κουταλιά αλάτι. Στραγγίστε τα και βάλτε τα σ' ένα πήλινο γκιουβέτσι. Πασπαλίστε τα με το αλεύρι κι ανακατέψτε τα. Βάλτε τα κρεμμύδια σε νερό κι αφήστε τα να σταθούν 1 ώρα. Στραγγίστε και στίψτε τα λίγο. Ρίξτε τα μαζί με το πιπέρι και το σκόρδο στο γκιουβέτσι κι ανακατέψτε τα με τα ρεβίθια. Προσθέστε νερό τόσο, όσο χρειάζεται για να σκεπαστούν. Κλείστε το γκιουβέτσι με το καπάκι του και βάλτε το στο φούρνο στους 150˚C. Αν θέλετε, σφραγίστε το καπάκι τριγύρω με ζυμάρι. Αφήστε τα ρεβίθια όλη τη νύχτα στο φούρνο. Όταν τα βγάλετε, περιχύστε τα με αρκετό χυμό λεμονιού. Ζεστά ή κρύα είναι το ίδιο νόστιμα.

Ρεβιθοκεφτέδες με Πατάτα

Γίνονται 30-35 κεφτέδες
Χρόνος προετοιμασίας 12 ώρες
Χρόνος τηγανίσματος 15´

250 γρ. ρεβίθια
250 γρ. πατάτες
3/4 κούπας κρεμμύδι τριμμένο
1/2 κούπα φρυγανιά τριμμένη
1/3 κούπας ψιλοκομμένο μαϊντανό ή
1 κουταλάκι ξερό
1 κουταλάκι μαντζουράνα ξερή
1 κουταλιά ψιλοκομμένο άνηθο
λάδι για τηγάνισμα

Αφήστε τα ρεβίθια να φουσκώσουν από το βράδυ σε νερό με 1 κουταλιά αλάτι. Την επόμενη στραγγίστε τα και βράστε τα να μαλακώσουν. Στραγγίστε τα, βάλτε τα στο πολυμίξερ και χοντροαλέστε τα. Πλύντε τις πατάτες και βράστε τες. Καθαρίστε και πατήστε τες μ' ένα πιρούνι να γίνουν πουρές. Βάλτε το κρεμμύδι σ' ένα μπολ με νερό κι αφήστε το να σταθεί 1 ώρα για να φύγει η αψάδα του. Στραγγίστε και πατήστε το να φύγει το πολύ νερό. Ανακατέψτε σ' ένα μπολ τα ρεβίθια με την πατάτα, το κρεμμύδι και τα υπόλοιπα υλικά. Αφήστε το μίγμα να σταθεί στο ψυγείο 1 ώρα. Πλάστε κεφτεδάκια, αλευρώστε τα καλά, και κατόπιν, βουτώντας τα ένα, ένα σε νερό, τυλίξτε τα σε φρυγανιά. Τηγανίστε τα σε μπόλικο καυτό λάδι και σερβίρετέ τα ζεστά ή κρύα, είναι το ίδιο νόστιμα.

Φάβα από Κουκιά

Μερίδες 4
Χρόνος προετοιμασίας 12 ώρες
Χρόνος μαγειρέματος 2 ώρες

1 κιλό ξερά κουκιά
1 κρεμμύδι
1 σκελίδα σκόρδο
1 φύλλο δάφνης
αλάτι και άσπρο πιπέρι
1/2 κούπας λάδι
λάδι, λεμόνι, μαϊντανό ή άνηθο, κρεμμύδι

Ξεμυτίστε τα κουκιά και βάλτε τα να φουσκώσουν 12 ώρες σε νερό που να τα σκεπάζει με 1 κουταλιά αλάτι. Στραγγίστε, αφαιρέστε τη φλούδα τους και βάλτε τα σε μια κατσαρόλα με καινούριο νερό. Προσθέστε το κρεμμύδι, το σκόρδο, το φύλλο δάφνης κι αφήστε τα να σιγοβράσουν για 2 ώρες περίπου. Αφαιρέστε το κρεμμύδι, το σκόρδο, τη δάφνη και περάστε τα κουκιά από το μύλο των λαχανικών. Βάλτε τον πουρέ σε κατσαρόλα με το λάδι, αλάτι κι άσπρο πιπέρι κι ανακατέψτε τον σε σιγανή φωτιά, ώσπου να πήξει. Πασπαλίστε τη φάβα με ψιλοκομμένο μαϊντανό ή άνηθο, ψιλοκομμένο κρεμμύδι και περιχύστε τη με χυμό λεμονιού και λίγο λάδι. Φτιάξτε κατά τον ίδιο τρόπο φάβα από λαθούρι ή ξερά μπιζέλια, χωρίς να τα φουσκώσετε.

Κουκιά Γιαχνί με Ρίγανη

Μερίδες 4
Χρόνος προετοιμασίας 12 ώρες
Χρόνος μαγειρέματος 1 ώρα και 30´

1/2 κιλού ξερά κουκιά
2 μεγάλα κρεμμύδια ψιλοκομμένα
2 μεγάλες ώριμες ντομάτες ψιλοκομμένες
2/3 κούπας λάδι
2 κουταλιές ψιλοκομμένη φρέσκια ρίγανη ή
1 κουταλάκι ξερή
1 καυτερή κόκκινη πιπερίτσα τριμμένη
2 κουταλάκια πάπρικα
αλάτι και φρεσκοτριμμένο πιπέρι

Ξεμυτίστε τα κουκιά, αφαιρέστε δηλαδή τις μαύρες μύτες τους, και βάλτε τα σε νερό με 1 κουταλιά αλάτι, να φουσκώσουν για 12 ώρες. Στραγγίστε, αφαιρέστε τις φλούδες και βάλτε τα να βράσουν για 15´. Ζεστάνετε το λάδι και σοτάρετε τα κρεμμύδια. Προσθέστε την ντομάτα κι ανακατέψτε τη 10´ επάνω στη φωτιά. Προσθέστε τα βρασμένα κουκιά, τη ρίγανη, την καυτερή πιπεριά, αλάτι και πιπέρι. Σκεπάστε και σιγοβράστε, ώσπου να μείνουν με λίγη σάλτσα. Σερβίρετέ τα πασπαλίζοντας με πάπρικα, ψιλοκομμένο φρέσκο κρεμμυδάκι και περιχύνοντας με λίγο λάδι.

Φαβοκροκέτες

Γίνονται 20 κροκέτες
Χρόνος προετοιμασίας 1 ώρα
Χρόνος τηγανίσματος 20´

2 κούπες κίτρινη φάβα
1 λίτρο ζωμό λαχανικών ή νερό
1/2 κουταλάκι πάπρικα
1/2 κουταλάκι τσίλι
1/4 κουταλάκι σόδα
1/4 κουταλάκι αλάτι
1/2 κούπας ψιλοκομμένο άνηθο
1 κούπα τριμμένη ντομάτα
1 κούπα ψιλοκομμένη πράσινη πιπεριά
1 μικρό κρεμμύδι τριμμένο
1/4 κούπας τριμμένη φρυγανιά
λίγο αλεύρι
λάδι για τηγάνισμα

Βράστε τη φάβα στο ζωμό λαχανικών, ώσπου να πιει όλο το υγρό και να μαλακώσει. Βάλτε τη σ' ένα μπολ κι ανακατέψτε τη με την πάπρικα, το τσίλι, τη σόδα και το αλάτι. Ρίξτε κι ανακατέψτε το άνηθο, την ντομάτα, την πιπεριά, το κρεμμύδι και τη φρυγανιά. Πλάστε το μίγμα σε μπαλάκια και βάλτε τα να σταθούν στο ψυγείο 30´. Αλευρώστε τα, πατήστε να πλατύνουν και τηγανίστε τα σε καυτό λάδι ή σε φριτέζα. Σερβίρονται ζεστά.

ΜΕ ΖΥΜΗ

ΛΑΔΕΡΑ ΦΑΓΗΤΑ

ΖΥΜΗ

Δεν υπάρχει τίποτε στον κόσμο που να μοσχοβολάει τόσο ωραία όσο ένα καρβέλι φρεσκοψημένο ψωμί. Τίποτε πιο νόστιμο από ένα κομμάτι φρεσκοψημένη πίτα ή πίτσα. Κανένα έδεσμα δεν είναι τόσο προκλητικά ευπαρουσίαστο όσο δυο-τρεις επιδέξια διπλωμένες κρέπες. Τίποτε δεν είναι περισσότερο ευπρόσδεκτο από ένα πιάτο ζεστά, αχνιστά μακαρόνια. Και όλα αυτά φτιαγμένα με το ίδιο βασικό υλικό, τη ζύμη. Φτιαγμένη από αλεύρι και νερό, εμπλουτίστηκε κατά καιρούς με διάφορα άλλα υλικά προσφέροντας μια απεριόριστη ποικιλία εκλεκτών εδεσμάτων.

Η ιστορία της ξεκίνησε εδώ και 8.000 χρόνια, από τη νεολιθική εποχή, όταν οι άνθρωποι ανακάλυψαν πως, σπάζοντας το σιτάρι ανάμεσα σε δύο πέτρες και φουσκώνοντάς το μέσα σε νερό, γίνεται κάτι νόστιμο που γεμίζει το στομάχι. Σχετικές μαρτυρίες αποκαλύπτουν ότι οι Έλληνες χρησιμοποίησαν το σιτάρι για να κάνουν ψωμί από την 6η χιλιετία π.Χ. Απ' όλα τα δημητριακά, το σιτάρι ξεχώρισε από την αρχή ως το καταλληλότερο για τη διατροφή των ανθρώπων. Βέβαια τα προϊόντα του και κυρίως ο άρτος, που αναφέρεται και στα Ομηρικά Έπη, δεν είχαν πάντοτε τη μορφή που γνωρίζουμε σήμερα. Οι αρχαίοι Έλληνες παρασκεύαζαν ένα υγρό μίγμα από χοντροαλεσμένο κριθάρι ή σιτάρι, που το ονόμαζαν "πολτό", κι αργότερα έφτιαχναν πιο στερεά παρασκευάσματα με διάφορες μορφές και σχήματα, τους "πλακούντες". Όπως αναφέρει ο Αρχέστρατος στο ποίημά του "Γαστρονομία" τον 4ο π.Χ. αιώνα, στη Λέσβο, τη Θήβα, τη Θάσο και τη Θεσσαλία έφτιαχναν στρογγυλά πλατιά ψωμάκια από κριθάρι που τα ονόμαζαν "Κριμνίτας" ή "Χοντρίνος". Και ότι στην αγορά της Αθήνας έβρισκες εξαιρετικής ποιότητας λευκό ψωμί, από σιτάρι, αλειμμένο με εποχιακά μυρωδικά, ειδικό για τις γιορτές. Σε μια πήλινη παράσταση του 5ου αιώνα π.Χ., που βρέθηκε σε ανασκαφές στη Θήβα και βρίσκεται σήμερα στο Λούβρο, παρουσιάζονται γυναίκες να πλάθουν φραντζόλες ψωμιού.

Στην ορθόδοξη θρησκευτική λατρεία ο σίτος και ο άρτος έχουν σημαντική θέση. Με τη δύναμη του Αγίου Πνεύματος το πρόσφορο (λειτουργιά) μαζί με το κρασί μεταβάλλονται σε σώμα και αίμα Χριστού, που μεταλαμβάνουν οι πιστοί. Ευλογημένο το ψωμί από τον ίδιο το Χριστό στην έρημο, χόρτασε και χορταίνει επί αιώνες γενιές και γενιές ανθρώπων. Στην καθημερινή του προσευχή ο πιστός ένα ζητάει, απ' όλα τα αγαθά της γης, να του χαρίζει ο Θεός, "τον άρτον τον επιούσιον". Το σιτάρι στην ορθόδοξη θρησκεία συμβολίζει την αιώνια ζωή και την ανάσταση.

Συνυφασμένο με τον πολιτισμό των ευρωπαϊκών λαών, αποτέλεσε από την αρχαιότητα βασική τροφή των κατοίκων της Μεσογείου. Η χημική του σύσταση το κατατάσσει ως το βασικότερο μεταξύ των φυτών διατροφής. Είναι πλούσιο σε υδατάνθρακες (άμυλο) και πρωτεΐνες (γλουτένη). Περιέχει λίπη, ανόργανα άλατα και βιταμίνες της ομάδας Β και Ε. Το αλεύρι, που λαμβάνεται από την άλεση του σίτου, και τα προϊόντα του (ψωμί, ζυμαρικά και αρτοσκευάσματα) είναι τροφές πλήρεις. Άλευρα μικρότερης διατροφικής αξίας λαμβάνονται και από το άλεσμα άλλων δημητριακών, όπως σίκαλη, κριθάρι, καλαμπόκι, ρύζι, καθώς και από σπόρους οσπρίων, όπως φασόλια, κουκιά, ρεβίθια και από ορισμένους καρπούς, όπως τα κάστανα.

Η γλουτένη, πρωτεΐνη που περιέχεται στο ενδοσπέρμιο του κόκκου του σίτου, έχει εξαιρετικές ιδιότητες που δίνουν στη ζύμη ελαστικότητα και αντοχή. Ιδιότητες απαραίτητες για την αρτοποιία. Ανάλογα με το ποσοστό της γλουτένης που περιέχει το αλεύρι, διακρίνεται σε σκληρό (για ψωμί) και μαλακό (για γλυκίσματα). Η γλουτένη απομονώνεται από το υπόλοιπο μέρος και χρησιμοποιείται για την παρασκευή διαιτητικών προϊόντων μεγάλης θρεπτικής αξίας. Ανάλογα με το ποσοστό πιτύρων που περιέχει (βαθμός αλέσεως) διακρίνεται σε λευκό, ημίλευκο και μαύρο (ολικής αλέσεως). Μεγαλύτερης διατροφικής αξίας είναι το αλεύρι που περιέχει περισσότερα πίτουρα και φύτρες, γιατί σ' αυτά βρίσκονται τα πλέον πολύτιμα συστατικά του σιταριού, οι βιταμίνες και τα μεταλλικά άλατα. Επίσης τα πίτουρα αποτελούνται από κυτταρίνες (φυτικές ίνες), που, μολονότι δεν είναι αφομοιώσιμες θρεπτικές ουσίες, είναι απαραίτητες για την καλή λειτουργία της πέψης.

Κάποτε οι γιαγιάδες μας χρειάζονταν δύο ημέρες για να φτιάξουν δύο καρβέλια ψωμί. Και δεν είναι πολύς καιρός από την εποχή που οι αρτοποιοί έπρεπε να μετρούν σχολαστικά τη θερμοκρασία του νερού μέσα στο οποίο θα διέλυαν τη μαγιά, για να μην την καταστρέψουν. Σήμερα, με την ενεργό ξερή μαγιά, τα πράγματα απλοποιήθηκαν. Κανένας φόβος να ζεματίσουμε τη μαγιά, αφού δεν τη διαλύουμε πια, αλλά την ανακατεύουμε με το αλεύρι. Η ζύμη φουσκώνει πολύ πιο γρήγορα και το ψωμί γίνεται πιο αφράτο και πιο μαλακό. Ανακατέψτε την ξερή μαγιά με το αλεύρι, ζεστάνετε ελαφρά το νερό με το ανάλογο λίπος κι αφήστε το μίξερ να κάνει το ανακάτεμα. Υπάρχει πιο απλός τρόπος να φτιάξετε ζύμη; Φτιάξτε μ' αυτή ψωμιά, πίτσες, πιροσκί και ελιοπιτάκια. Εκτός από τη ζύμη με μαγιά, φτιάξτε με τις οδηγίες που υπάρχουν στο κεφάλαιο αυτό απλή ζύμη κι ανοίξτε φύλλα για πίτες, μπουρεκάκια, ταρτάκια. Πριν τη χρησιμοποιήσετε, αφήστε πάντα τη ζύμη να σταθεί, για να ωριμάσει. Έτσι γίνεται πιο εύπλαστη.

Ψωμί με Πέστο και Λιαστές Ντομάτες

Γίνονται 2 καρβελάκια
Χρόνος προετοιμασίας 2 ώρες
Χρόνος ψησίματος 25΄-30΄

5 λιαστές ντομάτες
1/2 κούπας σάλτσα πέστο (βασικές συνταγές)
3¹/₂ κούπας αλεύρι
1 κουταλιά μαγιά ξερή ή
30 γρ. μαγιά νωπή
1/2 κουταλάκι αλάτι
2 κουταλιές μέλι
2 κουταλιές λάδι
1 κούπα νερό χλιαρό (40°C)

Βάλτε τις ντομάτες μέσα σε νερό κι αφήστε τες να σταθούν 2-3 ώρες, να φουσκώσουν και να ξαλμυρίσουν. Στο μεταξύ, ετοιμάστε τη σάλτσα πέστο. Σε μια λεκανίτσα ανακατέψτε το αλεύρι με τη μαγιά και το αλάτι. Κάντε ένα λάκκο στο κέντρο και ρίξτε το μέλι και το λάδι. Προσθέστε το νερό κι ανακατέψτε αρχικά μ' ένα κουτάλι και κατόπιν με τα χέρια, ζυμώνοντας σε ζύμη μαλακιά, να μην κολλάει στα δάχτυλα. Καλύψτε τη ζύμη με πλαστική μεμβράνη κι αφήστε τη να σταθεί 1 ώρα σε μέρος ζεστό και υγρό, ώσπου να διπλασιαστεί σε όγκο. Στίψτε τις λιαστές ντομάτες ελαφρά στις παλάμες σας και κόψτε τες σε κομμάτια. Χωρίστε τη ζύμη σε δύο μέρη κι ανοίξτε τα με τον πλάστη σε δύο ορθογώνια φύλλα 25x25 εκ. Αλείψτε τα με πέστο και πασπαλίστε εδώ κι εκεί κομματάκια λιαστής ντομάτας. Τυλίξτε τα φύλλα σε δύο κοντά χοντρά ρολά. Βάλτε τα σε ελαφρά λαδωμένο ταψί, σκεπάστε τα με βαμβακερή πετσέτα κι αφήστε τα να σταθούν για 1 ώρα ή ώσπου να διπλασιαστούν σε όγκο. Ψήστε τα στους 200°C, για 25΄-30΄, να ροδίσουν. Σερβίρετε το ψωμί την ίδια ημέρα ή τυλίξτε το ερμητικά σε πλαστική μεμβράνη και διατηρήστε το στην κατάψυξη.

Ψωμάκια με Ελιές

Γίνονται 2 φραντζολάκια ή 20-30 ψωμάκια
Χρόνος προετοιμασίας 2-3 ώρες
Χρόνος ψησίματος 20΄

3 κούπες αλεύρι ολικής αλέσεως ή
χωριάτικο ή πολύσπορο
1½ κούπας αλεύρι δυνατό για ψωμί
1 κουταλιά ρίγανη (προαιρετικά)
3 κουταλιές ζάχαρη ή μέλι
3 κουταλιές λάδι
2 κουταλάκια αλάτι
1½ κουταλιάς μαγιά ξερή ή
45 γρ. μαγιά νωπή
1½ κούπας νερό χλιαρό (40°C)
1 κούπα ψιλοκομμένες ελιές Καλαμών

Ανακατέψτε τα 2 αλεύρια με τη μαγιά και τη ρίγανη. Βάλτε τα σε λεκανίτσα κι ανοίξτε ένα λάκκο στο κέντρο. Αν χρησιμοποιήσετε μαγιά νωπή, διαλύστε τη σε 1/2 κούπας νερό κι αφήστε τη να φουσκώσει. Ρίξτε τη ζάχαρη, το λάδι και το νερό και ζυμώστε παίρνοντας το αλεύρι λίγο - λίγο από τριγύρω προσθέτοντας όσο ακόμη νερό χρειαστεί, για να γίνει η ζύμη ελαστική, να μην κολλάει στα δάχτυλα. Ζυμώστε τη δυνατά για 15΄ περίπου. Σκεπάστε κι αφήστε τη να διπλασιαστεί σε όγκο, για 2 ώρες περίπου. Χωρίστε τη σε δύο ίσα μέρη. Ανοίξτε το καθένα σε παραλληλόγραμμο φύλλο 20x40 εκ. Πασπαλίστε την επιφάνεια με ελιές και τυλίξτε σε σφιχτό ρολό ξεκινώντας από τη μακριά πλευρά. Βάλτε τα ρολά σε ταψί, σκεπάστε τα κι αφήστε να φουσκώσουν, ή κόψτε τα σε κομμάτια με πάχος 3 εκ. κι αραδιάστε τα σε ταψάκι με τις κομμένες όψεις επάνω-κάτω. Αφήστε τα ψωμάκια να φουσκώσουν και ψήστε τα στους 200°C, για 15΄-20΄. Πριν τα φουρνίσετε, αλείψτε τις επιφάνειες με λίγο νερό και πασπαλίστε, αν θέλετε, με σουσάμι. Όταν κρυώσουν, βάλτε τα στην κατάψυξη κλεισμένα ερμητικά σε πλαστική σακούλα. Έτσι θα είναι πάντα φρέσκα.

Πιτάκια με Ελιές

Γίνονται 20 ελιοπιτάκια
Χρόνος ετοιμασίας 1 ώρα και 30΄
Χρόνος ψησίματος 30΄-40΄

3½ κούπας αλεύρι για όλες τις χρήσεις
1 κουταλιά μαγιά ξερή ή
30 γρ. μαγιά νωπή
2 κουταλιές μέλι
2 κουταλιές λάδι
1 κούπα νερό χλιαρό (40°C)
2 κούπες ψιλοκομμένες ελιές Καλαμών

Σε μια λεκανίτσα ανακατέψτε το αλεύρι με τη μαγιά. Ανοίξτε ένα λάκκο στο κέντρο και ρίξτε το μέλι, το λάδι και το νερό. Ανακατέψτε το μίγμα, αρχικά μ' ένα κουτάλι και κατόπιν ζυμώστε το με τα χέρια σε ζύμη μαλακιά, εύπλαστη, που να μην κολλάει στα δάχτυλα. Καλύψτε τη ζύμη με πλαστική μεμβράνη κι αφήστε τη να σταθεί για 1 ώρα, να διπλασιαστεί σε όγκο. Ανοίξτε τη σε ορθογώνιο φύλλο στο πάχος του μικρού δαχτύλου κι αραδιάστε επάνω τις ελιές. Τυλίξτε το φύλλο σε χοντρό ρολό. Μ' ένα αλευρωμένο μαχαίρι κόψτε το ρολό σε 18-20 φέτες πάχους 1 εκ. Πατήστε τις φέτες με τον πλάστη να πλατύνουν σε πιτούλες πάχους 5 χιλ. Αφήστε τες να φουσκώσουν 20΄ και τηγανίστε τες σε μπόλικο καυτό λάδι κι από τις δύο πλευρές. Σερβίρετέ τες κατά προτίμηση ζεστές, αλλά και κρύες είναι πολύ νόστιμες.

Ελιοτές ή Ελιόπιτες
(Κυπριακή Συνταγή)

Γίνονται 5 ελιόπιτες
Χρόνος προετοιμασίας 1 ώρα και 40΄
Χρόνος ψησίματος 40΄-50΄

για τη ζύμη
4 κούπες αλεύρι για όλες τις χρήσεις
2 κουταλάκια μπέικιν πάουντερ
1 κούπα καλαμποκέλαιο
1 κούπα αεριούχο πορτοκαλάδα

για τη γέμιση
4 φρέσκα κρεμμυδάκια ψιλοκομμένα
4-5 κουταλιές λάδι
1½ κούπας ψιλοκομμένες ελιές μαύρες
1/2 κούπας ψιλοκομμένο φρέσκο κόλιαντρο ή δυόσμο
αλάτι και φρεσκοτριμμένο πιπέρι
1/2 κουταλάκι κανέλα

Ετοιμάστε τη γέμιση. Σοτάρετε τα κρεμμυδάκια ελαφρά στο λάδι. Ρίξτε κι ανακατέψτε τις ελιές και τα υπόλοιπα υλικά της γέμισης. Κατεβάστε τα από τη φωτιά κι αφήστε τα να κρυώσουν. Σε μια λεκανίτσα ανακατέψτε το αλεύρι με το μπέικιν πάουντερ. Ρίξτε το λάδι και τρίψτε το ελαφρά με το αλεύρι μέσα στα δάχτυλά σας. Ρίξτε λίγη-λίγη την πορτοκαλάδα και ζυμώστε το μίγμα σε ζύμη εύπλαστη, να μην κολλάει στα χέρια. Αφήστε τη ζύμη να ξεκουραστεί 30΄. Χωρίστε τη σε 5 κομμάτια. Ανοίξτε το κάθε κομμάτι ζύμης με τον πλάστη επάνω σε αλευρωμένη επιφάνεια σε λεπτό φύλλο 35x25 εκ. περίπου. Χωρίστε τη γέμιση σε πέντε μέρη κι απλώστε τα επάνω στα πέντε φύλλα ζύμης που ανοίξατε. Τυλίξτε τα φύλλα σε μακρόστενα ρολά. Αλείψτε τις επιφάνειες με λίγο νερό και πασπαλίστε τα ρολά με σουσάμι. Βάλτε τα σε δύο ταψάκια και ψήστε τα στους 180°C 40΄- 50΄, να ροδίσουν ελαφρά.

ΨΩΜΑΚΙΑ ΜΕ ΕΛΙΕΣ

Νιόκι με Πέστο Δυόσμου

Μερίδες 4
Χρόνος προετοιμασίας 20΄
Χρόνος μαγειρέματος 5΄

1 δόση νιόκι (βασικές συνταγές)
1 δόση σάλτσα πέστο (βασικές συνταγές)
1/2 κούπας φυλλαράκια δυόσμο

Ετοιμάστε τη σάλτσα πέστο αντικαθιστώντας το μισό βασιλικό με το δυόσμο. Βάλτε 2-3 κουταλιές σάλτσα στην πιατέλα σερβιρίσματος. Βράστε τα νιόκι σε αλατισμένο νερό. Βγάλτε τα με τρυπητή κουτάλα κι αραδιάστε τα επάνω στη σάλτσα. Περιχύστε με την υπόλοιπη σάλτσα και σερβίρετέ τα ζεστά.

Νιόκι με Σάλτσα Ντομάτας

Μερίδες 4
Χρόνος προετοιμασίας 20΄
Χρόνος μαγειρέματος 1 ώρα

1 δόση νιόκι (βασικές συνταγές)
1/4 κούπας λάδι
1 σκελίδα σκόρδο τριμμένο
1 μικρό κρεμμύδι τριμμένο
1 κιλό ώριμες ντομάτες χωρίς τη φλούδα
και τους σπόρους σε κομματάκια
1 κουταλάκι πελτέ ντομάτας
1 κουταλάκι δεντρολίβανο
1 κουταλάκι φασκόμηλο
1 κουταλάκι θυμάρι
αλάτι και φρεσκοτριμμένο πιπέρι

Ετοιμάστε τη σάλτσα. Σοτάρετε το σκόρδο και το κρεμμύδι στο λάδι, να μαραθούν. Προσθέστε την ντομάτα, τον πελτέ και τα μυρωδικά, αλάτι, πιπέρι και βράστε τη σάλτσα για 1 ώρα, ώσπου να δέσει. Αδειάστε 2-3 κουταλιές σάλτσα στην πιατέλα σερβιρίσματος ή κατευθείαν στα πιάτα. Βράστε τα νιόκι σε αλατισμένο νερό. Μόλις ανέβουν στην επιφάνεια, βγάλτε τα με τρυπητή κουτάλα κι αραδιάστε τα στην πιατέλα επάνω στη σάλτσα. Περιχύστε τα με την υπόλοιπη σάλτσα. Σερβίρονται ζεστά.

Τραχανάς (Ειρήνης)

Γίνεται 2 κιλά τραχανάς
Χρόνος ετοιμασίας 3-4 ημέρες

250 γρ. κουκιά ξερά
250 γρ. ρεβίθια
3 μέτρια κρεμμύδια σε κομματάκια
3 μέτρια καρότα σε κομματάκια
μερικά τρυφερά κοτσανάκια σέλινο
5-6 πιπεριές Φλώρινας σε κομματάκια
αλάτι
1-2 καυτερές πιπεριές (προαιρετικά)
μισό αλεύρι, μισό σιμιγδάλι χοντρό (όσο σηκώσει)

Ξεμυτίστε τα κουκιά και βάλτε τα σε νερό να φουσκώσουν, 12 ώρες. Στραγγίστε και ξεφλουδίστε τα. Βάλτε τα ρεβίθια σε νερό που να τα σκεπάζει με 1 κουταλιά αλάτι κι αφήστε τα 12 ώρες, να φουσκώσουν. Στραγγίστε τα και βάλτε τα μαζί με τα κουκιά και τα υπόλοιπα υλικά στο πολυμίξερ. Χτυπήστε τα να γίνουν αραιός πουρές. Αδειάστε τον σε μια μεγάλη λεκάνη, ρίξτε το αλάτι και κατόπιν λίγο, λίγο το αλεύρι και το σιμιγδάλι, όσο χρειαστεί, ώσπου να επιτύχετε μια ζύμη σφιχτή. Αφήστε τη να σταθεί 24 ώρες και κατόπιν κόψτε τη σε κομμάτια, πατήστε τα με τα δάχτυλά σας να πλατύνουν κι αφήστε τα σε καλά αεριζόμενο μέρος, επάνω σε βαμβακερό τραπεζομάντηλο, ώσπου να στεγνώσουν. Χωρίστε τα σε μικρότερα κομμάτια και μετά σε ακόμη μικρότερα. Τρίψτε τα από το ειδικό κόσκινο, να γίνει τραχανάς ψιλός κι αφήστε τον απλωμένο, ώσπου να στεγνώσει πολύ καλά, γιατί αν μείνει με λίγη υγρασία θα μουχλιάσει. Βάλτε τον σε υφασμάτινα σακουλάκια για ν' αναπνέει και κρεμάστε τα στο κελάρι.

Μελιτζανόπιτες

Γίνονται 20 κομμάτια
Χρόνος προετοιμασίας 2 ώρες
Χρόνος ψησίματος 40΄-50΄

1/2 κιλού φύλλο κρούστας (βασικές συνταγές)

2/3 κούπας λάδι

για τη γέμιση
2 κιλά μελιτζάνες γλυκιές χωρίς πολλούς σπόρους
1/2 κούπας λάδι
1 μεγάλο κρεμμύδι τριμμένο
1 κουταλιά ξίδι balsamico
1/2 κούπας ψιλοκομμένο μαϊντανό ή δυόσμο
1/2 κούπας φυτική κρέμα
2 κουταλιές τριμμένη φρυγανιά
αλάτι και φρεσκοτριμμένο πιπέρι

Ψήστε τις μελιτζάνες ολόκληρες, όπως τις ψήνετε για τη μελιτζανοσαλάτα. Καθαρίστε και κόψτε τες σε κομμάτια. Σοτάρετε το κρεμμύδι στο λάδι να μαραθεί, ρίξτε κι ανακατέψτε τις μελιτζάνες και τα υπόλοιπα υλικά της γέμισης. Ζεστάνετε το λάδι. Μ' ένα πινέλο λαδώστε το μισό από κάθε φύλλο και διπλώστε το άλλο μισό επάνω σ' αυτό. Λαδώστε πάλι την επιφάνεια. Κατά μήκος της μακριάς πλευράς απλώστε 2-3 κουταλιές γέμιση και τυλίξτε σε μακρύ ρολό, μπαστούνι. Στρίβοντάς το, σχηματίστε μ' αυτό ένα σπιράλ. Τυλίξτε κατά τον ίδιο τρόπο όλα τα υπόλοιπα φύλλα κι αραδιάστε τις μελιτζανόπιτες σε ταψάκι τη μία πλάι στην άλλη. Αλείψτε τις επιφάνειες με λάδι και ψήστε τες στους 180˚C, ώσπου να ροδίσουν καλά, για 50΄ περίπου. Ζεστές ή κρύες, είναι το ίδιο νόστιμες.

Κρέπες με Σπανάκι

Γίνονται 16 κρέπες
Χρόνος ψησίματος 30´-40´

16 κρέπες (βασικές συνταγές)

για τη σάλτσα
1/4 κούπας λάδι
2 κουταλιές τριμμένο κρεμμύδι
1 μικρή σκελίδα σκόρδο τριμμένο
3 κούπες χυμό ντομάτας
1 κόκκινη πιπεριά
1/4 κούπας νερό
1 κουταλάκι Italian Herbs
λίγο αλάτι και φρεσκοτριμμένο πιπέρι

για τη γέμιση
1 κιλό σπανάκι ζεματισμένο και στραγγισμένο
1/4 κούπας λάδι
λίγο αλάτι
1 μεγάλο κρεμμύδι ψιλοκομμένο
1/2 κούπας ψιλοκομμένο άνηθο

Ετοιμάστε τη σάλτσα. Βάλτε το λάδι σε κατσαρόλα και σοτά-ρετε ελαφρά το κρεμμύδι και το σκόρδο. Προσθέστε το χυμό ντομάτας και την πιπεριά, αφού τη χτυπήσετε μαζί με το νερό στο πολυμίξερ, να πολτοποιηθεί. Ρίξτε κι ανακατέψτε το μυ-ρωδικό, αλάτι, πιπέρι και βράστε τη σάλτσα, ώσπου να δέσει ελαφρά. Ετοιμάστε και ψήστε τις κρέπες, όπως περιγράφεται στη συνταγή. Τέλος ετοιμάστε τη γέμιση. Βάλτε το λάδι σε κα-τσαρόλα και σοτάρετε ελαφρά το κρεμμύδι, να μαραθεί. Προ-σθέστε το σπανάκι και το άνηθο κι ανακατέψτε τα επάνω στη φωτιά, για 5´-6´. Ρίξτε κι ανακατέψτε το 1/3 της σάλτσας. Απλώστε τις κρέπες, βάλτε 2-3 κουταλιές γέμιση στην κάθε μία και τυλίξτε τες σε ρολά. Αραδιάστε τες σε ένα πυρέξ σκεύος, που να τις χωράει, τη μία πλάι στην άλλη και περιχύ-στε τες με την υπόλοιπη σάλτσα. Στο στάδιο αυτό μπορείτε να τις φυλάξετε στην κατάψυξη. Ψήστε τες στους 180°C, για 40´-45´. Ζεστές ή κρύες, είναι το ίδιο νόστιμες.

Κρέπες με Λαχανικά

Μερίδες 4
Χρόνος προετοιμασίας 1 ώρα
Χρόνος ψησίματος 20΄-25΄

1/4 κούπας λάδι
1 μικρή σκελίδα σκόρδο τριμμένο
2 μέτρια κρεμμύδια σε φετάκια
2 μέτρια καρότα ζουλιέν
1 πράσινη, 1 κόκκινη, 1 πορτοκαλί πιπεριά σε λωρίδες
2 μέτρια κολοκυθάκια ζουλιέν
2 κουταλιές κέτσαπ
1/8 κουταλάκι γαρίφαλο
1/8 κουταλάκι κανέλα
1/2 κουταλάκι κόλιαντρο
αλάτι και φρεσκοτριμμένο πιπέρι
8 κρέπες (βασικές συνταγές)
200 γρ. ψωμί ψίχα ξερό τριμμένο
2 κουταλιές λάδι
1 κούπα μπεσαμέλ (βασικές συνταγές)
1/8 κουταλάκι μοσχοκάρυδο

Σε μια μεγάλη κατσαρόλα ζεστάνετε το λάδι και σοτάρετε το σκόρδο και τα κρεμμύδια, ώσπου να μαραθούν. Προσθέστε τα καρότα, τις πιπεριές και το κολοκύθι και σοτάρετέ τα ανακατεύοντας επάνω στη φωτιά, ώσπου να μαραθούν. Ρίξτε κι ανακατέψτε την κέτσαπ, τα μπαχαρικά, αλάτι, πιπέρι, κι αφήστε τα λαχανικά να σιγοβράσουν για 15΄-20΄, ώσπου να μαλακώσουν και να μείνουν σχεδόν με το λάδι. Ετοιμάστε τις κρέπες, όπως περιγράφεται στη συνταγή. Μοιράστε το μίγμα με τα λαχανικά στις κρέπες, τυλίξτε τες σε ρολά και βάλτε τη μία δίπλα στην άλλη σ' ένα πυρέξ σκεύος. Σ' ένα μικρό τηγάνι σοτάρετε στο λάδι τα τρίμματα του ψωμιού, ώσπου να ροδίσουν. Ετοιμάστε την μπεσαμέλ, ρίξτε κι ανακατέψτε το μοσχοκάρυδο. Περιχύστε τις κρέπες με λίγη μπεσαμέλ και πασπαλίστε τες με το τριμμένο ψωμί. Ψήστε τες στους 200°C, για 10΄-15΄, να ζεσταθούν καλά. Σερβίρονται ζεστές.

Κρέπες με Μανιτάρια

Μερίδες 6
Χρόνος προετοιμασίας 1 ώρα
Χρόνος μαγειρέματος 30΄

για τη σάλτσα μανιταριών
1/4 κούπας λάδι
2 σκελίδες σκόρδο σε φετάκια
1/2 κιλού μανιτάρια πλευρότους σε κομμάτια
250 γρ. μανιτάρια άσπρα φρέσκα
1/4 κούπας μουστάρδα Ντιζόν

35 γρ. μανιτάρια porcini
1/3 κούπας νερό
1/4 κούπας λευκό ξηρό κρασί
1/4 κούπας σόγια σος
αλάτι και φρεσκοτριμμένο πιπέρι
1 κουταλιά κορν φλάουρ διαλυμένο σε
2 κουταλιές νερό
18 κρέπες (βασικές συνταγές)

Ετοιμάστε τη σάλτσα. Σε μια μεγάλη κατσαρόλα σοτάρετε το σκόρδο στο λάδι. Πλύνετε καλά τα πλευρότους και τα άσπρα μανιτάρια και κόψτε τα σε φετάκια. Βάλτε τα porcini σ' ένα μπολ με το νερό κι αφήστε τα να σταθούν 15΄, ώσπου να φουσκώσουν. Στραγγίστε τα, περάστε το ζουμί τους από τουλπάνι ή γάζα κι αδειάστε το στην κατσαρόλα μαζί με όλα τα μανιτάρια. Προσθέστε τη μουστάρδα, το κρασί, τη σόγια, αλάτι και φρεσκοτριμμένο πιπέρι και σιγοβράστε τα μανιτάρια 30΄. Ρίξτε το διαλυμένο κορν φλάουρ κι ανακατέψτε επάνω στη φωτιά, ώσπου να δέσει η σάλτσα. Ετοιμάστε τη ζύμη για τις κρέπες, όπως περιγράφεται στη συνταγή και ψήστε μικρές κρέπες με διάμετρο 7 εκ. Σερβίρετέ τες ανά τρεις στρώνοντας ενδιάμεσα σάλτσα με μανιτάρια. Σερβίρετέ τες επάνω σε τρυφερά φύλλα πράσινης σαλάτας.

Πασπαλίστε τα κολοκύθια με λίγο αλάτι και αφήστε τα σε τρυπητό να στραγγίσει το περισσότερο από το νερό τους. Ξεπλύντε και στίψτε τα μέσα στις παλάμες σας. Σοτάρετε το σκόρδο και το κρεμμύδι στο λάδι, προσθέστε την ντομάτα και βράστε τα 5′. Στραγγίστε και κρατήστε τα κρεμμύδια και τα κομματάκια της ντομάτας που έμειναν στο σουρωτήρι. Στο ζουμί που πέρασε από το σουρωτήρι, προσθέστε τη ζάχαρη, το πιπέρι, το τσίλι και αλάτι. Σιγοβράστε το, να δέσει σε σάλτσα. Στρώστε τα φύλλα, το ένα επάνω στο άλλο, αλείφοντάς τα με λάδι. Κατά μήκος της μακριάς πλευράς των φύλλων στρώστε τα πράσα κι επάνω σ' αυτά το σπανάκι, τα τριμμένα καρότα και τα κολοκύθια. Στα ενδιάμεσα πασπαλίστε με ελάχιστο αλάτι και φρεσκοτριμμένο πιπέρι. Επάνω, και τελευταία, απλώστε το σοταρισμένο κρεμμύδι με το σκόρδο και την ντομάτα. Γυρίστε λίγο τις δύο άκρες και τυλίξτε σε ρολό. Χαράξτε την επιφάνεια σε κομμάτια, αλείψτε με λάδι και πασπαλίστε με σουσάμι. Ψήστε στους 200˚C, για 30′, ώσπου να ροδίσει καλά η επιφάνεια. Σερβίρετε το στρούντελ σε φέτες συνοδεύοντάς το με τη σάλτσα.

Κολοκυθολουκουμάδες

Γίνονται 60 λουκουμάδες
Χρόνος προετοιμασίας 2 ώρες
Χρόνος μαγειρέματος 30′

**1 κούπα νερό χλιαρό (40°C)
60 γρ. μαγιά
1/2 κιλού κολοκύθια πράσινα τριμμένα
1/2 κιλού αλεύρι
1/2 κούπας ψιλοκομμένο άνηθο
αλάτι, πιπέρι
1/4 κούπας λάδι
νερό όσο χρειάζεται να γίνει ζύμη λουκουμά**

Διαλύστε τη μαγιά στο νερό. Βάλτε τη στο μπολ του μίξερ μαζί με όλα τα υπόλοιπα υλικά και χτυπήστε τα 1′ στη δυνατή ταχύτητα, να ενωθούν σε χυλό, όπως ο χυλός του λουκουμά. Ρίξτε λίγο νερό, αν χρειάζεται. Σκεπάστε το μπολ με πλαστική μεμβράνη κι αφήστε το σε ζεστό μέρος, να φουσκώσει η ζύμη. Πατώντας τη ζύμη μέσα στη χούφτα σας κόψτε μ' ένα κουτάλι, κομμάτια ζύμης και ρίξτε τα σε ζεστό λάδι. Το κουτάλι θα το βουτάτε στο νερό κάθε φορά, πριν κόψετε τη ζύμη, για να μην κολλάει σ' αυτό. Με τρυπητή κουτάλα πατάτε τους λουκουμάδες, ώστε να καλύπτονται από το λάδι, για να ροδίσουν απ' όλες τις πλευρές. Το λάδι δεν πρέπει να καίει πολύ, ώστε οι λουκουμάδες να ψηθούν σιγά-σιγά ως μέσα, για να γίνουν κριτσανιστοί και νόστιμοι. Σερβίρονται ζεστοί.

Στρούντελ
με Λαχανικά

Μερίδες 4
Χρόνος προετοιμασίας 1 ώρα
Χρόνος ψησίματος 30′

**200 γρ. κολοκυθάκια τριμμένα
200 γρ. πράσα μόνο το άσπρο μέρος σε κομμάτια
ζεματισμένα και στραγγισμένα
200 γρ. σπανάκι ζεματισμένο και στιμμένο καλά
200 γρ. καρότα τριμμένα ζεματισμένα και στραγγισμένα
αλάτι και φρεσκοτριμμένοπιπέρι
9 φύλλα κρούστας
1/4 κούπας καλαμποκέλαιο**

για τη σάλτσα
**2 σκελίδες σκόρδο τριμμένο
1 μέτριο κρεμμύδι σε κομμάτια
1/4 κούπας λάδι
400 γρ. ντοματάκια σε κομμάτια
1/4 κουταλάκι ζάχαρη
1/4 κουταλάκι πιπέρι
1/4 κουταλάκι τσίλι**

Πιτσάκια με Ελιές

Χρόνος ετοιμασίας 20΄
Χρόνος ψησίματος 30΄

12 στρογγυλά σφολιατάκια
3 κουταλιές λάδι
2 μεγάλα κρεμμύδια σε φετάκια
2 σκελίδες σκόρδο τριμμένο
400 γρ. άσπρα μανιτάρια σε φετάκια
10 μαύρες ελιές σε φετάκια
1 κούπα τριμμένο φυτικό τυρί
2 κουταλιές ψιλοκομμένο μαϊντανό
1 κουταλάκι ρίγανη
3-4 μικρές ώριμες ντομάτες σε λεπτές ρόδες
αλάτι και φρεσκοτριμμένο πιπέρι

Στρώστε τα σφολιατάκια και καλύψτε τις υποδοχές ενός ταψιού για μικρά κεκάκια, αφού πρώτα τις αλείψετε με λίγο λάδι. Σοτάρετε τα κρεμμύδια και το σκόρδο στο λάδι, ώσπου να μαραθούν. Προσθέστε τα μανιτάρια κι ανακατέψτε επάνω στη φωτιά, ώσπου να μαραθούν κι αυτά. Κατεβάστε από τη φωτιά, αφήστε τα να κρυώσουν ελαφρά, ρίξτε κι ανακατέψτε τις ελιές, το τριμμένο τυρί, το μαϊντανό, αλάτι και πιπέρι. Βάλτε 2 κουταλιές γέμιση και μια ρόδα ντομάτας σε κάθε σφολιατάκι. Πασπαλίστε τις ντομάτες με λίγη ρίγανη, αλάτι και πιπέρι και ραντίστε τες με λίγο λάδι. Ψήστε τα πιτσάκια για 20΄- 30΄ στους 220°C, ώσπου να ροδίσει η ζύμη. Σερβίρονται ζεστά.

Κρουασάν με Πράσα
(Νέλης)

Γίνονται 48 μικρά κρουασάν
Χρόνος προετοιμασίας 1 ώρα
Χρόνος ψησίματος 30΄

για τη ζύμη
30 γρ. μαγιά νωπή
1 κούπα νερό χλιαρό (40°C)
3-4 κούπες αλεύρι για όλες τις χρήσεις
1/2 κούπας λάδι
1 κουταλιά ζάχαρη
1 κουταλάκι αλάτι
1 κούπα μαργαρίνη

για τη γέμιση
5-6 φρέσκα κρεμμυδάκια ψιλοκομμένα
4 πράσα ψιλοκομμένα
1/4 κούπας λάδι
αλάτι και φρεσκοτριμμένο πιπέρι
3 κουταλιές ψιλοκομμένο άνηθο ή μαϊντανό

Ετοιμάστε τη γέμιση. Βάλτε τα κρεμμυδάκια και τα πράσα με το λάδι και 1/2 κούπας νερό σε κατσαρόλα, σκεπάστε και σιγοβράστε τα, ώσπου να μείνουν σχεδόν με το λάδι. Ρίξτε αλάτι, πιπέρι και άνηθο ή μαϊντανό. Διαλύστε τη μαγιά στο χλιαρό νερό και προσθέστε λίγο αλεύρι. Αφήστε τη 10΄ να φουσκώσει. Βάλτε σ' ένα μπολ το υπόλοιπο αλεύρι κι ανοίξτε στο κέντρο ένα λάκκο. Ρίξτε μέσα το αλάτι, τη ζάχαρη και το λάδι. Προσθέστε τη φουσκωμένη μαγιά και ζυμώστε παίρνοντας το αλεύρι λίγο - λίγο από τριγύρω, ώσπου να επιτύχετε μια ζύμη απαλή, να μην κολλάει στα δάχτυλα. Χωρίστε τη σε 6 ίσα μέρη κι ανοίξτε το καθένα σε φύλλο πάχους 3 χιλ. Χωρίστε το σταυρωτά στα οκτώ. Στο πλατύ μέρος κάθε τρίγωνου κομματιού βάλτε μια κουταλιά γέμιση και τυλίξτε σε κρουασάν. Αραδιάστε τα σε ταψί, σκεπάστε κι αφήστε τα να φουσκώσουν. Κόψτε τη μαργαρίνη σε κομματάκια και τοποθετήστε τα εδώ κι εκεί, ανάμεσα στα κρουασάν, μέσα στο ταψί. Ψήστε τα στους 175°C, για 30΄ περίπου, ώσπου να ροδίσουν. Βγάλτε τα αμέσως από το ταψί και σερβίρετε. Είναι πιο νόστιμα ζεστά και φρέσκα.

2 κουταλιές λάδι
1/4 κούπας τριμμένο φυτικό τυρί
400 γρ. αγγιναράκια κονσέρβας σε τέταρτα

Σ' ένα μεγάλο μπολ ανακατέψτε τις πιπεριές, τα μανιτάρια, το ξίδι, το σκόρδο, αλάτι, πιπέρι και λίγη ρίγανη. Σκεπάστε κι αφήστε τα να σταθούν 2 ώρες στο ψυγείο. Στραγγίστε τα και σοτάρετέ τα μέσα στο λάδι, ώσπου να μαλακώσουν. Στο μεταξύ, ετοιμάστε τη ζύμη προσθέτοντας τα ξερά μυρωδικά. Λαδώστε καλά ένα ταψί για πίτσα 25 εκ., ανοίξτε τη ζύμη σε φύλλο και στρώστε τη μέσα σ' αυτό. Αλείψτε τη ζύμη με την πάστα ελιάς αφήνοντας ένα κενό 2 εκ. από την περιφέρεια της ζύμης κι αραδιάστε επάνω τα σοταρισμένα λαχανικά. Τοποθετήστε εδώ κι εκεί τα αγγιναράκια, ανακατέψτε το πέστο με το λάδι και περιχύστε την επιφάνεια. Πασπαλίστε με το τυρί. Αφήστε την πίτσα να σταθεί 30' για να φουσκώσει η ζύμη. Ψήστε την στους 220°C 20'-25'. Σερβίρεται ζεστή.

Πίτσα αλά Γκρέκα

Μερίδες 4
Χρόνος προετοιμασίας 1 ώρα
Χρόνος ψησίματος 30'

ζύμη πίτσας (βασικές συνταγές)
1/4 κούπας κέτσαπ
1 μικρό κρεμμύδι κομμένο σε φετάκια
1 μικρή πράσινη πιπεριά ζουλιέν
3 σκελίδες σκόρδο σε λεπτά φετάκια
5 μανιτάρια σε λεπτά φετάκια
10 ελιές κομμένες σε τέταρτα
1 μεγάλη ντομάτα σε μικρά λεπτά φετάκια
1 κουταλιά κάπαρη
1/2 κουταλάκι ρίγανη
3 κουταλιές λάδι

Σε δύο κουταλιές λάδι σοτάρετε το κρεμμύδι και το σκόρδο να μαραθούν. Λαδώστε καλά ένα ταψί για πίτσα 25 εκ. Ανοίξτε τη ζύμη σε φύλλο και στρώστε τη μέσα στο ταψί. Αλείψτε την επιφάνεια της ζύμης με την κέτσαπ αφήνοντας ένα κενό 2 εκ. στην περιφέρεια κι αραδιάστε επάνω όλα τα υλικά, βάζοντας τελευταία τα κομματάκια της ντομάτας. Πασπαλίστε την επιφάνεια με ρίγανη και φρεσκοτριμμένο πιπέρι. Περιχύστε με το λάδι κι αφήστε την πίτσα να σταθεί 30', να φουσκώσει η ζύμη. Ψήστε για 30', σε φούρνο 200°C. Σερβίρεται ζεστή.

Πίτσα Μεντιτερανέο

Μερίδες 8
Χρόνος προετοιμασίας 25'
Χρόνος ψησίματος 25'

ζύμη πίτσας (βασικές συνταγές)
1 κουταλάκι διάφορα ξερά μυρωδικά για πίτσα
(βασιλικό, ρίγανη, δεντρολίβανο, σκόρδο, θυμάρι)

για τη γέμιση
1 πράσινη, 1 κόκκινη, 1 κίτρινη πιπεριά ζουλιέν
200 γρ. μανιτάρια πλευρότους σε κομματάκια
2 κουταλιές ξίδι balsamico
2 σκελίδες σκόρδο τριμμένο
αλάτι, πιπέρι και λίγη ρίγανη
2 κουταλιές λάδι
1/4 κούπας πάστα ελιάς (βασικές συνταγές)
1/4 κούπας πέστο (βασικές συνταγές)

Πίτσα Τουρλού

Μερίδες 4
Χρόνος προετοιμασίας 1 ώρα και 30΄
Χρόνος ψησίματος 25΄-30΄

1 μακριά λεπτή μελιτζάνα σε φέτες
1 μέτριο κολοκύθι σε λεπτά φετάκια
1 μέτριο κρεμμύδι σε κομματάκια
1 πράσινη, 1 κίτρινη, 1 κόκκινη πιπεριά σε κρίκους
5 μεγάλα άσπρα μανιτάρια σε φετάκια (προαιρετικά)
1 μεγάλη ντομάτα καθαρισμένη και ψιλοκομμένη
1 σκελίδα σκόρδο τριμμένο
1½ κουταλάκι μίγμα μπαχαρικών για πίτσα
1/4 κούπας λάδι
ζύμη πίτσας (βασικές συνταγές)
1/4 κούπας κέτσαπ
1/2 κούπας τριμμένη ψίχα μπαγιάτικου ψωμιού
2 κουταλιές λάδι
1/2 κούπας τριμμένο φυτικό τυρί (προαιρετικά)
αλάτι και φρεσκοτριμμένο πιπέρι

Αλατίστε χωριστά σε δύο τρυπητά τις μελιτζάνες και τα κολοκύθια κι αφήστε τα να σταθούν 1 ώρα. Ξεπλύντε τα και στίψτε τα ελαφρά μέσα στις παλάμες σας. Σ' ένα μεγάλο τηγάνι βάλτε το λάδι και σοτάρετε τις μελιτζάνες, τα κολοκύθια και τα υπόλοιπα 5 υλικά, ώσπου να μαραθούν. Ανοίξτε τη ζύμη σε φύλλο και στρώστε τη σε ταψί πίτσας με διάμετρο 35 εκ. Αλείψτε την επιφάνεια με την κέτσαπ. Σ' ένα μικρό τηγάνι ζεστάνετε το λάδι και σοτάρετε τα τρίμματα του ψωμιού. Πασπαλίστε τα μαζί με το μισό φυτικό τυρί επάνω από την κέτσαπ. Αραδιάστε σε όλη την επιφάνεια τα λαχανικά, πασπαλίστε με το μίγμα των μπαχαρικών, αλάτι και πιπέρι κι αφήστε την πίτσα να σταθεί 30΄, για να φουσκώσει η ζύμη. Ψήστε την στους 180°C 25΄ περίπου, ή ώσπου να ξεροψηθούν οι άκρες της ζύμης. Πασπαλίστε στην επιφάνεια το υπόλοιπο τυρί και ψήστε άλλα 3΄- 5΄, να λιώσει το τυρί. Σερβίρεται ζεστή.

Μποξαδάκια με Κολοκύθα

Γίνονται 27 δεματάκια
Χρόνος προετοιμασίας 1 ώρα
Χρόνος ψησίματος 40΄-45΄

1/4 κούπας λάδι
1 μέτριο κρεμμύδι ψιλοκομμένο
1 σκελίδα σκόρδο τριμμένο
1/2 κιλού κολοκύθι κίτρινο σε κομμάτια
1/2 κουταλάκι φρέσκο δεντρολίβανο
2 κουταλιές σιμιγδάλι ή ρύζι
1 κούπα τριμμένο φυτικό τυρί
2-3 κουταλιές φυτική κρέμα

αλάτι και φρεσκοτριμμένο πιπέρι
9 φύλλα κρούστας
1/2 κούπας λάδι για το άλειμμα

Βάλτε σε κατσαρόλα το λάδι να ζεσταθεί, ρίξτε και σοτάρετε το κρεμμύδι και το σκόρδο. Προσθέστε το κολοκύθι, το δεντρολίβανο, αλάτι, πιπέρι και ελάχιστο νερό. Σκεπάστε και σιγοβράστε, ώσπου να λιώσει το κολοκύθι και να μείνει σχεδόν με το λάδι. Πατήστε το μ' ένα πηρούνι, ρίξτε κι ανακατέψτε το σιμιγδάλι, το τριμμένο τυρί και την κρέμα. Στοιβιάστε τα φύλλα ανά 3 λαδώνοντάς τα ενδιάμεσα και κόψτε τα σε τετράγωνα φυλλαράκια με πλευρά 13 εκ. Βγαίνουν 9 φυλλαράκια από κάθε συστάδα. Βάλτε στα φυλλαράκια 2 κουταλιές από το μίγμα του κολοκυθιού και κλείστε τα με τα χέρια σας σουφρώνοντάς τα επάνω από τη γέμιση, να σχηματίσετε μικρά μποξαδάκια. Αλείψτε τις επιφάνειες με λάδι κι αραδιάστε τα σε λαδωμένο ταψί. Ψήστε τα στους 175°C 40΄-45΄. Σερβίρονται ζεστά.

καλά. Στίψτε τα μέσα στις παλάμες σας, να φύγει το πολύ νερό τους. Βάλτε το λάδι σε κατσαρόλα, να ζεσταθεί και σοτάρετε ελαφρά τα κρεμμύδια και το πράσο. Προσθέστε το σπανάκι, τα χόρτα, το άνηθο, το μαϊντανό, αλάτι και πιπέρι, ανακατέψτε και κατεβάστε από τη φωτιά. Βάλτε το ρύζι στο πολυμίξερ και σπάστε τους κόκκους σε μικρά κομμάτια. Ρίξτε κι ανακατέψτε το μέσα στα χόρτα. Στρώστε επάνω σε ταψάκι τα μισά φύλλα λαδώνοντάς τα ένα-ένα. Απλώστε επάνω τη γέμιση, πασπαλίστε με λίγο φρεσκοτριμμένο πιπέρι και καλύψτε στρώνοντας και λαδώνοντας και πάλι ένα-ένα τα υπόλοιπα φύλλα. Χωρίστε την πίτα σε κομμάτια, περιχύστε τη με όσο λάδι περίσσεψε και ψήστε την στους 200°C 15′. Βγάλτε και περιχύστε τη με τη σόδα. Ξαναβάλτε τη στο φούρνο, ώσπου να ροδίσει καλά η επιφάνεια 45′ περίπου. Ζεστή ή κρύα είναι το ίδιο νόστιμη.

Χορτόπιτα Μοναστηριακή
(Μονή Ευαγγελίστριας Σταγιάτες Πηλίου)

Μερίδες 20
Χρόνος προετοιμασίας 1 ώρα
Χρόνος ψησίματος 1 ώρα

1 κιλό διάφορα χόρτα (ραδίκια, ζοχοί, καυκαλήθρες,
λάπατα, τσουκνίδες, παπαρούνες)
1/3 κούπας λάδι
3/4 κούπας τριμμένο κρεμμύδι
1 κούπα ψιλοκομμένα φρέσκα κρεμμυδάκια
2 πράσα μόνο το άσπρο μέρος ψιλοκομμένα
1 κούπα ψιλοκομμένο μάραθο
1/2 κούπας ψιλοκομμένο μαϊντανό
2 κουταλιές τραχανά ή ρύζι
αλάτι και φρεσκοτριμμένο πιπέρι
1/2 κιλού φύλλο κρούστας σπιτικό ή έτοιμο χοντρό
3/4 κούπας λάδι

Πλύντε, καθαρίστε και ζεματίστε τα διάφορα χόρτα. Βάλτε τα σε τρυπητό κι αφήστε τα να στραγγίσουν. Βάλτε το λάδι σε κατσαρόλα, να ζεσταθεί. Ρίξτε και σοτάρετε ελαφρά τα δύο κρεμμύδια και το πράσο. Προσθέστε τα χόρτα, το μάραθο, το μαϊντανό, τον τραχανά αλάτι και πιπέρι, ανακατέψτε και κατεβάστε τα από τη φωτιά. Λαδώστε το ταψί του φούρνου και στρώστε 4 φύλλα λαδώνοντάς τα ένα - ένα. Απλώστε επάνω τη μισή γέμιση, πασπαλίστε με λίγο φρεσκοτριμμένο πιπέρι και στρώστε από πάνω 2 ακόμη φύλλα. Απλώστε την υπόλοιπη γέμιση και τελειώστε στρώνοντας 4 φύλλα στην επιφάνεια. Χωρίστε την πίτα σε κομμάτια. Αλείψτε τη με όσο λάδι περίσσεψε και ψήστε την στους 200°C, για 1 ώρα περίπου, ώσπου να ροδίσει καλά η επιφάνεια. Ζεστή ή κρύα, είναι το ίδιο νόστιμη.

Χορτόπιτα

Μερίδες 20
Χρόνος προετοιμασίας 1 ώρα
Χρόνος ψησίματος 1 ώρα

1/2 κιλού φρέσκο σπανάκι
1/2 κιλού διάφορα χόρτα (ραδίκια, ζοχοί, καυκαλίθρες,
λάπατα, τσουκνίδες)
1/3 κούπας λάδι
3/4 κούπας τριμμένο κρεμμύδι
8 φρέσκα κρεμμυδάκια ψιλοκομμένα
1 πράσο ψιλοκομμένο
1/2 κούπας ψιλοκομμένο άνηθο
1/2 κούπας ψιλοκομμένο μαϊντανό
3 κουταλιές ρύζι
αλάτι, πιπέρι
1/2 κιλού φύλλο κρούστας σπιτικό ή έτοιμο
3/4 κούπας λάδι
3/4 κούπας σόδα

Πλύντε και καθαρίστε το σπανάκι και τα χόρτα. Κόψτε τα σε κομμάτια, πασπαλίστε τα με αλάτι και τρίψτε τα να μαραθούν

ΧΟΡΤΟΠΙΤΑ ΜΟΝΑΣΤΗΡΙΑΚΗ

σπανάκι ή τα διάφορα χόρτα. Στραγγίστε τα και τρίψτε τα μέσα στις παλάμες σας. Ζεστάνετε το λάδι σε κατσαρόλα επάνω στη φωτιά και σοτάρετε τα πράσα και τα κρεμμυδάκια, να μαραθούν. Ανακατέψτε τα με το σπανάκι, το άνηθο, αλάτι και πιπέρι. Μοιράστε το μίγμα στις 18 υποδοχές που καλύψατε με τα σφολιατάκια. Διαλύστε το κορν φλάουρ σε 2 κουταλιές νερό κι ανακατέψτε το μέσα στην κρέμα. Βάλτε τη σε μέτρια φωτιά και βράστε την ανακατεύοντας, ώσπου να δέσει ελαφρά. Προσθέστε το μοσχοκάρυδο, λίγο αλάτι και πιπέρι κι ανακατέψτε. Βάλτε 1 κουταλιά σε κάθε ταρτάκι, καλύπτοντας την επιφάνεια. Ψήστε τα ταρτάκια στους 200°C, για 35'-40', ώσπου να ροδίσει καλά η επιφάνεια. Ζεστά ή κρύα, είναι το ίδιο νόστιμα.

Σκορδόπιτα με Ντομάτες

Μερίδες 8
Χρόνος προετοιμασίας 2-3 ώρες
Χρόνος ψησίματος 25'

6 λιαστές ντομάτες
2 κούπες αλεύρι για όλες τις χρήσεις
1/2 κουταλιάς μαγιά ξερή
1/2 κουταλάκι αλάτι
1/2 κουταλάκι σκόρδο ξερό
1 κουταλιά μέλι
1 κουταλιά μαργαρίνη
1/2 κούπας νερό χλιαρό (40°C)
1/4 κούπας λάδι
10 σκελίδες σκόρδο σε δοντάκια
1 κουταλάκι μίγμα μπαχαρικών για πίτσα (Italian Herbs)

Βάλτε το λάδι, το σκόρδο και τα μπαχαρικά σ' ένα βαζάκι κι ανακατέψτε τα. Αφήστε τα να σταθούν μερικές ώρες. Βάλτε τις λιαστές ντομάτες μέσα σε νερό κι αφήστε τες να σταθούν 2-3 ώρες, να φουσκώσουν και να ξαλμυρίσουν. Κόψτε τες σε κομμάτια. Σε μια λεκανίτσα ανακατέψτε το αλεύρι με τη μαγιά, το αλάτι και το σκόρδο. Κάντε ένα λάκκο στο κέντρο και ρίξτε το μέλι και τη μαργαρίνη. Προσθέστε το νερό κι ανακατέψτε, αρχικά μ' ένα κουτάλι κι έπειτα με τα χέρια, ζυμώνοντας σε ζύμη μαλακιά, να μην κολλάει στα δάχτυλα. Καλύψτε τη με πλαστική μεμβράνη κι αφήστε τη σε ζεστό, υγρό μέρος, για 1 ώρα, να διπλασιαστεί σε όγκο. Στο μεταξύ, στραγγίστε καλά τις ντομάτες μέσα στις παλάμες σας και τηγανίστε τες σε λίγο λάδι. Ανοίξτε τη ζύμη σε φύλλο και στρώστε τη σ' ένα ταψί για πίτσες με διάμετρο 30 εκ. Σκεπάστε κι αφήστε τη ζύμη να φουσκώσει 20'-25'. Αλείψτε τη με το αρωματισμένο λάδι και πασπαλίστε εδώ κι εκεί τις σκελίδες του σκόρδου. Αραδιάστε στην επιφάνεια τις λιαστές ντομάτες. Ψήστε τη σκορδόπιτα στους 200°C, για 25', ώσπου να ροδίσει το ψωμί.

Ταρτάκια με Σπανάκι

Γίνονται 18 ταρτάκια
Χρόνος προετοιμασίας 1 ώρα
Χρόνος ψησίματος 35'-40'

18 σφολιατάκια στρογγυλά
1/2 κιλού σπανάκι ή διάφορα χόρτα του αγρού
1/4 κούπας λάδι
2 πράσα μόνο το άσπρο μέρος ψιλοκομμένα
1/2 κούπας ψιλοκομμένα φρέσκα κρεμμυδάκια
1/2 κούπας ψιλοκομμένο άνηθο ή μάραθο
1/2 κούπας ψιλοκομμένο μαϊντανό
αλάτι και φρεσκοτριμμένο πιπέρι
1½ κουταλιάς κορν φλάουρ
1½ κούπας φυτική κρέμα
1/8 κουταλάκι μοσχοκάρυδο

Στρώστε τα φυλλαράκια της σφολιάτας και καλύψτε τις υποδοχές από δύο ταψάκια για μικρά κεκάκια, αφού πρώτα τις αλείψετε με λίγο λάδι. Καθαρίστε, πλύνετε και ζεματίστε το

Ντοματόπιτα

Μερίδες 8
Χρόνος προετοιμασίας 2-3 ώρες
Χρόνος ψησίματος 25΄

2 κούπες αλεύρι για όλες τις χρήσεις
1/2 κουταλιάς μαγιά ξερή
1/2 κουταλάκι αλάτι
1 κουταλάκι μίγμα μπαχαρικών για πίτσα (Italian Herbs)
1 κουταλιά μέλι
1 κουταλιά μαργαρίνη
1/2 κούπας νερό χλιαρό (40°C)
1/4 κούπας λάδι
4 σκελίδες σκόρδο σε δοντάκια
1 κιλό ντομάτες χωρίς τους σπόρους και
τη φλούδα σε κομματάκια
1 κουταλιά ντομάτα πελτέ
αλάτι και φρεσκοτριμμένο πιπέρι
1 κουταλάκι ρίγανη
1 κουταλάκι θυμάρι

Σε μια λεκανίτσα ανακατέψτε το αλεύρι με τη μαγιά, το αλάτι και τα μυρωδικά. Κάντε ένα λάκκο στο κέντρο και ρίξτε το μέλι και τη μαργαρίνη. Προσθέστε το νερό κι ανακατέψτε όλα τα υλικά, αρχικά μ' ένα κουτάλι κι έπειτα με τα χέρια, ζυμώνοντας σε ζύμη μαλακιά, να μην κολλάει στα δάχτυλα. Καλύψτε τη με πλαστική μεμβράνη κι αφήστε τη σε ζεστό, υγρό μέρος, για 1 ώρα, να διπλασιαστεί σε όγκο. Στο μεταξύ, σε μια κατσαρόλα σοτάρετε ελαφρά το σκόρδο στο λάδι. Προσθέστε την ντομάτα, τον πελτέ, αλάτι, πιπέρι κι αφήστε τη σάλτσα να σιγοβράσει 30΄, ώσπου να δέσει. Ανοίξτε τη ζύμη σε φύλλο και στρώστε τη σ' ένα ταψί για πίτσες με διάμετρο 30 εκ. Απλώστε τη σάλτσα ντομάτας επάνω στη ζύμη, αφήνοντας ένα περιθώριο 2 εκ. τριγύρω, και πασπαλίστε την επιφάνεια με τη ρίγανη και το θυμάρι. Ψήστε την ντοματόπιτα σε φούρνο 200°C, για 25΄, ώσπου να ροδίσει το ψωμί.

Πίτα με Πιπεριές και Κρεμμύδια

Μερίδες 8-10
Χρόνος προετοιμασίας 40´
Χρόνος ψησίματος 50´

10 φύλλα κρούστας, σπιτικά ή έτοιμα
1/2 κούπας λάδι

για τη γέμιση
1 μεγάλη κόκκινη, 1 κίτρινη και
1 πράσινη πιπεριά σε λωριδίτσες
2 μεγάλα κρεμμύδια σε φέτες
1/2 κούπας ψιλοκομμένα φρέσκα κρεμμυδάκια
1/4 κούπας λάδι
1/2 κούπας ψιλοκομμένο μαϊντανό
1/4 κουταλάκι πιπέρι καγιέν
1 κουταλιά τριμμένη φρυγανιά
αλάτι και φρεσκοτριμμένο πιπέρι

Κόψτε τα φύλλα στρογγυλά, με διάμετρο 4 εκ. μεγαλύτερη από τη διάμετρο του ταψιού ή του πυρέξ σκεύους που θα χρησιμοποιήσετε και που πρέπει να είναι 30 εκ. Στρώστε τα μισά στο ταψί λαδώνοντάς τα. Αφήστε τα να προεξέχουν ελαφρά από το τοίχωμά του και να σχηματίζουν κουλέδες. Ετοιμάστε τη γέμιση. Βάλτε το λάδι σε κατσαρόλα επάνω στη φωτιά να ζεσταθεί καλά, ρίξτε μέσα τις πιπεριές και τα κρεμμύδια κι ανακατέψτε τα, ώσπου να μαραθούν. Κατεβάστε τα, ρίξτε κι ανακατέψτε το μαϊντανό, τη φρυγανιά, το πιπέρι καγιέν, αλάτι και φρεσκοτριμμένο πιπέρι. Απλώστε τη γέμιση στα στρωμένα φύλλα στο ταψί και σκεπάστε τη με τα υπόλοιπα, λαδώνοντάς τα και πάλι και αφήνοντάς τα ελεύθερα στην περιφέρεια. Χωρίστε την πίτα σε κομμάτια και ψήστε την στους 180˚C, για 50´ περίπου, ώσπου να ροδίσει καλά το φύλλο. Σερβίρεται ζεστή.

Κολοκυθόπιτα

Για 20-30 κομμάτια
Χρόνος προετοιμασίας 2 ώρες
Χρόνος ψησίματος 1 ώρα

1 δόση ζύμη για φύλλο (βασικές συνταγές) ή
1/2 κιλού έτοιμο φύλλο κρούστας
1½ κιλού κολοκύθια πράσινα
1/2 κιλού αντίδια ή ζοχοί ή σέσκουλα
ή ξινολάπατα ζεματισμένα
στραγγισμένα και στιμμένα καλά
2 κουταλιές σιμιγδάλι ψιλό
3 κουταλιές λάδι
1/2 κούπας φυτική κρέμα
1/2 κουταλάκι φρεσκοτριμμένο πιπέρι
1/2 κούπας ψιλοκομμένο δυόσμο ή άνηθο
3/4 κούπας λάδι

Χωρίστε και πλάστε τη ζύμη σε 12 μπαλάκια. Σκεπάστε τα με υγρή πετσέτα κι αφήστε τα να σταθούν 1 ώρα. Στο μεταξύ, ετοιμάστε τη γέμιση. Τρίψτε τα κολοκύθια στο ρεντέ, πασπαλίστε τα με λίγο αλάτι κι αφήστε τα να στραγγίσουν σε τρυπητό 2 ώρες. Ανακατέψτε τα σ' ένα μπολ με τα υπόλοιπα

υλικά. Σ' ένα κατσαρολάκι ζεστάνετε το λάδι. Σε αλευρωμένη επιφάνεια, ανοίξτε με τη βέργα ένα-ένα τα μπαλάκια της ζύμης σε πολύ λεπτά φύλλα. Λαδώστε ένα μεγάλο ταψί 40 εκ. και στρώστε 5 φύλλα αλείφοντάς τα με μπόλικο λάδι. Απλώστε επάνω τη μισή γέμιση. Στρώστε δύο ακόμη φύλλα λαδώνοντάς τα καλά κι απλώστε επάνω την υπόλοιπη γέμιση. Σκεπάστε τη με τα υπόλοιπα 5 φύλλα, λαδώνοντάς τα και πάλι. Γυρίστε σε κόθρο τις άκρες των φύλλων που προεξέχουν γύρω-γύρω στο ταψί. Κόψτε την πίτα σε κομμάτια και ρίξτε όσο λάδι περίσσεψε στην επιφάνεια. Ραντίστε τη με λίγο νερό και ψήστε τη στους 180°C, έως ότου ροδίσει καλά η επιφάνεια, για 1 ώρα περίπου. Εάν φτιάξετε την πίτα με έτοιμο φύλλο, λαδώστε τα φύλλα ελαφρά, γιατί τα έτοιμα δεν χρειάζονται τόσο λάδι όσο τα σπιτικά. Αφού στρώσετε την πίτα και τη χωρίσετε σε κομμάτια, χτυπήστε όσο από το λάδι σας περίσσεψε με 4 κουταλιές αλεύρι και νερό, ώστε να επιτύχετε έναν αραιό χυλό και περιχύστε μ' αυτόν την επιφάνεια της πίτας. Ψήστε την, όπως και την πίτα με το σπιτικό φύλλο. Σερβίρεται ζεστή ή κρύα.

Σφολιατοπιτάκια με Κουνουπίδι

Για 6 πιτάκια
Χρόνος προετοιμασίας 20΄
Χρόνος ψησίματος 20΄

12 στρογγυλά φυλλαράκια σφολιάτας
4 κουταλιές μαργαρίνη
1 μικρό κρεμμύδι ψιλοκομμένο
2 σκελίδες σκόρδο τριμμένο
200 γρ. μανιτάρια κονσέρβας σε φετάκια
1 μικρό κουνουπίδι σε φουντίτσες (2¹/₂ κούπας)
1 κουταλιά αλεύρι
1 μεγάλη ντομάτα ψιλοκομμένη ή
1 κούπα ντοματάκια κονσέρβας σε κομματάκια
2 κουταλιές κέτσαπ
1/2 κουταλάκι θυμάρι
1/2 κουταλάκι ρίγανη
1/4 κούπας ψιλοκομμένο μαϊντανό
αλάτι και φρεσκοτριμμένο πιπέρι
1¹/₂ κούπας φυτική κρέμα
2 τριμμένες καυτερές πιπερίτσες

Σε μια κατσαρόλα λιώστε τη μαργαρίνη και σοτάρετε το κρεμμύδι και το σκόρδο. Προσθέστε τα μανιτάρια κι ανακατέψτε τα να ροδίσουν ελαφρά 3΄-4΄. Ρίξτε τις φουντίτσες του κουνουπιδιού κι ανακατέψτε 2΄ ακόμη επάνω στη φωτιά. Πασπαλίστε την επιφάνεια με το αλεύρι και συνεχίστε το ανακάτεμα επάνω στη φωτιά 1΄ ακόμη. Προσθέστε τη ντομάτα, την κέτσαπ, το θυμάρι, τη ρίγανη, το μαϊντανό, αλάτι και πιπέρι. Σκεπάστε και σιγοβράστε 10΄, να δέσει η σάλτσα. Στρώστε τα φυλλαράκια σφολιάτας στις υποδοχές μιας φόρμας για μικρά κεκάκια, αφού πρώτα τις λαδώσετε καλά. Βάλτε 2-3 κουταλιές από τη γέμιση σε κάθε φυλλαράκι και περιχύστε τη με 2 κουταλιές φυτική κρέμα. Πασπαλίστε, αν θέλετε, με την καυτερή πιπερίτσα. Ψήστε τα σφολιατοπιτάκια στους 200°C 20΄ περίπου, ώσπου να ροδίσουν ελαφρά. Εναλλακτικά φτιάξτε τάρτα, στρώνοντας ένα φύλλο σφολιάτας σε μια ταρτιέρα 25 εκ. και βάζοντας τη γέμιση μέσα σ' αυτή. Θα χρειαστεί να την ψήσετε 30΄-35΄.

Ταρτάκια με Αγγινάρες

Γίνονται 24 ταρτάκια
Χρόνος προετοιμασίας 50΄
Χρόνος ψησίματος 45΄

10 φύλλα κρούστας
1/3 κούπας λάδι για το άλειμμα των φύλλων
2 κονσέρβες των 400 γρ. αγγιναρούλες
3 κουταλιές λάδι
1/2 κούπας ψιλοκομμένο καρότο
1/2 κούπας ψιλοκομμένα μανιτάρια
1/2 κούπας ψιλοκομμένο κρεμμύδι
1 μικρή σκελίδα σκόρδο τριμμένο
1 μέτρια μελιτζάνα σε πολύ μικρούς κύβους
1 κούπα χυμό ντομάτας
1 κουταλιά κέτσαπ
1/4 κούπας ψιλοκομμένο μάραθο ή δυόσμο
αλάτι και φρεσκοτριμμένο πιπέρι
2 κούπες μπεσαμέλ (βασικές συνταγές)

Στρώστε στον πάγκο εργασίας τα φύλλα πέντε-πέντε αλείφο-
ντάς τα με λάδι και κόψτε με κουπ-πατ 24 φυλλαράκια με διά-
μετρο τόση, όση χρειάζεται για να καλύψετε τις υποδοχές δύο
ταψιών για μικρά κεκάκια. Στραγγίστε καλά τις αγγιναρούλες
και χωρίστε τες σε κομμάτια. Μοιράστε τα σε 24 μέρη και
στρώστε τα μέσα στις τάρτες. Βάλτε το λάδι σε κατσαρόλα και
σοτάρετε το καρότο, τα μανιτάρια, το κρεμμύδι, το σκόρδο και
τη μελιτζάνα, ώσπου να μαραθούν. Προσθέστε το χυμό ντομά-
τας, την κέτσαπ και το μάραθο, αλάτι, πιπέρι και σιγοβράστε,
ώσπου να δέσει η σάλτσα. Μοιράστε το μίγμα στα 24 ταρτάκια.
Ετοιμάστε την μπεσαμέλ και βάλτε από μία γεμάτη κουταλιά σε
κάθε ταρτάκι. Στο στάδιο αυτό μπορείτε να τα φυλάξετε στην
κατάψυξη. Ψήστε τα στους 180°C, για 45΄ περίπου, ώσπου να
ροδίσει η μπεσαμέλ. Στολίστε την επιφάνεια μ' ένα κλωναράκι
μάραθο. Ζεστά ή κρύα, είναι το ίδιο νόστιμα.

Πιροσκί με Πατάτες

Γίνονται 40 πιροσκί
Χρόνος προετοιμασίας 1 ώρα και 30΄
Χρόνος τηγανίσματος 8΄-10΄

για τη γέμιση
1/2 κιλού πατάτες
1 μεγάλο κρεμμύδι ψιλοκομμένο
1/3 κούπας λάδι
3 κουταλιές ψιλοκομμένο μαϊντανό ή άνηθο ή δυόσμο
αλάτι και φρεσκοτριμμένο πιπέρι

για τη ζύμη
2¹/₂ κούπας αλεύρι σκληρό
1 κουταλιά μαγιά ξερή ή 40 γρ. νωπή
1 κουταλάκι αλάτι

1 κουταλάκι ζάχαρη
1/4 κούπας λάδι
1 κούπα νερό χλιαρό (40°C)

Στο μπολ του μίξερ ανακατέψτε το αλεύρι, τη μαγιά, το αλάτι,
και τη ζάχαρη. Προσθέστε το λάδι και το νερό και ζυμώστε σε
χαμηλή ταχύτητα, ώσπου να μαζευτεί η ζύμη γύρω από το γά-
ντζο ζυμώματος. Συνεχίστε το ζύμωμα 5΄ ακόμη, για να γίνει μια
ζύμη ελαστική και λεία. Αφήστε τη σκεπασμένη σε ζεστό μέρος,
ώσπου να διπλασιαστεί σε όγκο. Στο μεταξύ, βράστε τις πατά-
τες και περάστε τες από τη μηχανή του πουρέ. Σοτάρετε το
κρεμμύδι στο λάδι, ώσπου να ροδίσει ελαφρά. Προσθέστε τον
πουρέ, αλάτι, πιπέρι και το μυρωδικό της προτίμησής σας.
Ανοίξτε τη ζύμη σε φύλλο με πάχος 1 εκ. και κόψτε με κουπ πατ
φυλλαράκια 10 εκ. Βάλτε στη μέση ένα κουταλάκι από τη γέ-
μιση και κλείστε τα φυλλαράκια σε μισοφέγγαρα. Αφήστε τα πι-
ροσκί να φουσκώσουν 15΄- 20΄ και τηγανίστε τα σε καυτό λάδι,
ώσπου να ροδίσουν. Σερβίρονται ζεστά. Εναλλακτικά, σοτά-
ρετε σε λίγο λάδι, επάνω σε μέτρια φωτιά, 3 φρέσκα κρεμμυ-
δάκια, 1 πράσο, 250 γρ. σπανάκι και 1 κούπα μάραθο, δυόσμο
και μαϊντανό ψιλοκομμένα, ώσπου να μαραθούν καλά. Αλατοπι-
περώστε και γεμίστε με το μίγμα τα μισά πιροσκί.

Κεφτέδες με Μύδια

Γίνονται 20 κεφτέδες
Χρόνος ετοιμασίας 1 ώρα και 30΄

1/2 κιλού μύδια καθαρισμένα
1 κούπα χυλό για τηγάνισμα (βασικές συνταγές)
2 κουταλιές κέτσαπ
2 κουταλιές ψιλοκομμένο άνηθο
αλάτι και φρεσκοτριμμένο πιπέρι

Ετοιμάστε χυλό, ρίξτε κι ανακατέψτε την κέτσαπ το άνηθο, τα μύδια, αλάτι και πιπέρι. Μ' ένα μεγάλο κουτάλι πάρτε 3-4 μύδια μαζί με χυλό και ρίξτε τα έτσι, κουταλιά-κουταλιά, μέσα σε τηγάνι με μπόλικο καυτό λάδι. Αφού τηγανιστούν από τη μία πλευρά, γυρίστε τα να τηγανιστούν κι από την άλλη, ώσπου να ροδίσουν καλά. Σερβίρετε τους μυδοκεφτέδες ζεστούς συνοδεύοντάς τους με σάλτσα Thousand Island (βασικές συνταγές).

Ταραμοκεφτέδες

Γίνονται 30 κεφτεδάκια
Χρόνος προετοιμασίας 30΄
Χρόνος τηγανίσματος 15΄

1 κιλό ψωμί
200 γρ. ταραμά
2-3 σκελίδες σκόρδο ψιλοκομμένο
1 μεγάλο κρεμμύδι ψιλοκομμένο
1/4 κούπας δυόσμο
1/4 κούπας μαϊντανό
πιπέρι

Βάλτε το ψωμί σε νερό να μουσκέψει. Στίψτε το στις παλάμες σας να φύγει η περίσσεια του νερού. Βάλτε το σ' ένα μεγάλο μπολ, προσθέστε όλα τα υπόλοιπα υλικά και ζυμώστε τα να ενωθούν. Πλάστε μικρά κεφτεδάκια, πατήστε τα να πλατύνουν και τηγανίστε τα σε καυτό λάδι, χωρίς να τα αλευρώσετε.

Μυδοκεφτέδες

Γίνονται 30 κεφτεδάκια
Χρόνος ετοιμασίας 1 ώρα και 30΄

1/2 κιλού μύδια καθαρισμένα
200 γρ. πατάτες
1 μέτριο κρεμμύδι τριμμένο
1 κούπα τριμμένη φρυγανιά
1/3 κούπας ψιλοκομμένο άνηθο
αλάτι και φρεσκοτριμμένο πιπέρι

Πλύνετε πολύ καλά τα μύδια. Βάλτε τα σε κατσαρόλα με 1/4 κούπας νερό επάνω σε δυνατή φωτιά κι ανακατέψτε τα 5΄, να φύγει λίγο από το νερό τους. Προσοχή, μην τα βράσετε πολύ, γιατί θα σφίξουν και θα μικρύνουν. Αφήστε τα να κρυώσουν ελαφρά κι αλέστε τα στο πολυμίξερ. Καθαρίστε τις πατάτες και βράστε τες να μαλακώσουν. Πατήστε τες μ' ένα πηρούνι να γίνουν πουρές. Σ' ένα μπολ ανακατέψτε τον πουρέ με τα μύδια, το κρεμμύδι, το άνηθο, αλάτι και πιπέρι. Ζυμώστε το μίγμα προσθέτοντας τόση φρυγανιά, όση χρειάζεται, ώστε το μίγμα να πλάθεται. Αφήστε το να σταθεί στο ψυγείο 1 ώρα. Πλάστε κεφτεδάκια, αλευρώστε τα και τηγανίστε τα σε μπόλικο καυτό λάδι. Συνοδέψτε τα με σάλτσα κοκτέιλ. Ζεστά ή κρύα, είναι το ίδιο νόστιμα.

Ντοματοκεφτέδες Σαντορίνης (Πίτσας)

Μερίδες 4
Χρόνος προετοιμασίας 1 ώρα και 30΄
Χρόνος μαγειρέματος 30΄

1 κιλό ντομάτες
1/2 κιλού κρεμμύδια τριμμένα
1/2 κούπας ψιλοκομμένο δυόσμο ή μαϊντανό
1½ κούπας αλεύρι που φουσκώνει μόνο του
αλάτι και φρεσκοτριμμένο πιπέρι

Ψιλοκόψτε τις ντομάτες, βάλτε τες σε τρυπητό, πασπαλίστε τες με λίγο αλάτι κι αφήστε τες να σταθούν 1-2 ώρες να στραγγίσουν. Πασπαλίστε τα τριμμένα κρεμμύδια με αλάτι, τρίψτε τα ελαφρά και ξεπλύνετέ τα με μπόλικο νερό. Στίψτε τα μέσα στις παλάμες σας να φύγει η περίσσεια του νερού. Βάλτε τα σ' ένα μπολ μαζί με τις ντομάτες, προσθέστε το δυόσμο ή τη ρίγανη, το μαϊντανό κι όσο αλεύρι χρειαστεί, για να γίνει μια ζύμη όπως του λουκουμά. Ρίξτε πιπέρι και αλάτι, αν χρειάζεται. Πάρτε κουταλιές από το μίγμα και ρίξτε τες μέσα σε καυτό λάδι. Τηγανίστε τους ντοματοκεφτέδες να ροδίσουν κι από τις δύο πλευρές. Ζεστοί ή κρύοι είναι το ίδιο νόστιμοι.

Κολοκυθοκεφτέδες

Γίνονται 30 κεφτεδάκια
Χρόνος προετοιμασίας 1 ώρα
Χρόνος τηγανίσματος 10΄ - 15΄

1 κιλό κολοκύθια πράσινα τριμμένα
στον τρίφτη του κρεμμυδιού
1 μεγάλη ντομάτα τριμμένη στον
τρίφτη του κρεμμυδιού
200 γρ. φυτικό τυρί χοντροτριμμένο
1/2 κούπας ψιλοκομμένο άνηθο
1/2 κούπας ψιλοκομμένο μαϊντανό
αλεύρι και φρυγανιά τριμμένη σε ίσες ποσότητες
αλάτι και φρεσκοτριμμένο πιπέρι

Πασπαλίστε τα τριμμένα κολοκύθια με λίγο αλάτι κι αφήστε τα σε τρυπητό να στραγγίσουν. Στίψτε τα μέσα στις παλάμες σας και βάλτε τα σ' ένα μπολ. Ρίξτε κι ανακατέψτε την ντομάτα, το τυρί, τα μυρωδικά, αλάτι και πιπέρι. Ανακατέψτε χωριστά, σ' ένα μικρό μπολ, αλεύρι και φρυγανιά σε ίσες ποσότητες και ρίξτε μέσα στο μίγμα των κολοκυθιών όσο χρειαστεί, για να γίνει μίγμα, να πλάθεται. Πλάστε κεφτεδάκια και τυλίξτε τα σε φρυγανιά. Τηγανίστε τα σε μπόλικο καυτό λάδι. Σερβίρονται ζεστά.

Χορτοκεφτέδες

Μερίδες 4
Χρόνος ετοιμασίας 20΄

1/2 κιλού διάφορα χόρτα (σπανάκι, τσουκνίδες, παζά)
2/3 κούπας αλεύρι που φουσκώνει μόνο του
1/4 κούπας κορν φλάουρ
1/2 κούπας τριμμένο κρεμμύδι
1/4 κούπας ψιλοκομμένα φρέσκα κρεμμυδάκια
2/3 κούπας ρόφημα σόγιας ή νερό
1/4 κούπας ψιλοκομμένο μάραθο
1/4 κούπας ψιλοκομμένο δυόσμο
αλάτι και φρεσκοτριμμένο πιπέρι

Καθαρίστε και πλύνετε προσεκτικά τα χόρτα. Αφαιρέστε τα σκληρά μέρη και πετάξτε τα. Ψιλοκόψτε τα υπόλοιπα κι ανακατέψτε τα σ' ένα μεγάλο μπολ με όλα τα άλλα υλικά, να επιτύχετε ένα μίγμα λίγο πιο σφιχτό από του λουκουμά. Ρίξτε κουταλιές σε καυτό λάδι και τηγανίστε τους κεφτέδες, να πάρουν ελαφρύ ρόδινο χρώμα. Ζεστοί ή κρύοι είναι το ίδιο νόστιμοι.

Ανοιξιάτικα Ρολά με Λαχανικά

Γίνονται 12 ρολά
Χρόνος προετοιμασίας 30΄
Χρόνος ψησίματος 20΄

2 κουταλιές καλαμποκέλαιο
2 σκελίδες σκόρδο τριμμένο
2 κουταλάκια τριμμένο φρέσκο τζίντζερ
2 μεγάλα φρέσκα μανιτάρια πλευρότους ζουλιέν
2 φρέσκα κρεμμυδάκια ζουλιέν
1/3 κούπας τριμμένο άσπρο λάχανο
1/3 κούπας φύτρες φασολάκια
1/3 κούπας ψιλοκομμένο πράσο
2 κουταλιές σόγια σος
1/2 κουταλάκι αλάτι
1 κουταλιά κορν φλάουρ διαλυμένο σε
1 κουταλιά νερό
12 τετράγωνα φύλλα ζύμης για ανοιξιάτικα ρολά ή
2 φύλλα κρούστας

Ζεστάνετε το καλαμποκέλαιο και σοτάρετε μέσα σ' αυτό το σκόρδο και το τζίντζερ. Ρίξτε κι ανακατέψτε τα μανιτάρια, τα κρεμμυδάκια, το λάχανο, τις φύτρες και το πράσο. Ανακατέψτε τα 5΄ επάνω στη φωτιά, περιχύστε τα με τη σόγια, προσθέστε το αλάτι και το κορν φλάουρ κι αφήστε το μίγμα να σιγοβράσει σε χαμηλή φωτιά, ώσπου να δέσει η σάλτσα. Βάλτε 1-2 κουταλιές γέμιση σε κάθε φυλλαράκι ζύμης, γυρίστε προς τα μέσα τις δύο πλευρές επάνω από τη γέμιση και τυλίξτε σε ρολό. Στερεώστε το τελείωμα αλείφοντας τη ζύμη με λίγο νερό. Γεμίστε και τυλίξτε κατά τον ίδιο τρόπο όλα τα φύλλα της ζύμης. Ακουμπήστε τα ρολά σε επιφάνεια πασπαλισμένη με κορν φλάουρ, για να μην κολλήσουν. Σ' αυτό το στάδιο, μπορείτε να τα φυλάξετε στην κατάψυξη. Τηγανίστε τα ρολά για 3΄-5΄ σε φριτέζα, σε καυτό λάδι, ώσπου να ροδίσουν. Σερβίρονται ζεστά με γλυκόξινη σάλτσα.

Κεφτεδάκια Λαχανικών

Γίνονται 30 κεφτεδάκια
Χρόνος προετοιμασίας 30΄
Χρόνος μαγειρέματος 1 ώρα

1/2 κιλού πατάτες
4 μέτρια καρότα
5 μέτρια κολοκυθάκια
1/3 κούπας αρακάς
1/4 κουταλάκι κύμινο
1/2 κουταλάκι κάρυ
1/4 κούπας αλεύρι για όλες τις χρήσεις
λάδι για το τηγάνισμα
αλάτι και φρεσκοτριμμένο πιπέρι

Βράστε τις πατάτες και τα καρότα σε αλατισμένο νερό, ώσπου να μαλακώσουν. Στραγγίστε τα και στο ίδιο νερό βράστε τα κολοκύθια και τον αρακά. Ανακατέψτε τα βρασμένα λαχανικά, αφού τα στραγγίσετε καλά, κι όταν κρυώσουν λιώστε τα μ' ένα πηρούνι. Προσθέστε τα μυρωδικά, αλάτι, πιπέρι κι όσο αλεύρι χρειαστεί, ώσπου να επιτύχετε ένα μίγμα μάλλον σφιχτό. Βρέχοντας ελαφρά τα χέρια σας, πλάστε κεφτεδάκια, αλευρώστε και τηγανίστε τα σε καυτό λάδι κι από τις δύο πλευρές. Αφήστε τα να στραγγίσουν επάνω σε απορροφητικό χαρτί. Ζεστά ή κρύα είναι το ίδιο νόστιμα.

Μπουρεκάκια με Πιπεριές και Κρεμμύδια

Γίνονται 30 μπουρεκάκια
Χρόνος προετοιμασίας 40΄
Χρόνος τηγανίσματος 10΄

1/2 κιλού φυτικό τυρί χοντροτριμμένο
1 κόκκινη πιπεριά ζουλιέν
1 πράσινη πιπεριά ζουλιέν
1 μεγάλο κρεμμύδι σε πολύ λεπτά φετάκια
1 κούπα ντομάτα σε κύβους
1 μεγάλη ντομάτα χωρίς τη φλούδα και τους σπόρους σε μικρούς κύβους
αλάτι και πιπέρι
1/2 κιλού φύλλο κρούστας

Σ' ένα μπολ ανακατέψτε το τριμμένο τυρί με τις πιπεριές, το κρεμμύδι και τη ντομάτα. Πασπαλίστε με φρεσκοτριμμένο πιπέρι και αλάτι. Χωρίστε τα φύλλα κάθετα προς τη μακριά πλευρά σε τρεις λωρίδες. Διπλώστε κάθε λωρίδα στη μέση, βάλτε στη μια άκρη 1 κουταλιά γέμιση και διπλώστε τις δύο πλευρές επάνω από αυτή. Τυλίξτε σε ρολάκι. Βρέξτε ελαφρά την άκρη του φύλλου για να κολλήσει και να στερεωθεί το ρολό. Ρίξτε τα ρολά μέσα σε καυτό ελαιόλαδο και τηγανίστε τα, να ροδίσουν. Σερβίρονται ζεστά.

Λαγάνα

Γίνονται 6 λαγάνες
Χρόνος προετοιμασίας 12 ώρες
Χρόνος ψησίματος 20΄

2 κούπες χλιαρό νερό (40°C)
1¼ κουταλιάς μαγιά ξερή ή
50 γρ. μαγιά νωπή
2 κουταλιές ζάχαρη
6-7 κούπες αλεύρι χωριάτικο ή για όλες τις χρήσεις
2 κουταλάκια αλάτι
2 κουταλιές λάδι
3 κουταλιές σουσάμι

Διαλύστε τη μαγιά και τη ζάχαρη στο χλιαρό νερό κι αφήστε τη, ώσπου ν' αφρίσει 8΄-10΄. Προσθέστε 2 κούπες αλεύρι κι ανακατέψτε, ώσπου να γίνει λείος χυλός. Βάλτε τον στο μπολ του πολυμίξερ. Ζυμώνοντας με το γάντζο ζυμώματος, ρίξτε το λάδι και το αλάτι και κατόπιν το υπόλοιπο αλεύρι σε δόσεις, όσο χρειαστεί για να γίνει μια ζύμη ελαστική, που θα μαζευτεί γύρω από το γάντζο. Συνεχίστε το ζύμωμα 8΄. Χωρίστε τη ζύμη σε 6 μπάλες. Αλείψτε τες με λίγο λάδι, σκεπάστε κι αφήστε τες να διπλασιαστούν σε όγκο. Πατήστε κάθε μπάλα με τον πλάστη σε αλευρωμένη επιφάνεια και πλάστε 6 χοντρές πίτες με διάμετρο 16-18 εκ. Βάλτε τες σε μεγάλες λαμαρίνες 3 μαζί ή σε μικρότερα ταψιά δύο - δύο. Αλείψτε τες πάλι με λίγο λάδι, σκεπάστε κι αφήστε να φουσκώσουν, ώσπου να διπλασιαστούν σε όγκο. Πατήστε τες με τα δάχτυλα σε διάφορα ση-

μεία κάνοντας βαθιές δαχτυλιές σε όλη την επιφάνεια. Σκεπάστε κι αφήστε 10' να φουσκώσουν και πάλι. Αλείψτε τες με λίγο νερό και πασπαλίστε με σουσάμι. Ψήστε τις λαγάνες στους 200˚C, για 15'-20'. Οι λαγάνες στεγνώνουν πολύ γρήγορα. Είναι προτιμότερο να καταναλωθούν την ίδια ημέρα. Αλλιώς φυλάξτε τες στην κατάψυξη, κλεισμένες ερμητικά σε πλαστική σακούλα. Διατηρούνται 3 μήνες.

Κρεμμυδόπιτα

Για 20 κομμάτια
Χρόνος ετοιμασίας 2 ώρες
Χρόνος ψησίματος 1 ώρα

1/2 κιλού φύλλο κρούστας
2/3 κούπας λάδι

για τη γέμιση
1 κιλό κρεμμύδια σε φετάκια
1/2 κούπας ψιλοκομμένο δυόσμο
2 μεγάλες ντομάτες χωρίς τη φλούδα
και τους σπόρους

1/2 κούπας φυτική κρέμα (προαιρετικά)
300 γρ. φυτικό τυρί τριμμένο (προαιρετικά)

Βάλτε τα κρεμμύδια σε κατσαρόλα με λίγο νερό και σιγοβράστε τα για 15'. Στραγγίστε τα καλά κι ανακατέψτε τα με τα υπόλοιπα υλικά. Λαδώστε και στρώστε τα μισά φύλλα σε ταψάκι, με διαστάσεις όσο είναι το φύλλο, κι απλώστε επάνω τη γέμιση. Σκεπάστε τη στρώνοντας τα υπόλοιπα φύλλα, λαδώνοντάς τα ένα-ένα. Χαράξτε την πίτα σε κομμάτια, περιχύστε τη με το υπόλοιπο λάδι και ψήστε στους 200˚C, για 1 ώρα περίπου. Σερβίρετέ τη ζεστή. Για να διατηρηθεί τραγανιστό το φύλλο, μην τη σκεπάσετε.

Πίτσα με Αντζούγιες

Μερίδες 8
Χρόνος προετοιμασίας 2-3 ώρες
Χρόνος ψησίματος 25΄

2 κούπες αλεύρι δυνατό για ψωμί
1/2 κουταλιάς μαγιά ξερή
1/2 κουταλάκι αλάτι
1/4 κουταλάκι ρίγανη, 1/4 ξερό βασιλικό
1 κουταλιά μέλι
1 κουταλιά μαργαρίνη
1/2 κούπας νερό χλιαρό (40°C)
3 κουταλιές λάδι
1½ κιλού κρεμμύδια σε φετάκια
1/4 κουταλάκι σκόρδο ξερό
1/2 κουταλάκι ρίγανη, 1/2 θυμάρι, 1/2 δεντρολίβανο
αλάτι και φρεσκοτριμμένο πιπέρι
18 φιλέτα αντζούγιας
μερικές ολόκληρες ελιές Καλαμών
10 πράσινες γεμιστές ελιές σε φετάκια

Σε μια λεκανίτσα ανακατέψτε το αλεύρι με τη μαγιά, το αλάτι και τα μυρωδικά. Κάντε ένα λάκκο στο κέντρο και ρίξτε το μέλι και τη μαργαρίνη. Προσθέστε το νερό κι ανακατέψτε αρχικά μ' ένα κουτάλι κι έπειτα με τα χέρια, ζυμώνοντας σε ζύμη μαλακιά κι εύπλαστη, να μην κολλάει στα δάχτυλα. Καλύψτε τη ζύμη με πλαστική μεμβράνη κι αφήστε τη σε ζεστό, υγρό μέρος για 1 ώρα, να διπλασιαστεί σε όγκο. Στο μεταξύ, σε μια κατσαρόλα βάλτε το λάδι, τα κρεμμύδια, το σκόρδο και τα μυρωδικά, σκεπάστε κι αφήστε τα να σιγοβράσουν ώσπου τα κρεμμύδια να γίνουν σχεδόν διάφανα. Στρώστε τη ζύμη σ' ένα ταψί για πίτσες με διάμετρο 30 εκ. Αφήστε τη να φουσκώσει 30'. Ψήστε τη στους 200˚C, για 15', βγάλτε τη από το φούρνο και στρώστε επάνω τα κρεμμύδια. Επάνω σε αυτά αραδιάστε τις αντζούγιες και τις ελιές. Βάλτε τη πάλι στο φούρνο και ψήστε τη στους 200˚C, για 20' ή ώσπου να ροδίσει η ζύμη. Σερβίρεται ζεστή.

ΠΙΤΣΑ ΜΕ ΑΝΤΖΟΥΓΙΕΣ

Σάντουιτς με Μανιτάρια ή Τουρσιά

Γίνονται 2 σάντουιτς
Χρόνος ετοιμασίας 10΄

ψωμί χωριάτικο μαύρο ή λευκό σε φέτες
1/2 κούπας σάλτσα πέστο (βασικές συνταγές) ή
1/2 κούπας σάλτσα πιπεριάς Φλώρινας
6 μεγάλα φρέσκα άσπρα μανιτάρια σε φετάκια ή
διάφορα τουρσιά σε φετάκια
1 μεγάλη κόκκινη πιπεριά από βάζο σε λωρίδες
2-3 αγγουράκια πίκλες σε μακρόστενα φετάκια
τρυφερά φύλλα μαρουλιού

Αλείψτε τις φέτες ψωμιού με τη σάλτσα πέστο και στρώστε επάνω στις μισές τα μανιτάρια, τις λωρίδες πιπεριάς και τα αγγουράκια πίκλες ή αλείψτε το ψωμί με σάλτσα πιπεριάς και τοποθετήστε επάνω τα τουρσιά και φύλλα μαρουλιού. Σερβίρετε τα σάντουιτς ανοιχτά ή κλειστά, σκεπάζοντάς τα με μια δεύτερη φέτα ψωμιού. Τυλίξτε τα σάντουιτς σε πλαστικά σακουλάκια. Ιδανικά για πικ-νικ.

Hot Dog με Σκάλοπ

Μερίδες 4
Χρόνος ετοιμασίας 30΄

100 γρ. σκάλοπ, χτένια ή μύδια καθαρισμένα
1 φύλλο δάφνης
1/4 κούπας νερό
1/4 κούπας λευκό ξηρό κρασί
2 κουταλιές χυμό λεμονιού
αλάτι κι άσπρο πιπέρι
4 ψωμάκια τύπου hot dog
1/2 κούπας ταραμοσαλάτα (βασικές συνταγές)
1 δεμάτι ρόκα
1 κουταλιά ξίδι balsamico

Βάλτε σε μικρή κατσαρόλα τη δάφνη, το νερό και το κρασί και βράστε τα για 15΄. Ρίξτε τα σκάλοπ κι αφήστε τα να βράσουν 10΄-15΄. Αν χρησιμοποιήσετε μύδια, βράστε τα μόνο 5΄. Βγάλτε τα σε πιάτο με τρυπητή κουτάλα, αλατοπιπερώστε τα και ραντίστε τα με το χυμό λεμονιού. Ανοίξτε τα ψωμάκια, αλείψτε τα με την ταραμοσαλάτα και γεμίστε με τα θαλασσινά και φυλλαράκια ρόκας ραντισμένα με ξίδι balsamico.

Αραβικό Ψωμί Πίτα

Γίνονται 12 πίτες ή 30 πιτάκια
Χρόνος προετοιμασίας 2 ώρες και 30΄
Χρόνος ψησίματος 10΄-15΄

50 γρ. μαγιά νωπή ή 1 κουταλιά ξερή
3 κουταλιές ζάχαρη
2 κούπες νερό χλιαρό (40°C)
1/4 κουταλάκι αλάτι
1/4 κούπας καλαμποκέλαιο
6 κούπες αλεύρι δυνατό
1/2 κούπας κορν φλάουρ για το άνοιγμα της ζύμης

Σ' ένα μεγάλο μπολ διαλύστε τη μαγιά και τη ζάχαρη στο νερό. Ρίξτε κι ανακατέψτε το αλάτι και το λάδι. Προσθέστε λίγο-λίγο το αλεύρι ανακατεύοντας αρχικά μ' ένα κουτάλι και κατόπιν με τα χέρια, ώσπου να σχηματιστεί σφιχτή ζύμη. Αδειάστε την σε πασπαλισμένη με κορν φλάουρ επιφάνεια και ζυμώστε τη 10΄ βουτώντας τα χέρια σε κορν φλάουρ, ώσπου να γίνει μαλακιά κι εύπλαστη. Βάλτε τη σ' ένα λαδωμένο μπολ, σκεπάστε κι αφήστε τη να σταθεί σε ζεστό μέρος, ώσπου να διπλασιαστεί σε όγκο. Πατήστε τη με τα χέρια, να ξεφουσκώσει, πλάστε τη σε μπάλα κι αφήστε τη να σταθεί καλυμμένη άλλα 30΄. Χωρίστε τη σε 12 μέτρια μπαλάκια ή σε 30 μικρότερα στο μέγεθος καρυδιού. Ανοίξτε τα μπαλάκια ζύμης με τον πλάστη σε επιφάνεια πασπαλισμένη με κορν φλάουρ, τα μεγαλύτερα σε φυλαράκια με διαμετρο 20 εκ. και τα μικρότερα με διάμετρο 10 εκ. Στρώστε δύο ή τρία ταψιά με λαδόχαρτο και πασπαλίστε τα με λίγο κόρν φλάουρ. Αραδιάστε επάνω τις πίτες, καλύψτε με πετσέτα κι αφήστε τες να φουσκώσουν 30΄. Ψήστε τες 5΄-7΄ σε φούρνο 230˚C.

Αραβικές Πίτες Γεμιστές

Γίνονται 4 πίτες
Χρόνος ετοιμασίας 40΄

4 μεγάλες αραβικές πίτες (βασικές συνταγές)
1 κούπα σάλτσα πιπεριάς (βασικές συνταγές)
200 γρ. μανιτάρια πλευρότους ψητά στο γκριλ
1 μέτριο κρεμμύδι ψιλοκομμένο
4 αγγουράκια πίκλες σε φετάκια
4 πιπερίτσες τουρσί
πατάτες τηγανητές

Ετοιμάστε τις πίτες και τη σάλτσα πιπεριάς ή προμηθευτείτε τα έτοιμα. Ψήστε τα μανιτάρια και τηγανίστε τις πατάτες λίγο πριν σερβίρετε. Γεμίστε τις πιτούλες με μανιτάρια, πατάτες τηγανητές, κρεμμύδι, πίκλες και πιπερίτσες. Μοιράστε σ' αυτές τη σάλτσα και σερβίρετέ τες ζεστές.

Κριθινοκουλούρες με Ντομάτα ή Πιπεριές

Μερίδες 6
Χρόνος ετοιμασίας 30΄

12 παξιμάδια κρίθινα
2 σκελίδες σκόρδο τριμμένο
1/2 κούπας λάδι
2 κουταλιές ψιλοκομμένο μαϊντανό
1 κίτρινη, 1 κόκκινη και 1 πράσινη πιπεριά
2 κουταλιές ξίδι balsamico
αλάτι και φρεσκοτριμμένο πιπέρι
3 μέτριες ώριμες ντομάτες χωρίς τους σπόρους ψιλοκομμένες
1/3 κούπας ψιλοκομμένο βασιλικό ή δυόσμο
1/2 κουταλάκι ρίγανη
1 κουταλιά λάδι

Κόψτε τις πιπεριές στα δύο, αφαιρέστε τους σπόρους και βάλτε τες στο γκριλ, ώσπου να μαυρίσει ελαφρά η φλούδα τους. Ξεφλουδίστε τες και κόψτε τες σε λωρίδες. Βάλτε τες σ' ένα μπολ με το μαϊντανό, περιχύστε τες με 1 κουταλιά λάδι, το

ξίδι, αλάτι και πιπέρι, καλύψτε τες με πλαστική μεμβράνη, κι αφήστε τες στο ψυγείο. Σ' ένα μεγάλο μπολ, ανακατέψτε τις ντομάτες, το βασιλικό, τη ρίγανη, αλάτι, φρεσκοτριμμένο πιπέρι και 1 κουταλιά λάδι. Μουσκέψτε ελαφρά τις φρυγανιές. Ανακατέψτε το σκόρδο με το λάδι κι αλείψτε με το μίγμα τις φρυγανιές. Καλύψτε τις μισές με τις πιπεριές και τις υπόλοιπες με τις ντομάτες, ή αν θέλετε βάλτε κι από τα δύο μίγματα.

Πικάντικα Τοστ με Μελιτζάνες

Χρόνος ετοιμασίας 10΄

Φτιάξτε ωραία νηστήσιμα σάντουιτς για τα παιδιά. Ετοιμάστε μελιτζανοσαλάτα. Ρίξτε κι ανακατέψτε μέσα σ' αυτή ψιλοκομμένη πράσινη πιπεριά, ψιλοκομμένη ντομάτα, το σκληρό μέρος, βρασμένο καλαμπόκι, αρακά και 2 κουταλιές μαγιονέζα. Απλώστε το μίγμα ανάμεσα σε δύο φέτες ψωμιού για τοστ. Επίσης, αν σας περισσέψουν τηγανητές μελιτζάνες και πιπεριές, ψιλοκόψτε τες κι ανακατέψτε τες με 2-3 κουταλιές αγγουράκι πίκλες ψιλοκομμένο, 3-4 κουταλιές ντομάτα ψιλοκομμένη και 2 κουταλιές μαϊντανό ψιλοκομμένο. Αλείψτε τις φέτες τοστ με λίγη κέτσαπ και κλείστε τες δυο, δυο βάζοντας αρκετό από το μίγμα της μελιτζάνας. Σερβίρετε τα σάντουιτς επάνω σε τρυφερά μαρουλόφυλλα και συνοδέψτε τα με πατατάκια τσιπς.

Ποικιλία για Μπουφέ

30 μίνι αραβικές πιτούλες
1/3 κούπας λάδι
1 κουταλάκι Italian Herbs
1/4 κουταλάκι σκόρδο ξερό
1/4 κουταλάκι φρεσκοτριμμένο πιπέρι
μελιτζάνες ή κολοκυθάκια τηγανητά
σκάλοπ βρασμένα
χταποδάκι ξιδάτο
καλαμάρια σε κρίκους τηγανητά
κρεμμύδια σε κρίκους τηγανητά
φρέσκα άσπρα μανιτάρια σε φετάκια
ρόκα
σάλτσα πέστο
σάλτσα ελιάς
κουκουναροσαλάτα
μελιτζανοσαλάτα
σάλτσα πιπεριάς Φλώρινας
ταραμοσαλάτα
ντοματίνια και φετούλες αγγουράκι
φυλλαράκια μαϊντανού

Ανακατέψτε το λάδι με τα μυρωδικά και μ' ένα πινέλο αλείψτε τις πιτούλες. Φρυγανίστε τες σε αντικολλητικό τηγάνι. Αραδιάστε τες σε πιατέλα, αλείψτε τες με τις διάφορες σάλτσες ή σαλάτες και τοποθετήστε επάνω τα υλικά της αρεσκείας σας. Συνδυάστε τη σάλτσα πέστο με το ξιδάτο χταπόδι, τη σάλτσα ελιάς με φρέσκα μανιτάρια και ρόκα, την ταραμοσαλάτα με σκάλοπ και λίγο μαϊντανό, τη σάλτσα πιπεριάς Φλώρινας με τηγανητά κολοκύθια ή μελιτζάνες, την κουκουναροσαλάτα με παναρισμένους τηγανητούς κρίκους κρεμμυδιών ή καλαμαριών και τη μελιτζανοσαλάτα με ψιλοκομμένη ντομάτα και πιπεριές. Καναπεδάκια με ρέβα. Κόψτε ένα ρεπάνι (ρέβα) σε λεπτές ρόδες μ' ένα οδοντωτό στρογγυλό κουπ πατ. Βάλτε την ταραμοσαλάτα σε κορνέ και βγάλτε μια ροζέτα επάνω σε κάθε ρόδα ρεπανιού. Βάλτε στην κορυφή μια ελίτσα και πασπαλίστε με ψιλοκομμένο φιστίκι Αίγινας. Γαρνίρετε τα καναπεδάκια με φετάκια λεμονιού.

Ψωμί με Πιπεριές

Για 2 φραντζολάκια
Χρόνος προετοιμασίας 2 ώρες
Χρόνος ψησίματος 25´-30´

3 ¹/₂ κούπας αλεύρι δυνατό
1 κουταλιά μαγιά ξερή ή
30 γρ. μαγιά νωπή
1 κουταλάκι αλάτι
1 κουταλάκι τζίντζερ ξερό
2 κουταλιές μέλι
2 κουταλιές λάδι
1 κούπα νερό χλιαρό (40°C)

για τη γέμιση
5 πιπεριές Φλώρινας από βάζο σε κομματάκια
10 ελιές πράσινες σε κομματάκια
2 κουταλιές σουσάμι

Σε μια λεκανίτσα ανακατέψτε το αλεύρι με τη μαγιά, το αλάτι και το τζίντζερ. Αν χρησιμοποιήσετε νωπή μαγιά, διαλύστε τη μέσα στο ζεστό νερό, προσθέστε μερικές κουταλιές αλεύρι κι αφήστε τη να φουσκώσει 10´. Κάντε ένα λάκκο στο κέντρο και ρίξτε το μέλι και το λάδι. Προσθέστε το νερό ή τη φουσκωμένη νωπή μαγιά κι ανακατέψτε αρχικά μ' ένα κουτάλι και κατόπιν με τα χέρια, ζυμώνοντας σε ζύμη μαλακιά, που να μην κολλάει στα δάχτυλα. Καλύψτε τη ζύμη με πλαστική μεμβράνη κι αφήστε τη να σταθεί 1 ώρα σε ζεστό υγρό μέρος, ώσπου να διπλασιαστεί σε όγκο. Χωρίστε τη ζύμη σε δύο μέρη κι ανοίξτε τα με τον πλάστη σε δύο ορθογώνια φύλλα 25x25 εκ. Πασπαλίστε επάνω στη ζύμη εδώ κι εκεί τις πιπεριές και τις ελιές. Τυλίξτε τα φύλλα σε δύο κοντά χοντρά ρολά. Βάλτε τα σε ελαφρά λαδωμένο ταψί, σκεπάστε τα με βαμβακερή πετσέτα κι αφήστε τα να σταθούν 1 ώρα ή ώσπου να διπλασιαστούν σε όγκο. Χαράξτε τις επιφάνειες μ' ένα κοφτερό μαχαίρι κάθετα σε φέτες, αλείψτε τες με νερό και πασπαλίστε τες με σουσάμι. Ψήστε τα ψωμιά στους 200°C 25´-30, να ροδίσουν. Σερβίρετέ τα την ίδια ημέρα ή τυλίξτε τα ερμητικά σε πλαστική μεμβράνη και διατηρήστε τα στην κατάψυξη.

Κουλουράκια Αλμυρά με Καρότο

Γίνονται 30 κουλουράκια
Χρόνος ετοιμασίας 1 ώρα και 30΄

3 κούπες αλεύρι που φουσκώνει μόνο του
1 κουταλάκι αλάτι
1/2 κουταλάκι σόδα
1½ κουταλάκι ζάχαρη
4 μέτρια καρότα βρασμένα
2 κουταλιές λάδι
2 κουταλιές τριμμένο κρεμμύδι
1/4 κουταλάκι πιπέρι
1/2 κούπας μαγειρικό λίπος
1/3 κούπας λάδι
1/4 κούπας ψιλοκομμένο δυόσμο

Κοσκινίστε σ' ένα μεγάλο μπολ όλα τα στερεά υλικά μαζί και κάντε στο κέντρο ένα λάκκο. Σοτάρετε το κρεμμύδι στο λάδι. Βάλτε το στο μπολ του πολυμίξερ, μαζί με τα καρότα, το πιπέρι, το μαγειρικό λίπος, το λάδι και το δυόσμο. Χτυπήστε τα να ενωθούν κι αδειάστε το μείγμα μέσα στο μπολ με το αλεύρι. Ζυμώστε παίρνοντας λίγο-λίγο το αλεύρι απο τρι-

γύρω, ώσπου να ενωθούν τα υλικά. Δεν πρέπει να παιδέψετε πολύ τη ζύμη, γιατί τα κουλουράκια δεν θα γίνουν αφράτα. Παίρνοντας κομμάτια ζύμης στο μέγεθος του καρυδιού πλάστε κορδόνια στο πάχος του μικρού δακτύλου και διπλώστε τα σε ότι σχήμα θέλετε. Αραδιάστε τα σε αντικολλητικό χαρτί φούρνου, στρωμένο σε λαμαρίνα και ψήστε τα στους 180°C 15΄. Βγάλτε τα κι αφήστε τα να κρυώσουν επάνω σε σχάρα. Φυλάξτε τα σε κουτί μπισκότων.

Κουλουράκια Αλμυρά με Σπανάκι

Γίνονται 30 κουλουράκια
Χρόνος ετοιμασίας 1 ώρα και 30΄

3 κούπες αλεύρι που φουσκώνει μόνο του
1 κουταλάκι αλάτι
1/2 κουταλάκι σόδα
1½ κουταλάκι ζάχαρη
1/2 κούπας πουρέ απο σπανάκι κατεψυγμένο ή
250 γρ. φρέσκο σπανάκι
2 κουταλιές λάδι
1 μικρό πράσο μόνο το άσπρο μέρος τριμμένο
2 φρέσκα κρεμμυδάκια ψιλοκομμένα
1/3 κούπας ρόφημα σόγιας
1/4 κούπας ψιλοκομμένο άνηθο
1/4 κουταλάκι μαύρο πιπέρι
1/3 κούπας φυτικό μαγειρικό λίπος
1/3 κούπας λάδι

Κοσκινίστε σ' ένα μεγάλο μπολ όλα τα στερεά υλικά μαζί και κάντε στο κέντρο ένα λάκκο. Αν χρησιμοποιήσετε φρέσκο σπανάκι, πλύντε το, ζεματίστε το και στίψτε το πολύ καλά. Σοτάρετε το πράσο και τα κρεμμυδάκια στο λάδι. Προσθέστε το ρόφημα σόγιας κι όταν αρχίσει να βράζει χαμηλώστε τη φωτιά και σιγοβράστε τα πράσα και τα κρεμμύδια, ώσπου να μαλακώσουν 5΄ περίπου. Κατεβάστε τα από τη φωτιά κι αφήστε τα να κρυώσουν ελαφρά. Αδειάστε τα στο μπολ του πολυμίξερ, μαζί με το σπανάκι, το άνηθο, το πιπέρι, το μαγειρικό λίπος και το λάδι και χτυπήστε τα να ενωθούν. Αδειάστε το μείγμα μέσα στο μπολ με το αλεύρι και ζυμώστε παίρνοντας λίγο-λίγο το αλεύρι απο τριγύρω, ώσπου να ενωθούν τα υλικά. Δεν πρέπει να παιδέψετε πολύ τη ζύμη, γιατί τα κουλουράκια δεν θα γίνουν αφράτα. Παίρνοντας κομμάτια ζύμης στο μέγεθος του καρυδιού πλάστε κορδόνια στο πάχος του μικρού δακτύλου και διπλώστε τα σε ότι σχήμα θέλετε. Αραδιάστε τα σε αντικολλητικό χαρτί φούρνου, στρωμένο σε λαμαρίνα και ψήστε τα στους 180°C 15΄. Βγάλτε τα κι αφήστε τα να κρυώσουν επάνω σε σχάρα. Φυλάξτε τα σε κουτί μπισκότων.

ΜΕ ΣΟΓΙΑ

ΛΑΔΕΡΑ ΦΑΓΗΤΑ

ΣΟΓΙΑ

Η σόγια ανήκει στα ψυχανθή, είναι ετήσιο φυτόθαμνος και οι καρποί του μοιάζουν με τα γνωστά μας φασόλια. Είναι ένα από τα σημαντικότερα βιομηχανικά φυτά και καλλιεργείται ως φτηνή πηγή πρωτεϊνών, υψηλής βιολογικής αξίας (σογιάλευρο). Αποτελεί τη βασική τροφή ανθρώπων και ζώων σε πολλές περιοχές του πλανήτη.

Πιστεύεται ότι η σόγια είναι ιθαγενές φυτό της Κεντρικής και ΒΑ Κίνας, όπου και χρησιμοποιείται επί 5 χιλιετίες ως τροφή και ως φάρμακο. Αντίθετα, στη Ν. Ασία άρχισε να καλλιεργείται κατά τα τέλη του 17ου αιώνα. Στην Ευρώπη και την Αμερική έγινε γνωστή μόλις τον 19ο αιώνα. Σήμερα οι ΗΠΑ, Βραζιλία, Κίνα και Αργεντινή καλύπτουν συνολικά το 90% της παγκόσμιας παραγωγής. Στη χώρα μας πρωτοεμφανίστηκε το 1930 και καλλιεργήθηκε χωρίς επιτυχία. Οι προσπάθειες επαναλήφθηκαν το 1977, επίσης ανεπιτυχώς και τέλος το 1984 άρχισε μια νέα προσπάθεια καλλιέργειας με σχετικά επιτυχή αποτελέσματα.

Ο καρπός της σόγιας περιέχει σε μεγάλες αναλογίες λάδι και πρωτεΐνες και χαρακτηρίζεται από πολύ χαμηλή περιεκτικότητα σε άμυλο. Το ποσοστό του ελαίου (σογιέλαιο) κυμαίνεται από 17% έως 25% και του αλεύρου από 30% έως 63%. Το σογιάλευρο είναι πλούσιο σε πρωτεΐνη, με περιεκτικότητα πάνω από 50%. Η σύσταση της πρωτεΐνης της σόγιας παρουσιάζει ιδιαίτερο ενδιαφέρον, επειδή περιέχει σημαντικές ποσότητες των απαραίτητων για τον άνθρωπο και τα ζώα αμινοξέων. Επειδή η σόγια δεν περιέχει άμυλο, αποτελεί άριστη πηγή πρωτεϊνών για τους διαβητικούς.

Τα φασόλια της σόγιας τρώγονται ολόκληρα, μαγειρεμένα όπως τα φρέσκα φασολάκια. Τα νεαρά αρτίβλαστα τρώγονται ωμά ως σαλάτα. Η σάλτσα σόγιας, που χρησιμοποιείται στην κουζίνα της Ανατολής, είναι προϊόν ζύμωσης σογιοκαρπού και σιταριού. Το σογιάλευρο, όταν αναμιχθεί με νερό, δίνει ένα λευκωπό εναιώρημα, γνωστό ως "γάλα σόγιας". Με τη συμπύκνωση του γάλακτος αυτού προκύπτει το "τόφου", μια πάστα που μοιάζει με τυρί και χρησιμοποιείται ως φυτικό υποκατάστατο του ζωικής προέλευσης τυριού.

Το σογιάλευρο είναι άριστη ζωοτροφή, αφού περιέχει 45% περίπου πρωτεΐνες. Με ειδική επεξεργασία δίνει σόγια πλούσια σε πρωτεΐνη (97%) που χρησιμοποιείται ευρύτατα για την παρασκευή τεχνητού κρέατος, με εμφάνιση, σχήμα, υφή, χρώμα, γεύση και άρωμα όμοια με όλα τα αντίστοιχα του φυσικού κρέατος.

Το σογιέλαιο χρησιμοποιείται στη μαγειρική ως λάδι, μαργαρίνη και μαγειρικό λίπος. Η μεγάλη αξία του οφείλεται στην υψηλή περιεκτικότητά του σε λινελαϊκό οξύ (48%-54%). Περιέχει επίσης ελαϊκό οξύ (21%-30%), λινολενικό οξύ (10%-13%),

παλμιτικό οξύ (10%-13%), στεατικό οξύ (3,5%-4,5%) ενώ σε μικρότερες ποσότητες απαντούν και άλλα λιπαρά οξέα, όπως παλμιτελαϊκό, αραχιδικό κ.ά. Από το σογιέλαιο λαμβάνονται οι λεκιθίνες (φωσφορολιπίδια) που χρησιμοποιούνται ευρέως σε τομείς διατροφής και καλλυντικών ως γαλακτοματοποιητές και σταθεροποιητές. Το λινελαϊκό οξύ αποτελεί πρόδρομη ουσία θεμελιωδών συστατικών των βιολογικών μεμβρανών ως και των προσταγλανδινών. Χάρη σ' αυτό το σογιέλαιο αποκτά ιδιαίτερη διατροφική αξία. Βασικό μειονέκτημα για τη χρησιμοποίησή του στη μαγειρική, αποτελεί η υψηλή περιεκτικότητά του σε λινολενικό οξύ. Το λινολενικό οξύ ταγγίζει εύκολα, δίνοντας προϊόντα που προσδίδουν στο σογιέλαιο δυσάρεστη οσμή και συγχρόνως είναι βλαβερά για την υγεία μας. Μολονότι το σογιέλαιο χρησιμοποιείται παγκοσμίως στη μαγειρική ως φυτικό έλαιο, εντούτοις η μέγιστη οικονομική και διατροφική αξία της σόγιας οφείλεται στην πρωτεΐνη της.

Υπάρχουν φυσικά και οι θιασώτες της σόγιας, οι οποίοι ισχυρίζονται ή δέχονται ότι η σόγια είναι ένα μοναδικό τρόφιμο, επειδή είναι μια σπάνια πηγή της θαυματουργής φαρμακευτικής ουσίας, γνωστής ως genistein. Το genistein είναι ισχυρό αντιοξειδωτικό με ευρύτατο βιολογικό φάσμα δράσης εναντίον του γήρατος και του καρκίνου.

Αν και η σόγια επί σειρά ετών ήταν γνωστή ως το "κρέας των φτωχών", σήμερα χρησιμοποιείται στη μαγειρική σε παγκόσμια κλίμακα. Αυτό οφείλεται στη μεγάλη θρεπτική της αξία, καθώς και στην ευεργετική της δράση σε πολλές βιολογικές διεργασίες. Έτσι η κατανάλωσή της ευνοεί τη διατήρηση των αρτηριών σε καλή κατάσταση, τη ρύθμιση της γλυκόζης στο αίμα, την επιβράδυνση της οστεοπόρωσης ως και την ελάττωση της χοληστερόλης στο αίμα. Τέλος, όπως ήδη αναφέρθηκε, η genistein και η daidzein, είναι δύο αντιοξειδωτικές ουσίες που απαντούν στη σόγια και πιστεύεται ότι παρεμποδίζουν την ανάπτυξη καρκινογόνων κυττάρων.

Στις συνταγές του κεφαλαίου αυτού η σόγια χρησιμοποιείται ως υποκατάστατο του κρέατος. Σε όλα τα υπόλοιπα κεφάλαια του βιβλίου και στις συνταγές, όπου χρειάζεται, χρησιμοποιείται το γάλα ή ρόφημα σόγιας, η κρέμα και το φυτικό τυρί σόγιας, ως υποκατάστατα των ζωικής προέλευσης ανάλογων προϊόντων.

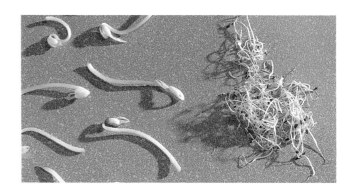

Πένες στο Φούρνο με Κιμά Σόγιας

Μερίδες 4
Χρόνος προετοιμασίας 1 ώρα
Χρόνος μαγειρέματος 40΄-50΄

1/2 κούπας λάδι
1 μεγάλο κρεμμύδι ψιλοκομμένο
1 σκελίδα σκόρδο τριμμένο
1 μέτριο καρότο ψιλοκομμένο
1 κλωνάρι σέλερι ψιλοκομμένο
300 γρ. φρέσκα μανιτάρια σε φετάκια
2 κούπες κιμά σόγιας (βασικές συνταγές)
400 γρ. χυμό ντομάτας
1/4 κούπας πελτέ ντομάτας
1 κουταλάκι ξίδι
1 κουταλάκι ρίγανη
αλάτι, πιπέρι
300 γρ. πένες
1 κούπα φυτική κρέμα
1 κούπα τριμμένο φυτικό τυρί

Σε μια μεγάλη κατσαρόλα ζεστάνετε το λάδι και σοτάρετε το κρεμμύδι, το σκόρδο, το καρότο και το σέλερι ανακατεύοντας, ώσπου να μαραθούν. Προσθέστε τα μανιτάρια κι ανακατέψτε τα 2΄. Προσθέστε τον κιμά σόγιας και συνεχίστε ν' ανακατεύετε επάνω στη φωτιά άλλα 5΄. Προσθέστε το χυμό ντομάτας, τον πελτέ, το ξίδι, τη ρίγανη, αλάτι και πιπέρι. Ανακατέψτε, σκεπάστε και σιγοβράστε 15΄ ή ώσπου να δέσει ελαφρά η σάλτσα. Στο μεταξύ, βράστε τα μακαρόνια σε αλατισμένο νερό με 2 κουταλιές λάδι και στραγγίστε τα. Ανακατέψτε τα με το μίγμα του κιμά κι αδειάστε τα σ' ένα πυρέξ σκεύος 2 λίτρων, ελαφρά λαδωμένο. Περιχύστε την επιφάνεια με την κρέμα, πασπαλίστε με το τυρί και ψήστε σε φούρνο 175°C για 15΄, ώσπου να ροδίσει ελαφρά η επιφάνεια. Σερβίρετέ τα αμέσως.

Σάλτσα Κιμά Σόγιας

Γίνεται 3 κούπες σάλτσα
Χρόνος προετοιμασίας 12 ώρες
Χρόνος μαγειρέματος 30΄-40΄

2 κούπες κιμά σόγιας
1/2 κούπας λάδι
1 μεγάλο κρεμμύδι τριμμένο
2 σκελίδες σκόρδο τριμμένο
1 κουταλάκι τσίλι
1/8 κουταλάκι κανέλα
1/8 κουταλάκι γαρίφαλο
1/4 κουταλάκι μπαχάρι
3 κουταλιές κέτσαπ
3 κουταλιές σόγια σος
2 κουταλιές ξίδι balsamico
400 γρ. ντοματάκια κονσέρβας πολτοποιημένα
αλάτι και φρεσκοτριμμένο πιπέρι

Σοτάρετε το κρεμμύδι και το σκόρδο στο λάδι να μαραθούν. Προσθέστε τον κιμά σόγιας και τα υπόλοιπα υλικά και ανακα-

τέψτε. Σκεπάστε και σιγοβράστε, ώσπου να μαλακώσει η σόγια και να δέσει η σάλτσα. Δοκιμάστε και προσθέστε όσο αλάτι και πιπέρι χρειάζεται. Χρησιμοποιήστε τη σάλτσα κιμά σόγιας για να συνοδεύσετε μακαρόνια ή πιλάφι ή για να φτιάξετε μουσακά, παστίτσιο, κανελόνια, ντολμάδες και κάθε είδους γεμιστά λαχανικά, όπως ντοματοπιπεριές και κολοκύθια.

Μακαρονόπιτα με Κιμά Σόγιας

Μερίδες 6
Χρόνος προετοιμασίας 2 ώρες
Χρόνος ψησίματος 1 ώρα

1 δόση σάλτσα κιμά σόγιας
300 γρ. μακαρόνια για παστίτσιο
2 κουταλιές μαργαρίνη σε κομματάκια
αλάτι και φρεσκοτριμμένο πιπέρι
7 φύλλα κρούστας για πίτα
2 κούπες μπεσαμέλ (βασικές συνταγές)

για το μίγμα με σπανάκι
1/2 κιλού φρέσκο σπανάκι
2 κουταλιές λάδι
3 μέτρια πράσα μόνο το άσπρο μέρος σε κομματάκια
1/4 κούπας ρόφημα σόγιας
αλάτι και φρεσκοτριμμένο πιπέρι

Ετοιμάστε τη σάλτσα κιμά σόγιας, όπως περιγράφεται στη συνταγή. Ανακατέψτε τη με το 1/3 της μπεσαμέλ. Βράστε τα μακαρόνια σε αλατισμένο νερό με 2 κουταλιές λάδι. Στραγγίστε τα κι ανακατέψτε τα με τη μαργαρίνη, αλάτι, πιπέρι και 1/3 της μπεσαμέλ. Ετοιμάστε το μίγμα από σπανάκι. Πλύνετε το σπανάκι, ζεματίστε, στραγγίστε και στίψτε το καλά. Ζεστάνετε σε μικρή κατσαρόλα το λάδι και σοτάρετε τα πράσα. Ρίξτε μέσα το ρόφημα σόγιας, σκεπάστε και σιγοβράστε τα, ώσπου να μείνουν με ελάχιστο υγρό. Προσθέστε το σπανάκι, αλάτι, πιπέρι, την υπόλοιπη μπεσαμέλ κι ανακατέψτε καλά. Αλείψτε με καλαμποκέλαιο μια μακρόστενη φόρμα κέικ. Στρώστε μέσα τα φύλλα, λαδώνοντάς τα ενδιάμεσα. Στρώστε τα έτσι, ώστε να προεξέχουν από εδώ και από εκεί στις δυο πλευρές της φόρμας. Απλώστε στον πάτο της φόρμας τη γέμιση από σπανάκι. Στρώστε επάνω τα μισά μακαρόνια σε σειρές το ένα πλάι στο άλλο, κατά μήκος της φόρμας. Ρίξτε επάνω σ' αυτά το μίγμα του κιμά σόγιας και καλύψτε με τα υπόλοιπα μακαρόνια. Διπλώστε τα φύλλα επάνω από την επιφάνεια, αλείφοντάς τα και πάλι με λάδι. Ψήστε τη μακαρονόπιτα στους 200°C, για 1 ώρα. Όταν τη βγάλετε από το φούρνο, αφήστε τη να σταθεί 15΄, πριν την αναποδογυρίσετε σε πιατέλα. Σερβίρεται ζεστή.

Κανελόνια με Κιμά Σόγιας

Μερίδες 6
Χρόνος ετοιμασίας 1 ώρα
Χρόνος ψησίματος 40΄

1/2 κιλού κανελόνια
1 δόση σάλτσα κιμά σόγιας
400 γρ. μανιτάρια κονσέρβας σε λεπτά φετάκια
αλάτι και φρεσκοτριμμένο πιπέρι
2 κούπες τριμμένο φυτικό τυρί
2 κούπες φυτική κρέμα
1/4 κουταλάκι μοσχοκάρυδο
λίγο ψιλοκομμένο μαϊντανό

Βράστε τα κανελόνια σε αλατισμένο νερό με 2 κουταλιές λάδι. Στραγγίστε τα και αραδιάστε τα σε βαμβακερή πετσέτα. Ετοιμάστε τη σάλτσα κιμά σόγιας, όπως περιγράφεται στη συνταγή. Κατεβάστε την από τη φωτιά κι αφού κρυώσει λίγο, ρίξτε κι ανακατέψτε τα μανιτάρια, το μισό φυτικό τυρί και 1/2 κούπας κρέμα. Γεμίστε τα κανελόνια με το μίγμα του κιμά κι αραδιάστε τα σ' ένα πυρέξ σκεύος, το ένα δίπλα στο άλλο. Ανακατέψτε την υπόλοιπη κρέμα με το μοσχοκάρυδο, αλάτι και πιπέρι και περιχύστε μ' αυτή τα κανελόνια. Πασπαλίστε τα με το υπόλοιπο τριμμένο τυρί και ψήστε τα στους 200°C 35΄-40΄. Σερβίρετέ τα ζεστά, πασπαλίζοντάς τα με λίγο μαϊντανό ψιλοκομμένο.

Σπανάκι Καταλάνα

Μερίδες 4
Χρόνος προετοιμασίας 30΄
Χρόνος μαγειρέματος 15΄

1/2 κιλού σπανάκι
2 κουταλιές μαργαρίνη
2 φρέσκα κρεμμυδάκια ψιλοκομμένα
3 κουταλιές σταφίδες ξανθές
100 γρ. κουκουνάρια
1/4 κούπας φυτική κρέμα
αλάτι κι άσπρο πιπέρι

Πλύντε και καθαρίστε το σπανάκι. Αφαιρέστε τα σκληρά κοτσάνια, αν υπάρχουν. Ζεματίστε το και στραγγίστε το πολύ καλά. Λιώστε τη μαργαρίνη και σοτάρετε τα κουκουνάρια. Αφαιρέστε τα με τρυπητή κουτάλα. Ρίξτε και σοτάρετε στο ίδιο λίπος το κρεμμυδάκι. Προσθέστε το σπανάκι κι ανακατέψτε το 5΄ επάνω στη φωτιά. Ρίξτε την κρέμα και συνεχίστε το ανακάτεμα άλλα 5΄. Ρίξτε κι ανακατέψτε τις σταφίδες, τα κουκουνάρια, αλάτι και φρεσκοτριμμένο πιπέρι. Σερβίρετε το σπανάκι ζεστό ή κρύο συνοδεύοντάς το με μπιφτεκάκια σόγιας.

Μπιφτεκάκια με Σόγια

Γίνονται 10-12 μπιφτεκάκια
Χρόνος προετοιμασίας 30΄
Χρόνος ψησίματος 20΄

2 κούπες κιμά σόγιας (βασικές συνταγές)
3/4 κούπας τριμμένο κρεμμύδι
1 μέτρια πατάτα βρασμένη
1 μικρή ντομάτα τριμμένη
1 σκελίδα σκόρδο τριμμένο
1 κουταλάκι ρίγανη
1 κουταλάκι θυμάρι
3 κουταλιές σόγια σος
1/4 κούπας λάδι
100 γρ. ψωμί μπαγιάτικο μουσκεμμένο
αλάτι και φρεσκοτριμμένο πιπέρι

Σ' ένα μπολ ανακατέψτε και ζυμώστε καλά όλα τα υλικά μαζί, ώσπου να επιτύχετε ένα αφράτο μίγμα που να πλάθεται. Πλάστε μπιφτεκάκια, αλευρώστε τα και τηγανίστε τα σε λάδι να ροδοκοκκινίσουν καλά κι από τις δύο πλευρές ή αλείψτε τα με λίγο λάδι και ψήστε τα στο γκριλ. Σερβίρετέ τα με πουρέ πατάτας, σπανάκι Καταλάνα και σάλτσα ντομάτας.

Ρολά Μελιτζάνας με Σόγια

Μερίδες 5-6
Χρόνος προετοιμασίας 1 ώρα
Χρόνος ψησίματος 1 ώρα

2 κιλά μελιτζάνες μακριές
1 δόση σάλτσα κιμά σόγιας
1/2 κούπας ψιλοκομμένο μαϊντανό ή άνηθο
2 κουταλιές τριμμένη φρυγανιά
1/2 κούπας τριμμένο φυτικό τυρί
αλάτι και φρεσκοτριμμένο πιπέρι
1 δόση σάλτσα ντομάτας (βασικές συνταγές)

Καθαρίστε τις μελιτζάνες και κόψτε τες κατά μήκος, σε φέτες με πάχος 0,5 εκ. Αλατίστε κι αφήστε τες να σταθούν 1 ώρα. Ξεπλύντε και στίψτε τες, να φύγει το πολύ νερό τους. Τηγανίστε τες ελαφρά κι αφήστε να κρυώσουν επάνω σε απορροφητικό χαρτί, για να στραγγίσει το πολύ λάδι. Ετοιμάστε τη σάλτσα κιμά σόγιας, όπως περιγράφεται στη συνταγή, κι ανακατέψτε τη με το μαϊντανό, τη φρυγανιά και το τυρί. Βάλτε μία κουταλιά από το μίγμα του κιμά στην άκρη κάθε λωρίδας μελιτζάνας και τυλίξτε σε ρολό. Αραδιάστε τα ρολά, το ένα πλάι στο άλλο, σ' ένα πυρίμαχο σκεύος, περιχύστε με τη σάλτσα

ντομάτας και πασπαλίστε τα με λίγο πιπέρι. Στο στάδιο αυτό μπορείτε να τα φυλάξετε στην κατάψυξη. Ψήστε τα στους 200°C, για 1 ώρα. Σερβίρονται ζεστά.

Μακαρόνια Μπολονέζ

Μερίδες 4
Χρόνος προετοιμασίας 15΄
Χρόνος μαγειρέματος 30΄

400 γρ. μακαρόνια Νο 5 ή καμπανέλες ή πένες
1 δόση σάλτσα κιμά σόγιας
1 κούπα τριμμένο φυτικό τυρί
300 γρ. μανιτάρια πλευρότους (προαιρετικά)

Ετοιμάστε τη σάλτσα του κιμά σόγιας, όπως περιγράφεται στη συνταγή. Βράστε τα μακαρόνια σε αλατισμένο νερό με 2 κουταλιές λάδι και στραγγίστε τα. Σερβίρετέ τα σε ζεστά πιάτα με μπόλικη σάλτσα κιμά και τριμμένο φυτικό τυρί. Αν θέλετε, αλείψτε με λίγο λάδι τα μανιτάρια πλευρότους και ψήστε τα στο γκριλ. Κόψτε τα σε λωρίδες κι ανακατέψτε τα με τη σάλτσα του κιμά σόγιας, πριν τη σερβίρετε με τα μακαρόνια.

Μελιτζάνες Παπουτσάκια

Μερίδες 4
Χρόνος προετοιμασίας 1 ώρα και 30΄
Χρόνος μαγειρέματος 1 ώρα

4-5 μέτριες μελιτζάνες
1 δόση σάλτσα κιμά σόγιας
1/2 κούπας ψιλοκομμένο μαϊντανό
3 κουταλιές φυτική κρέμα
1½ κούπας μπεσαμέλ (βασικές συνταγές)
1 κούπα τριμμένο φυτικό τυρί
10 λεπτά φετάκια ντομάτας
αλάτι και φρεσκοτριμμένο πιπέρι

Πλύντε και χωρίστε τις μελιτζάνες κατά μήκος, στη μέση. Χαράξτε 2-3 φορές τη σάρκα τους, χωρίς να χαράξετε τη φλούδα. Πασπαλίστε τες με αλάτι κι αφήστε τες να σταθούν 1-2 ώρες. Ξεπλύνετε και σφίξτε τες μέσα στις παλάμες σας να φύγει το περισσότερο από το νερό τους. Τηγανίστε τες σε φριτέζα, να ροδίσουν ελαφρά. Βγάλτε κι αραδιάστε τες σ' ένα πυρέξ σκεύος. Ετοιμάστε τη σάλτσα κιμά σόγιας, όπως περιγράφεται στη συνταγή. Ρίξτε κι ανακατέψτε τη φυτική κρέμα και το μαϊντανό. Πατήστε τις μελιτζάνες κατά μήκος στο κέντρο μ' ένα κουτάλι και βάλτε 2-3 κουταλιές γέμιση στην καθεμιά. Στρώστε την επιφάνεια κι απλώστε επάνω λίγη μπεσαμέλ. Βάλτε επάνω σ' αυτή ένα φετάκι ντομάτας και πασπαλίστε με λίγο φυτικό τυρί και φρεσκοτριμμένο πιπέρι. Βάλτε τα παπουτσάκια στο φούρνο και ψήστε τα στους 180°C, για 1 ώρα περίπου, ώσπου να ροδίσει ελαφρά η μπεσαμέλ. Σερβίρονται ζεστά.

Σπαγγέτι με Σάλτσα Porcini

Μερίδες 4
Χρόνος ετοιμασίας 20΄

1/4 κούπας μαργαρίνη
200 γρ. μανιτάρια πλευρότους σε λωρίδες
35 γρ. αποξηραμένα μανιτάρια porcini
1/2 κούπας λευκό ξηρό κρασί
1 κουταλιά αλεύρι
2/3 κούπας ρόφημα σόγιας
1/3 κούπας φυτική κρέμα
1 κουταλάκι μουστάρδα
2 κουταλιές ψιλοκομμένο μαϊντανό
αλάτι και φρεσκοτριμμένο πιπέρι
300 γρ. σπαγγέτι

Σε μια κατσαρόλα λιώστε τη μαργαρίνη και σοτάρετε τα μανιτάρια πλευρότους. Ρίξτε το κρασί, και τα μανιτάρια porcini, σκεπάστε και σιγοβράστε τα 15΄ να φουσκώσουν. Σε μια μικρή κατσαρόλα σοτάρετε το αλεύρι σε 1 κουταλιά μαργαρίνη, ρίξτε το ρόφημα σόγιας κι ανακατέψτε, ώσπου να πήξει ελαφρά η κρέμα. Ρίξτε κι ανακατέψτε τη φυτική κρέμα και τη μουστάρδα. Αδειάστε την κρέμα μέσα στην κατσαρόλα με τα μανιτάρια κι ανακατέψτε επάνω στη φωτιά, ώσπου να δέσει η σάλτσα. Βράστε τα μακαρόνια σε αλατισμένο νερό με 2 κουταλιές λάδι. Στραγγίστε τα κι αδειάστε τα σε ζεστή πιατέλα. Περιχύστε τα με τη σάλτσα των μανιταριών και πασπαλίστε τα με ψιλοκομμένο μαϊντανό και φρεσκοτριμμένο πιπέρι. Σερβίρετέ τα αμέσως.

Μανιταρόσουπα Βελουτέ

Μερίδες 4
Χρόνος προετοιμασίας 15΄
Χρόνος μαγειρέματος 30΄

300 γρ. άσπρα φρέσκα μανιτάρια σε φετάκια
70 γρ. αποξηραμένα μανιτάρια porcini
2 κουταλιές λάδι
3 κουταλιές μαργαρίνη
1 μικρό κρεμμύδι τριμμένο
1 κουταλιά αλεύρι
1 κούπα ρόφημα σόγιας
2 κούπες ζωμό λαχανικών (βασικές συνταγές)
1 κουταλάκι τριμμένο ξερό μαϊντανό
1/2 κουταλάκι κόλιαντρο ξερό
1/4 κούπας φυτική κρέμα
αλάτι και φρεσκοτριμμένο πιπέρι

Σε μια πλατιά κατσαρόλα, ζεστάνετε το λάδι και τη μισή μαργαρίνη και σοτάρετε το κρεμμύδι. Προσθέστε τα 2/3 των φρέσκων μανιταριών και τα porcini, σκεπάστε κι αφήστε τα να σιγοβράσουν στο ζουμί τους 10΄, ώσπου να φουσκώσουν τα porcini. Ρίξτε το αλεύρι κι ανακατέψτε 1΄ επάνω στη φωτιά. Προσθέστε το ζωμό, το ρόφημα σόγιας, το μαϊντανό, το κόλιαντρο, αλάτι και πιπέρι και σιγοβράστε 15΄. Αφήστε τη σούπα να κρυώσει ελαφρά και χτυπήστε τη στο πολυμίξερ να γίνει λεία. Σοτάρετε τα υπόλοιπα μανιτάρια στην υπόλοιπη μαργαρίνη 3΄-4΄, ρίξτε κι ανακατέψτε τα μαζί με την κρέμα μέσα στη σούπα. Γαρνίρετέ τη με ψιλοκομμένο φρέσκο μαϊντανό. Σερβίρεται ζεστή.

ΜΑΚΑΡΟΝΙΑ ΜΠΟΛΟΝΕΖ

Κεφτεδάκια με Σόγια

Γίνονται 25-30 κεφτεδάκια
Χρόνος προετοιμασίας 30´
Χρόνος μαγειρέματος 20´

1 μέτρια πατάτα τριμμένη
2 μέτρια καρότα τριμμένα
1 μεγάλο κρεμμύδι ψιλοκομμένο
2 σκελίδες σκόρδο τριμμένο
2 κούπες κιμά σόγιας (βασικές συνταγές)
1/4 κούπας ψιλοκομμένο μαϊντανό
1/4 κούπας ψιλοκομμένο δυόσμο
200 γρ. ψωμί ψίχα μπαγιάτικο
μουσκεμένο και στιμμένο
1/4 κούπας πελτέ ντομάτας
3 κουταλιές σόγια σος
1/4 κούπας λάδι
2 κουταλάκια μπέικιν πάουντερ
3 κουταλιές κορν φλάουρ
αλάτι και πιπέρι

Χτυπήστε στο πολυμίξερ την πατάτα με το καρότο, το κρεμμύδι και το σκόρδο, να ενωθούν σ' ένα λεπτοτριμμένο μίγμα. Αδειάστε το σ' ένα μπόλ, προσθέστε τον κιμά σόγιας και τα υπόλοιπα υλικά και ζυμώστε τα να ενωθούν. Αφήστε το μίγμα να σταθεί 30´ στο ψυγείο. Πλάστε μικρά κεφτεδάκια, αλευρώστε τα και τηγανίστε τα σε καυτό λάδι. Αναποδογυρίστε τα μια-δυο φορές μέσα στο τηγάνι, να ψηθούν καλά απ' όλες τις πλευρές. **Εναλλακτικά**, φτιάξτε σουτζουκάκια προσθέτοντας 1 κουταλάκι κύμινο και 1/8 κουταλάκι γαρίφαλο, παραλείποντας το δυόσμο και το μαϊντανό. Δώστε τους οβάλ μακρόστενο σχήμα και τηγανίστε τα, όπως τα κεφτεδάκια. Ετοιμάστε σάλτσα ντομάτας και βάλτε τα μέσα σ' αυτή. Σερβίρονται με ρύζι basmati ή πουρέ πατάτας.

Κρεατόπιτα με Σόγια

Για 20 κομμάτια
Χρόνος ετοιμασίας 1 ώρα
Χρόνος ψησίματος 50´

1/2 κούπας λάδι
2 μεγάλα κρεμμύδια ψιλοκομμένα
400 γρ. μανιτάρια κονσέρβας στραγγισμένα
και αλεσμένα στο πολυμίξερ
2 κουταλιές πελτέ ντομάτας
2 κουταλιές κέτσαπ
2 κουταλιές ξίδι balsamico
1 κούπα κιμά σόγιας (βασικές συνταγές)
1/2 κούπας ψιλοκομμένο άνηθο ή δυόσμο
1/2 κούπας φυτική κρέμα

1/4 κουταλάκι μπαχάρι
αλάτι και φρεσκοτριμμένο πιπέρι
2 φύλλα σφολιάτας ή
1 δόση ζύμη για φύλλο και
1/2 κούπας λάδι για το άλειμμα των φύλλων

Βάλτε το λάδι σε κατσαρόλα επάνω σε δυνατή φωτιά και σοτάρετε ελαφρά το κρεμμύδι. Ρίξτε μέσα τα μανιτάρια και σοτάρετέ τα κι αυτά ελαφρά, ανακατεύοντας επάνω στη φωτιά. Προσθέστε τον κιμά σόγιας και συνεχίστε το ανακάτεμα 6´- 8´. Διαλύστε τον πελτέ σε 1/4 κούπας νερό, προσθέστε την κέτσαπ, το ξίδι κι ανακατέψτε. Ρίξτε το μίγμα μέσα στην κατσαρόλα με τα υπόλοιπα υλικά, σκεπάστε και σιγοβράστε για 5´. Προσθέστε το άνηθο, τη φυτική κρέμα, το μπαχάρι, αλάτι και πιπέρι, ανακατέψτε και κατεβάστε από τη φωτιά. Στρώστε σε ταψί το ένα φύλλο της σφολιάτας κι αλείψτε το με λίγο λάδι. Αν χρησιμοποιήσετε φύλλα κρούστας, θα στρώσετε τα μισά, λαδώνοντάς τα ενδιάμεσα. Απλώστε επάνω τη γέμιση και σκεπάστε με το δεύτερο φύλλο της σφολιάτας ή τα υπόλοιπα φύλλα. Χωρίστε την πίτα σε κομμάτια κι αλείψτε την επιφάνεια με λάδι. Ψήστε τη στους 180˚C, για 50´ περίπου, ώσπου να ροδίσει καλά η επιφάνεια. Σερβίρεται ζεστή.

Πατάτες αλά Κρέμ

Μερίδες 4
Χρόνος προετοιμασίας 20´
Χρόνος ψησίματος 30´

1½ κιλού πατάτες σε λεπτές φέτες
1/4 κούπας μαργαρίνη
3 κουταλιές αλεύρι
1½ κούπας ρόφημα σόγιας ζεστό
1 κούπα νερό
2 κουταλάκια μουστάρδα
1/8 κουταλάκι μοσχοκάρυδο
αλάτι και φρεσκοτριμμένο πιπέρι
1/4 κούπας ψιλοκομμένο μαϊντανό

Βράστε τις πατάτες σε αλατισμένο νερό 15´, να μισομαλακώσουν. Λιώστε τη μαργαρίνη, ρίξτε και σοτάρετε το αλεύρι. Ρίξτε κι ανακατέψτε το ρόφημα σόγιας και το νερό. Συνεχίστε το ανακάτεμα, ώσπου να πήξει ελαφρά η σάλτσα. Κατεβάστε από τη φωτιά, προσθέστε τη μουστάρδα, το μοσχοκάρυδο, αλάτι και πιπέρι. Στρώστε τις πατάτες σε πυρέξ σκεύος και περιχύστε τες με την κρέμα. Πασπαλίστε με το μαϊντανό και ψήστε για 30´ στους 200˚C, ώσπου να ροδίσει ελαφρά η επιφάνεια. Σερβίρονται ζεστές.

ΒΑΣΙΚΕΣ ΣΥΝΤΑΓΕΣ

Εύκολη Σφολιάτα

Γίνεται 500 γρ. ζύμη • Χρόνος ετοιμασίας 2 ώρες

2	κούπες αλεύρι (250 γρ.)
1	κουταλάκι αλάτι
1	κούπα μαργαρίνη, κρύα (250 γρ.)
1/2	κούπας νερό

Κοσκινίστε το αλεύρι με το αλάτι σ' ένα μπολ. Κόψτε τη μαργαρίνη σε κύβους και ρίξτε τη μέσα στο αλεύρι. Χρησιμοποιώντας τον αναδευτήρα ζύμης, κόψτε τη μαργαρίνη μέσα στο αλεύρι, να σχηματιστούν χοντρά τρίμματα. Ρίξτε κι ανακατέψτε γρήγορα τόσο νερό, όσο χρειάζεται, για να ενωθούν τα τρίμματα, και μαζέψτε τα με τα δάχτυλά σχηματίζοντας μία μπάλα. Τυλίξτε τη ζύμη σε πλαστική μεμβράνη κι αφήστε τη να σταθεί στο ψυγείο για 45' ή στην κατάψυξη το μισό χρόνο. Βάλτε τη ζύμη σε κρύα αλευρωμένη επιφάνεια και χτυπήστε την με τον πλάστη να πλατύνει. Ανοίξτε την αλευρώνοντάς την, για να μην κολλάει, σε παραλληλόγραμμο με μήκος τρεις φορές μεγαλύτερο από το πλάτος του. Σηκώστε τις δύο κοντές πλευρές και διπλώστε τες έτσι, ώστε να συναντηθούν στο κέντρο της ζύμης. Τσακίστε τη ζύμη στο σημείο αυτό και διπλώστε τη στα δύο κλείνοντας μέσα τις διπλωμένες άκρες. Γυρίστε τη ζύμη 90 μοίρες, ώστε οι διπλωμένες άκρες να πάνε στα πλάγια και μπροστά σας να βρίσκεται μια ανοιχτή άκρη. Ανοίξτε πάλι τη ζύμη με τον πλάστη σε παραλληλόγραμμο, όπως την πρώτη φορά. Διπλώστε την άλλη μια φορά κατά τον ίδιο τρόπο, κλείστε την σε πλαστική μεμβράνη και βάλτε την να ξεκουραστεί για 30' στο ψυγείο. Βγάλτε την κι επαναλάβετε άλλη μια φορά την ίδια διαδικασία. Η ζύμη διατηρείται 2-3 ημέρες στο ψυγείο και 6 μήνες στην κατάψυξη.

Ζύμη Πίτσας

Για 1 πίτσα 35 εκ. • Χρόνος ετοιμασίας 2 ώρες

2-2¹/₂	κούπας αλεύρι για όλες τις χρήσεις
3/4	κούπας ζεστό νερό
1	φακελάκι μαγιά, ξερή
1	κουταλιά ζάχαρη
1	κουταλιά λάδι
1/2	κουταλάκι αλάτι
2	κουταλάκια ρίγανη (προαιρετικά)

Ανακατέψτε τη μαγιά με το αλεύρι. Αν θέλετε προσθέστε και τη ρίγανη. Διαλύστε τη ζάχαρη και το αλάτι στο νερό, ρίξτε το στο αλεύρι μαζί με το λάδι και ζυμώστε σε ζύμη απαλή, ελαστική. Ανοίξτε τη ζύμη σε φύλλο 35 εκ. και στρώστε το σ' ένα ταψί για πίτσα. Αφήστε το να σταθεί 10' πριν τοποθετήσετε επάνω τα υλικά της πίτσας.

Ζύμη για Φύλλο Κρούστας

Μία δόση (αντιστοιχεί με 1/2 κιλού έτοιμο φύλλο)
Χρόνος ετοιμασίας 2-3 ώρες

1/2	κιλού αλεύρι για όλες τις χρήσεις
2	κουταλιές λάδι
1	κουταλιά ξίδι
2	κουταλάκια αλάτι
2	κουταλάκια μπέικιν πάουντερ (προαιρετικά)
1	κούπα χλιαρό νερό

Κοσκινίστε το αλεύρι σε λεκανίτσα κι ανοίξτε στο κέντρο ένα λάκκο. Βάλτε μέσα το λάδι, το ξίδι, το μπέικιν πάουντερ, το αλάτι και το νερό. Ανακατέψτε το μίγμα παίρνοντας λίγο - λίγο αλεύρι από τριγύρω. Μαζέψτε τη ζύμη σε μπάλα και ζυμώστε την προσθέτοντας όσο ακόμη νερό χρειαστεί, για να γίνει λεία κι απαλή. Χωρίστε την σε μπαλάκια, ανάλογα με τα φύλλα που χρειάζεστε. Βάλτε τα σε ταψάκι αλευρωμένο, το ένα πλάι στο άλλο, και σκε-

πάστε τα με υγρή πετσέτα. Αφήστε να σταθούν 1-2 ώρες. Ανοίξτε με λεπτή μακριά βέργα τα μπαλάκια ένα - ένα, σε πολύ λεπτά φύλλα, επάνω σε αλευρωμένη επιφάνεια αλευρώνοντάς τα συχνά, για να μην κολλάει η βέργα. Τα φύλλα ανοίγουν πιο εύκολα, αν πασπαλίζετε την επιφάνεια με νισεστέ. Για να γλιτώσετε κόπο και χρόνο, ανοίξτε πρώτα τα μπαλάκια σε μικρά φυλλαράκια. Στοιβιάστε τα τρία-τρία αλείφοντάς τα ενδιάμεσα με μπόλικο λάδι ή λιωμένο μαγειρικό φυτικό λίπος κι ανοίξτε τα σε μεγαλύτερα φύλλα τρία - τρία μαζί. Στο ψήσιμο τα φυλλαράκια ξεχωρίζουν. Μπορείτε να τ' ανοίξετε επίσης πέντε - πέντε μαζί και να στρώσετε ένα πενταπλό φύλλο κάτω κι ένα επάνω από τη γέμιση. Έτσι γίνεται η βλάχικη πίτα. Στην περίπτωση αυτή, το επάνω φύλλο ανοίξτε το αρκετά μεγαλύτερο από την επιφάνεια του ταψιού και στρώστε το σουρώνοντάς το.

Κιμάς Σόγιας

Γίνονται 2 κούπες, περίπου 1/2 κιλού κιμάς
Χρόνος ετοιμασίας 12 ώρες

1	κούπα ξερή σόγια για κιμά
4	κούπες νερό ή ζωμό λαχανικών
1	κουταλάκι αλάτι
1/4	κουταλάκι πιπέρι

Βάλτε τη σόγια σ' ένα μπολ με το νερό ή το ζωμό λαχανικών, το αλάτι και το πιπέρι. Αφήστε τη να φουσκώσει όλη τη νύχτα. Την επομένη, αδειάστε τη σε σουρωτήρι και στραγγίστε την. Στίψτε την καλά ανάμεσα στις παλάμες σας. Χρησιμοποιήστε την στις συνταγές ως υποκατάστατο του κιμά από κρέας. Αν τη φουσκώσετε με ζωμό λαχανικών γίνεται πιο νόστιμη.

Θάουσαντ Άιλαντ Σος

Γίνεται 1 κούπα σάλτσα • Χρόνος ετοιμασίας 20΄

2/3	κούπας μαγιονέζα
2	κουταλιές τσίλι σος
1	κουταλάκι τριμμένο κρεμμύδι
1	κουταλάκι μουστάρδα
1	κουταλιά κέτσαπ
1	κουταλιά ψιλοκομμένο αγγουράκι πίκλες
2	κουταλιές ψιλοκομμένες ελιές γεμιστές με πιπεριά

Χτυπήστε όλα τα υλικά της σάλτσας στη μουλινέτα για 2΄, ώσπου να επιτύχετε ένα λείο μίγμα. Σερβίρετε τη σάλτσα με θαλασσινά ή με φρέσκιες σαλάτες.

Σος Βινεγκρέτ

Γίνεται 1 κούπα σάλτσα • Χρόνος ετοιμασίας 10΄

1/2	κούπας λάδι
1/4	κούπας άσπρο ξίδι
1/2	κουταλάκι αλάτι και φρεσκοτριμμένο πιπέρι
1	μικρή σκελίδα σκόρδο, τριμμένο
1	κουταλάκι μουστάρδα ή
1	κουταλάκι Italian Herbs
5	σταγόνες Tabasco sauce

Χτυπήστε όλα μαζί τα υλικά σ' ένα βαζάκι με καλό κλείσιμο. Περιχύστε με τη σάλτσα τις σαλάτες σας. Διατηρείται 2 εβδομάδες στο ψυγείο.

Μπαλσάμικο Ντρέσινγκ

Γίνεται 3/4 κούπας σάλτσα • Χρόνος ετοιμασίας 10΄

1/4	κούπας ξίδι Balsamico
1/2	κούπας εκλεκτό ελαιόλαδο
2	κουταλιές βασιλικό, μαϊντανό ή δυόσμο, ψιλοκομμένο
	αλάτι και φρεσκοτριμμένο πιπέρι

Βάλτε όλα τα υλικά μαζί σ' ένα βάζο με καλό κλείσιμο και χτυπήστε τα ν' ανακατευτούν καλά. Χρησιμοποιήστε τη σάλτσα για να περιχύσετε τις σαλάτες σας και τα ψητά λαχανικά.

Μπεσαμέλ

Γίνεται 1 κούπα σάλτσα • Χρόνος ετοιμασίας 15΄

1	κούπα ρόφημα σόγιας ή 1½ κούπας φυτική κρέμα
2	κουταλιές μαργαρίνη
2	κουταλιές κορν φλάουρ ή αλεύρι
1/8	κουταλάκι μοσχοκάρυδο, τριμμένο
	αλάτι κι άσπρο πιπέρι

Ζεστάνετε το ρόφημα σόγιας ως το σημείο βρασμού. Σε μικρή κατσαρόλα ζεστάνετε τη μαργαρίνη, ρίξτε το κορν φλάουρ ή το αλεύρι κι ανακατέψτε το για 1΄ επάνω στη φωτιά. Ρίξτε με μιας το βραστό ρόφημα σόγιας κι ανακατέψτε την κρέμα ζωηρά, σε μέτρια φωτιά, ώσπου να πήξει. Κατεβάστε την από τη φωτιά, ρίξτε κι ανακατέψτε το μοσχοκάρυδο, λίγο αλάτι κι άσπρο πιπέρι. Φυλάξτε τη στο ψυγείο. Για να την αραιώσετε, ανακατέψτε τη με μερικές κουταλιές κρύο ρόφημα σόγιας. Μπορείτε να αρωματίσετε την μπεσαμέλ αντικαθιστώντας το μοσχοκάρυδο με άλλα μυρωδικά, όπως θυμάρι, τάραγκον, μπαχάρι, ή να σοτάρετε 1 σκελίδα σκόρδο σε δοντάκια μέσα στη μαργαρίνη, πριν σοτάρετε το κορν φλάουρ, για να της δώσετε άρωμα σκόρδου.

Σάλτσα Ελιάς (Πάστα ντι Ολίβα)

Γίνεται 1 κούπα σάλτσα • Χρόνος ετοιμασίας 30΄

3	κούπες μαύρες ελιές, χωρίς το κουκούτσι, σε κομματάκια
3	κουταλιές εκλεκτό ελαιόλαδο (προαιρετικά)
2	κουταλιές ξίδι Balsamico ή εκλεκτό κρασόξιδο
1-2	σκελίδες σκόρδο, τριμμένο

Βάλτε στο μπλέντερ όλα μαζί τα υλικά και χτυπήστε τα μερικά δευτερόλεπτα να γίνουν λείο μείγμα. Σερβίρετε τη σάλτσα ελιάς με κράκερς, κριτσίνια και φρέσκα λαχανικά ή χρησιμοποιήστε τη σε μακαρόνια και σε σάντουιτς.

Σάλτσα Βασιλικού (Πέστο)

Γίνεται 1 κούπα σάλτσα • Χρόνος ετοιμασίας 20΄

4	κούπες φύλλα βασιλικού
1-2	σκελίδες σκόρδο
50 γρ.	κουκουνάρια
	αλάτι, πιπέρι
1	κουταλιά χυμό λεμονιού
1/3	κούπας λάδι

Χτυπήστε στο πολυμίξερ το σκόρδο, τα κουκουνάρια, αλάτι, πιπέρι και το χυμό λεμονιού, να αλεστούν σε λείο μίγμα. Συνεχίζοντας το χτύπημα, προσθέστε το βασιλικό και τελευταίο το λάδι με λεπτή, συνεχή ροή, ώσπου να ενσωματωθεί με το υπόλοιπο μίγμα και να γίνει μια πηχτή σάλτσα. Χρησιμοποιήστε τη σάλτσα πέστο για να συνοδεύσετε πιάτα με ζυμαρικά και θαλασσινά.

Σάλτσα Μανιταριών

Γίνεται 2½ κούπας σάλτσα
Χρόνος προετοιμασίας 10΄ • Χρόνος μαγειρέματος 10΄

2	κουταλιές μαργαρίνη
1	σκελίδα σκόρδο, τριμμένο
2	κουταλιές κρεμμύδι, λιωμένο
200 γρ.	μανιτάρια από κονσέρβα, σε φετάκια
2	κουταλιές αλεύρι
1½	κούπας ρόφημα σόγιας, ζεστό

2	κουταλιές μαϊντανό, ψιλοκομμένο
	αλάτι και φρεσκοτριμμένο πιπέρι

Λιώστε τη μαργαρίνη σε μια κατσαρόλα και σοτάρετε σ' αυτή το σκόρδο και το κρεμμύδι, να μαραθούν. Στραγγίστε καλά τα μανιτάρια, ρίξτε τα στην κατσαρόλα και σοτάρετέ τα, ώσπου να μαραθούν. Πασπαλίστε τα με το αλεύρι κι ανακατέψτε τα 1΄ επάνω στη φωτιά. Προσθέστε το ζεστό ρόφημα σόγιας, αλάτι και φρεσκοτριμμένο πιπέρι και σιγοβράστε τη σάλτσα 5΄-10΄, ανακατεύοντας, ώσπου να δέσει. Πασπαλίστε με το μαϊντανό και σερβίρετε τη σάλτσα με μακαρόνια, πατάτες τηγανητές ή ρύζι πιλάφι.

Ζωμός Λαχανικών

Γίνονται 6-8 κούπες
Χρόνος προετοιμασίας 15 • Χρόνος μαγειρέματος 30΄-35΄

1	μεγάλο κρεμμύδι, κομμένο σε φέτες
1	μεγάλο καρότο, σε λεπτά φετάκια
1	πράσο, κομμένο σε κομμάτια
5	κλωνάρια μαϊντανό
1	μικρή ρίζα σέλινο, σε κομμάτια
3	σκελίδες σκόρδο (προαιρετικά)
2	φύλλα δάφνης (προαιρετικά)
3	κλωναράκια θυμάρι φρέσκο ή
1/2	κουταλάκι ξερό, τριμμένο
1	μικρή πιπεριά (προαιρετικά)
6	κούπες νερό
2	κουταλάκια αλάτι, 10 κόκκους πιπέρι
1½	κούπας λευκό ξηρό κρασί (προαιρετικά)

Βάλτε σε κατσαρόλα όλα τα υλικά, εκτός από το κρασί και το πιπέρι. Σκεπάστε και σιγοβράστε για 10΄-20΄. Προσθέστε το κρασί και το πιπέρι και βράστε άλλα 15΄. Περάστε το ζωμό από λεπτή σίτα σ' ένα μπολ. Φυλάξτε τον στο ψυγείο, διατηρείται 3-4 ημέρες. Για να τον διατηρήσετε στην κατάψυξη, μοιράστε το ζωμό σε πλαστικά μπολάκια ή χοντρά πλαστικά σακουλάκια, ώστε να ξεπαγώνετε όσο χρειάζεστε κάθε φορά. Διατηρείται 2 μήνες. Εναλλακτικά, προσθέστε μαζί με τα λαχανικά 1 πράσινο ξινόμηλο σε κομμάτια.

Θαλασσινά Μαρινάτα

Μερίδες 4 • Χρόνος ετοιμασίας 12 ώρες

200 γρ.	γαριδάκια κατεψυγμένα
200 γρ.	χταπόδι ξιδάτο, σε κομματάκια
200 γρ.	καβουροποδαράκια, σε κομματάκια
1/4	κούπας τουρσάκια πίκλες, ψιλοκομμένα
1/3	κούπας λάδι
1/4	κούπας ξίδι
	αλάτι και φρεσκοτριμμένο πιπέρι

Ανακατέψτε τα θαλασσινά με τα τουρσιά, το λάδι, το ξίδι, αλάτι και πιπέρι κι αφήστε τα, να μαριναρισθούν 12 ώρες στο ψυγείο. Σερβίρετέ τα με φρέσκα λαχανικά ψιλοκομμένα, όπως λάχανο, καρότα, σέλερι, φινόκιο, κρεμμύδι.

Σάλτσα Πιπεριάς Φλώρινας

Γίνονται 4 κούπες
Χρόνος προετοιμασίας 20΄ • Χρόνος μαγειρέματος 40΄- 60΄

1	κιλό κόκκινες πιπεριές Φλώρινας
1	κιλό ώριμες ντομάτες
1	κούπα ελαιόλαδο
6-8	σκελίδες σκόρδο, ψιλοκομμένο
1/4	κούπας μαϊντανό, ψιλοκομμένο
1/4	κουταλάκι κόκκινο καυτερό πιπέρι
	αλάτι, και φρεσκοτριμμένο πιπέρι

Ψήστε τις πιπεριές και καθαρίστε τες αφαιρώντας το κοτσάνι με τους σπόρους και τη φλούδα. Κόψτε σε κομμάτια. Αφαιρέστε τη φλούδα από τις ντομάτες. Χαράξτε τες δυο-τρεις φορές σταυρωτά και πιέστε μέσα στις παλάμες σας, να φύγουν οι σπόροι. Κόψτε σε ψιλά-ψιλά κομματάκια. Βάλτε τες σε κατσαρόλα με το λάδι, το σκόρδο και το μαϊντανό και βράστε ανακατεύοντας κατά διαστήματα, να πήξουν. Ρίξτε τις πιπεριές, αλάτι, πιπέρι και το κόκκινο καυτερό πιπέρι. (Κάντε τη σάλτσα όσο καυτερή θέλετε). Βράστε ανακατεύοντας, ώσπου να φύγει όλο το νερό και η σάλτσα να μείνει μόνο με το λάδι. Κατ' άλλον τρόπο, ζεματίστε τις πιπεριές, στραγγίστε καλά και κόψτε τες σε χοντρά κομμάτια. Βάλτε τες σε βαθουλό ταψί με τις ντομάτες, το λάδι, το σκόρδο, το καυτερό πιπέρι και λίγο αλάτι. Ψήστε στους 150°C για 3 ώρες περίπου, ώσπου να τελειώσει όλο το νερό τους και να μείνουν με το λάδι. Φυλάξτε τη σάλτσα στο ψυγείο, για να χρησιμοποιήσετε όση και όποτε τη χρειαστείτε. Διατηρείται πολύ καιρό. Στην ποσότητα που θα χωρίσετε για να σερβίρετε προσθέστε αν θέλετε ξίδι τόσο, όσο σας αρέσει στη γεύση. Σερβίρετε τη σάλτσα πιπεριάς με φρυγανιές ή καναπεδάκια, ως ορεκτικό. Ανακατέψτε μια ποσότητα της σάλτσας με ίση ποσότητα ψητής μελιτζάνας και θα έχετε ένα επίσης πολύ νόστιμο ορεκτικό.

Σάλτσα Ντομάτας α΄

Γίνεται 1½ κούπας σάλτσα • Χρόνος ετοιμασίας 25΄

3	κουταλιές λάδι
1	μικρό κρεμμύδι, τριμμένο
2	σκελίδες σκόρδο, τριμμένο
1	κούπα χυμό ντομάτας
2	κουταλιές κόκκινο ξηρό κρασί
1	κουταλάκι ζάχαρη
	αλάτι και φρεσκοτριμμένο πιπέρι
1	μικρή κόκκινη πιπεριά, ψιλοκομμένη
2	κουταλιές μαϊντανό ή βασιλικό, ψιλοκομμένο

Σε μικρή κατσαρόλα ζεστάνετε το λάδι και σοτάρετε το κρεμμύδι και το σκόρδο, ώσπου να μαραθούν. Ρίξτε το κρασί και τα υπόλοιπα υλικά και σιγοβράστε τη σάλτσα, ώσπου να δέσει ελαφρά. Σερβίρετέ τη με μακαρόνια, τηγανητές πατάτες ή βράστε μέσα στη σάλτσα ντομάτας κεφτεδάκια σόγιας.

Σάλτσα Ντομάτας β΄

Γίνεται 1½ κούπας σάλτσα • Χρόνος ετοιμασίας 35΄

3	κουταλιές λάδι
1	σκελίδα σκόρδο, σε φετάκια
1	μικρή καυτερή πιπεριά, σε 3-4 κομμάτια (προαιρετικά)
2	κούπες πουρέ από φρέσκιες ώριμες ντομάτες ή κονσέρβας
1-2	κουταλιές κέτσαπ
	αλάτι και φρεσκοτριμμένο πιπέρι

Σοτάρετε το σκόρδο και την πιπεριά στο λάδι για 1΄-2΄, αφαιρέστε τα με τρυπητή κουτάλα, στραγγίζοντας καλά και πετάξτε τα. Ρίξτε μέσα την ντομάτα, την κέτσαπ, αλάτι και φρεσκοτριμμένο πιπέρι και σιγοβράστε τη σάλτσα σκεπασμένη για 30΄. Περάστε την από σίτα, για να γίνει λεία.

Σάλτσα με Σουσάμι

Γίνεται 1 κούπα • Χρόνος ετοιμασίας 10΄

2	κουταλιές μουστάρδα Dijon
3	κουταλιές μέλι
5	κουταλιές σόγια σος
1/3	κούπας σουσαμέλαιο
1/3	κούπας σουσάμι, ψημένο
4	σκελίδες σκόρδο, λιωμένο
1	κουταλάκι τζίντζερ
	αλάτι και φρεσκοτριμμένο πιπέρι

Βάλτε όλα τα υλικά στο μπλέντερ και χτυπήστε τα να ομογενοποιηθούν. Η σάλτσα είναι κατάλληλη για να συνοδεύσει ψητά λαχανικά και θαλασσινά ή να χρησιμοποιηθεί ως μαρινάτα.

Ταραμοσαλάτα

Μερίδες 6-8 • Χρόνος ετοιμασίας 10΄

200 γρ. ψωμί μπαγιάτικο, χωρίς την κόρα
200 γρ. ταραμά
2	κουταλιές κρεμμύδι, λιωμένο
3/4	κούπας εκλεκτό ελαιόλαδο
3/4	κούπας καλαμποκέλαιο
1/4	κούπας χυμό λεμονιού
3	φρέσκα κρεμμυδάκια, ψιλοκομμένα

Μουσκέψτε το ψωμί και στίψτε το μέσα στις παλάμες σας, να φύγει η περίσσια του νερού. Βάλτε τον ταραμά, το κρεμμύδι και το 1/3 του μίγματος του λαδιού στο μπολ του πολυμίξερ και χτυπήστε τα μερικά δευτερόλεπτα,

να ενωθούν. Ρίξτε το ψωμί σε δόσεις και κατόπιν το υπόλοιπο λάδι, με λεπτή, συνεχή ροή. Τέλος, ρίξτε το χυμό λεμονιού λίγο - λίγο. Η όλη εργασία πρέπει να γίνει γρήγορα και το μίγμα να χτυπηθεί τόσο, ώστε να γίνει μια λεία πηχτή πάστα. Βάλτε την ταραμοσαλάτα σε πιατέλίτσα και πασπαλίστε με τα ψιλοκομμένα κρεμμυδάκια. Γαρνίρετέ την, αν θέλετε, με μαύρες ελιές. Διατηρείται στο ψυγείο 1 εβδομάδα. Εναλλακτικά, μπορείτε να προσθέσετε στην έτοιμη ταραμοσαλάτα 3-4 κουταλιές αμύγδαλα ασπρισμένα ή καρύδια αλεσμένα.

Σάλτσα Πιπεριάς

Γίνεται 1½ κούπας σάλτσα • Χρόνος ετοιμασίας 45΄- 50΄

2	πιπεριές Φλώρινας, από βάζο
1	καυτερή πιπεριά
3	μικρές ώριμες ντομάτες
2	σκελίδες σκόρδο
1	μικρό κρεμμύδι
1/3	κούπας λάδι
1	κουταλιά ψιλοκομμένο κόλιαντρο ή μαϊντανό
2	κουταλιές ξίδι
	αλάτι και φρεσκοτριμμένο πιπέρι

Καθαρίστε και κόψτε τα λαχανικά σε κομμάτια. Αλέστε τα στο πολυμίξερ να γίνουν πουρές. Ζεστάνετε το λάδι σε βαθύ τηγάνι και ρίξτε μέσα τον πουρέ. Σιγοβράστε κι όταν η σάλτσα αρχίσει να πήζει, προσθέστε τα υπόλοιπα υλικά, αλάτι και πιπέρι. Ανακατέψτε λίγο επάνω στη φωτιά και κατεβάστε τη. Σερβίρεται κρύα ως ορεκτικό και συνοδεύει ζυμαρικά και θαλασσινά.

Σκορδαλιά Νησιώτικη (Αλιάδα)

Γίνονται 2 κούπες • Χρόνος ετοιμασίας 20΄

5-6	σκελίδες σκόρδο, ψιλοκομμένο
3/4	κουταλάκι αλάτι
2	μέτριες πατάτες, βρασμένες (200 γρ. περίπου)
50 γρ.	ψωμί μπαγιάτικο, τριμμένο
1/4	κούπας ξίδι
1/3	κούπας νερό
1/2	κούπας λάδι

Χτυπήστε όλα μαζί τα υλικά στη μεσαία ταχύτητα του μίξερ για 2΄, ώσπου να επιτύχετε ένα λείο ομοιόμορφο μίγμα. Αν το μίγμα είναι σφιχτό, ρίξτε λίγο νερό και χτυπήστε το μερικά δευτερόλεπτα ακόμη. Σερβίρετε την αλιάδα με τηγανητό μπακαλιάρο ή γαλέο, τηγανητά ή ψητά λαχανικά, όπως κολοκυθάκια, μελιτζάνες, πιπεριές, μανιτάρια ή με βρασμένα λαχανικά, όπως φασολάκια, μπρόκολα κ.ά.

Κοκτέιλ Σος

Γίνεται 1 1/4 κούπας • Χρόνος ετοιμασίας 5΄

1	κούπα μαγιονέζα
2	κουταλιές τσίλι σος ή κέτσαπ
1	κουταλάκι γούστερ σος
1	κουταλάκι πάστα χορσράντις
1	κουταλάκι χυμό λεμονιού
	ελάχιστο αλάτι και πιπέρι

Ανακατέψτε όλα τα υλικά μαζί και φυλάξτε τη σάλτσα στο ψυγείο μέσα σε βαζάκι με καλό κλείσιμο.

Λιαστές Ντομάτες

Για να φτιάξετε λιαστές ντομάτες, διαλέξτε ώριμες γερές ντομάτες. Πλύντε και σκουπίστε τες καλά. Χωρίστε τες στη μέση και βάλτε επάνω σε σανίδα, τη μία πλάι στην άλλη, με το κομμένο μέρος προς τα επάνω. Πασπαλίστε τις κομμένες επιφάνειες με μπόλικο χοντρό αλάτι, να μοιάζουν χιονισμένες, και αφήστε τες στον ήλιο. Φυλάξτε τες από βροχή. Σε 15-20 ημέρες, εξαρτάται από το πόσο ηλιόλουστος είναι ο καιρός, οι ντομάτες ξεραίνονται, ζαρώνουν και λεπταίνουν. Περάστε τες σε χοντρό νήμα κάνοντας αρμαθιές και κρεμάστε τες πάλι σε ηλιόλουστο μέρος βάζοντας ένα μπολ από κάτω, για να στραγγίσουν τα τελευταία υγρά τους. Αφήστε τες, ώσπου να στεγνώσουν εντελώς. Αν θέλετε να βοηθήσετε το τελευταίο στέγνωμα, βάλτε τες σε σιγανό φούρνο για 15΄- 20΄ και κατόπιν περάστε τες στο νήμα και κρεμάστε τες. Όταν στεγνώσουν εντελώς κλείστε τες σε βαμβακερές σακούλες, ώστε να αερίζονται και κρεμάστε τες στο κελάρι. Για να τις χρησιμοποιήσετε, βάλτε να σταθούν μερικές ώρες μέσα σε νερό που να τις σκεπάζει, για να φουσκώσουν και να ξαλμυρίσουν. Ξεπλύντε και στραγγίστε τες καλά. Για να τις τηγανίσετε, βουτήξτε σε αλεύρι, ν' αλευρωθούν, και τηγανίστε τες σε καυτό λάδι. Μπορείτε, αν θέλετε, μετά το αλεύρωμα να τις βουτήξετε και σε αραιό χυλό. Γίνονται πολύ νόστιμες. Χρησιμοποιήστε τις λιαστές ντομάτες σε διάφορα φαγητά, κυρίως μακαρονάδες, σαλάτες και σε ψωμιά. Δίνουν ξεχωριστή νοστιμιά.

Κρέπες

Γίνονται 26 κρέπες • Χρόνος ετοιμασίας 1 ώρα

2	κούπες αλεύρι για όλες τις χρήσεις
1/2	κουταλάκι αλάτι
1	κουταλάκι ζάχαρη
4	κουταλιές καλαμποκέλαιο
2½	κούπας ανθρακούχο νερό (σόδα), κρύο από το ψυγείο

Βάλτε όλα μαζί τα υλικά στο πολυμίξερ και χτυπήστε τα ώσπου να επιτύχετε έναν αραιό λείο χυλό. Προσοχή, το μίγμα δεν πρέπει να χτυπηθεί περισσότερο από 1'. Αφήστε το χυλό να σταθεί για 30' στο ψυγείο. Φτιάξτε κρέπες ρίχνοντας 2 κουταλιές χυλό κάθε φορά σε μικρό αντικολλητικό τηγάνι, το οποίο αλείφετε κάθε φορά με λίγο λάδι. Απλώστε το χυλό σε όλο τον πάτο του τηγανιού, κουνώντας το τηγάνι δεξιά-αριστερά με κυκλική κίνηση μόλις ρίξετε μέσα το χυλό. Όταν οι κρέπες ψηθούν από τη μία πλευρά γυρίστε τες να ψηθούν και από την άλλη. Για ευκολία ψήστε τις κρέπες στην κρεπιέρα. Στοιβάστε τες σε πιάτο τη μία επάνω στην άλλη, βάζοντας ένα κομμάτι αντικολλητικό χαρτί ενδιάμεσα, για να μην κολλήσουν. Μπορείτε να τις φυλάξετε στην κατάψυξη, κλεισμένες ερμητικά.

Σάλτσα Ταχίνι

Γίνεται 1½ κούπας σάλτσα • Χρόνος ετοιμασίας 10'

1-2	σκελίδες σκόρδο, τριμμένο
1/3	κούπας ταχίνι
1½	κούπας νερό
2-3	κουταλιές χυμό λεμονιού
	αλάτι και φρεσκοτριμμένο άσπρο πιπέρι

Λιώστε το σκόρδο με 1/4 κουταλάκι αλάτι σε γουδί κι ανακατέψτε το με το ταχίνι. Προσθέστε λίγο - λίγο νερό, ανακατεύοντας, ώσπου η σάλτσα να πάρει την επιθυμητή ρευστότητα. Προσθέστε το χυμό λεμονιού, βάλτε όσο σας αρέσει, δοκιμάστε και προσθέστε όσο ακόμη αλάτι χρειάζεται μαζί με λίγο άσπρο πιπέρι. Περιχύστε με τη σάλτσα ταχίνι φρέσκιες σαλάτες και ψητά ή βρασμένα λαχανικά.

Νιόκι Πατάτας

Μερίδες 4
Χρόνος προετοιμασίας 1 ώρα • Χρόνος μαγειρέματος 5'

1/2	κιλού πατάτες
3/4	κούπας αλεύρι
1/2	κουταλάκι αλάτι
1/4	κουταλάκι άσπρο πιπέρι

Πλύντε καλά τις πατάτες και βάλτε τες να βράσουν με τη φλούδα σε αλατισμένο νερό, για 40'- 45', ώσπου να μαλακώσουν πολύ καλά. Στραγγίστε, αφήστε να κρυώσουν ελαφρά και ξεφλουδίστε τες. Κόψτε σε κομμάτια και πατήστε τες με τον ειδικό δίσκο ή περάστε τες από πρες πουρέ. Βάλτε τον πουρέ σε μπολ, ρίξτε το αλάτι και το πιπέρι, και όσο αλεύρι χρειαστεί ζυμώνοντας ελαφρά, ώσπου να επιτύχετε ένα λείο μίγμα, ελαφρά κολλώδες. Το αλεύρι που θα χρησιμοποιήσετε εξαρτάται από το ποσοστό υγρασίας που έχουν οι πατάτες. Όσο λιγότερο αλεύρι πάρει η ζύμη, τόσο πιο αφράτα θα γίνουν τα νιόκι. Μην παραζυμώσετε το μίγμα. Πλάστε τη ζύμη σε ραβδάκια με διάμετρο 2 εκ. περίπου και βάλτε, όσα δεν χρησιμοποιείτε, στο ψυγείο καλυμμένα με πλαστική μεμβράνη, για να μη στεγνώσουν. Στο στάδιο αυτό μπορείτε να τα φυλάξετε στην κατάψυξη. Αφήστε τα να ξεπαγώσουν, πριν τα χρησιμοποιήσετε. Κόψτε από το κάθε ραβδάκι με αλευρωμένο μαχαίρι κομμάτια πάχους 5 χιλ. Πιέστε τα ανάμεσα στα δάχτυλά σας, να πλατύνουν και πατήστε ελαφρά επάνω σε κάθε κομμάτι τα δόντια ενός πηρουνιού που έχετε βουτήξει προηγουμένως σε αλεύρι. Βάλτε τα νιόκι σε ταψί στρωμένο με λαδόχαρτο, το ένα δίπλα στο άλλο. Μπορείτε να καλύψετε το ταψί με πλαστική μεμβράνη και να τα διατηρήσετε στο ψυ-

γείο για 3 ώρες. Αφού ετοιμάσετε όλα τα νιόκι, ρίξτε τα σε αλατισμένο νερό που βράζει με 2 κουταλιές λάδι. Όταν τα νιόκι ανέβουν στην επιφάνεια, 5' περίπου, βράστε τα 30 δευτερόλεπτα ακόμη. Βγάλτε τα με τρυπητή κουτάλα στραγγίζοντάς τα καλά κι αδειάστε τα σε πυρέξ σκεύος καλά λαδωμένο. Σερβίρονται ζεστά με διάφορες σάλτσες.

Κουκουναροσαλάτα

Μερίδες 4-6 • Χρόνος ετοιμασίας 30'

1	κούπα κουκουνάρια
1	κιλό μελιτζάνες
1/4	κουταλάκι αλάτι
2	σκελίδες σκόρδο, τριμμένο
1/4	κούπας λάδι ή ταχίνι
1/4	κούπας ξίδι ή χυμό λεμονιού
	φρεσκοτριμμένο πιπέρι
	ψιλοκομμένο μαϊντανό για το γαρνίρισμα

Αλέστε τα κουκουνάρια στο μπλέντερ, ώσπου να γίνουν λεία πάστα. Πλύντε τις μελιτζάνες και σκουπίστε τες. Τυλίξτε τες μία - μία σε αλουμινόχαρτο και ψήστε τες στα κάρβουνα ή στο μάτι της ηλεκτρικής κουζίνας, γυρίζοντάς τες να ψηθούν απ' όλες τις πλευρές. Η φλούδα πρέπει να είναι καμένη. Βρέξτε τες με κρύο νερό και καθαρίστε αμέσως, γιατί, αν σταθούν με τη φλούδα, θα μαυρίσουν. Βάλτε σε τρυπητό κι αφήστε τες να στραγγίσουν λίγο. Κόψτε σε κομμάτια κάθετα, για να κοπούν οι μακριές ίνες τους. Βάλτε τες στο μπολ του μίξερ ή του πολυμίξερ με το σκόρδο, το αλάτι και τα' αλεσμένα κουκουνάρια. Χτυπήστε το μίγμα σε μέτρια ταχύτητα, ρίχνοντας στην αρχή σταγόνα - σταγόνα το λάδι κι ύστερα με λεπτή συνεχή ροή, ώσπου να ενσωματωθεί με το υπόλοιπο μίγμα. Αντί λάδι, προσθέστε λίγο - λίγο το ταχίνι. Συνεχίζοντας το χτύπημα, ρίξτε ξίδι ή χυμό λεμονιού, όσο θέλετε. Αδειάστε την κουκουναροσαλάτα σ' ένα μπολ και φυλάξτε την καλυμμένη με πλαστική μεμβράνη στο ψυγείο. Εναλλακτικά, αντικαταστήστε το σκόρδο με 2 κουταλιές λιωμένο κρεμμύδι. Για να γίνει πικάντικη προσθέστε μερικές σταγόνες Tabasco sauce. Πριν τη σερβίρετε, πασπαλίστε τη με πιπέρι και ψιλοκομμένο μαϊντανό.

Σαλάτα με Πιπεριές (Πιπεροσαλάτα)

Μερίδες 4
Χρόνος ετοιμασίας 2 ώρες και 30'

3	μεγάλες κόκκινες πιπεριές, σε κομματάκια
3	μεγάλες πράσινες πιπεριές, σε κομματάκια
1/4	κούπας λάδι
5	σκελίδες σκόρδο, τριμμένο
2	κουταλιές ξίδι
1/2	κιλού ώριμες ντομάτες, χωρίς τη φλούδα και τους σπόρους, σε κομματάκια
2	κουταλιές κέτσαπ
1/4	κουταλάκι πιπέρι καγιέν, λίγο αλάτι

Ζεστάνετε το λάδι σ' ένα βαθύ τηγάνι και τηγανίστε τις πιπεριές. Κατεβάστε τες από τη φωτιά, ρίξτε κι ανακατέψτε όλα τα υπόλοιπα υλικά. Αφήστε τη σαλάτα, να σταθεί 2 ώρες στο ψυγείο και σερβίρετέ την κρύα πασπαλίζοντας με λίγο ψιλοκομμένο μαϊντανό.

Σάλτσα Αβοκάντο

Γίνεται 1 κούπα σάλτσα • Χρόνος ετοιμασίας 10'

2	μεγάλα ώριμα αβοκάντο
1/4	κούπας χυμό λεμονιού
2-3	σκελίδες σκόρδο, τριμμένο
1	καυτερή πράσινη πιπεριά
2-3	κουταλιές ψιλοκομμένο φρέσκο κόλιαντρο
1/4	κούπας φυτική κρέμα (προαιρετικά)
	αλάτι και φρεσκοτριμμένο πιπέρι

Καθαρίστε το αβοκάντο, κόψτε σε φετάκια και ραντίστε το με το χυμό λεμονιού. Βάλτε τα φετάκια στο μπολ του πολυμίξερ μαζί με τα υπόλοιπα υλικά, εκτός από την κρέμα, και χτυπήστε τα να ενωθούν. Ανάλογα με το πώς θα χρησιμοποιήσετε τη σάλτσα, προσθέστε κι ανακατέψτε περισσότερη ή λιγότερη κρέμα, ώστε να γίνει πιο αραιή αν χρησιμοποιηθεί ως ντρέσινγκ ή περισσότερο πηχτή αν χρησιμοποιηθεί ως ντιπ. Αν δεν βάλετε κρέμα βάλτε 2 κουταλιές λάδι.

Τορτίγιες

Για 12 τορτίγιες • Χρόνος ετοιμασίας 1 ώρα

1 κούπα αλεύρι για όλες τις χρήσεις
1 κούπα καλαμποκάλευρο
1 κουταλάκι αλάτι
1/3 κούπας μαργαρίνη σε κομματάκια
1/2 κούπας ζεστό νερό

Κοσκινίστε τα αλεύρια με το αλάτι σ' ένα μπολ. Προσθέστε το λίπος και τρίψτε το μαζί με το αλεύρι, με τα δάχτυλα ή με τον αναδευτήρα ζύμης, να σχηματιστούν χοντρά τρίμματα. Προσθέστε όσο ζεστό νερό χρειαστεί και ζυμώστε, ώσπου να επιτύχετε ζύμη μαλακιά κι εύπλαστη. Αδειάστε τη σε αλευρωμένη επιφάνεια και ζυμώστε τη 3΄. Βάλτε τη σε πλαστική σακούλα κι αφήστε τη να σταθεί 15΄. Χωρίστε τη σε 10 -12 ίσα μέρη. Ανοίξτε το καθένα σε κύκλο 20 εκ. Βάλτε τις τορτίγιες σε πιάτο, τη μία επάνω στην άλλη. Ζεστάνετε ένα μεγάλο αντικολλητικό τηγάνι, χωρίς να το βουτυρώσετε. Ψήστε τις τορτίγιες μία, μία, ώσπου να κάνουν φούσκες από τη μία πλευρά και γυρίστε τες κατόπιν να ψηθούν και από την άλλη.

Χυλός για Τηγάνισμα

Γίνεται 2 κούπες • Χρόνος ετοιμασίας 1 ώρα

1 κούπα αλεύρι που φουσκώνει
    αλάτι και πιπέρι
1 κουταλιά λάδι
1 κούπα μπίρα ή ανθρακούχο νερό

Κοσκινίστε το αλεύρι σ' ένα μπολ, ρίξτε λίγο αλάτι και πιπέρι. Ανοίξτε στη μέση ένα λάκκο. Ρίξτε το λάδι και την μπίρα ή το ανθρακούχο νερό. Αν θέλετε, βάλτε νερό της βρύσης και ένα κομματάκι σαν ρεβίθι μαγιά της μπίρας. Παίρνοντας το αλεύρι λίγο, λίγο από τριγύρω δουλέψτε το μίγμα τόσο, όσο χρειάζεται να γίνει λείο. Αν θέλετε να γίνει ο χυλός πιο πυκνός, για να γίνει πιο παχύ το πανάρισμα, βάλτε περισσότερο αλεύρι. Αφήστε το χυλό να σταθεί 1 ώρα, αλλιώς θα γλιστράει και δε θα στέκεται επάνω στα κομμάτια του ψαριού ή των λαχανικών.

Ζύμη Τάρτας

Γίνεται 1 φύλλο τάρτας 25 εκ. • Χρόνος ετοιμασίας 30΄

1¹⁄₃ κούπας αλεύρι για όλες τις χρήσεις
1/4 κουταλάκι αλάτι
1/2 κούπας φυτικό μαγειρικό λίπος ή μαργαρίνη
3 κουταλιές κρύο νερό

Σ' ένα μπολ ανακατέψτε το αλεύρι με το αλάτι. Προσθέστε το λίπος (που πρέπει να είναι κρύο από το ψυγείο) σε κομματάκια και πατήστε με τον ειδικό αναδευτήρα ζύμης ή τρίψτε με τα δάχτυλά σας, να σχηματιστούν χοντρά τρίμματα. Ραντίστε το μίγμα με το νερό και δουλέψτε το ελαφρά, ώσπου να ξεκολλήσει από τα τοιχώματα του μπολ και να μαζευτεί σε μια μπάλα. Προσοχή, δεν πρέπει να παιδέψετε πολύ τη ζύμη, γιατί θα σφίξει. Με τον αναδευτήρα ζύμης έχετε καλύτερο αποτέλεσμα. Η ζύμη πρέπει να είναι ανώμαλη και όχι λεία. Ανοίξτε την σε φύλλο με διάμετρο 28 εκ. επάνω σε αλευρωμένο βαμβακερό ύφασμα (κάμποτο ή αλατζά) για να μην κολλάει και για να μπορείτε εύκολα να τη σηκώσετε και να την αναποδογυρίσετε μέσα στην ταρτιέρα.

Πίτες Μανταρίνα

Γίνονται 16-20 πίτες
Χρόνος προετοιμασίας 40΄ • Χρόνος ψησίματος 15΄

4 κούπες αλεύρι για όλες τις χρήσεις
1¹⁄₂ κούπας νερό βραστό
2 κουταλιές σουσαμέλαιο

Βάλτε το αλεύρι σ' ένα μεγάλο μπολ. Ανακατεύοντάς το μ' ένα κουτάλι, ρίξτε λίγο - λίγο το νερό. Όταν κρυώσει αρκετά, ώστε να μπορείτε να το δουλέψετε, ζυμώστε το σε μαλακιά εύπλαστη ζύμη που να μην κολλάει στα χέρια. Αφήστε τη ζύμη να σταθεί για 30΄ σκεπασμένη με πλαστική μεμβράνη. Πλάστε τη σε ρολό και χωρίστε σε 8 -10 ισόπαχες φέτες. Σκεπάστε τα κομμάτια με πλαστική μεμβράνη, για να μη στεγνώσουν. Πάρτε ένα κομμάτι και χωρίστε το στα δύο. Πλάστε δύο μπάλες κι ανοίξτε τες σε αλευ-

ρωμένη επιφάνεια, σε φυλλαράκια με διάμετρο 10 εκ. Με τη βοήθεια ενός πινέλου, αλείψτε το ένα φύλλο με λίγο σουσαμέλαιο και τοποθετήστε επάνω το δεύτερο. Μ' ένα μίνι πλάστη ζύμης, ανοίξτε το διπλό φυλλαράκι, ώσπου να γίνει πολύ λεπτό. Η ιδανική πίτα πρέπει να έχει 15 εκ. διάμετρο και να είναι σχεδόν διάφανη. Αφού τις ετοιμάσετε όλες, ζεστάνετε ένα αντικολλητικό τηγάνι σε δυνατή φωτιά, χωρίς να το βουτυρώσετε και ψήστε τις πίτες μία - μία. Με μια ξύλινη σπάτουλα αναποδογυρίστε κάθε πίτα μια - δυο φορές, ώσπου να κάνει φούσκες και να ροδίσει ελαφρά κι από τις δύο πλευρές. Χωρίστε την κάθε πίτα στα δύο. Το λάδι που τις αλείψατε, βοηθάει να χωρίσουν εύκολα. Αν δεν τις χρησιμοποιήσετε αμέσως, βάλτε τη μία επάνω στην άλλη σ' ένα πιάτο και σκεπάστε τες με πλαστική μεμβράνη. Για να τις ζεστάνετε, βάλτε τες επάνω σ' ένα φύλλο λάχανου, μέσα στο μπαμπού στίμερ και βάλτε το για 2΄ μέσα στο γουόκ με νερό που βράζει.

Μαγιονέζα

Γίνεται 2 κούπες σάλτσα • Χρόνος ετοιμασίας 10΄

1/2 κούπας νερό
1¹⁄₂ κουταλιάς κορν φλάουρ
3/4 κουταλάκι αλάτι
1/4 κουταλάκι πιπέρι άσπρο
1 κουταλάκι μουστάρδα έτοιμη
1 κουταλιά ξίδι
1/2 κουταλιάς χυμό λεμονιού
1/2 κουταλάκι ζάχαρη
1 κούπα λάδι ή σπορέλαιο

Διαλύστε το κορν φλάουρ σε λίγο από το νερό και ζεστάνετε το υπόλοιπο σε μια μικρή κατσαρόλα. Ρίξτε μέσα το διαλυμένο κορν φλάουρ και βράστε ανακατεύοντας, ώσπου να γίνει πηχτή κρέμα. Αφήστε την κρέμα να κρυώσει και βάλτε την στο μπολ του πολυμίξερ. Προσθέστε το αλάτι, το πιπέρι, τη μουστάρδα, το ξίδι, το χυμό λεμονιού και τη ζάχαρη. Χτυπήστε τα, να ενωθούν και συνεχίζοντας το χτύπημα ρίξτε το λάδι με συνεχή λεπτή ροή. Φυλάξτε τη μαγιονέζα στο ψυγείο. Όσο στέκεται πήζει. Στην αγορά θα βρείτε και έτοιμη μαγιονέζα χωρίς αυγό, νηστίσιμη.

Σκορδαλιά με Ψωμί και Καρύδια

Γίνονται 2 κούπες • Χρόνος ετοιμασίας 15΄

200 γρ. ψωμί ψίχα μπαγιάτικο
1/2 κούπας καρύδια, κουκουνάρια, φουντούκια ή αμύγδαλα, αλεσμένα
3-4 σκελίδες σκόρδο, τριμμένο
2-3 κουταλιές ξίδι
    αλάτι και φρεσκοτριμμένο πιπέρι
1/4 κούπας λάδι ή
1/4 κούπας μαγιονέζα

Μουσκέψτε το ψωμί με αρκετό νερό. Σ' ένα γουδί λιώστε το σκόρδο με 1/4 κουταλάκι αλάτι και προσθέστε τ' αλεσμένα καρύδια. Στύψτε το ψωμί ελαφρά και προσθέστε το στο μίγμα δουλεύοντας. Βάλτε το μίγμα στο πολυμίξερ και χτυπήστε προσθέτοντας όσο νερό χρειαστεί, για να γίνει μια λεία απαλή σάλτσα. Προσθέστε ξίδι, αλάτι και πιπέρι σύμφωνα με το γούστο σας. Προσθέστε με λεπτή συνεχή ροή 1/4 κούπας λάδι ή ανακατέψτε το μίγμα με 1/4 κούπας μαγιονέζα.

Λαχανικά Σοταρισμένα

Μερίδες 4 • Χρόνος ετοιμασίας 15΄-20΄

1/2 κιλού τρυφερά φρέσκα ή κατεψυγμένα λαχανικά, όπως καρότα, αρακά, κολοκύθια, αγγινάρες, σπαράγγια, φασολάκια, καλαμπόκι, μανιτάρια
3-4 κουταλιές μαργαρίνη
2 κουταλιές χυμό λεμονιού
    αλάτι και φρεσκοτριμμένο πιπέρι

Καθαρίστε και πλύνετε τα λαχανικά. Τα μεγάλα όπως τα καρότα, τα κολοκύθια, τις αγγινάρες κόψτε τα σε κομμάτια. Βάλτε τα σε κατσαρόλα με το λίπος και λίγο νερό, όσο είναι απαραίτητο για να μαλακώσουν τα λαχανικά και να μείνουν χωρίς καθόλου νερό. Σκεπάστε και σιγοβράστε τα, ώσπου να εξατμιστεί όλο το νερό, να μαλακώσουν και να γλασαριστούν με το λίπος. Κατεβάστε από τη φωτιά, περιχύστε με το χυμό λεμονιού και πασπαλίστε τα με αλάτι και πιπέρι. Σερβίρονται ζεστά και συνοδεύουν ψάρια και θαλασσινά.

Πότε νηστεύουμε και πως

Η Τετάρτη και η Παρασκευή, ημέρες συνδεδεμένες με τα πάθη του Χριστού, ορίστηκαν από την αποστολική ακόμη εποχή ως ημέρες νηστείας. Η νηστεία των δύο αυτών ημερών είναι η αρχαιότερη από όλες τις άλλες. Μαζί με τη νηστεία της Μ. Τεσσαρακοστής και της Μ. Εβδομάδας, είναι νηστείες αυστηρές, κατά τις οποίες απαγορεύεται η κατάλυση οίνου και ελαίου.

Η Κυριακή και το Σάββατο θεωρούνται ημέρες γιορτής και αποκλείουν την τήρηση νηστείας, με μοναδική εξαίρεση το Μ. Σάββατο. Τις ημέρες αυτές, καθ' όλη τη διάρκεια του χρόνου πλην του Μ. Σαββάτου, γίνεται κατάλυση οίνου και ελαίου.

Την πρώτη εβδομάδα του Τριωδίου, από την Κυριακή του Τελώνου και Φαρισαίου έως την Κυριακή του Ασώτου, γίνεται κατάλυση των πάντων όλες τις ημέρες ακόμη και την Τετάρτη και την Παρασκευή. Τη δεύτερη εβδομάδα, από την Κυριακή του Ασώτου έως την Κυριακή των Απόκρεω (που ονομάζεται έτσι προφανώς γιατί αποχαιρετούμε το κρέας), γίνεται κατάλυση των πάντων όλες τις ημέρες εκτός της Τετάρτης και της Παρασκευής. Την τρίτη εβδομάδα, από τη Δευτέρα, μετά την Κυριακή των Απόκρεω έως την Κυριακή της Τυροφάγου, απαγορεύεται η κρεοφαγία και επιτρέπεται να καταλύσουμε όλες τις ημέρες ψάρια, αυγά και όλα τα γαλακτοκομικά προϊόντα.

Η νηστεία της Μ. Σαρακοστής, η οποία αρχίζει από την Κ. Δευτέρα και τελειώνει την Κυριακή των Βαΐων, είναι η αρχαιότερη και αυστηρότερη περίοδος νηστείας και φυσικά είναι αλάδωτη. Εξαίρεση γίνεται για την εορτή των Αγίων Τεσσαράκοντα Μαρτύρων που επιτρέπεται η κατάλυση οίνου και ελαίου και για την εορτή του Ευαγγελισμού της Θεοτόκου και της Κυριακής των Βαΐων, κατά τις οποίες καταλύεται και το ψάρι.

Η νηστεία της Μ. Εβδομάδας. Όλες τις ημέρες της Μ. Εβδομάδας απέχουμε από λάδι και κρασί, εκτός της Μ. Πέμπτης που επιτρέπεται η κατάλυση οίνου και ελαίου για τους χριστιανούς του κόσμου, όχι όμως και για τους μοναχούς.

Η νηστεία των Χριστουγέννων αρχίζει από τις 15 Νοεμβρίου και λήγει στις 24 Δεκεμβρίου. Κατά την περίοδο αυτή επιτρέπεται η κατάλυση οίνου και ελαίου, εκτός από την πρώτη ημέρα της νηστείας (15 Νοεμβρίου), την παραμονή της εορτής και τις ημέρες της Τετάρτης και της Παρασκευής. Από την αρχή της νηστείας έως την 17η Δεκεμβρίου επιτρέπεται η κατάλυση ιχθύος πλην φυσικά της Τετάρτης και της Παρασκευής. Το ψάρι καταλύεται επίσης κατά την εορτή των Εισοδίων της Θεοτόκου, οποιαδήποτε ημέρα και αν πέσει. Από τις 18 έως τις 24 Δεκεμβρίου επιτρέπεται μόνο η κατάλυση οίνου και ελαίου, εκτός και πάλι των ημερών της Τετάρτης και της Παρασκευής.

Η νηστεία των Αγίων Αποστόλων αρχίζει τη Δευτέρα μετά την Κυριακή των Αγίων Πάντων που είναι κινητή εορτή και λήγει στις 28 Ιουνίου, παραμονή της εορτής των Αγίων Αποστόλων Πέτρου και Παύλου, που είναι σταθερή εορτή. Γι' αυτό η διάρκειά της είναι ακαθόριστη και εξαρτάται από το πότε θα πέσει ο εορτασμός του Πάσχα. Και στη νηστεία αυτή, όπως στη νηστεία των Χριστουγέννων, επιτρέπεται να τρώμε ψάρι, ενώ απέχουμε από κρέας, αυγά και γαλακτερά. Αυστηρή νηστεία κρατούμε την παραμονή της εορτής, όπως και τις Τετάρτες και Παρασκευές, εκτός κι αν πέσει Σάββατο ή Κυριακή. Το ψάρι καταλύεται επίσης και κατά την εορτή της Γέννησης του Τιμίου Προδρόμου (24 Ιουνίου), οποιαδήποτε ημέρα κι αν πέσει.

Η νηστεία του Δεκαπενταύγουστου. Η νηστεία αυτή έχει διάρκεια 15 ημερών και προηγείται της Κοιμήσεως της Θεοτόκου. Έχει αυστηρό χαρακτήρα και νηστεύουμε από λάδι και κρασί όλες τις ημέρες. Την ημέρα της Μεταμορφώσεως του Σωτήρος επιτρέπεται να τρώμε ψάρι.

Ημερήσιες νηστείες του έτους

1. 5 Ιανουαρίου, παραμονή των Θεοφανείων (αλάδωτη)

2. 14 Σεπτεμβρίου, Ύψωσις του Τιμίου Σταυρού (αλάδωτη)

3. 29 Αυγούστου, Αποτομή της τιμίας κεφαλής του Προδρόμου Ιωάννου (αλάδωτη)

4. Επίσης νηστεύουμε όταν η νηστεία επιβάλλεται από τον Πνευματικό μας ως επιτίμιο, όταν το κάνουμε τάμα ή το κρίνουμε ωφέλιμο πνευματικά, καθώς και πριν από τη συμμετοχή μας στα Θεία Μυστήρια, στο Μυστήριο του Βαπτίσματος (για ενήλικες) και του Χρίσματος, για το μυστήριο του Ευχελαίου, για το μυστήριο του Γάμου και πριν από τη Θεία Μετάληψη δηλαδή το μυστήριο της Θείας Ευχαριστίας.

Περίοδοι κατάλυσης των πάντων

Κατάλυση των πάντων σημαίνει ότι επιτρέπεται να τρώμε απ' όλα όλες τις ημέρες της εβδομάδας. Η Εκκλησία όρισε την κατάλυση των πάντων κατά τις περιόδους αυτές για να εκφράσει τον εορταστικό χαρακτήρα τους.

Τέτοιοι περίοδοι είναι:

Δωδεκαήμερο ονομάζεται το χρονικό διάστημα μεταξύ των δύο μεγάλων ακινήτων δεσποτικών εορτών των Χριστουγέννων (25 Δεκεμβρίου) και των Θεοφανείων (6 Ιανουαρίου). Εκτός από την παραμονή των Θεοφανείων που είναι αυστηρή νηστεία.

Διακαινήσιμη εβδομάδα είναι αυτή που αρχίζει την Κυριακή του Πάσχα και λήγει την αμέσως επόμενη Κυριακή του Θωμά. Καθ'όλη την εβδομάδα έχουμε κατάλυση εις τα πάντα.

Κατά την περίοδο της Πεντηκοστής, λόγω του αναστάσιμου χαρακτήρα ολόκληρης της περιόδου, δεν υπάρχει νηστεία. Δεν νηστεύουμε δηλαδή τις Τετάρτες και Παρασκευές, και έχουμε κατάλυση οίνου και ελαίου. Κατάλυση ιχθύος έχουμε μόνο την Τετάρτη της Μεσοπεντηκοστής και την Τετάρτη της Αποδόσεως του Πάσχα.

Κατάλυση εις τα πάντα έχουμε και την εβδομάδα από την Κυριακή της Πεντηκοστής μέχρι την Κυριακή των Αγίων Πάντων.

Κατάλυση Οίνου και Ελαίου

Στις μεγάλες εορτές των Αγίων, όταν αυτές πέφτουν σε ημερομηνία νηστείας, καταλύεται η απαγόρευση του οίνου και ελαίου. Οι εορτές αυτές μέσα στο χρόνο είναι οι παρακάτω:

Ιανουάριος

11 Αγ. Θεοδοσίου του Κοινοβιάρχου

16 Η προσκύνηση της αλύσεως του αποστόλου Πέτρου

17 Αγίου Αντωνίου του Μεγάλου

18 Αγίου Αθανασίου και Κυρίλλου, πατριαρχών Αλεξανδρείας

20 Αγίου Ευθυμίου του Μεγάλου

22 Αγίων αποστόλων Τιμοθέου και Αναστασίου του Πέρσου

25 Αγίου Γρηγορίου του Θεολόγου

27 Η ανακομιδή του λειψάνου Αγίου Ιωάννου του Χρυσοστόμου

30 Των Τριών Ιεραρχών

Φεβρουάριος

8 Αγίου μεγαλομάρτυρος Θεοδώρου του Στρατηλάτου

10 Αγίου ιερομάρτυρος Χαραλάμπους

11 Αγίου ιερομάρτυρος Βλασίου

17 Αγίου μεγαλομάρτυρος Θεοδώρου του Τήρωνος

Κατάλυση Ιχθύος

Με την κατάλυση ιχθύος, που επιτρέπεται σε ορισμένες εορτές - βασικά της Παναγίας και του Προδρόμου - όταν αυτές συμπίπτουν κατά την Τετάρτη ή την Παρασκευή, η Εκκλησία μας θέλει να προσδώσει εορταστικό χαρακτήρα στις ημέρες αυτές.

7   Ιανουαρίου, Η Σύναξις του Τιμίου Προδρόμου

2   Φεβρουαρίου, Η Υπαπαντή του Κυρίου

25   Μαρτίου, Ο Ευαγγελισμός της Υπεραγίας Θεοτόκου

24   Ιουνίου, Το Γενέθλιον αγίου Ιωάννου του Προδρόμου

29   Ιουνίου, των αγίων αποστόλων Πέτρου και Παύλου

6   Αυγούστου, Η Μεταμόρφωσις του Σωτήρος

15   Αυγούστου, Η Κοίμησις της Υπεραγίας Θεοτόκου

8   Σεπτεμβρίου, το Γενέθλιον της Υπεραγίας Θεοτόκου

14   Νοεμβρίου, Του Αγίου αποστόλου Φιλίππου

21   Νοεμβρίου, Τα Εισόδια της Υπεραγίας Θεοτόκου

Επίσης:

Κατά την Τετάρτη της Μεσοπεντηκοστής και

Κατά την Τετάρτη της Αποδόσεως του Πάσχα

Οδηγίες για το μέτρημα των υλικών και τη σωστή θερμοκρασία ψησίματος

Τα βασικότερα συστήματα για το μέτρημα των υλικών στη μαγειρική τα οποία ισχύουν στις διάφορες χώρες είναι:

1. Imperial: Το μέτρημα των στερεών υλικών γίνεται σε ουγγιές βάρους (oz) και το μέτρημα των υγρών σε ουγγιές όγκου (fl. oz). Χρησιμοποιείται κυρίως στην Αγγλία.

2. Metric: Το μέτρημα των στερεών υλικών γίνεται με το βάρος τους υπολογισμένο σε γραμμάρια (g) και το μέτρημα των υγρών υλικών με τον όγκο τους υπολογισμένο σε κυβικά εκατοστά (ml). Χρησιμοποιείται στη Γαλλία, Γερμανία και στις περισσότερες ευρωπαϊκές χώρες.

3. American: Όλα τα υλικά, στερεά ή υγρά μετριούνται με την κούπα μεζούρα η χωρητικότητα της οποίας είναι 240 ml. Η κούπα μεζούρα είναι λοιπόν μέτρο όγκου και μετράει όλα τα υλικά με τον όγκο τους. Το βάρος μιας κούπας διαφορετικών υλικών είναι διαφορετικό, π.χ.

1 κούπα αλεύρι ζυγίζει	125 γρ.
1 κούπα ζάχαρη ζυγίζει	225 γρ.
1 κούπα ζάχαρη άχνη ζυγίζει	160 γρ.
1 κούπα αμυγδαλόψιχα τριμμένη ζυγίζει	150 γρ.
1 κούπα φρυγανιά τριμμένη ζυγίζει	100 γρ.
1 κούπα κακάο ζυγίζει	100 γρ.
1 κούπα ρόφημα σόγιας ζυγίζει	240 γρ.
1 κούπα φυτική σαντιγί ζυγίζει	125 γρ.
1 κούπα λάδι ζυγίζει	220 γρ.
1 κούπα νερό ζυγίζει	240 γρ.
1 κούπα φυτική κρέμα ζυγίζει	225 γρ.
1 κούπα ρύζι ζυγίζει	225 γρ.
1 κούπα μέλι ζυγίζει	350 γρ.
1 κούπα σιμιγδάλι ζυγίζει	170 γρ.

Μερικές ισοδυναμίες τριμμένων ή ψιλοκομμένων υλικών της καθημερινής χρήσης σε κούπες είναι:

1 δεμάτι μαϊντανός ή άνηθο ψιλοκομμένο = 1/2 κούπας
1 μεγάλο κρεμμύδι τριμμένο = 1 κούπα
1 μέτριο κρεμμύδι τριμμένο = 1/2 κούπας
1 μικρό κρεμμύδι τριμμένο = 1/4 κούπας
8 φρέσκα κρεμμυδάκια ψιλοκομμένα = 1 κούπα

Η κούπα μεζούρα έχει υποδιαιρέσεις σε τρίτα και σε τέταρτα. Για ποσότητες υλικών κάτω από 1/4 χρησιμοποιούνται τα κουταλάκια μεζούρες. Το αλεύρι και όλα τα ανάλογα υλικά λογαριάζονται βαλμένα στην κούπα αφράτα και όχι πατηκωμένα. Σε κάθε συνταγή αναφέρεται, με βαθμούς της κλίμακας Κελσίου (°C), η θερμοκρασία ψησίματος. Ο παρακάτω πίνακας σας βοηθάει να υπολογίσετε τις θερμοκρασίες σε βαθμούς της κλίμακας Φαρενάιτ (°F) ή σε νούμερο διακόπτη κουζίνας με γκάζι για σιγανό, μέτριο κτλ. φούρνο. Σε φούρνο με αέρα οι θερμοκρασίες ψησίματος λογαριάζονται πάντα 20 βαθμοί λιγότερο από τον κανονικό φούρνο.

Οδηγίες θερμοκρασιών φούρνου

	ηλεκτρικός		με γκάζι
	°F	°C	Νο διακόπτη
πολύ σιγανός φούρνος	225	110	1/4
	250	120	1/2
σιγανός	275	140	1
	300	150	2
μέτριος	325	160	3
	350	175	4
μέτριος δυνατός	375	190	5
	400	200	6
δυνατός	425	220	7
	450	230	8
πολύ δυνατός	475	250	9

Ισοδυναμίες διαφόρων μέτρων & μετρικού συστήματος

Διάφορα μέτρα	σύμβολο	μετρικό σύστημα	σύμβ.
1 κουταλάκι	tsp	5 κυβ. εκατοστά	ml
1 κουταλιά	tbsp	15 κυβ. εκατοστά	ml
1 ουγγιά όγκου	fl. oz.	30 κυβ. εκατοστά	ml
1 κούπα	cup	0,24 λίτρου	l
1 πίντα	pt	0,47 λίτρου	l
1 κουάρτερ	qt	0,95 λίτρου	l
1 ουγγιά βάρους	oz	28 γραμμάρια	g
1 πάουντ	lb	0,45 κιλού	kg

Γλωσσάρι

Άισμπεργκ: Λαχανικό τύπου μαρουλιού με λευκό χρώμα.

Baby corn: Μικρά καλαμποκάκια σε κονσέρβα.

Balsamico ξίδι: Ξίδι από σταφύλια trebbiano της Modena (Ιταλία), παλαιωμένο πάνω από 10 χρόνια. Έχει ελαφρά γλυκιά γεύση. Είναι ακριβό και η τιμή του εξαρτάται από το χρόνο παλαίωσης.

Basmati ρύζι: Αρωματική ποικιλία ρυζιού. Καλλιεργείται κυρίως στην Ινδία, στους πρόποδες των βουνών της επαρχίας Παντζού.

Horseradish: Λευκή πάστα από ρεπάνι με πικάντικη γεύση.

Italian herbs: Καρύκευμα που αποτελείται από διάφορα αρωματικά βότανα, όπως θυμάρι, ρίγανη, βασιλικός κ.λπ. αποξηραμένα και τριμμένα.

Oyster sauce: Μαύρη, πυκνόρευστη, αλμυρή σάλτσα από ζουμί οστρακοειδών και σόγια.

Radiccio: Κόκκινο ιταλικό μαρούλι, μικρό σε μέγεθος, με νόστιμη γεύση.

Seafood seasoning: Πικάντικο μίγμα μπαχαρικών με έντονο κόκκινο χρώμα. Χρησιμοποιείται για να αρωματίζει τα θαλασσινά. Περιέχει σέλινο, πάπρικα, κρεμμύδι και καυτερό τσίλι.

Worcestershire sauce: Μαύρη, αλμυρή σάλτσα για να αρωματίζει τα φαγητά. Προφέρεται "γούστερ σος".

Γλυκόζη: Σιρόπι καλαμποκιού. Κυκλοφορεί σε πυκνή και σε αραιή μορφή.

Εστραγκόν: Αρωματικό φυτό με χαρακτηριστικό άρωμα. Το βρίσκουμε και αποξηραμένο στα μπαχαρικά.

Ζουλιέν: Το κόψιμο φρέσκων λαχανικών ή άλλης τροφής σε λεπτές, σε πάχος σπίρτου, λωρίδες, ομοιόμορφες σε μήκος.

Καγιέν: Κόκκινο καυτερό πιπέρι προερχόμενο από άλεσμα πιπεριών που φυτρώνουν στην επαρχία Καγιέν του Μεξικού.

Κάσιους: Ξηροί καρποί σε σχήμα μισοφέγγαρου που ταιριάζουν πολύ σε σάλτσες φαγητών.

Kidney beans: Κόκκινα φασόλια σε κονσέρβα. Χρησιμοποιήστε τα στις σαλάτες, αφού τα στραγγίσετε και τα ξεπλύνετε, ή μαγειρέψτε τα.

Κλαμς (clams): Θαλασσινά κοχύλια με αυλακωτό όστρακο.

Κόλιαντρο, κορίανδρος: Αρωματικό φυτό με πράσινο δαντελωτό φύλλωμα και ιδιαίτερο, χαρακτηριστικό άρωμα. Οι σπόροι του φυτού χρησιμοποιούνται αλεσμένοι για το αρωμάτισμα διαφόρων εδεσμάτων.

Κουσκούς (couscous): Κόκκοι σεμολίνας, αλευρωμένοι. Το κουσκούς σερβίρεται αντί για ρύζι και συνήθως είναι προμαγειρευμένο, οπότε χρειάζεται απλό ζεμάτισμα.

Κουρκουμά: Κονιορτοποιημένη, αποξηραμένη ρίζα φυτού με κίτρινο χρώμα που χρησιμοποιείται στη μαγειρική, όπως και το σαφράν. Είναι όμως πολύ φθηνότερο. Έχει υπόπικρη, έντονη γεύση. Στην αγορά κυκλοφορεί κι ως Turmeric.

Λαθούρι: Ημιαυτοφυές φυτό, απαντά σε όλη την Ελλάδα, ιδιαίτερα στη Σαντορίνη. Οι σπόροι του, απο-
φλοιωμένοι και θρυμματισμένοι, αποτελούν τη γνωστή μας φάβα. Νόστιμη, εύπεπτη και ακίνδυνη, αφού η λαθυρίνη, δηλητηριώδης ουσία που περιέχεται στο λαθούρι, καταστρέφεται με το βράσιμο.

Μπλιγούρι ή Χόντρος: Σπασμένο σιτάρι, ειδικά επεξεργασμένο και προμαγειρευμένο. Φουσκώνει γρήγορα μέσα σε νερό. Χρησιμοποιείται όπως το ρύζι.

Πλευρότους μανιτάρια: Μεγάλα μανιτάρια, καφέ χρώματος, με δαντελωτό σχήμα. Γίνονται πολύ νόστιμα ψητά, τηγανητά ή στη σχάρα.

Chili sauce: Κόκκινη καυτερή σάλτσα από τις πιπεριές τσίλι. Υπάρχουν διάφορα είδη στο εμπόριο, περισσότερο ή λιγότερο καυτερά.

Porcini μανιτάρια: Μανιτάρια από την Ιταλία, με πολύ έντονο χαρακτηριστικό άρωμα. Θα τα βρείτε αποξηραμένα σε μεγάλα σούπερ μάρκετ.

Ρόφημα σόγιας: Πρωτεϊνούχο ρόφημα (εναιώρημα σογιάλευρου σε νερό) με ελάχιστα φυτικά λιπαρά. Προσομοιάζει με γάλα, αλλά δεν έχει ασβέστιο, γι' αυτό συνήθως εμπλουτίζεται με ασβέστιο.

Σαφράν: Γνωστό και ως κρόκος ή ζαφορά, είναι οι αποξηραμένοι στήμονες του φυτού κρόκος. Χρησιμοποιείται ως φυσική χρωστική ουσία για το χρωματισμό βουτύρου και άλλων προϊόντων. Στη μαγειρική χρησιμοποιείται για να δώσει άρωμα σε διάφορα φαγητά, κυρίως με ρύζι. Πωλείται και σε μορφή σκόνης. Οι αποξηραμένοι όμως στήμονες είναι πιο αρωματικοί. Σπάστε τους σε μικρό γουδί πριν τους χρησιμοποιήσετε.

Σέλερι: Ποικιλία σέλινου με χοντρά μακριά ινώδη κοτσάνια. Μετά την αφαίρεση των ινών, το εσωτερικό είναι πολύ τρυφερό, με δροσερή απαλή γεύση σέλινου.

Ταχίνι: Υπόλευκη σάλτσα από αλεσμένο σουσάμι.

Τζίντζερ ή πιπερόριζα: Τα ριζώματα του τροπικού φυτού ginger δίνουν ένα μυρωδικό με γλυκίζουσα γεύση και δυνατό άρωμα. Κυκλοφορεί νωπό ή διατηρημένο σε σιρόπι, καθώς και σε αποξηραμένη μορφή.

Τρούφα: Ποικιλία λευκών και μαύρων αυτοφυών μανιταριών. Βρίσκονται στη Κεντρική Γαλλία και στην Ιταλία. Για τη συλλογή τους χρησιμοποιούνται ειδικά εκπαιδευμένα σκυλιά. Λόγω της σπανιότητάς τους είναι ακριβά.

Φυτική κρέμα: Κρέμα φυτικής προέλευσης με χρήση στη μαγειρική ή στη ζαχαροπλαστική με όλες τις ιδιότητες της κρέμας γάλακτος, αλλά χωρίς ζωικές πρωτεΐνες. Θα τη βρείτε σε δυο διαφορετικές συσκευασίες, για φαγητά σκέτη και για γλυκά με πρόσθετα βανίλια και ζάχαρη.

Φυτικό τυρί: Φυτικό παρασκεύασμα με τις ιδιότητες του τυριού, αλλά χωρίς ζωικές πρωτεΐνες. Πολύ μαλακό, ιδανικό για πίτσες, διατηρείται για πολλούς μήνες στο ψυγείο ή αρκετές ημέρες εκτός.

Φύτρες άλφα-άλφα: Πολύ λεπτές πρωτεϊνούχες φύτρες από φασόλια.

Χαλαπένος: Καυτερές πιπερίτσες μεξικάνικης προέλευσης, σε βάζο.

Χίκορι: Λαχανικό με σπαθωτά υπόλευκα προς κιτρινοπράσινα φύλλα, σφιχτά συναρμολογημένα σε κυλινδρικό σχήμα μήκους 10-15 εκ., με δροσερή, ελαφρά πικρή γεύση. Είναι γνωστό και ως Belgian endive.

Ευρετήριο

Vefa's House
Τηλεφωνήστε στο (01) 28.46.984 για
να σας σταλεί δωρεάν ο κατάλογος
με τα είδη κουζίνας του Vefa's House